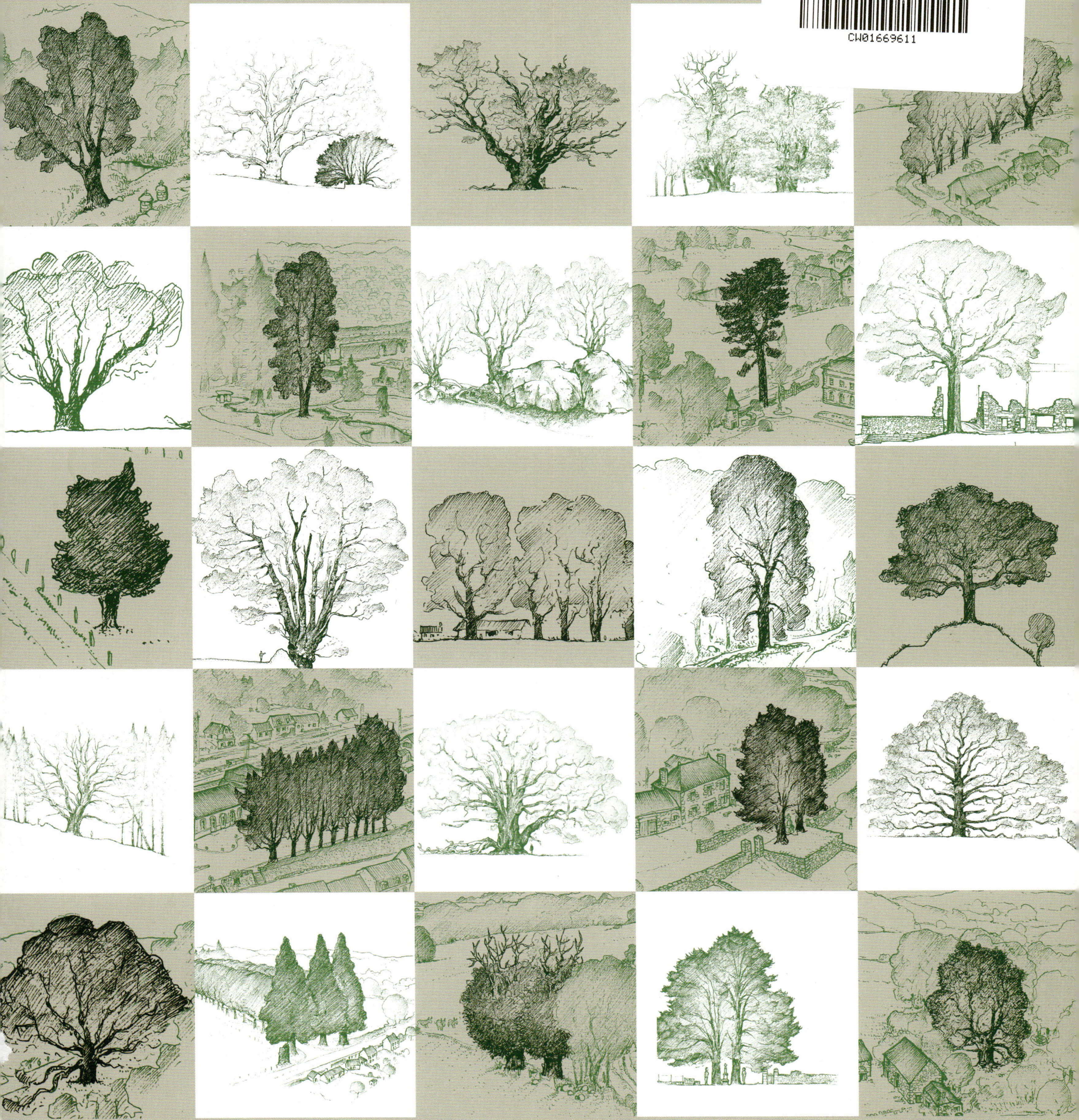

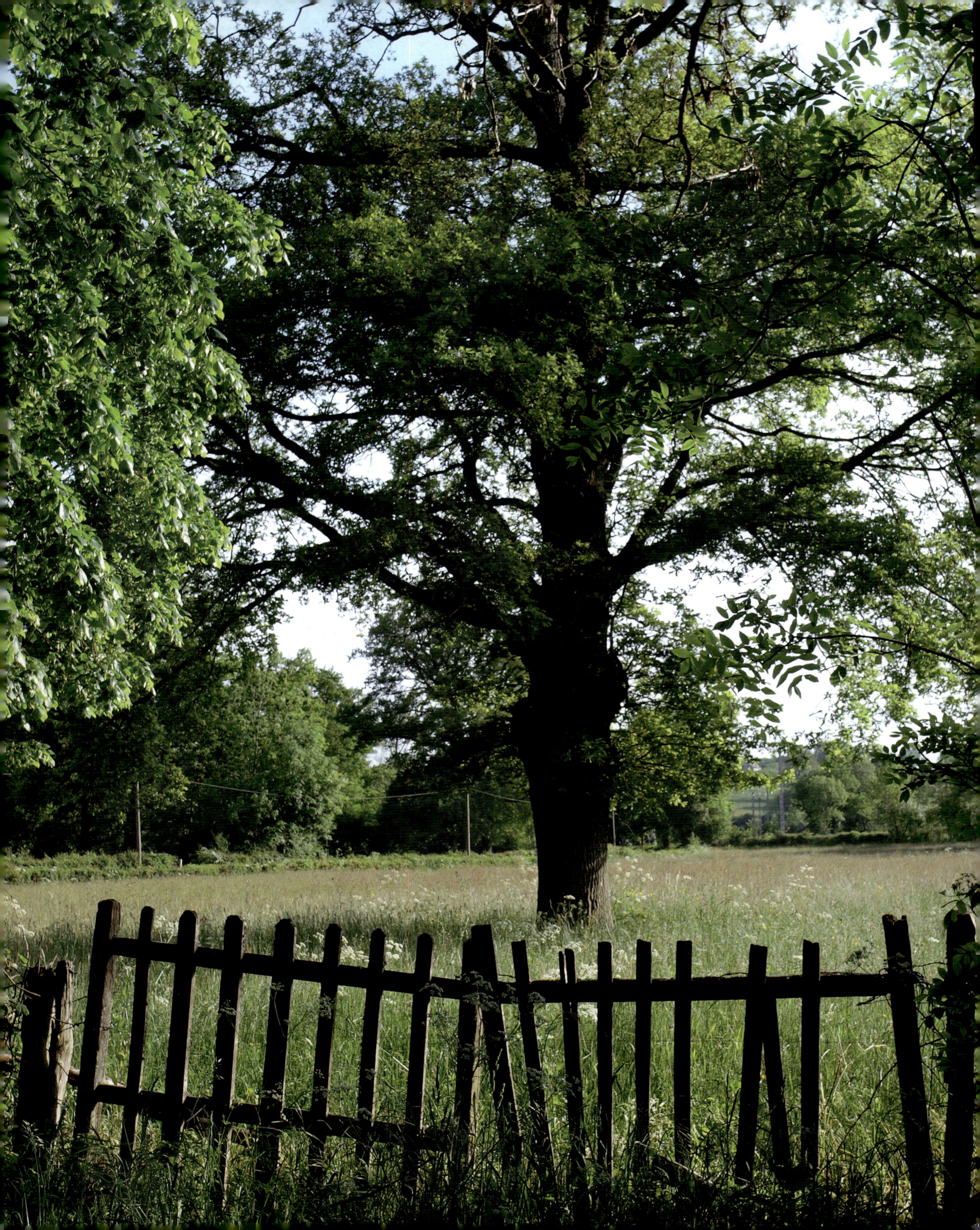

dialogues avec des ARBRES REMARQUABLES en LIMOUSIN

Cécile **Auréjac**

Alain **Freytet**

Franck **Watel**

LES ARDENTS
ÉDITEURS

PRÉFACE

De nos jours, l'arbre est souvent exclu des préoccupations du quotidien. Autrefois au cœur des pratiques rurales, pour ses fruits, son bois, sa feuille, il est devenu, au fil du temps un agrément urbain. En 1970, Georges Pompidou, président de la République, s'émouvait, dans une lettre à son premier ministre, de l'abattage systématique des arbres de bord de route. *« Les arbres,* écrivait-il, *n'ont, semble-t-il, d'autres défenseurs que moi-même. La France n'est pas faite uniquement pour permettre aux Français de circuler en voiture, et, quelle que soit l'importance des problèmes de sécurité routière, cela ne doit pas aboutir à défigurer son paysage. La sauvegarde des arbres plantés au bord des routes (...) est essentielle pour la beauté de notre pays, pour la protection de la nature, pour la sauvegarde d'un milieu humain. »* Il terminait par cette phrase : *« La vie moderne, dans son cadre de béton, de bitume et de néon créera de plus en plus chez tous un besoin d'évasion, de nature et de beauté. »*

Ce besoin n'est pas difficile à satisfaire en Limousin et c'est peut-être lui, si commun à tous, dans une vie de plus en plus souvent déconnectée des milieux naturels, qui a provoqué cette attention nouvelle portée aux grands, vieux et beaux arbres. La démarche d'inventaire des arbres remarquables menée par la DREAL Limousin a su cristalliser ce besoin de nature et de beauté. Les arbres remarquables rencontrés aussi bien à la campagne qu'en ville sont les compagnons indispensables de nos paysages bocagers, de nos forêts, de certaines places, de rues et de parcs que l'on aime fréquenter.

Les arbres présentés dans ce livre sont les témoins d'une civilisation qui s'est profondément transformée. La forêt limousine a triplé sa surface en un demi-siècle : le Limousin semble être devenu «un pays de l'arbre». Cependant, l'extension des zones boisées sur des paysages autrefois pâturés a considérablement modifié le paysage et l'arbre, jadis si visible au milieu du pré ou dans la haie, s'est caché. On voit des arbres mais voit-on l'Arbre, celui qui porte une histoire, qui est le témoin d'une époque, d'un moment ?

Aujourd'hui, il faut réapprendre à le considérer comme un patrimoine vivant. En Limousin, l'arbre est porteur de sens : acteur essentiel de la mémoire et du paysage, il est une richesse à faire connaître et à faire aimer. Élus, techniciens, propriétaires et riverains, nous devons engager notre responsabilité afin de lui céder une place dans notre environnement quotidien et ainsi de transmettre cet héritage aux générations futures.

Jacques REILLER
Préfet de la Région Limousin

AVANT-PROPOS

Cet ouvrage est le fruit d'un long travail ayant impliqué nombre d'acteurs de la région Limousin, qu'ils soient techniciens ou simples citoyens, amateurs de nature. En effet, si ce livre est la partie visible de l'iceberg, il ne saurait exister sans l'impulsion des inspecteurs des sites de la direction régionale de l'Environnement, aujourd'hui direction régionale de l'Environnement, de l'Aménagement et du Logement du Limousin (DREAL). Ils ont pendant plusieurs années entrepris l'inventaire des arbres remarquables de Creuse, de Corrèze et de Haute-Vienne, avec l'appui d'une participation active des habitants, qui ont une connaissance concrète de leur environnement.

Cet inventaire utilisé par la DREAL Limousin dans le cadre de la diffusion des connaissances relevant de ses compétences serait en partie confidentiel si l'idée d'un ouvrage pour le transmettre au public n'avait émergé. Aujourd'hui, les livres consacrés aux arbres remarquables sont nombreux. Il importait donc de ne pas en faire un catalogue des plus vieux ou des plus gros arbres de notre région. C'est pourquoi une équipe pluridisciplinaire a travaillé à partir de l'inventaire : la mission était de « donner du sens » à l'inventaire en choisissant, parmi plus de 1000 arbres recensés, ceux qui pouvaient avoir valeur d'exemple.

L'inventaire des arbres remarquables n'est pas une fantaisie scientifique, il sensibilise l'opinion à la question de la protection de l'arbre et à son caractère de monument naturel au titre de la biodiversité et du maintien des paysages. À travers cet ouvrage, la DREAL Limousin cherche à éveiller le regard sur la fragilité de l'arbre et sur sa place essentielle dans notre société contemporaine.

M. Robert MAUD
Directeur régional de l'Environnement, de l'Aménagement et du Logement du Limousin

SOMMAIRE

Introduction 7

Connaître l'arbre en Limousin
Françoise Maison, inspectrice des sites ... 8

Cinquante sur mille : choisir les arbres
Cécile Auréjac, Alain Freytet,
Franck Watel 10

Dessiner l'arbre
Alain Freytet 11

Écouter l'arbre
Cécile Auréjac 12

Regarder l'arbre
Franck Watel.................................. 13

Mode d'emploi de l'ouvrage 14

dialogues avec des ARBRES REMARQUABLES en Limousin

Le peuplier noir de Chambonchard 18

Le chêne du loup, Évaux-les-Bains 20

Le houx de Puy-Haut, Lussat 22

Les hêtres des rochers Saint-Julien,
Dontreix 24

Le châtaignier de Saint-Médard-la-Rochette.............. 26

Le tilleul de Nouallaguet,
Saint-Georges-la-Pouge 28

Le tilleul de Villechadeau, Sardent..... 30

L'aulne du mont de Sardent........... 32

Le merisier de Sardent 34

Le tulipier du parc de la Sénatorerie,
Guéret 36

Le chêne de Cherdemont, Guéret.... 38

Le châtaignier de Langeas, Ajain...... 40

Les châtaigniers-cabanes du Mont,
Bussière-Dunoise 42

Le tilleul de la chapelle du Mas Saint-Jean, Saint-Sulpice-le-Dunois....... 44

Le robinier de Malval 46

Les ormes de Puy-Guillon,
Fresselines 48

Le hêtre de Peu-du-Cou,
Montaigut-le-Blanc 50

Le poirier bergamote de Bonnefond,
Janaillat.. 52

Le tilleul de la pierre à cidre, Le Rhet,
Marsac... 54

Le chêne de Sazeirat, Arrènes 56

Les ifs de Châtelus-le-Marcheix 58

Les ginkgos de Saint-Sulpice-Laurière 60

Les châtaigniers « Petit Jean »,
Saint-Sulpice-les-Feuilles 62

Le hêtre des Taffres,
Châteauponsac 64

Les chênes sessiles de Bussière-Boffy 66

Le pin noir du château des Augustins,
Mortemart 68

Le chêne d'Oradour-sur-Glane 70

Le chêne de l'A20, Limoges 72

Le séquoia du square Camille-Fauré,
Limoges 76

L'aubépine du parc Victor-Thuillat,
Limoges 78

Les platanes de Peyrassoulat,
Chéronnac 80

Les séquoias, les platanes et le noyer de Charbonnier, Bussière-Galant........ 82

Le marronnier de l'ancien presbytère,
Saint-Hilaire-les-Places 86

Le hêtre à feuilles de fougères de Nexon 88

Les charmes des Landes,
Saint-Genest-sur-Roselle 90

Le chêne de Clovis,
Saint-Léonard-de-Noblat 92

Le buis du Chalard 94

Le châtaignier du Mas-de-Forsac,
Benayes.. 96

L'if de Vigeois.............................. 98

Le chêne de Bel-Aspect,
Chamboulive.................................. 100

Les ormes de Saint-Augustin 102

Le tulipier de Sainte-Fortunade...... 104

Le sapin du Nialat, Sainte-Fortunade 108

Le pin du puy de Pauliac,
Aubazine 110

Le chêne-vert de la gare, Turenne..... 112

Le pin parasol du château de Turenne 114

Les platanes de Beaulieu-sur-Dordogne 116

Le chêne de l'Anglais, Sarroux 118

Les douglas du viaduc des Farges,
Meymac.. 120

Le tilleul de Saint-Hilaire-Luc......... 122

Le tilleul de Bonnefond 124

Les hêtres du mont Gargan,
Saint-Gilles-les-Forêts 126

Les genévriers du Puy-la-Croix,
Royère-de-Vassivière 128

Le hêtre de Pommard, Tarnac 132

En savoir plus sur les espèces...... 134

Où trouver les arbres remarquables ? . 136

Quelques plans d'accès................ 138

Bibliographie, remerciements 143

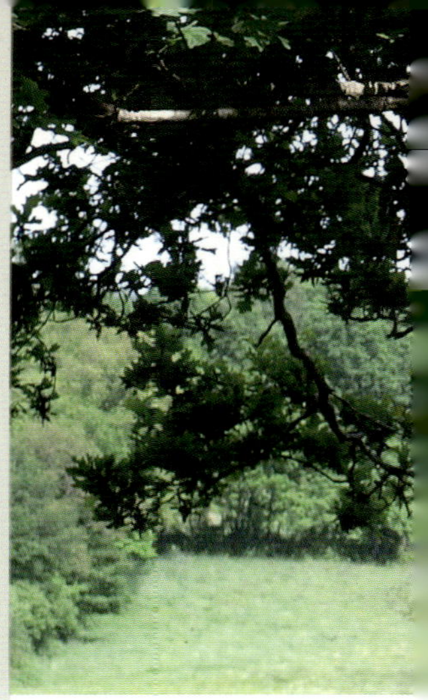

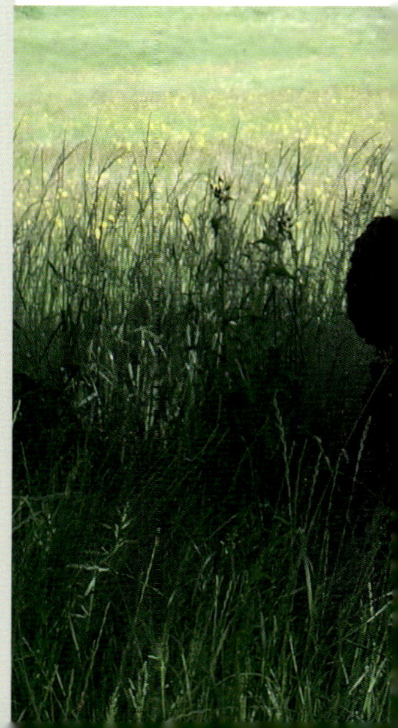

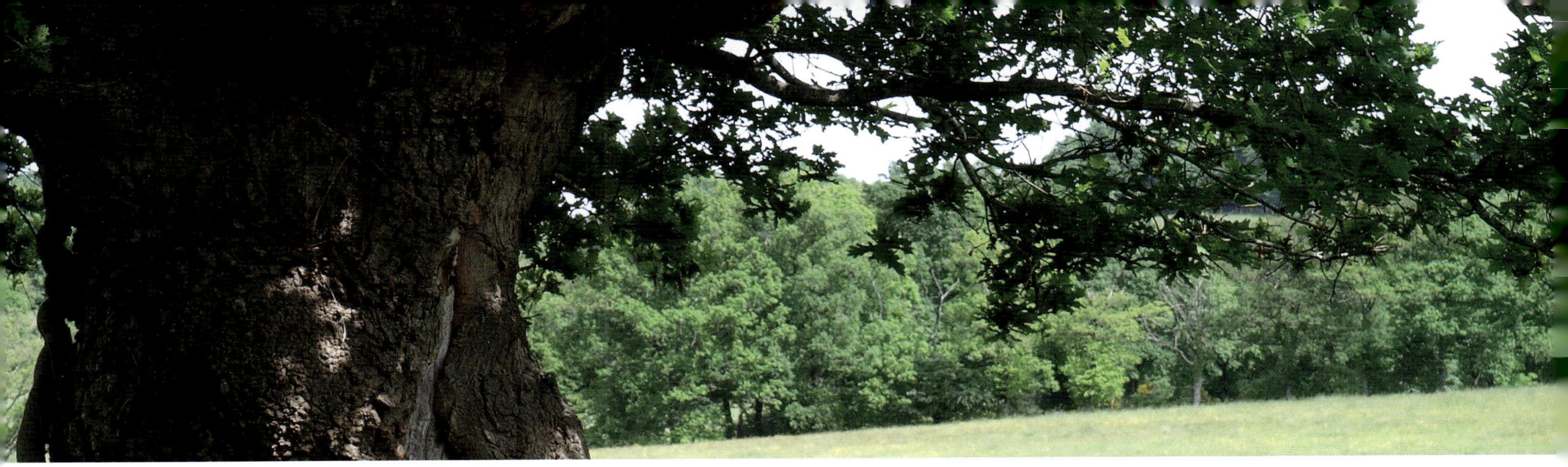

INTRODUCTION

À l'origine de ce livre, il y a des arbres, bien, sûr, un pays, et des gens. On a peine à imaginer le nombre d'hommes et de femmes dont le travail a abouti à ces quelques pages. Les premiers, ce sont les amateurs, botanistes, jardiniers, forestiers, qui aiment à s'occuper des arbres : en forêt, en ville, dans les jardins. Les campagnes d'élagages d'arbres anciens, les campagnes « Visite d'un jardin en France » ont, depuis la fin des années 1980, sensibilisé un grand nombre de personnes à la présence des arbres en ville comme à la campagne. Progressivement, la nécessité de mieux connaître, pour préserver, apparaît comme une évidence. C'est alors qu'est mené le long travail de l'inventaire. Puis de l'inventaire vient le désir de mettre en lumière quelques arbres exemplaires, de les porter à la connaissance du public… Commence ensuite un autre long travail, difficile car il s'agit de choisir, donc d'exclure. Au terme de cet exercice, le livre naît.
Ce ne fut pas une mince affaire ! Plutôt une longue histoire, qu'il est important de retracer.

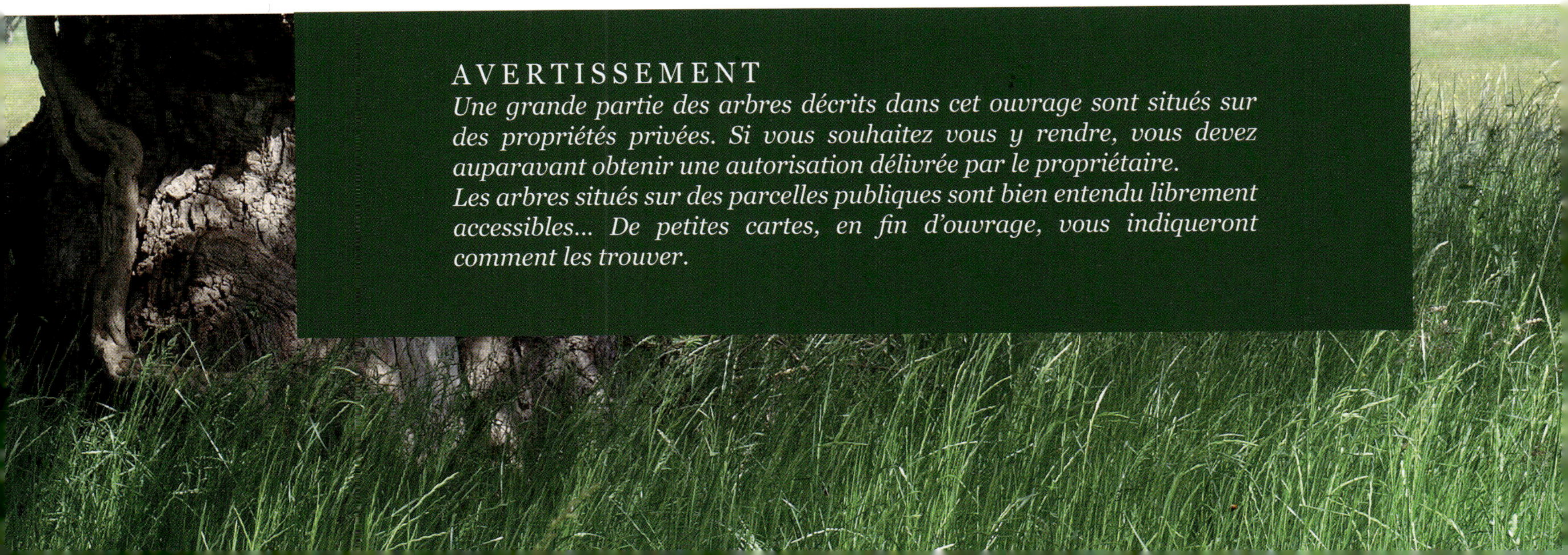

AVERTISSEMENT

Une grande partie des arbres décrits dans cet ouvrage sont situés sur des propriétés privées. Si vous souhaitez vous y rendre, vous devez auparavant obtenir une autorisation délivrée par le propriétaire.
Les arbres situés sur des parcelles publiques sont bien entendu librement accessibles… De petites cartes, en fin d'ouvrage, vous indiqueront comment les trouver.

CONNAÎTRE L'ARBRE EN LIMOUSIN

Françoise Maison, Inspectrice des Sites

LA PETITE HISTOIRE DE L'INVENTAIRE DES ARBRES REMARQUABLES

À la fin des années 1980, le Ministère de l'Environnement a initié une politique nationale d'inventaires : ouvrages d'art, parcs et jardins et arbres remarquables. En Limousin, un pré-inventaire des arbres remarquables a été mis en œuvre par les deux Inspecteurs des Sites à partir des données internes du service et des ressources iconographiques et historiques existantes.
La découverte de ces monuments naturels, inconnus ou tombés dans l'oubli était véritablement enthousiasmante. Toutefois les données restaient disparates et sectorisées, selon les informations transmises par les associations locales qui ont largement contribué à la qualité de cet inventaire. Il manquait un recensement systématique et homogène des arbres de la région qu'il m'a été donné de mettre en œuvre en 2001.
Dans un souci de cohérence et d'homogénéité du recensement, la reprise du pré-inventaire a été confiée pour les trois départements du Limousin à un seul bureau d'étude, celui de Marie-France Morel et Thierry Viviant, paysagistes. Cette étude s'est déroulée sur trois ans, de 2002 à 2005.
Le résultat a été étonnant, avec plus de 1 000 arbres répertoriés et qualifiés de remarquables, selon les critères d'analyse suivants : leur âge, leur port, leur rareté botanique, leur appartenance à un ensemble (groupe ou alignement) ou leur qualité paysagère. On compte ainsi plus de 350 arbres en Creuse, 200 en Corrèze et 500 en Haute-Vienne. Chaque arbre, présenté dans son contexte environnemental et sa qualité paysagère, est décrit et mesuré. Une évaluation sommaire de son état sanitaire et des propositions de meilleure gestion et de mise en valeur concluent le document.

L'ARBRE LIMOUSIN

L'Inventaire a révélé la richesse de notre région qui recèle des arbres d'exception, avec un patrimoine arboré particulier constitué de chênes, hêtres, châtaigniers pour les arbres de plein champ, aubépines, charmes et frênes pour les arbres de haies, tilleuls, marronniers et ormes pour les arbres de place. Peu de conifères, en raison de la jeunesse des plantations qui n'excèdent pas une soixantaine d'années, excepté dans les parcs et jardins où ils sont introduits comme des espèces exotiques depuis la fin du XVIIIe siècle.
L'arbre limousin est sans aucun doute l'arbre rural. Il reste lié aux pratiques agricoles et à l'espace villageois jusqu'au milieu du XXe siècle : l'arbre de haute tige dans les haies ; l'arbre « têtard » dit « chapourle » à la forme caractéristique due aux tailles répétées des branches pour récupérer le bois de chauffage ; l'arbre isolé de prairie pour abriter le troupeau avec sa taille caractéristique dite « à la vache » ; l'arbre protecteur de la foudre auprès des maisons, le plus souvent le tilleul ; l'arbre nourricier, le châtaignier en verger complanté aux abords du village ; l'arbre signal comme le pin parasol près des bâtisses du bassin de Brive ; l'arbre sacré auprès des chapelles et des cimetières.
Cet arbre généreux, à la silhouette pleine, souverain en tant qu'individu et non en peuplement, est déjà présent dans les tapisseries d'Aubusson, particulièrement les grandes verdures du XVIIIe siècle.
Au XIXe siècle de nombreuses cartes postales montrent des arbres anciens dans des sites pittoresques constitués de rochers ou de cascades ainsi que des arbres de mémoire. À cette époque, les scientifiques et les érudits locaux s'intéressaient aux arbres remarquables. Ainsi *La Revue Scientifique du Limousin*, *Le Bulletin de la Société Archéologique et Historique du Limousin*, *Lemouzi* et la revue *l'Arbre et l'Eau* ont donné une première approche de ce patrimoine à la fin du XIXe et au début du XXe siècle.
À partir des années 1960, l'arbre semble ne plus être regardé, le développement forestier masquant l 'intérêt de ces végétaux solitaires. L'arbre est alors davantage considéré sous l'angle de la production ligneuse, et de sa valeur économique, en perdant de vue ses autres fonctions : ombrage, nourriture, repère paysager, caractère sacré, compagnon de l'homme au quotidien. Le développement de la mécanisation, le remembrement, l'arrachage des haies, des clos et des chemins plantés inadaptés à l'emprise des engins agricoles ont fait disparaître les grands arbres encombrants, le long des voies, aux carrefours,

ou en limites de parcelles. Ces actions ont, par ailleurs, conduit à la simplification et à la raréfaction du bocage limousin.
C'est au XXe siècle que l'arbre est devenu dangereux et gênant. Ainsi les alignements le long des routes qui accompagnent les visiteurs à la découverte des paysages si diversifiés du Limousin, ont fait l'objet de schémas départementaux d'abattage et de replantation qui ont accéléré leur disparition. Seule la toponymie nous renseigne encore sur les arbres remarquables disparus : Les Trois hêtres, La Croix sous l'arbre, Le Cirieix, Le Chêne pignier, Le Châtaignier, La Croix du tilleul, Le Noyer...
De nos jours, on replante très rarement des arbres isolés à l'échelle du grand paysage. Cela ne s'est produit qu'à deux occasions au cours des dernières décennies : en 1989 avec les arbres de la Liberté pour commémorer le bicentenaire de la Révolution et en 2000, le long du méridien de Paris, entre Dunkerque et Barcelone, selon le projet de méridienne verte de Paul Chemetov.

LE RÔLE DE L'INVENTAIRE

En tant qu'instrument de la connaissance, l'Inventaire contribue à la protection des arbres. Bien que ces monuments naturels soient reconnus au plan national comme des éléments à caractère patrimonial, peu de protections ont été mises en place. Seuls six arbres et six alignements sont inscrits ou classés en tant que tels au titre des Sites en Limousin. Cependant, de très nombreux arbres remarquables sont inclus dans les périmètres de sites protégés, et de ce fait préservés.
Le rôle de l'Inventaire est de renseigner le Porter à connaissance de l'État, particulièrement utile lors de l'élaboration de documents d'urbanisme pour identifier les éléments de paysage, dont les arbres à conserver. En outre, il fournit des informations à destination des différents partenaires institutionnels et du grand public et aide au traitement des demandes ponctuelles publiques ou privées. Car autant les particuliers que les bureaux d'étude et les élus le consultent pour connaître la qualité et l'intérêt des arbres avant d'entreprendre des travaux.
C'est donc un document indispensable d'aide à la décision. Avec la mise en ligne de l'Inventaire sur le site internet de la DREAL, chaque commune pourra préserver son patrimoine arboré et les structures touristiques trouveront les éléments nécessaires pour valoriser des circuits de découverte.

L'essentiel est que les arbres remarquables du Limousin soient connus, donc mieux préservés et mieux pris en compte dans les politiques territoriales en tant qu'éléments patrimoniaux, archives vivantes du paysage.

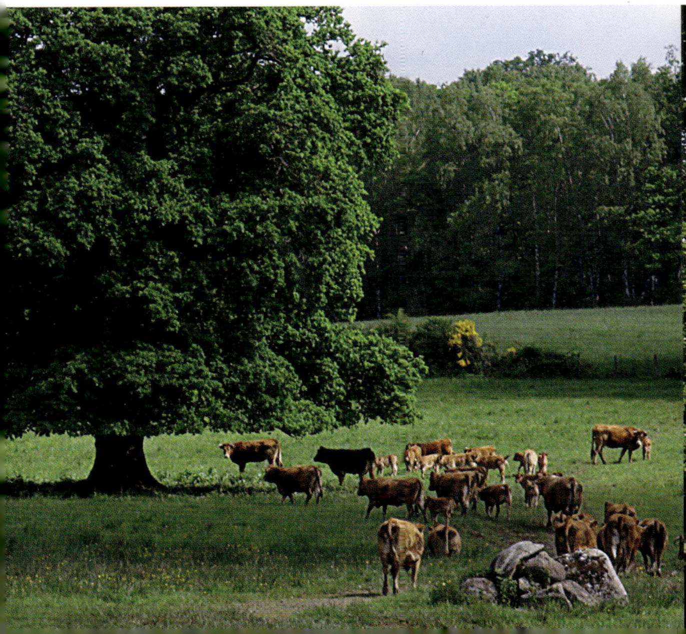
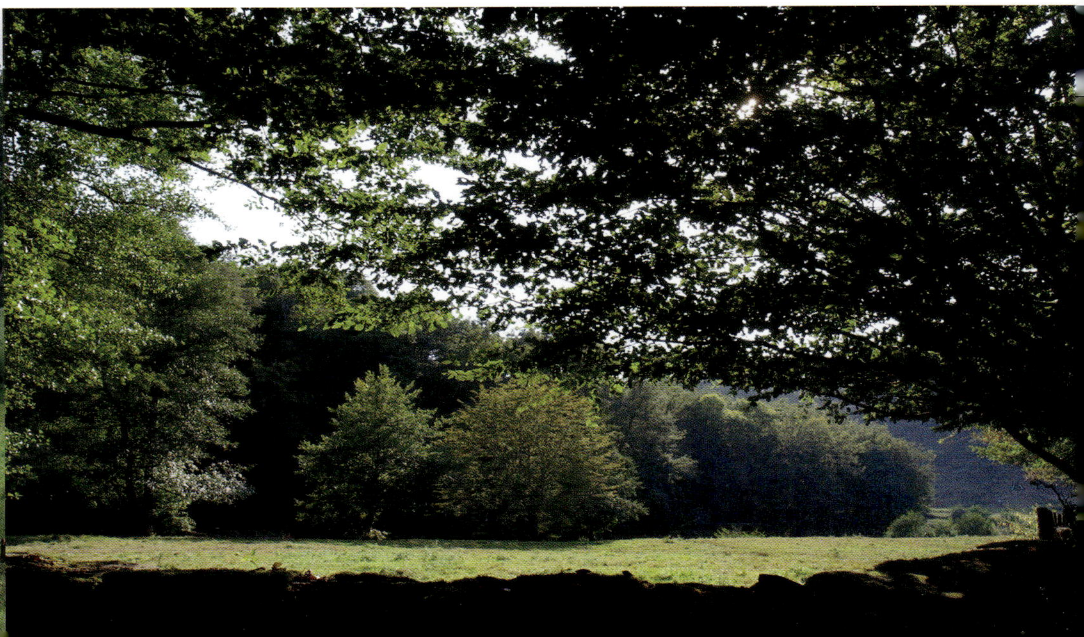

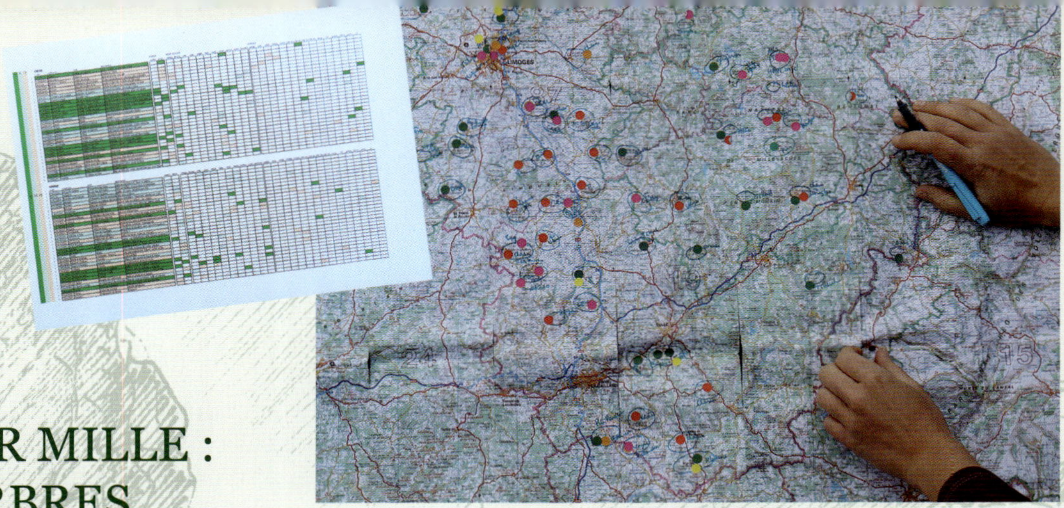

Le tableau et la carte du Limousin, outils essentiels du travail de sélection.

CINQUANTE SUR MILLE : CHOISIR LES ARBRES

Cécile Auréjac - Alain Freytet - Franck Watel

Fin 2007, notre équipe a été retenue par la DREAL, ex-DIREN, pour mener à bien le travail de conception de l'ouvrage qui, à l'époque, ne portait pas vraiment de nom. Nous disions « Arbres remarquables du Limousin », tout en sachant que nous ne l'appellerions pas ainsi. Notre travail fut essentiellement de terrain : des arbres, nous en avons vu ! Et pour trouver un arbre, le GPS ne sert pas à grand-chose, il faut aller se confronter avec les sentiers, les broussailles, les ruisseaux. Les fiches d'inventaire de la DIREN nous ont beaucoup aidés, avec leurs cartes de localisation et leurs photographies. Nous avons parcouru en long, en large et en travers les chemins buissonniers pour nous retrouver, parfois, dans des endroits totalement improbables où, miracle, surgissait une merveille au détour du chemin. Il faut savoir ne pas se décourager.
Nous avons rencontré environ 130 arbres, sur les plus de mille de l'inventaire : une présélection avait été faite, en compagnie de Françoise Maison, Inspectrice des Sites responsable de l'inventaire à la DREAL, et nous savions qu'il nous faudrait «éliminer» pour ne retenir, au final qu'une cinquantaine de sujets. Parfois, nous avons découvert des arbres qui n'étaient pas dans l'inventaire, et nous les avons aimés... ils sont dans ce livre. Les critères de choix ont été multiples : pour nous, il ne s'agissait pas de choisir les 50 plus vieux ou plus gros arbres du Limousin, il s'agissait avant tout de faire sens. Nous aurions pu mettre tous les tilleuls « Sully » du Limousin, ils sont légion, mais nous n'en avons retenu que trois. Nous aurions pu nous contenter des arbres magnifiques des grands parcs, publics ou privés : il y en a tant ! Non, pour nous, l'essentiel était de montrer 50 arbres uniques par la qualité de la rencontre que nous avions eue avec eux.

Nous avons tout de même travaillé de manière « scientifique ».
D'abord une grande carte du Limousin nous a accompagnés durant plus de deux ans de terrain : à chaque arbre rencontré, elle recevait une gommette. Verte pour l'arbre retenu d'emblée, rouge pour l'arbre rejeté, orange pour l'arbre qui pourrait être «repêché». À la fin du parcours, les gommettes vertes ou rouges sont venues recouvrir les gommettes orange, signifiant notre choix définitif. Cela paraît terrible de parler en ces termes : retenir, rejeter, repêcher. En réalité, nous ne les employions pas. Nous disions plutôt « celui-là, il est vert » ou « on le met en rouge, celui-là ? », tant il est vrai que le choix était cornélien. Il nous a été bien difficile d'exclure de cet ouvrage certains des arbres que nous avons visités, rencontrés, sentis, caressés. Chaque rencontre était unique.
Ensuite, nous avons réalisé un grand tableau à plusieurs entrées, où chaque arbre était défini selon plusieurs critères : son essence, son statut (était-il sur un domaine public ou privé ?), sa localisation (ville ? parc ? forêt ?...), etc., l'idée étant de faciliter notre choix définitif, de privilégier un arbre dont l'essence n'était pas encore représentée dans notre premier choix, ou qui se situait dans un secteur où peu de sujets avaient été retenus... Il fallait aussi que la majorité des arbres que nous allions présenter dans le livre soient facilement accessibles au public, pour que d'autres puissent en profiter.
Enfin, nous avons discuté. Dès les premiers arbres choisis, nous avons réalisé trois maquettes de pages, qui nous ont servi de base de discussion, et de travail, pour les 47 autres à venir. Nous avions arbitrairement fixé un nombre final de 50 arbres... Bien entendu, ce nombre n'a pas été respecté, et les arbres retenus sont un peu plus de 50 : il est difficile de faire entrer de la matière vivante dans des cases si rigides... Telle n'était pas notre intention, ni celle de la DREAL.
Ce livre est le fruit de deux années de travail, de visites sur le terrain, de longues journées d'écriture, de dessin ou de traitement d'images, de rencontres et de grandes discussions. Il est aussi, essentiellement, le fruit de véritables coups de cœur. C'est un ouvrage collectif au sens le plus fort du terme : nous avons été au moins 53 à l'écrire.

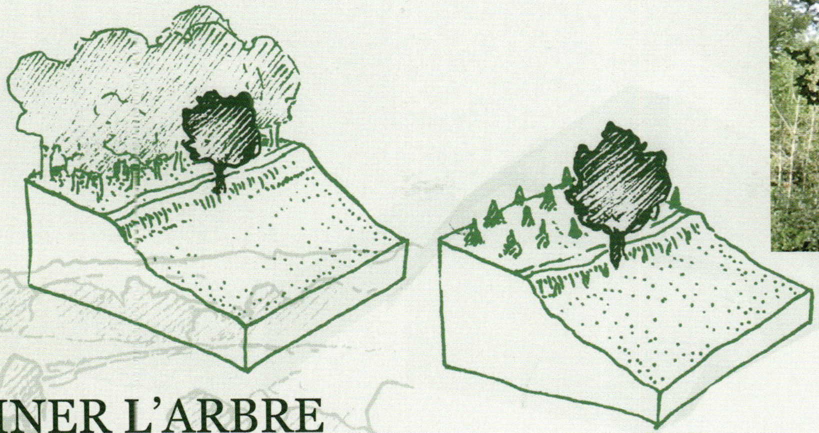

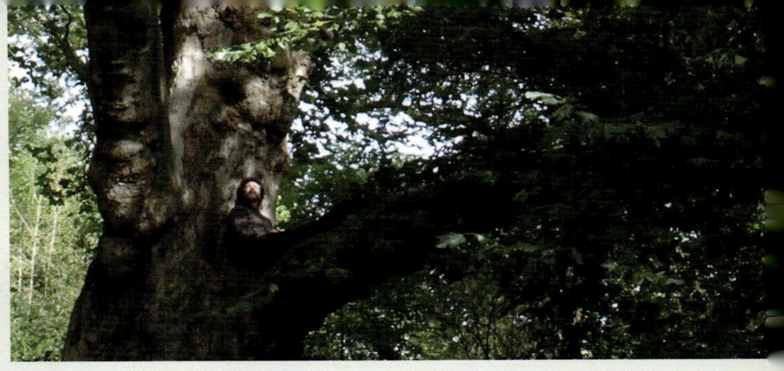

DESSINER L'ARBRE

Alain Freytet, paysagiste d.p.l.g.

Dessiner un arbre, c'est une façon douce et respectueuse de le rencontrer, de lui parler au-delà des mots. Certains ont résisté : sans recul, sans caractère saillant, entourés d'un horizon appauvri, dégradés par un manque de soin ou par des interventions brutales... le plaisir de dessiner n'était pas là, et sans désir, pas de rencontre. Au contraire, certains autres se sont donnés avec naturel, offrant à la feuille blanche une part de leur intimité, sans détour, livrant les grands et petits secrets de leur longue histoire.
Lors de chaque rencontre, je me déplaçais avec précaution pour prendre la mesure de l'arbre et trouver le bon angle d'attaque pour un croquis prometteur, car le croquis prend du temps, celui de la contemplation et de la réflexion. Il permet de porter une attention aiguisée à l'architecture aérienne de l'arbre, à la façon dont il s'enracine dans la terre, aux liens subtils qu'il tisse avec les autres motifs du paysage : dominer un coteau ouvert sur l'horizon des puys, se pencher au-dessus d'un ruisseau courant entre les blocs de granit, ombrager un chemin bordé de murets de pierres sèches... Ce temps du dessin permet de saisir un autre temps, celui du développement de l'arbre : plusieurs siècles d'une histoire distendue qui l'a vu grandir, se déployer, subir parfois des tailles ou une concurrence de la part d'autres arbres. Quelques blocs diagrammes chronologiques illustrent parfois cette évolution.

J'ai fait principalement deux sortes de croquis, élévations et perspectives. L'élévation est une représentation, issue du dessin d'architecture, respectant les échelles des hauteurs et les largeurs, comme un « portrait en pied ». Les difficultés liées à ce type de représentation résident souvent dans le manque de recul qu'on a dans les forêts et dans les villes, d'où le recours régulier à la croix du bûcheron pour apprécier les hauteurs de telle fourche, de telle branche. Le croquis part du tronc et se déploie suivant le trajet de la sève à travers les branches et les ramures. La silhouette finale est l'aboutissement de cette dynamique interne. Le dessin d'un « grouillot » au pied du tronc donne au croquis une échelle relative et suscite par transposition la rencontre avec cet énorme être vivant qu'est l'arbre.
L'autre représentation utilisée est la perspective aérienne. J'ai toujours rêvé de voler comme un oiseau, de voir les arbres d'en haut. Ce que le et la physique ne permettent pas, le croquis le suggère. Je m'élève par la pensée au-dessus de l'arbre et tout devient plus lisible : la relation au relief, aux autres arbres, aux champs et aux prairies, aux maisons et aux villages. Le croquis se construit à partir d'un trajet exploratoire du site de l'arbre car il faut représenter ce que l'on ne voit pas toujours du pied de l'arbre. Dessiner est aussi un travail d'imagination.

Naturellement, mes réflexes de paysagiste reviennent : des idées de traitement, d'aménagement, de soin naissent à la rencontre des arbres. Alors la coupe et le croquis basculent dans le projet de paysage dans l'espoir d'un passage à l'acte. On peut rêver que l'arbre soit à l'initiative d'une relation plus aimable à l'espace et à la nature, qu'il nous incite à la vigilance contre ces petits crimes du quotidien qui, insidieusement, banalisent parfois les paysages limousins : une décharge ici, un vilain talus routier plus loin, un lotissement envahissant autre part...

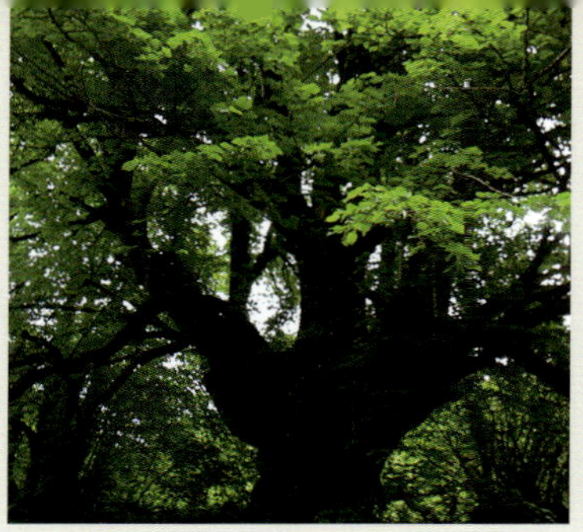

ÉCOUTER L'ARBRE

Cécile Auréjac, rédactrice

Pour raconter l'arbre, il faudrait d'abord écouter ce qu'il a à nous dire... ce qui supposerait qu'il ait une parole. Or l'arbre ne parle pas, il ne nous dit rien, au sens propre du terme. Pourtant, les écrivains et les poètes, depuis des siècles, ont fait parler les arbres. Comme l'homme, l'arbre est debout : on n'hésite pas, alors, à prendre ce raccourci audacieux, à lui prêter toutes nos qualités et nos défauts, à le doter du langage. Mais la pirouette littéraire semble aujourd'hui de moins en moins évidente : les plus récents travaux des botanistes nous disent que l'arbre n'est pas un individu, mais une colonie, qu'il n'est pas programmé pour mourir, qu'on ne le voit qu'à moitié, puisque son système racinaire est au moins aussi important que son feuillage, que sa sève est soumise aux marées de la lune... Aux toutes dernières nouvelles, il y aurait même des feuilles sur les racines, des feuilles qui tombent à l'automne ! Nous qui croyions tout savoir, nous voilà en terrain inconnu. La réalité dépasse de loin toutes les fictions.
Alors, comment raconter l'arbre ? On pourrait en parler comme le fait Francis Hallé, qui sait nous le rendre infiniment proche... et infiniment étranger. Selon lui, pour comprendre l'arbre, il faut absolument « laisser tomber l'anthropomorphisme », parce qu'alors, les différences entre l'arbre et l'homme, bien plus nombreuses que les similitudes, apparaissent mieux. Les mots de Francis Hallé nous racontent un être discret, beau, silencieux, absolument non-violent et si parfaitement autonome qu'il n'a besoin de personne, surtout pas de l'homme... La différence essentielle entre nos deux espèces tient en deux mots : espace et temps. Nous sommes maîtres de l'espace, les arbres sont maîtres du temps. Franchir l'immense gouffre culturel qu'impose cette différence nécessite un travail colossal de l'esprit. Il n'est pas facile de « penser arbre ».
Les écrits de Francis Hallé m'ont beaucoup inspirée et, parfois, certaines de ses idées transpirent dans mes textes. Mais je n'ai pas toujours su ou voulu m'extraire de cette longue tradition d'écriture anthropomorphique. Car ce n'est pas sur l'Arbre que j'ai eu la chance d'écrire, mais sur des arbres, sur plusieurs... personnalités (individus, allais-je écrire !). L'essentiel de mon travail s'est déroulé sur le terrain, à saisir une lumière, un bruit, une odeur, un je-ne-sais quoi dans l'air... J'ai dressé l'oreille pour écouter la musique intime de chaque arbre. J'ai beaucoup regardé, beaucoup touché. Ce fut, à chaque fois, un grand bonheur. Parfois, il m'a semblé pouvoir arracher (en douceur) quelques mots à l'arbre, à d'autres moments, je n'ai fait que sentir une ambiance. Je ne sais laquelle de ces deux approches est la plus juste. Ce que je sais, c'est que certains mots sont venus d'eux-mêmes, alors que d'autres étaient enfouis loin, très très loin... il m'a fallu du temps pour les mettre au monde. Certains arbres vous sautent aux yeux comme une évidence, d'autres restent plus secrets.

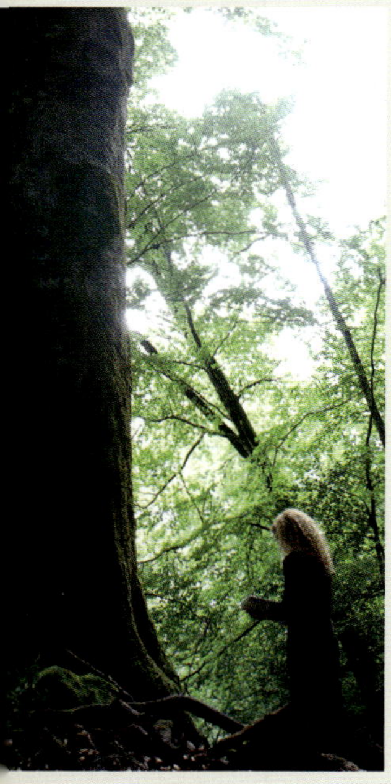

Rencontrer tant d'arbres fut une expérience fondatrice. Pendant deux années, j'ai cherché des arbres, je les ai trouvés, je les ai regardés et, mieux encore, je les ai vus. Maintenant, je sais voir, autour de moi, ce que je ne voyais pas... Je repère instantanément un grand et bel arbre, j'imagine ce qu'il sera dans 200, 300 ans. Et je me prends à rêver d'un monde où les grands arbres, les vieux arbres auraient à nouveau leur place, où ils ne seraient plus l'exception et la rareté. J'aimerais qu'on donne le temps aux arbres, qu'on cesse de les exploiter avant de les avoir laissés grandir. Qu'on les laisse en paix. J'aimerais que le bel arbre, le gros arbre, le vieil arbre ne soit plus remarquable : j'aimerais qu'il soit évident, qu'il nous soit familier.
Je ne verrai rien de tout cela, il est trop tard pour moi. Et si les beaux arbres continuent de disparaître, il sera trop tard pour les générations à venir. C'est peut-être le seul message de ce livre : l'arbre est un patrimoine à construire. Tous les arbres sont des arbres remarquables en devenir.

REGARDER L'ARBRE

Franck Watel, graphiste - scénographe

L'arbre ne peut venir à nous, c'est donc à nous d'aller vers lui : on peut alors se permettre de choisir le moment de la rencontre. L'instant où on entre en contact avec l'arbre est important, car selon la saison et le temps qu'il fait, cette rencontre peut ne pas se faire. Il nous est arrivé de retourner voir un arbre, parce que le moment n'était pas bon, le ciel trop blanc, la pluie trop drue ou le soleil trop fort. Photographier un arbre relève d'une alchimie particulière. Rien n'est moins simple, car, tout bêtement, l'arbre n'entre pas dans l'objectif d'un appareil photo. Alors il faut tourner autour, s'éloigner, se rapprocher pour tenter d'attraper l'image qui va vraiment rendre compte de cet arbre-là, à ce moment-là. L'arbre est tout en contrastes, fait d'ombre et de lumière. Les troncs apparaissent souvent noirs car ils sont sous le feuillage... Feuillage qui, quand on s'attache au tronc, est surexposé. L'œil fait la mise au point tout seul et voit tout, l'appareil, non. Sous l'arbre, la lumière se teinte de vert et uniformise tout. Et puis il y a le vent, qui donne du mouvement à l'arbre et peut brouiller sa silhouette. Parfois, c'est intéressant : puisque qu'on ne peut supprimer ces paramètres, il faut les utiliser. On ne déplace pas un arbre dans un studio ! Parfois, j'ai choisi de photographier l'arbre tout entier, parfois seulement un détail de l'écorce ou des feuilles. On peut regarder l'arbre de loin, ou de près : le résultat n'est évidemment pas le même.

En réalité, on ne peut photographier un arbre : on se contente d'en saisir des fragments. L'arbre ne donne à voir que ce qu'il veut. Il y a beaucoup d'invisible, dans un arbre, ne serait-ce que ses racines ! C'est pourquoi, pour celui qui a rencontré l'arbre, sa photographie semble toujours décevante par rapport à la réalité. L'arbre paraît toujours « moins », ou « pas assez ». Parfois, pour rendre l'image plus parlante, on place un humain au pied de l'arbre : il donne l'échelle. Avec le dessin, on peut tricher, accentuer la silhouette de l'arbre pour rendre sa majesté dans l'environnement. C'est beaucoup plus difficile avec la photographie.

En tout cas, je n'ai pas essayé de « faire du beau » : l'essentiel était de rendre compte d'un moment, de rester dans l'idée de la rencontre. Je n'ai pas cherché l'esthétisme, même s'il y a toujours une émotion esthétique quand on est en face d'un arbre. J'ai simplement voulu traduire en images nos rencontres et dialogues avec ces cinquante arbres. Je ne les ai pas mis en scène : les arbres se suffisent à eux-mêmes.

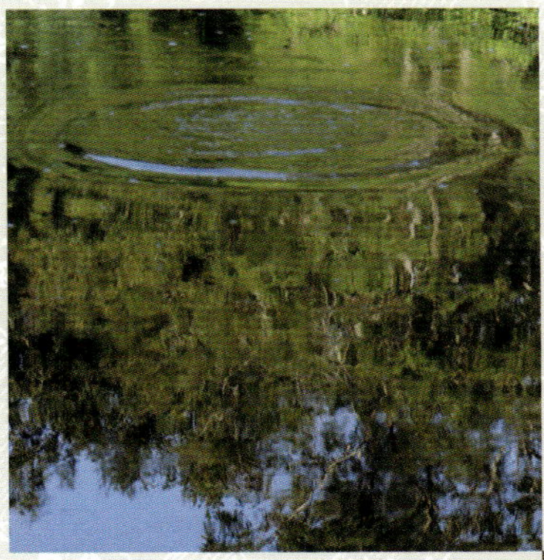

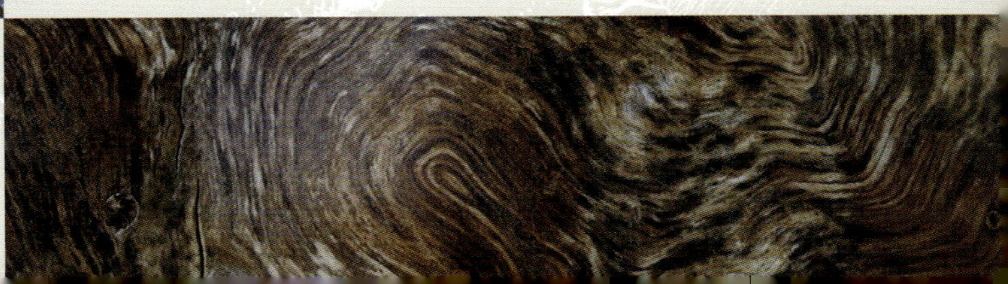

MODE D'EMPLOI DE L'OUVRAGE

À lire avant d'aborder le cœur de l'ouvrage, pour bien en comprendre toutes les ramifications…
Sur chaque double-page consacrée à un arbre, on trouve :

L'indication de l'unité paysagère qui est le territoire de vie de l'arbre : Gorges de la Dordogne, Colline de Limoges, Monts de Janaillat, Massif de Guéret…
Ces unités paysagères sont le fruit du travail d'Atlas des paysages mené par la DREAL.

Deux symboles « cabalistiques » indiquant la hauteur de l'arbre, hors sol, et sa circonférence à 1m50 du sol.

En italique et en vert, le nom savant de l'espèce.
En fin d'ouvrage, un glossaire donne les informations essentielles sur chaque espèce.

Les photos, de caractère « sensible », sont complétées par les croquis, qui permettent de saisir l'arbre « en pied », dans sa construction aérienne, et le dimensionnent par rapport à son environnement immédiat. Les croquis sont indispensables à la compréhension fine de l'arbre. Ils sont parfois accompagnés de petites notes de terrain à l'orthographe aléatoire.

Les petits textes racontent l'environnement de l'arbre, son inscription dans le paysage, parfois une anecdote ou des données plus « scientifiques » sur sa croissance ou son histoire.

En gras, le nom « usuel » de l'arbre décrit : **Le hêtre des Taffres**, ce nom peut évoquer simplement un lieu, ou une histoire.

Les noms de la commune et du département où rencontrer cet arbre.

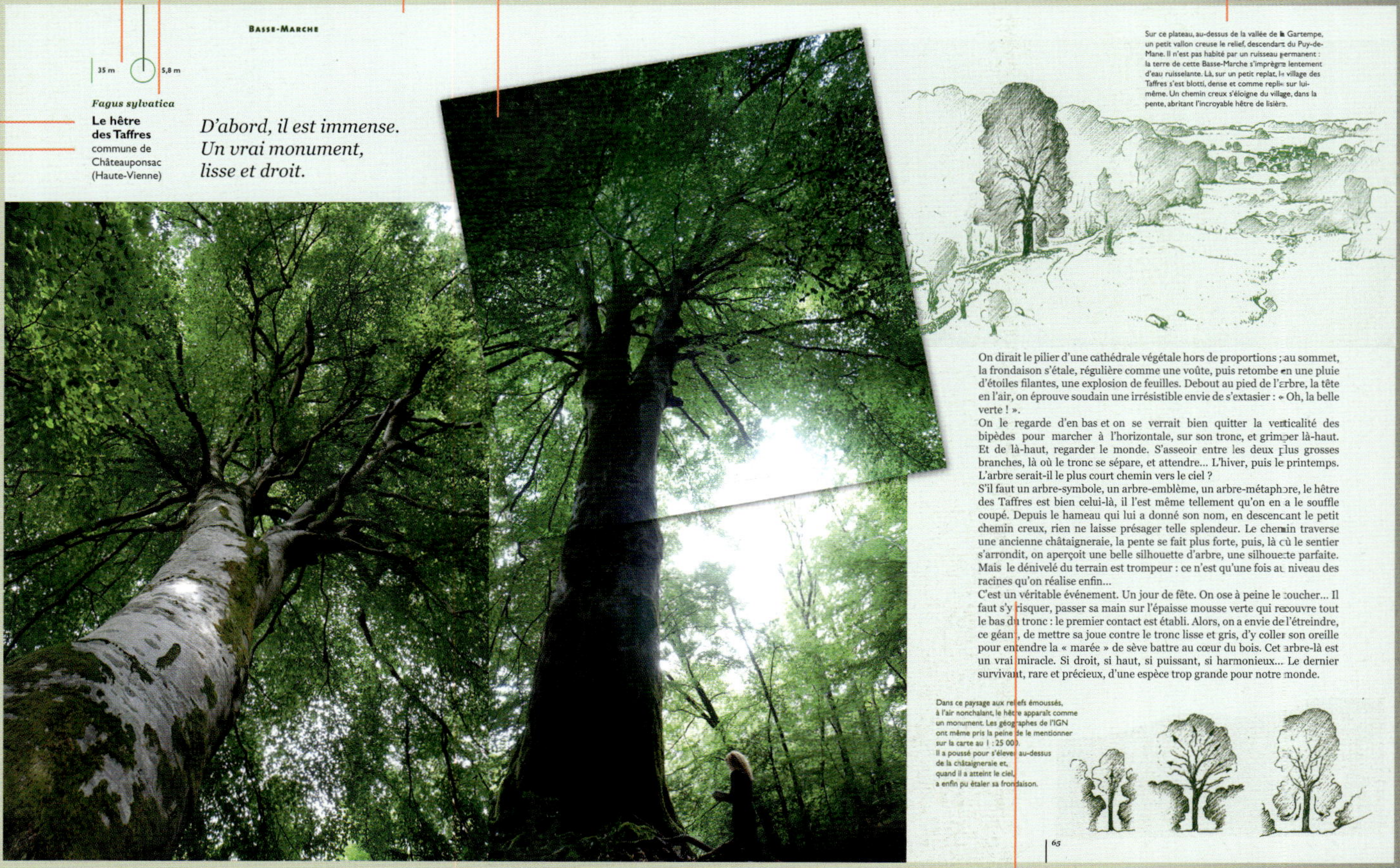

BASSE-MARCHE

35 m

5,8 m

Fagus sylvatica

Le hêtre des Taffres
commune de Châteauponsac (Haute-Vienne)

D'abord, il est immense. Un vrai monument, lisse et droit.

Sur ce plateau, au-dessus de la vallée de la Gartempe, un petit vallon creuse le relief, descendant du Puy-de-Mane. Il n'est pas habité par un ruisseau permanent : la terre de cette Basse-Marche s'imprègne lentement d'eau ruisselante. Là, sur un petit replat, le village des Taffres s'est blotti, dense et comme replié sur lui-même. Un chemin creux s'éloigne du village, dans la pente, abritant l'incroyable hêtre de lisière.

On dirait le pilier d'une cathédrale végétale hors de proportions ; au sommet, la frondaison s'étale, régulière comme une voûte, puis retombe en une pluie d'étoiles filantes, une explosion de feuilles. Debout au pied de l'arbre, la tête en l'air, on éprouve soudain une irrésistible envie de s'extasier : « Oh, la belle verte ! ».
On le regarde d'en bas et on se verrait bien quitter la verticalité des bipèdes pour marcher à l'horizontale, sur son tronc, et grimper là-haut. Et de là-haut, regarder le monde. S'asseoir entre les deux plus grosses branches, là où le tronc se sépare, et attendre… L'hiver, puis le printemps. L'arbre serait-il le plus court chemin vers le ciel ?
S'il faut un arbre-symbole, un arbre-emblème, un arbre-métaphore, le hêtre des Taffres est bien celui-là, il l'est même tellement qu'on en a le souffle coupé. Depuis le hameau qui lui a donné son nom, en descendant le petit chemin creux, rien ne laisse présager telle splendeur. Le chemin traverse une ancienne châtaigneraie, la pente se fait plus forte, puis, là où le sentier s'arrondit, on aperçoit une belle silhouette d'arbre, une silhouette parfaite. Mais le dénivelé du terrain est trompeur : ce n'est qu'une fois au niveau des racines qu'on réalise enfin…
C'est un véritable événement. Un jour de fête. On ose à peine le toucher… Il faut s'y risquer, passer sa main sur l'épaisse mousse verte qui recouvre tout le bas du tronc : le premier contact est établi. Alors, on a envie de l'étreindre, ce géant, de mettre sa joue contre le tronc lisse et gris, d'y coller son oreille pour entendre la « marée » de sève battre au cœur du bois. Cet arbre-là est un vrai miracle. Si droit, si haut, si puissant, si harmonieux… Le dernier survivant, rare et précieux, d'une espèce trop grande pour notre monde.

Dans ce paysage aux reliefs émoussés, à l'air nonchalant, le hêtre apparaît comme un monument. Les géographes de l'IGN ont même pris la peine de le mentionner sur la carte au 1 : 25 000.
Il a poussé pour s'élever au-dessus de la châtaigneraie et, quand il a atteint le ciel, a enfin pu étaler sa frondaison.

65

Le texte général traduit une vision également « sensible » de l'arbre.

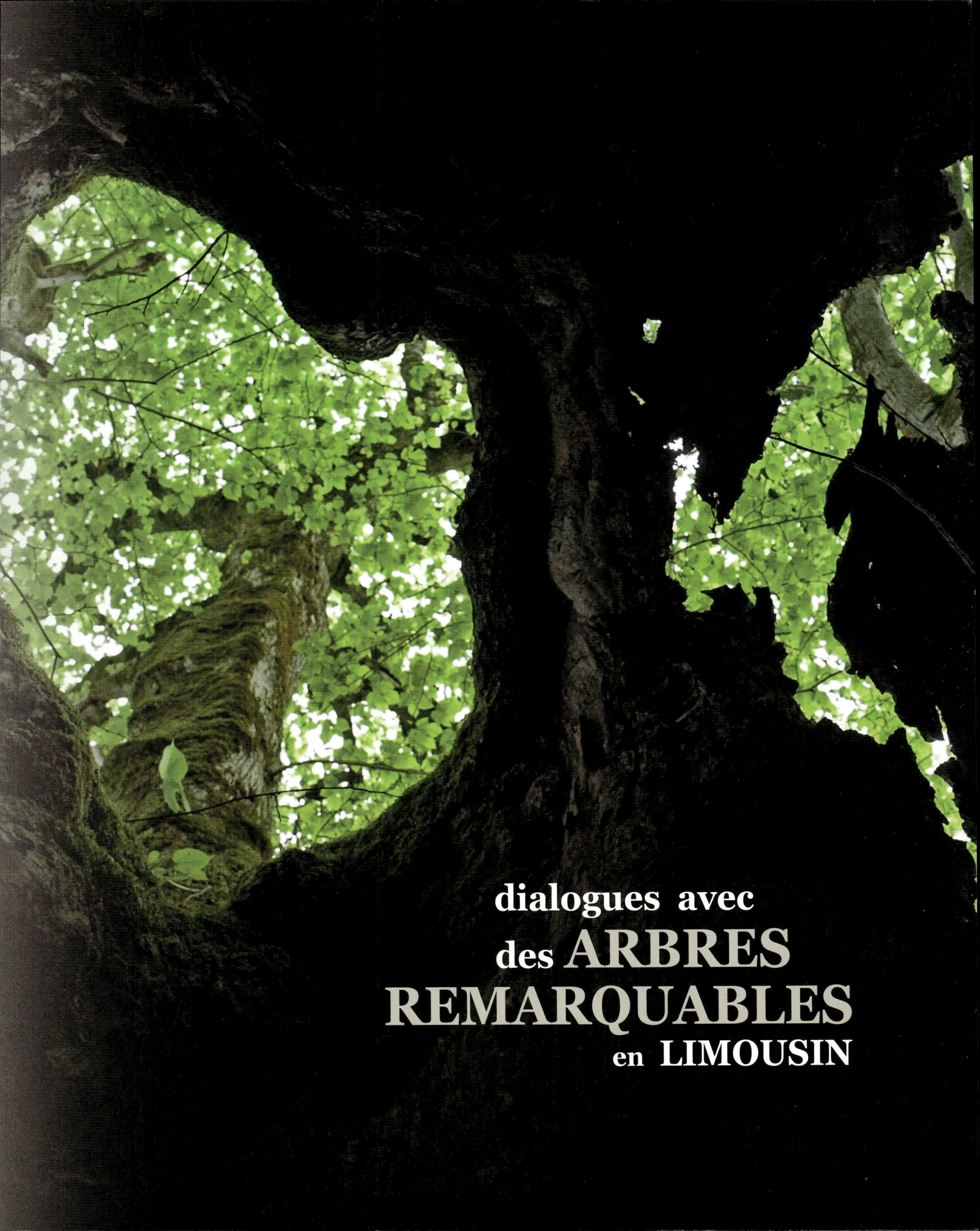

dialogues avec des ARBRES REMARQUABLES en LIMOUSIN

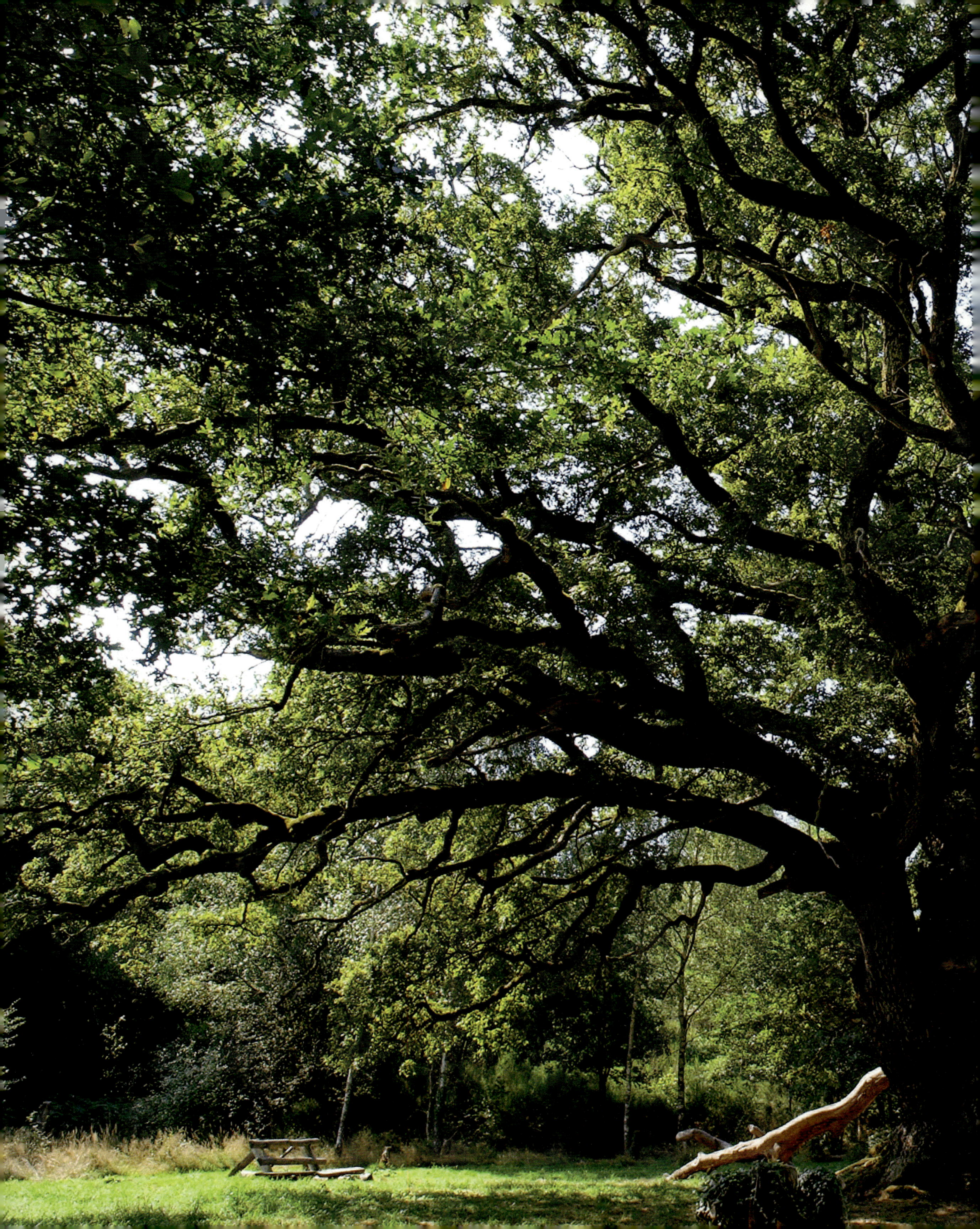

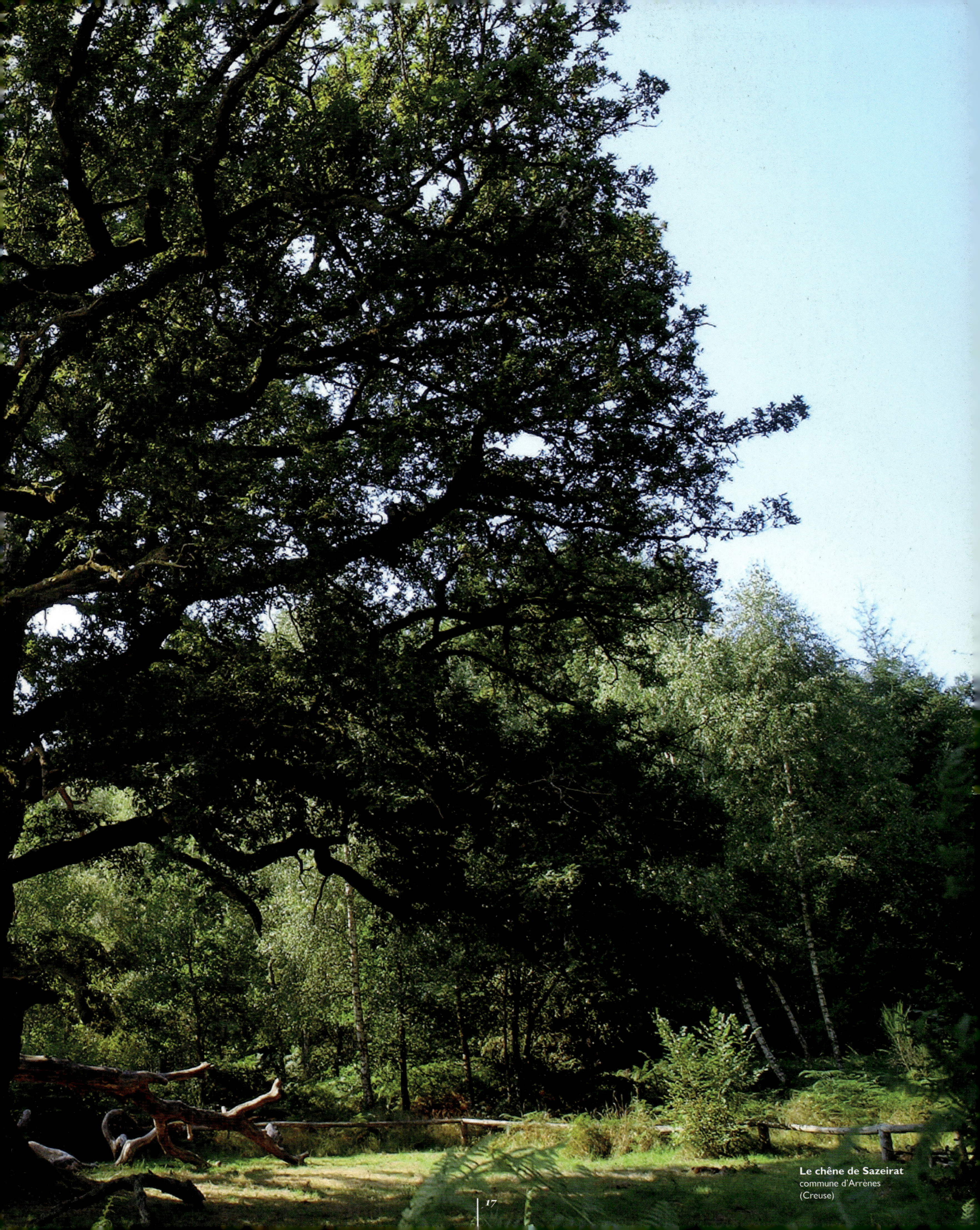

Le chêne de Sazeirat
commune d'Arrènes
(Creuse)

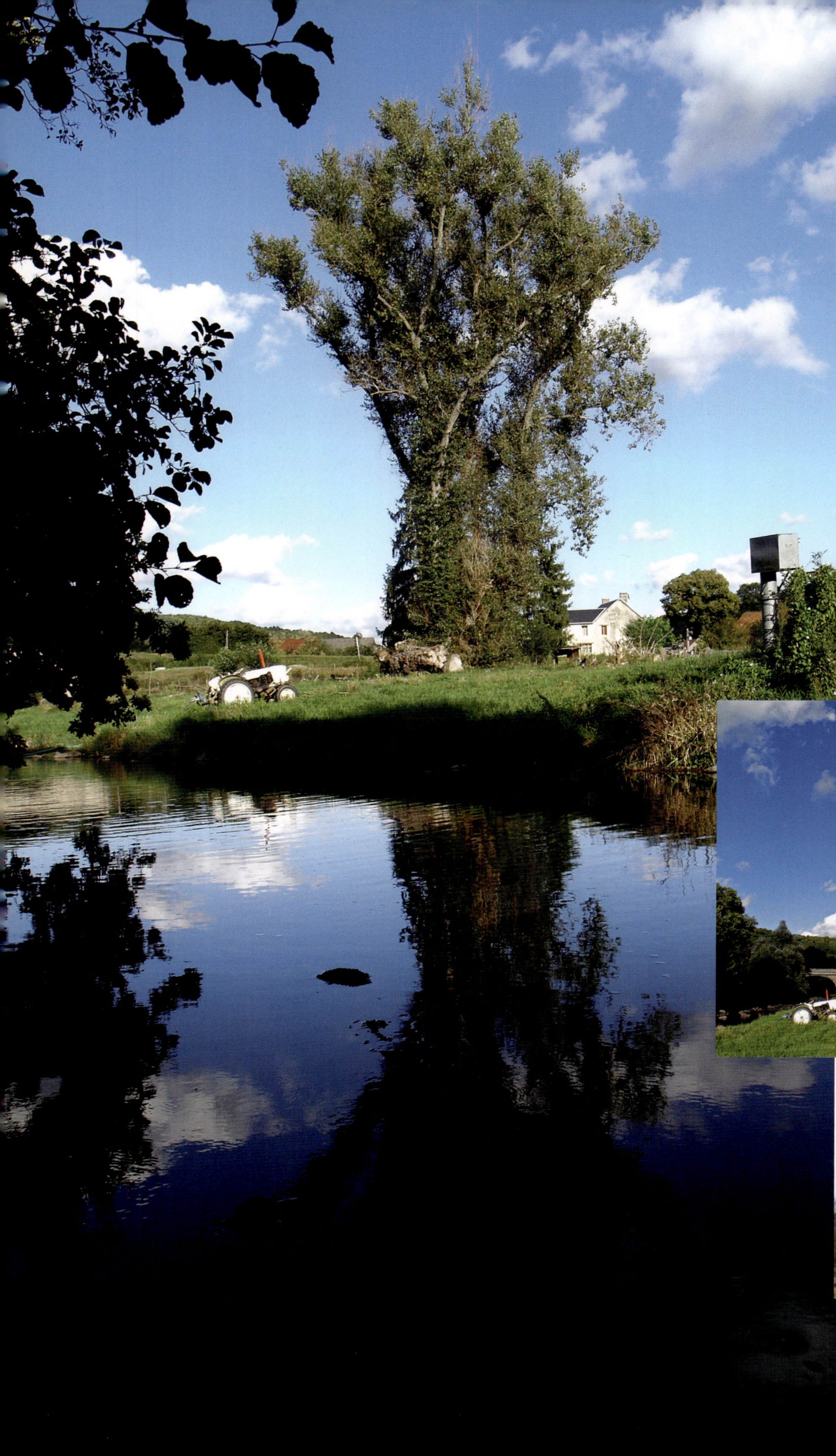

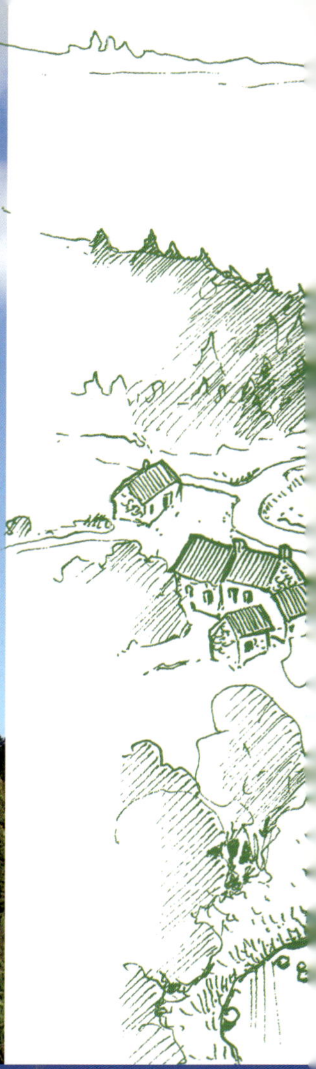

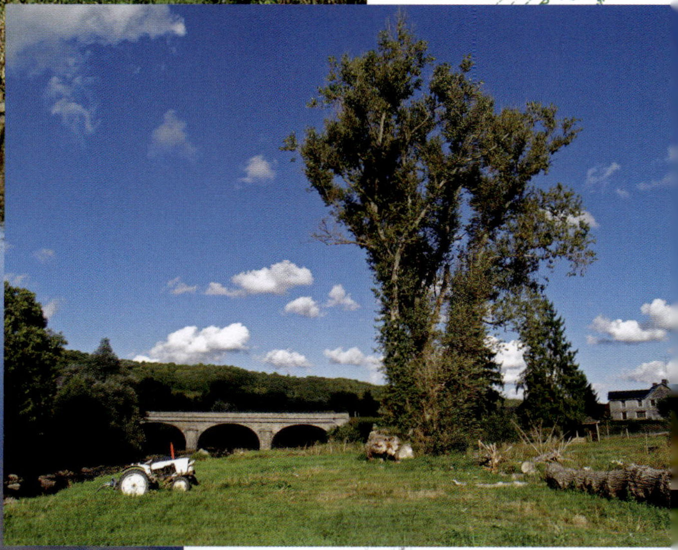

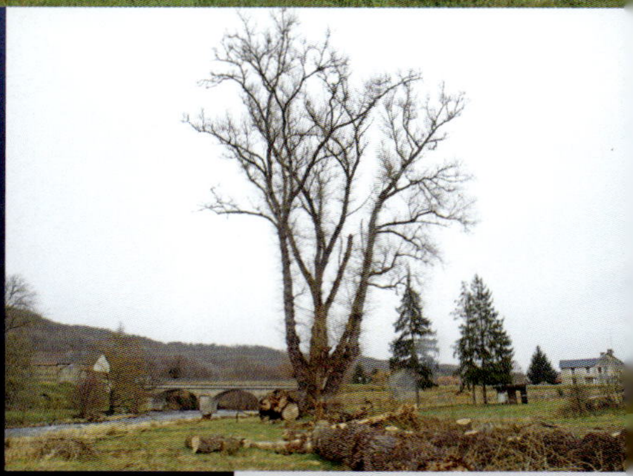

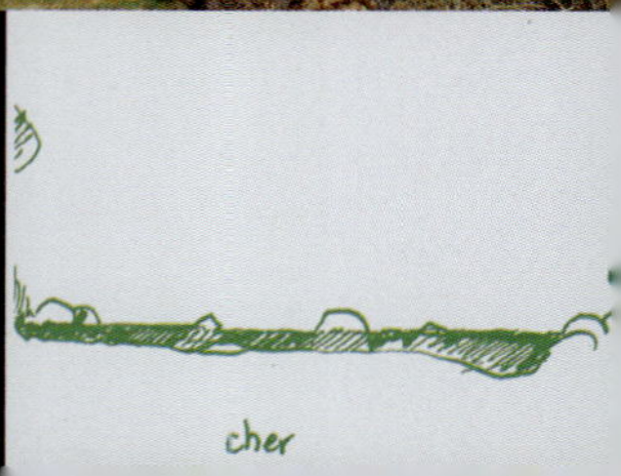
cher

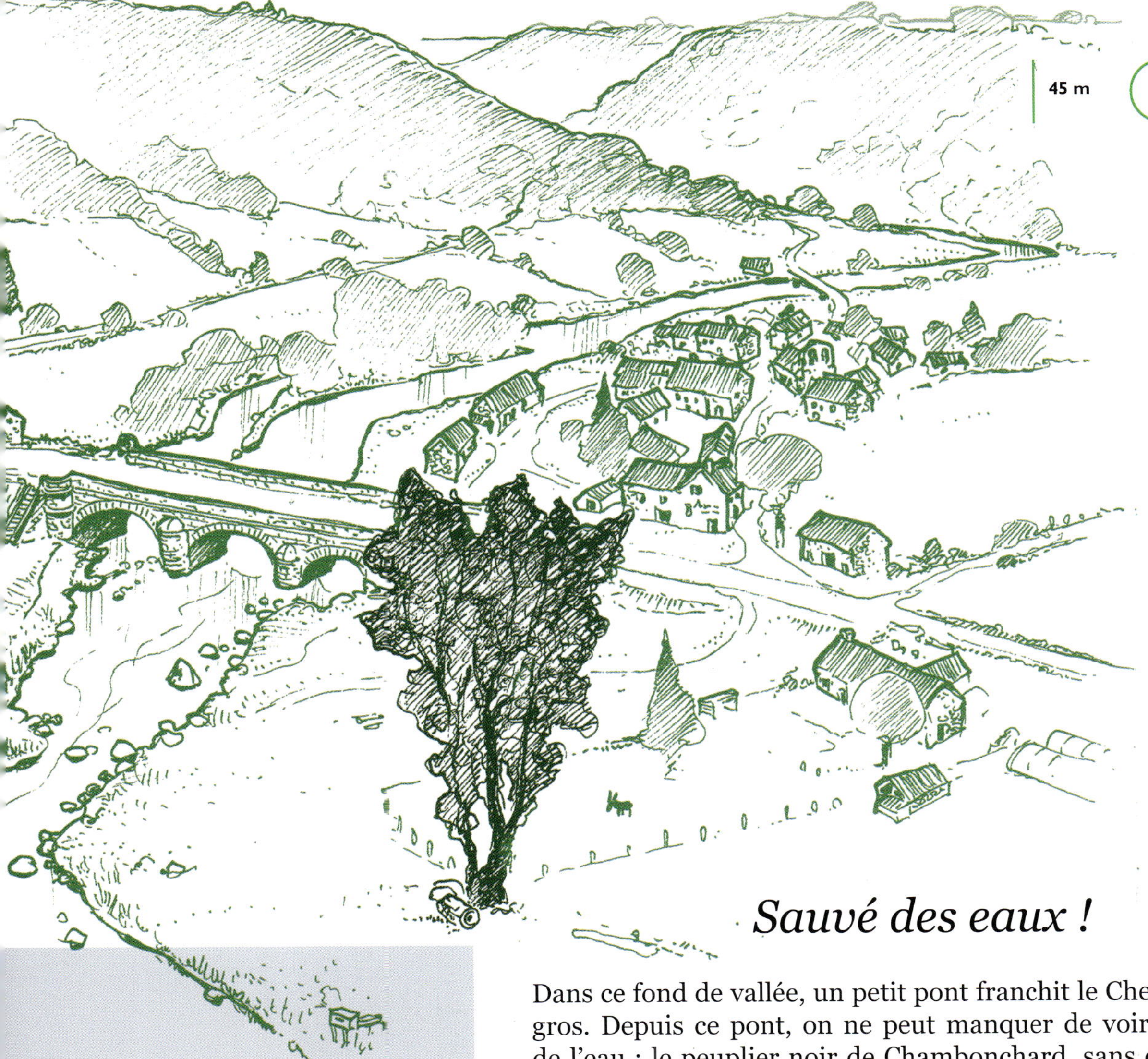

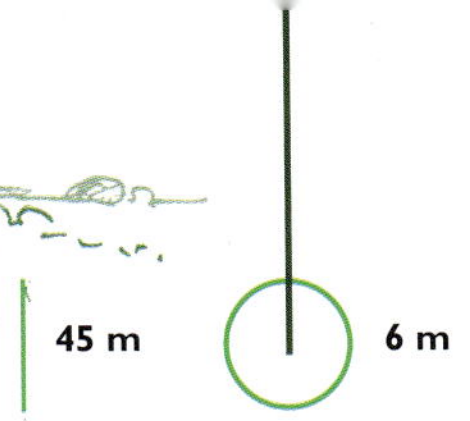

Populus nigra

Le peuplier noir de Chambonchard

commune de Chambonchard (Creuse)

Chambonchard est aux confins du Limousin. Ici, le Cher s'étale dans une vallée généreuse, à fond plat : une belle situation qui a inspiré le projet de barrage, car plus loin, en amont comme en aval, la vallée se fait gorge, entaillant le plateau ondulé des Combrailles. Chambonchard est une parenthèse où la rivière prend soudain ses aises.

Sauvé des eaux !

Dans ce fond de vallée, un petit pont franchit le Cher, qui n'est pas encore bien gros. Depuis ce pont, on ne peut manquer de voir un arbre énorme au bord de l'eau : le peuplier noir de Chambonchard, sans doute allègrement baigné à chaque crue de la rivière, a bien failli disparaître sous les eaux.
L'histoire est connue des gens de la région : en 1963, l'idée de construire un barrage sur le Cher est lancée. La suite tient du feuilleton : entre opposants et partisans, la guerre fait rage et, les gouvernements se succédant, le projet est abandonné, relancé, abandonné de nouveau... Le village, qui devait être noyé, se vide de ses habitants. Aujourd'hui, c'est décidé : le barrage ne se fera pas. Mais Chambonchard, village frontière, village fantôme en train de renaître après plus de 40 ans d'une saga à rebondissements, est un bien étrange lieu.
Peu à peu, le village se repeuple ; l'auberge, déjà, a trouvé repreneur ; certaines maisons ont été reconstruites. Mais Chambonchard a toujours un air d'ailleurs, un peu entre deux mondes, un peu entre deux temps.
Des trois immenses peupliers noirs qui bordaient le Cher, deux ont été abattus pour laisser la place à une aire de pique-nique... Curieuse façon de redonner vie à la vallée. Celui qui reste dresse son imposante silhouette au-dessus de la rivière. C'est un arbre tout de feuilles, qui pousse de partout, du bas jusqu'en haut. Nourri par la rivière, il se plaît à Chambonchard. Et puis, maintenant qu'il sait qu'il n'aura pas à apprendre à nager, tout est pour le mieux !

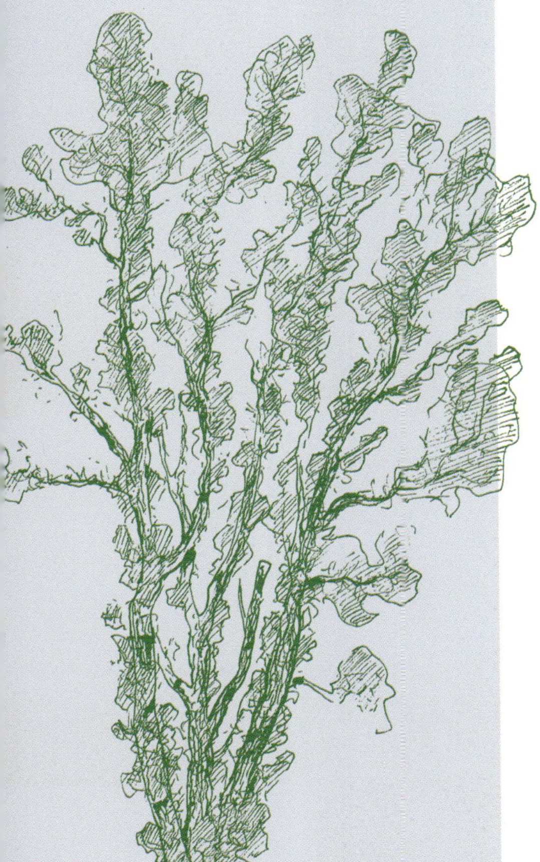

Le peuplier noir est l'arbre sauvage de la ripisylve, l'arbre-roi des rivières. Comparé à ses congénères, celui de Chambonchard est particulièrement remarquable : les pieds dans l'eau du Cher, il semble s'être « laissé aller » et avoir poussé plus que de raisonnable.
Unique survivant d'un alignement, à 30 mètres seulement de la limite administrative, il semble l'immense gardien de la porte du Limousin.

22 m — Circonférence indéterminable

Quercus petraea

Le chêne du loup

commune d'Évaux-les-Bains (Creuse)

Situé au plus profond du bois d'Évaux, le chêne du loup en est le centre de gravité, à la limite de trois communes. Le bois est en hauteur, à 500 mètres d'altitude sur une éminence des Combrailles toujours humide : un placage d'arène argileuse recouvre le sol, retenant l'eau. Des ruisseaux sourdent de partout, coulant dans toutes les directions et descendent vers la Tardes. Le bois est le château d'eau du plateau d'Évaux.

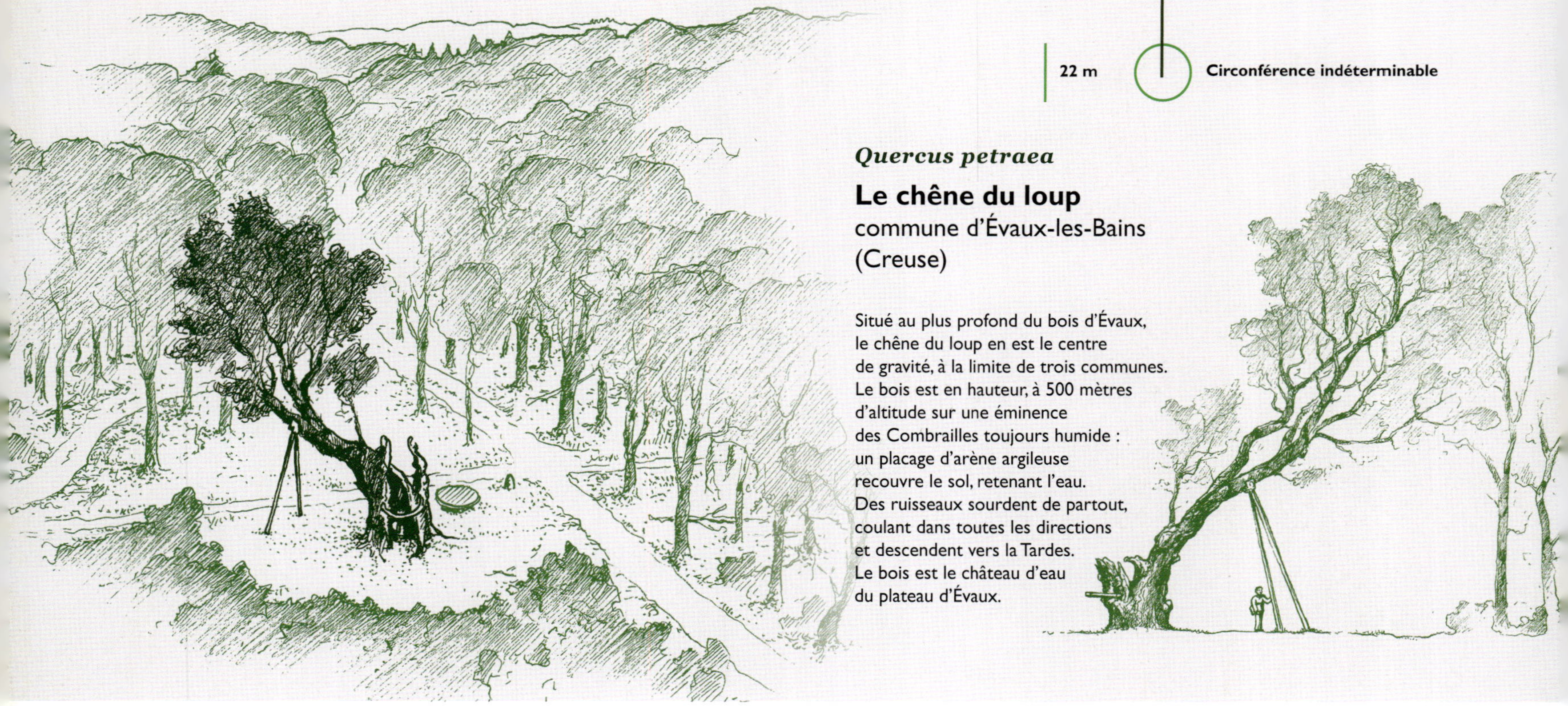

Au cœur du bois, il est un chêne qui n'a d'arbre que le nom.

Les chasseurs de Chambon-sur-Voueize, de Saint-Sornin et d'Évaux-les-Bains avaient coutume, dit-on, de se rencontrer ici, au pied de ce chêne, au carrefour des chemins, pour chasser le loup. Si la chasse était couronnée de succès, ils venaient pendre à une branche de l'arbre la dépouille de l'animal. Croyaient-ils faire exemple ?

L'arbre fut transformé en gibet… Sinistre fonction, sinistre destin : victime de la foudre, des tempêtes peut-être, de son âge, le chêne du loup n'est plus qu'une moitié d'arbre dont la seule branche survivante est péniblement soutenue par un étai de métal. Il n'est désormais que l'ombre de lui-même, carcasse béante cerclée de fer, Frankenstein de bois péniblement maintenu en vie par l'homme. À son pied, une stèle, comme une pierre tombale, indique son nom.

Aux alentours, l'ambiance est fantastique : des marécages noirs, des souches couvertes de mousse qui forment des êtres monstrueux, comme des animaux pétrifiés… Une atmosphère d'outre-temps. Pour bien faire, il faut venir ici un jour de brume. Alors, l'histoire sombre du chêne-gibet reprend vie, un instant.

Aujourd'hui, l'arbre mutilé est l'objet de toutes les attentions : la route forestière a été déplacée pour l'épargner ; on le bichonne, on vient le voir, on se plaît à écouter son histoire sous son absence d'ombre. Le chêne du loup n'est plus un arbre, c'est une relique, un témoin. Sa légende seule suffit à le maintenir debout… D'aucuns en racontent d'ailleurs une autre version : selon eux, le chêne porte ce nom car une louve aurait choisi le creux de son tronc pour y faire ses petits. Légende blanche ou légende noire, à chacun de choisir, selon son cœur.

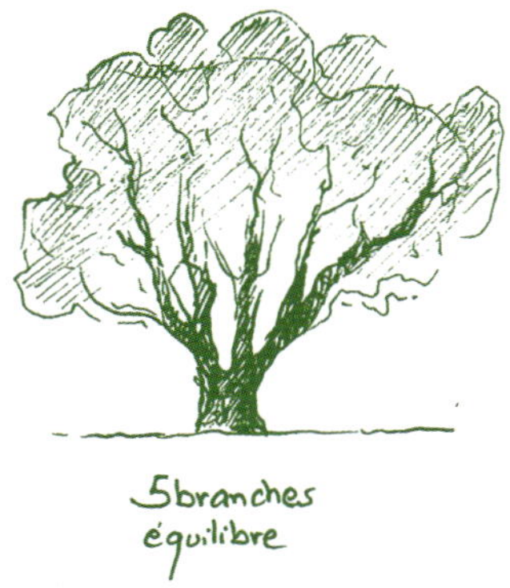

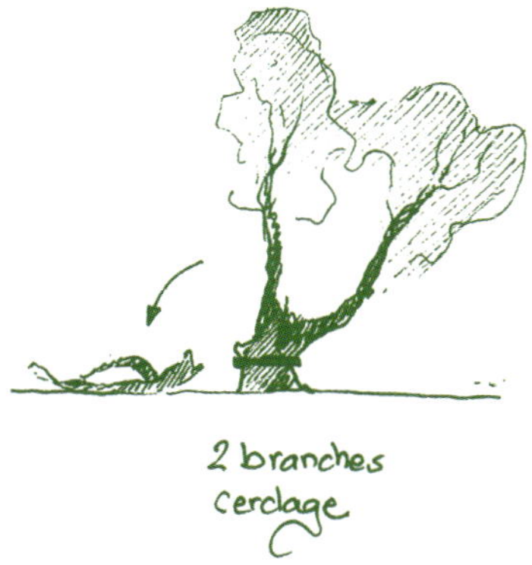

Le sol argileux de la butte empêchant toute agriculture, ces « mauvaises terres » ont été laissées à la forêt… et à tout ce qu'elle suggère de fantastique. Pas étonnant qu'on ait choisi ce lieu, qui devait sembler maudit, pour mettre en scène la mort du loup, le grand prédateur. En contrebas, c'est un autre univers, fortement humanisé, de bocage très dense et de vallons encaissés.

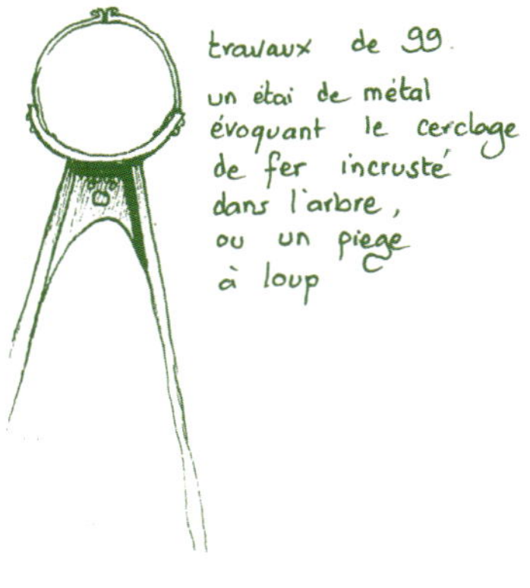

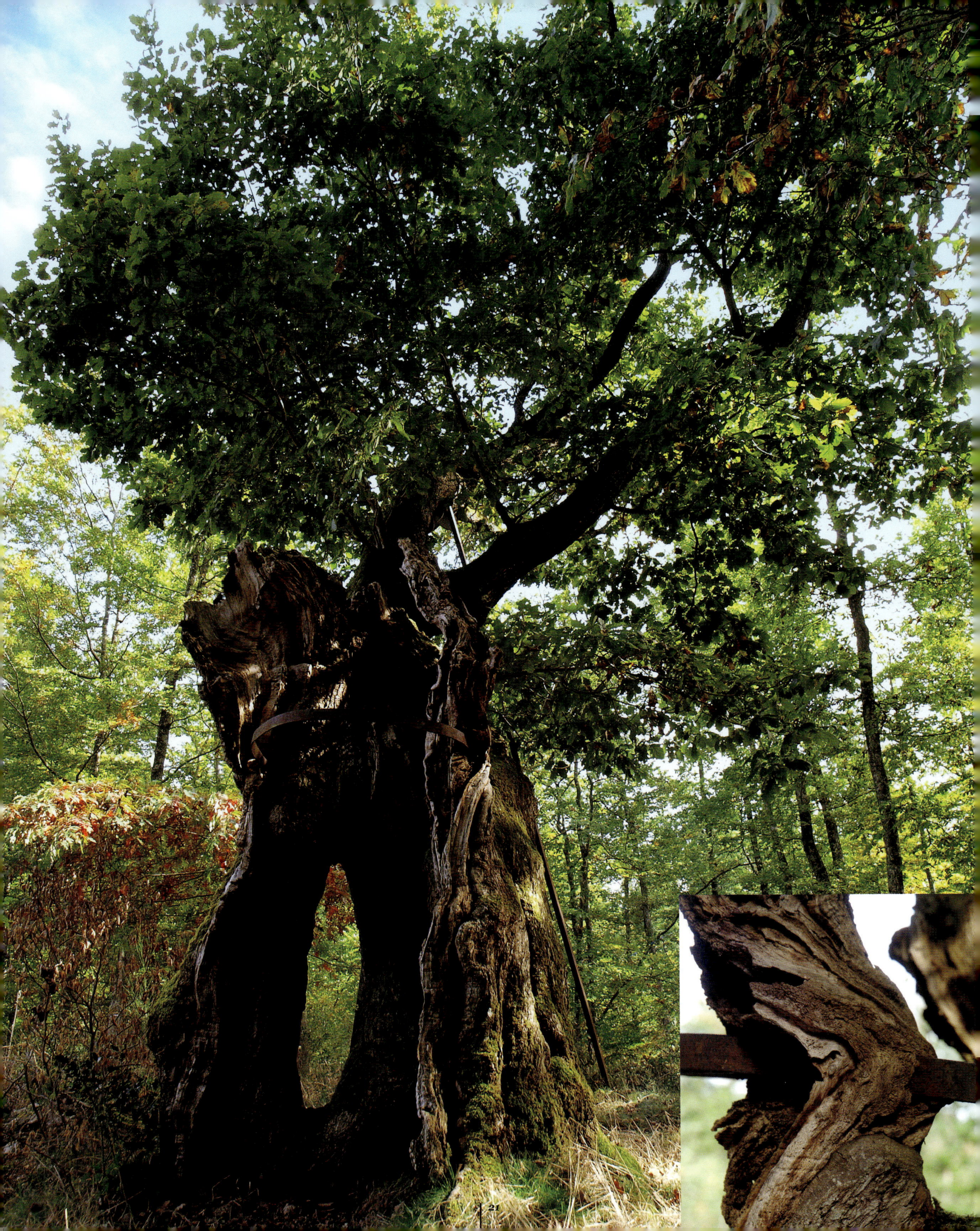

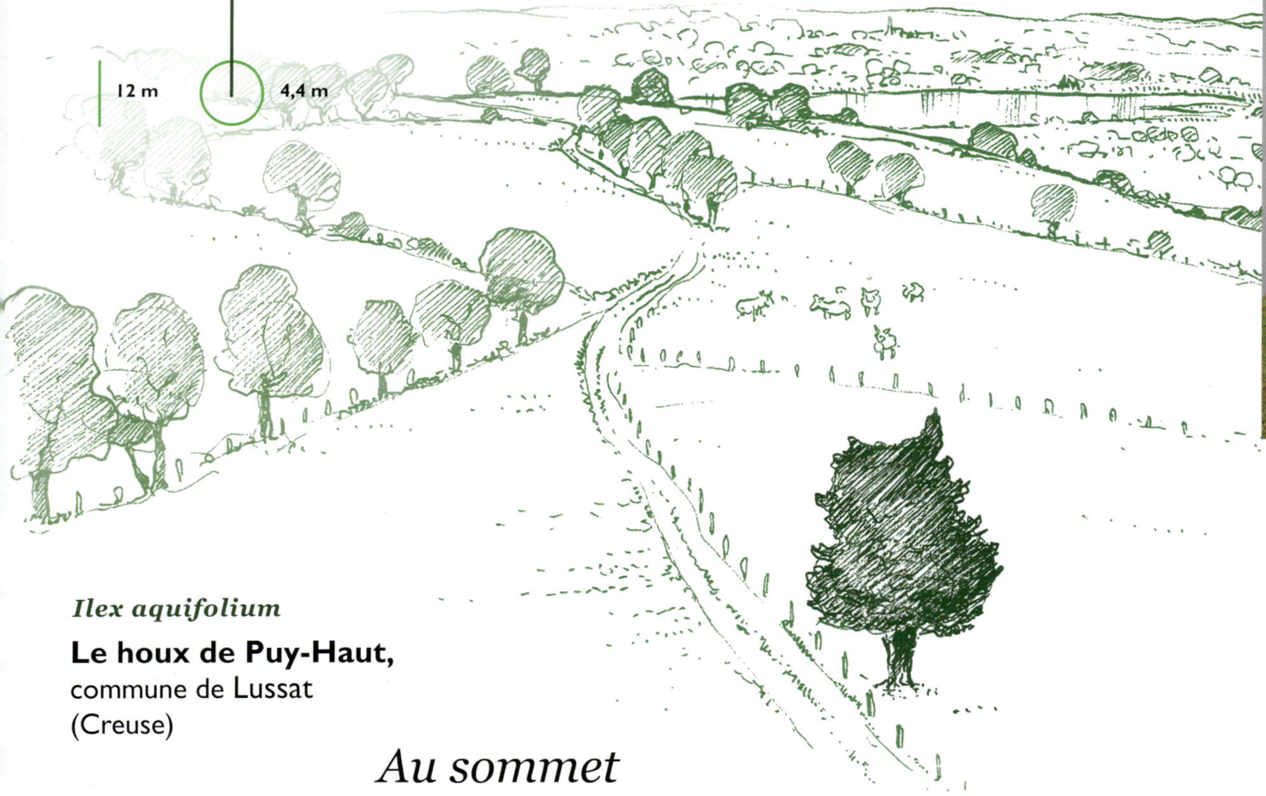

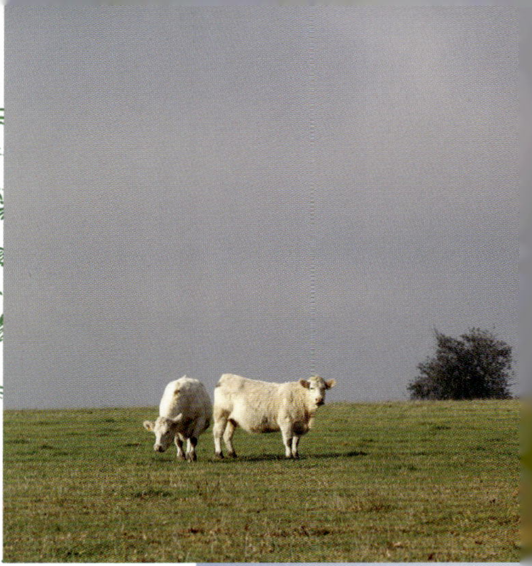

Ilex aquifolium

Le houx de Puy-Haut,
commune de Lussat
(Creuse)

Le houx est au sommet d'un pointement volcanique qui surplombe l'unique bassin sédimentaire du Limousin : le bassin de Gouzon.
Trois motifs animent ce paysage : l'étang des Landes, classé en réserve naturelle, le bois des Landes, très sauvage, et la brande des Landes, un ancien marécage drainé au XIXe siècle qui dessine aujourd'hui un maillage très régulier de fossés, talus, haies. Ce patchwork se déforme sensiblement à l'approche de Puy-Haut.

Au sommet de Puy-Haut, le houx s'est fait arbre.

Puy-Haut, ça n'est pas vraiment la montagne ; un houx, ça n'est pas vraiment un arbre… Et pourtant il faut faire comme si. Au sommet de Puy-Haut, à 441 mètres d'altitude, dominant de sa frêle stature le paysage bocager de l'étang des Landes, le houx s'est senti pousser des ailes. Pour un instant, il a oublié qu'il n'est qu'un arbuste tout juste bon à piquer les doigts et à donner les belles boules rouges qui viendront décorer la maison à Noël. Perché seul face à l'immensité de l'horizon, il s'est dit… « Pourquoi pas » ?
Et pourquoi pas, en effet ? Dans ce paysage tenu, travaillé, humanisé à l'extrême, où chaque bordure, chaque haie, chaque bosquet ont été pensés, ciselés, modelés par la patience paysanne, le houx s'est enhardi. Ses neuf troncs se sont entremêlés et ont grossi ensemble. Là où le troupeau trouve habituellement un chêne, le houx a prospéré. Combien de bêtes, depuis combien de temps, se sont-elles frottées à lui ? Qui s'y frotte, s'y pique, dit-on…

Mais ici, à force de « frotti-frotta », le tronc est devenu cuir, peau d'éléphant, grisée et rougeâtre, plissée, ridée, patinée comme un très vieil outil mille fois tenu en main. Au-dessus, les petites feuilles solides, pointues et piquantes, s'élèvent haut dans le ciel. À force de patience, le houx a poussé. Ses racines ont été mises à nu par le piétinement du bétail, son écorce, par endroits, a été mangée. Qu'importe : au sommet de Puy-Haut, le houx s'est fait arbre.

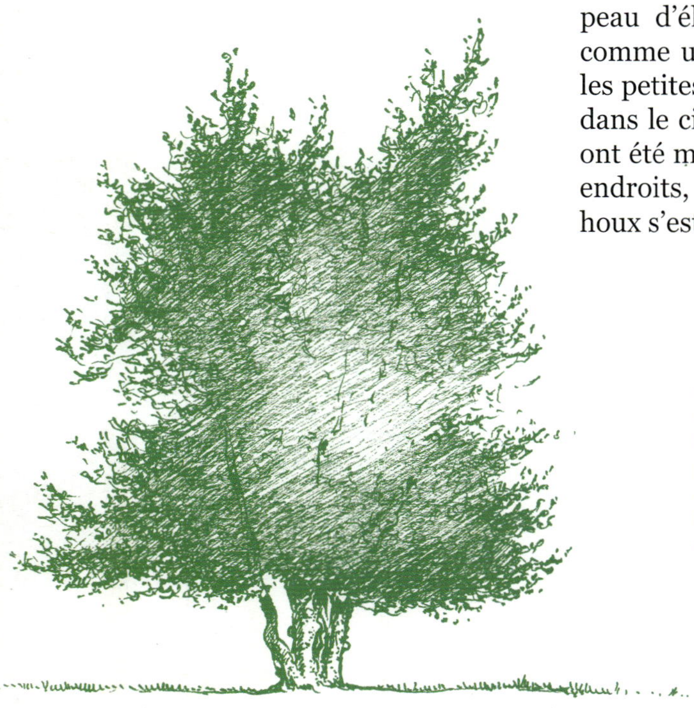

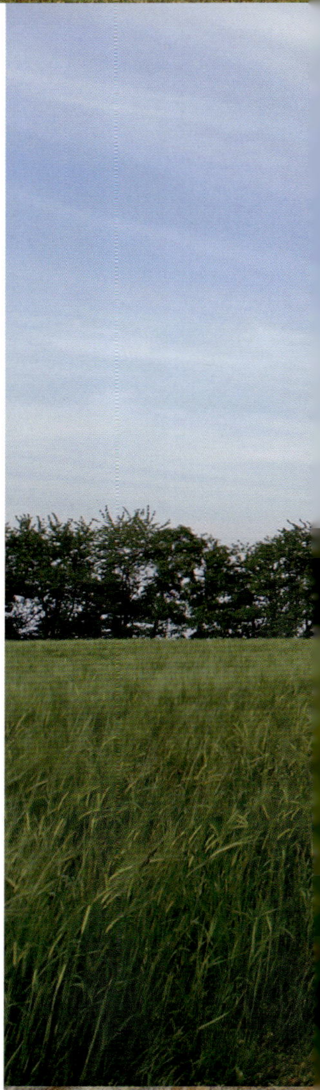

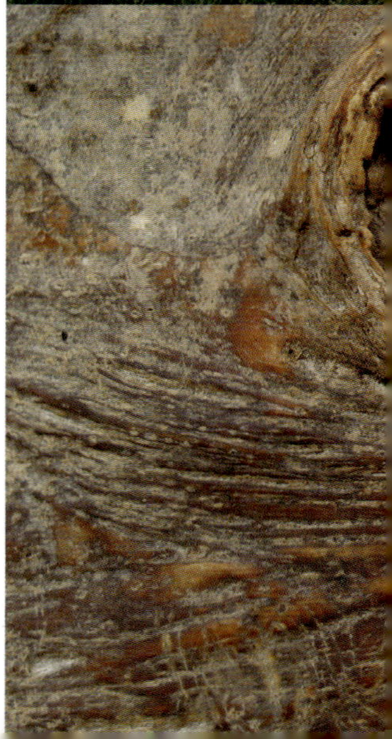

« Puy-Haut » : le nom est sans doute un peu présomptueux, si l'on considère l'altitude. Mais il a le mérite de souligner l'immensité plane des alentours.
Au sommet du puy, le houx, qui n'est pas habituellement un arbre isolé, n'a pas poussé tout seul : il devait faire partie d'une haie.

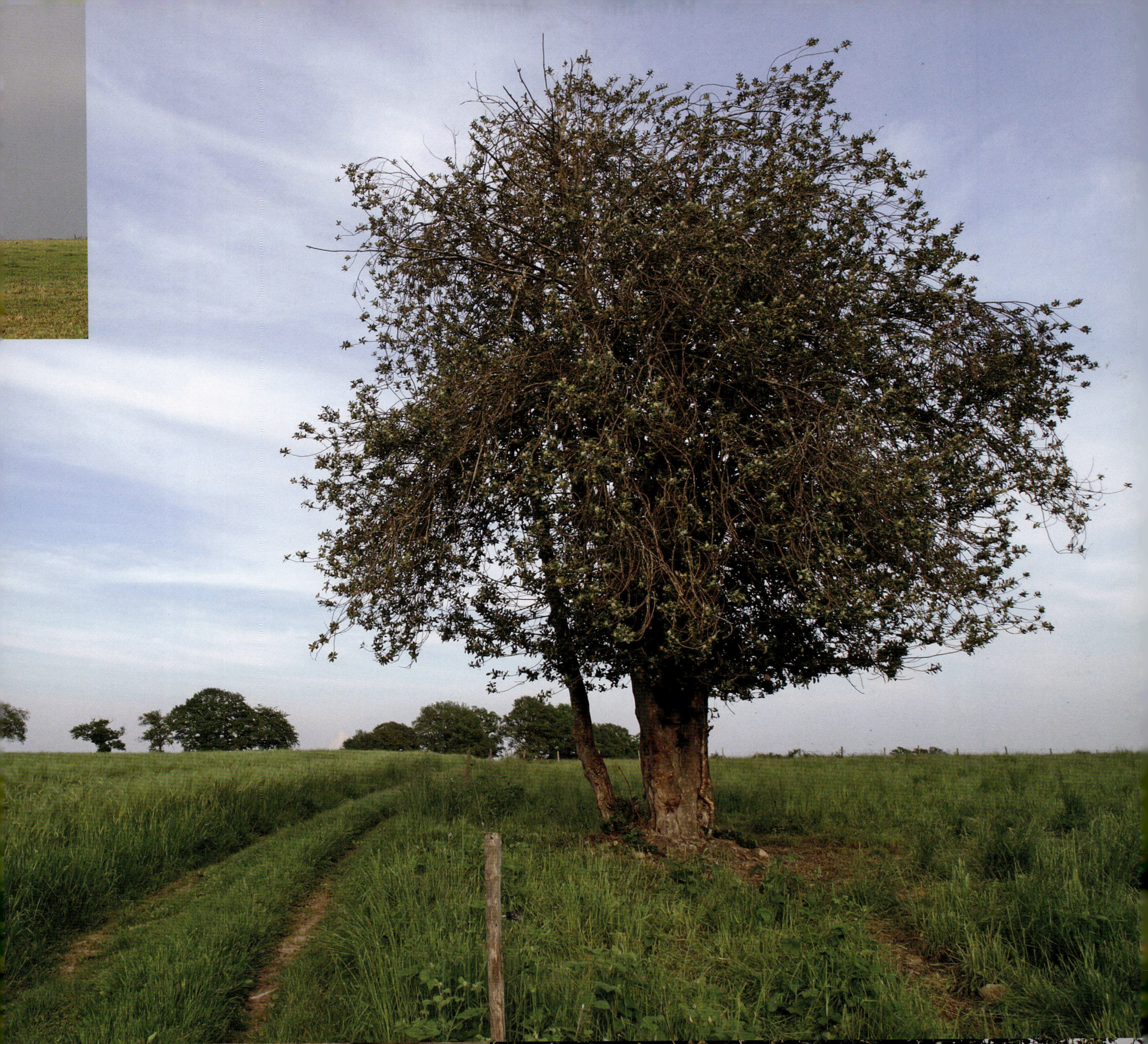
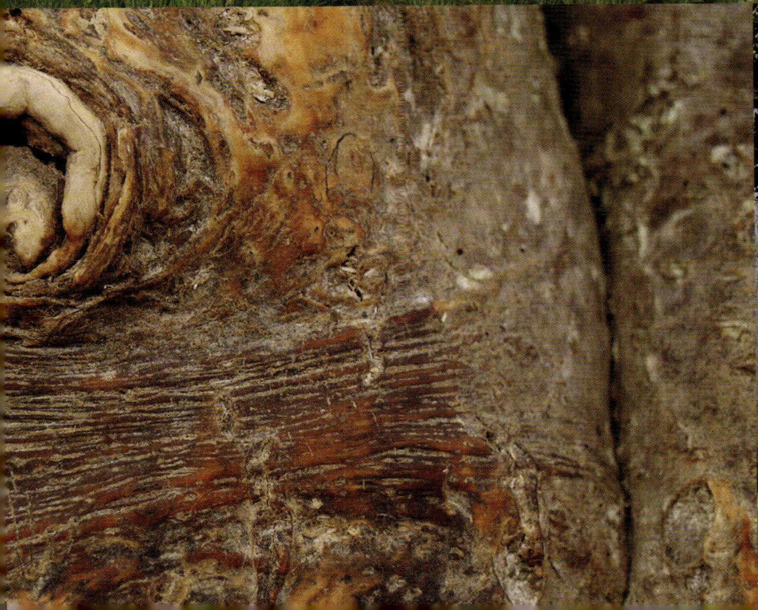
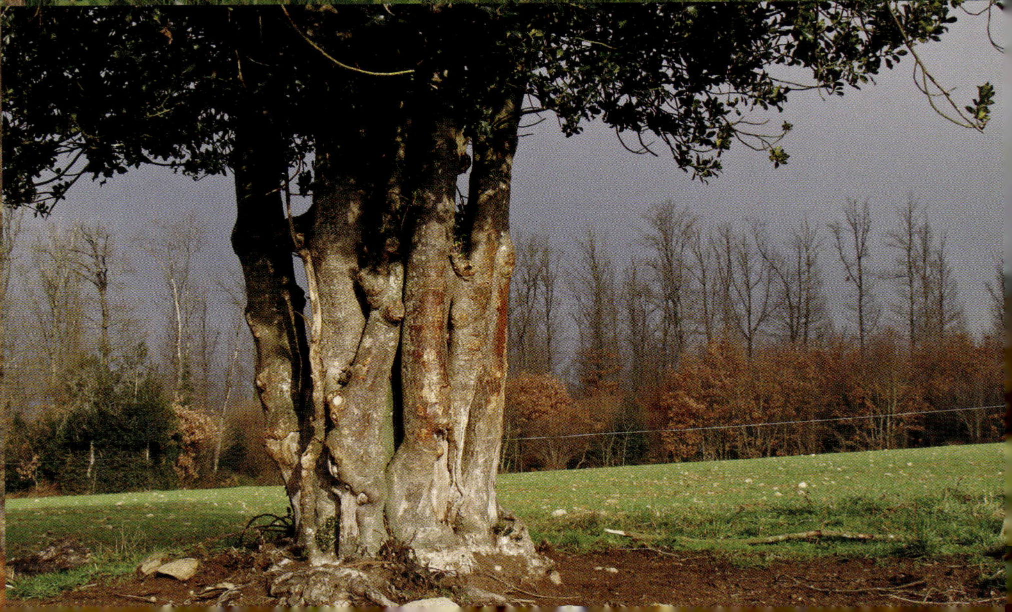

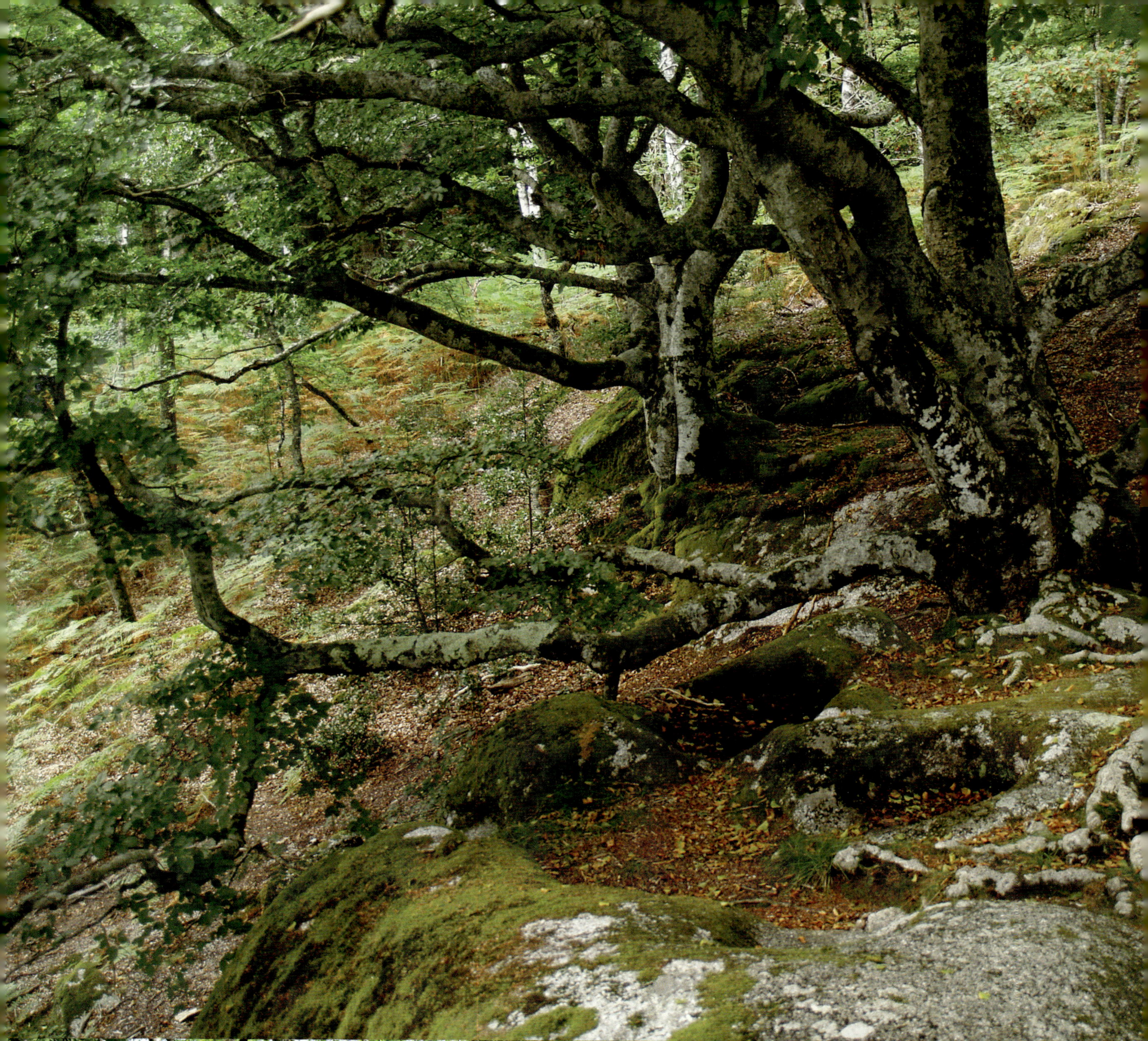

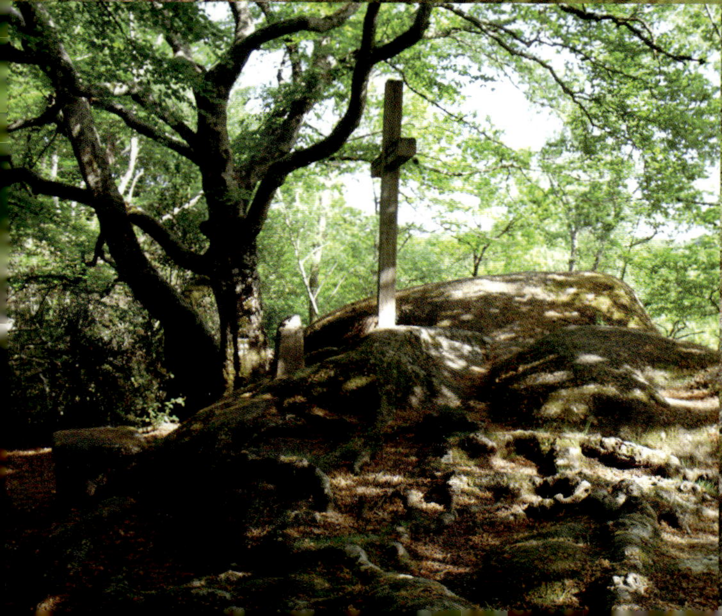

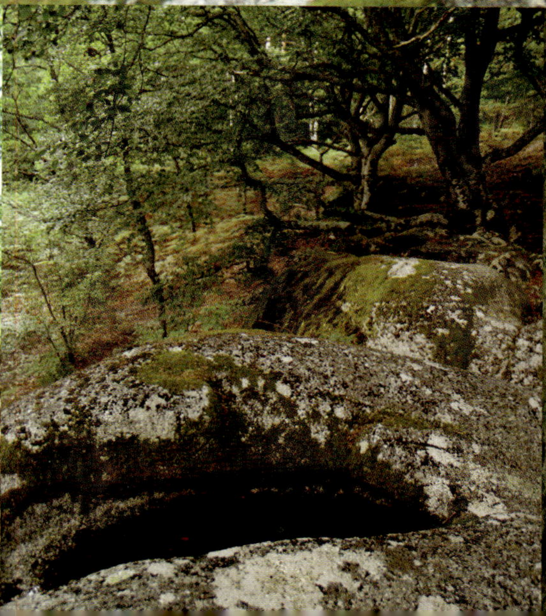

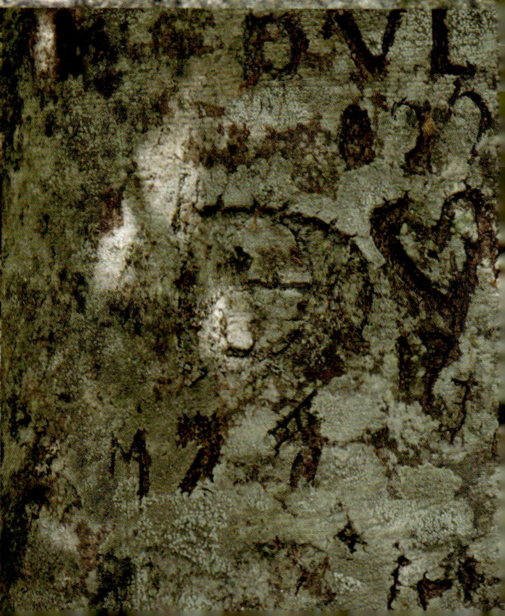
DVL

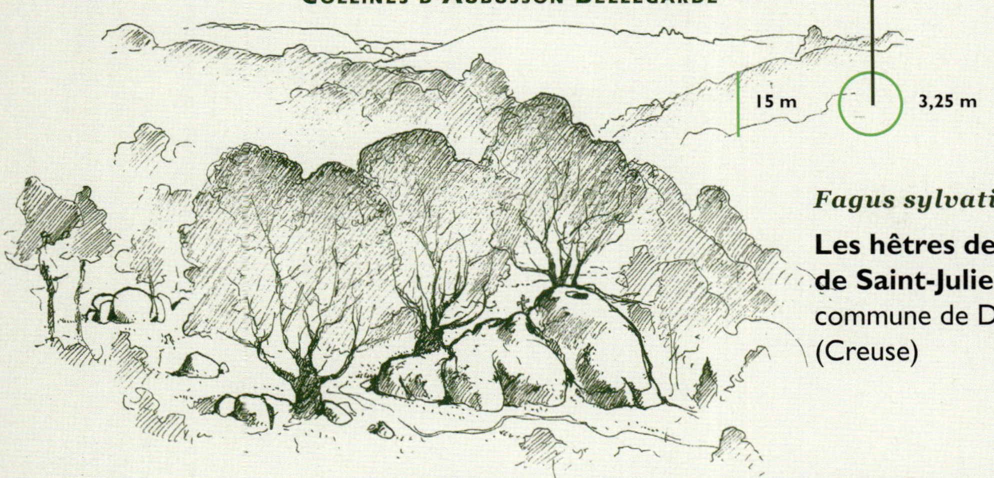

Fagus sylvatica

Les hêtres des rochers de Saint-Julien
commune de Dontreix (Creuse)

À Dontreix, on quitte la Combraille pour les collines d'Aubusson.
Les hêtres sont au cœur de la forêt de Drouille, située sur une éminence, à 700 mètres d'altitude.
Drouille est un toponyme d'origine celtique désignant un bois de chênes. Le nom même de « forêt », peu fréquent dans la toponymie alors que les « bois » sont monnaie courante, révèle que les arbres devaient s'étendre plus loin encore qu'aujourd'hui. Seule la forêt sommitale est restée. À sa limite, les parcelles boisées s'émiettent peu à peu, pour laisser place à un bocage très dense.

Où est la pierre, où est le bois ?

Une branche par ici, un rocher par là... Ou l'inverse, peut-être. Gris du granite, gris du tronc des hêtres. Gris-gris, vert-vert. Vert de gris. La mousse, peu regardante, couvre l'un comme l'autre, indifféremment. Rocher moussu ou mousse branchue. Arbres et rochers se disputent tant l'espace que, par endroits, on ne sait plus qui est qui, quoi est quoi. Les matières se mélangent... Alchimie étrange et merveilleuse où la feuille naît de la pierre, où l'arbre pétrifié n'offre plus de prise aux années qui passent. L'alliance est magique : les yeux ont beau voir, ils ne savent pas. Où est la pierre ? Où est le bois ? Aux rochers de Saint-Julien, tout se mêle et se transforme, les frontières sont abolies, le temps s'est arrêté.
Les hêtres ont-ils toujours été là, fondus au granite depuis des siècles ? Ils ne sont pas si gros, mais on peine à leur donner un âge... Pousser sur un rocher est une affaire d'économie et de patience. Le plus gros s'est extrait péniblement du minéral. Il a poussé tout tordu. L'une de ses racines court sur la roche, tourmentée, boursouflée, lissée par le temps, caressée de mousse.
D'anciennes cupules dans le granite, les pieds d'une statue orpheline de jambes, une croix de béton, un bouquet fané... L'alchimie sacrée du chaos de la forêt de Drouille attire les hommes en quête de spirituel. On vient y faire ses prières, ou s'embrasser, c'est selon. Les uns déposent leurs souffrances, les autres vivent leur amour sous le couvert des arbres dont ils gravent malheureusement l'écorce. Aux rochers de Saint-Julien, tout se mêle, tout se crée. L'arbre se fait pierre, l'amour se fait prière...

Les rochers portent le nom d'un saint célèbre du Moyen Âge : selon la légende locale, Julien, soldat dans l'armée romaine, converti au christianisme, fut capturé ici, dans la forêt de Drouille, avant d'être amené à Brioude, dans l'actuelle Haute-Loire, où il fut martyrisé en l'an 304.
Le pèlerinage à Brioude, dont l'abbatiale recelait les reliques du saint, était l'un des plus importants du Moyen Âge. Celui de Dontreix est bien plus confidentiel, mais chaque année, une procession part du bourg pour aboutir aux rochers.

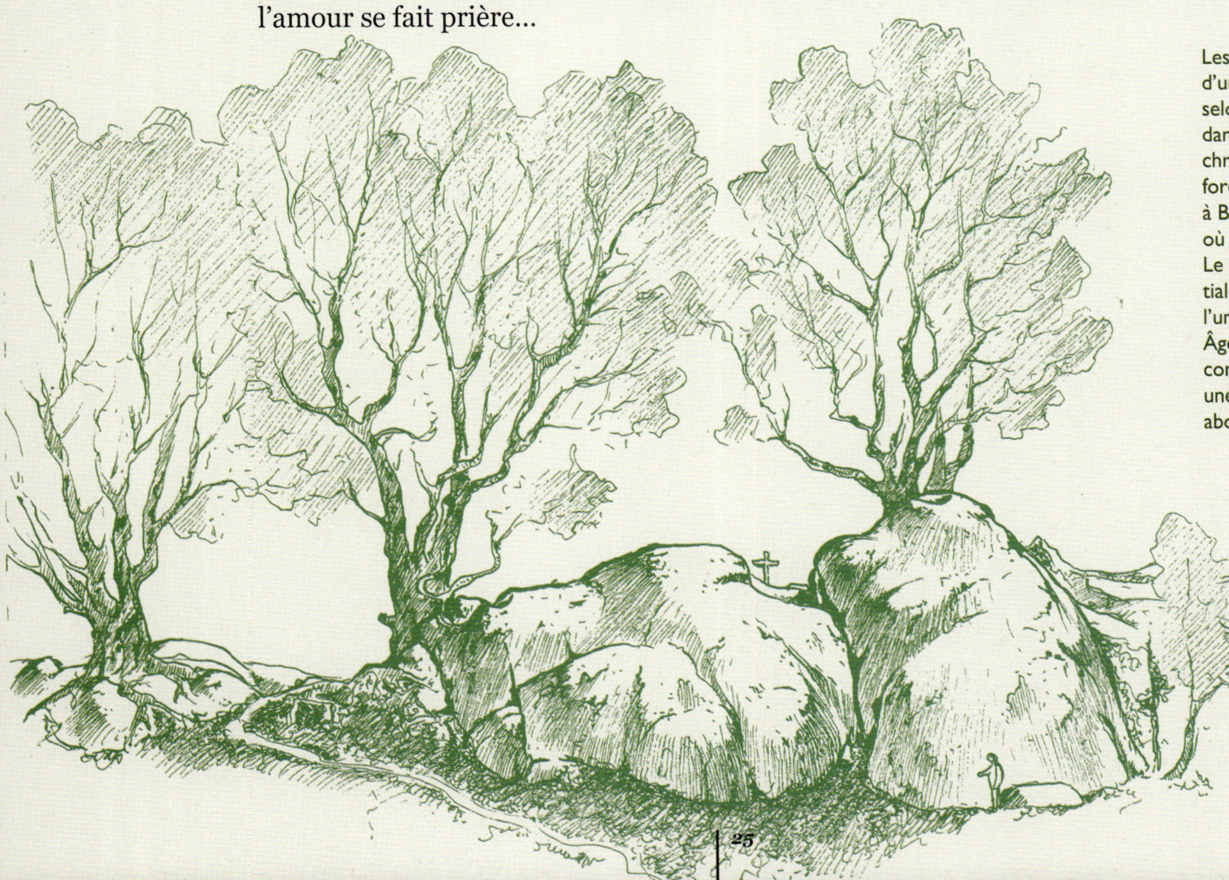

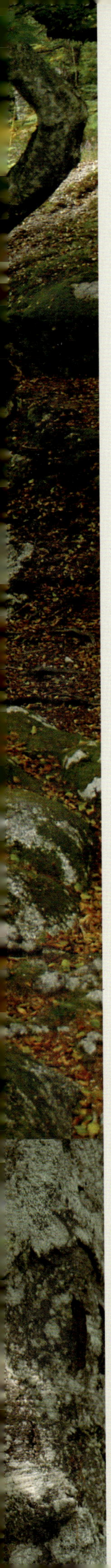

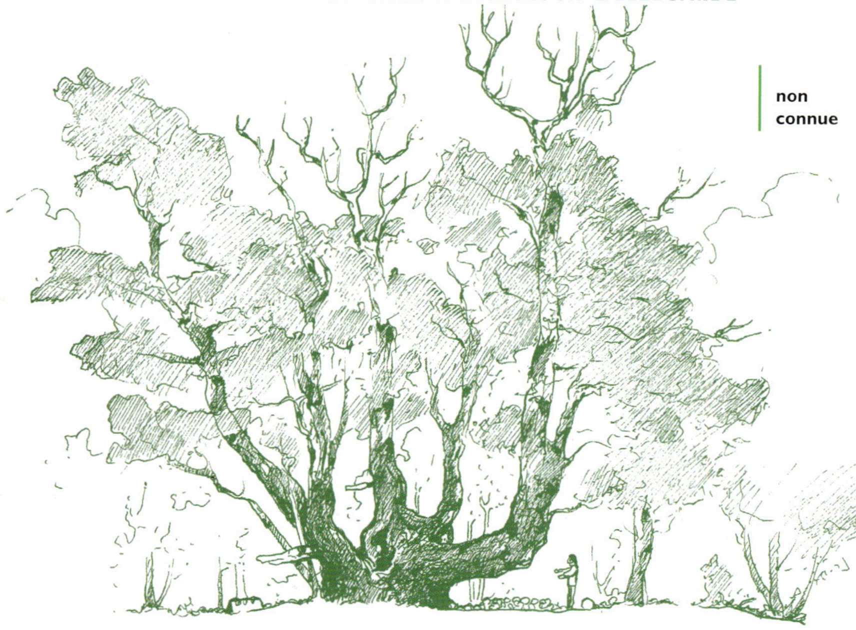

non connue | 7,8 m

Castanea sativa

Le châtaignier de Saint-Médard-la-Rochette

commune de Saint-Médard-la-Rochette (Creuse)

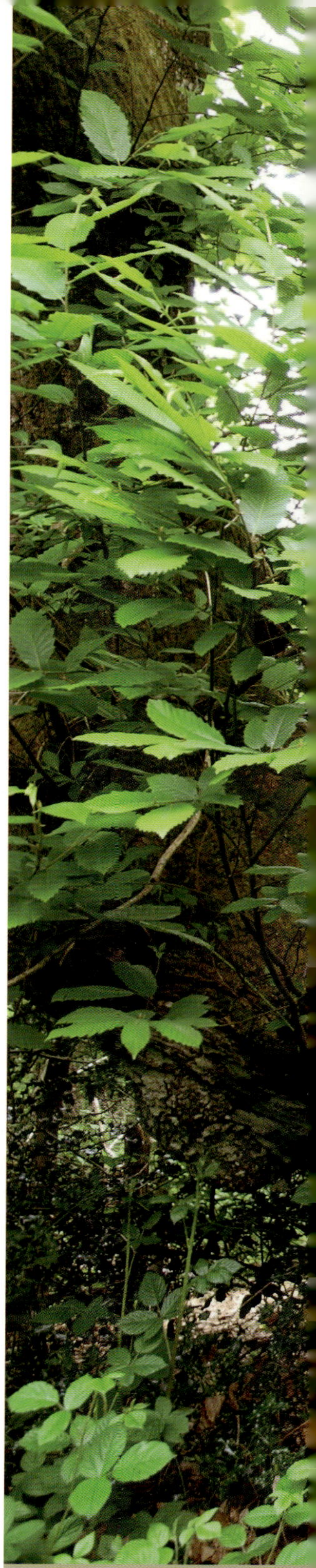

L'arbre fait le mur.

D'où s'est-il évadé ? Nul ne le sait. Il a pris les chemins buissonniers et s'est échappé. Dans un océan de broussailles, il s'est caché, et personne, désormais, ne soupçonne sa présence. Pour l'approcher, il faut traverser un « maquis », prévoir les gants, et la machette : aventure garantie. Aucun chemin n'est tracé, tout ici n'est que piquant et foisonnement débridé, dans tous les sens. Il y a longtemps que l'homme a abandonné en ces lieux toute volonté de domination. Il n'en fut pas toujours ainsi. Autrefois, la broussaille était pré, ou champ. Il y avait des bêtes, sans doute, probablement des moutons. Le châtaignier, lui, marquait la limite. Alors, pour qu'il ne déborde pas trop, on l'a forcé à suivre la ligne de partage des terres. On l'a contraint, tel un bonsaï géant, on a coupé ses branches perpendiculaires à la haie, l'obligeant à ne pousser que dans deux sens, suivant une ligne. Aujourd'hui, son tronc n'est pas de section ronde, il est presque rectangulaire. Cela ne l'a pas empêché de croître, immensément... mais « à plat ». C'est un mur vivant.

L'image est tellement évidente : l'arbre-mur, l'arbre fait le mur. Il semble maintenant vouloir échapper à cette volonté impérieuse qu'avait l'homme de lui imposer une direction, un sens, un ordre. Il est sorti du système. C'est un monstre, fruit d'une série de contraintes qui se sont poursuivies des siècles durant, des siècles d'esclavage. Il est libre, désormais, libre de pousser comme bon lui semble... Dans cette forêt de broussailles, saura-t-il apprivoiser sa liberté toute neuve ?

Situé en limite de la colline d'Aubusson-Bellegarde, Saint-Médard-la-Rochette offre presque une ambiance de vallée. Le grand plateau, régulièrement entaillé de ruisseaux parallèles, forme une succession de petits plateaux qui s'étalent vers la rive gauche de la Creuse. C'est sur l'un d'eux, celui de Satagnat, à 460 mètres d'altitude, que se niche le châtaignier, dans un boisement qui remonte la vallée du ruisseau du Voutouéry.

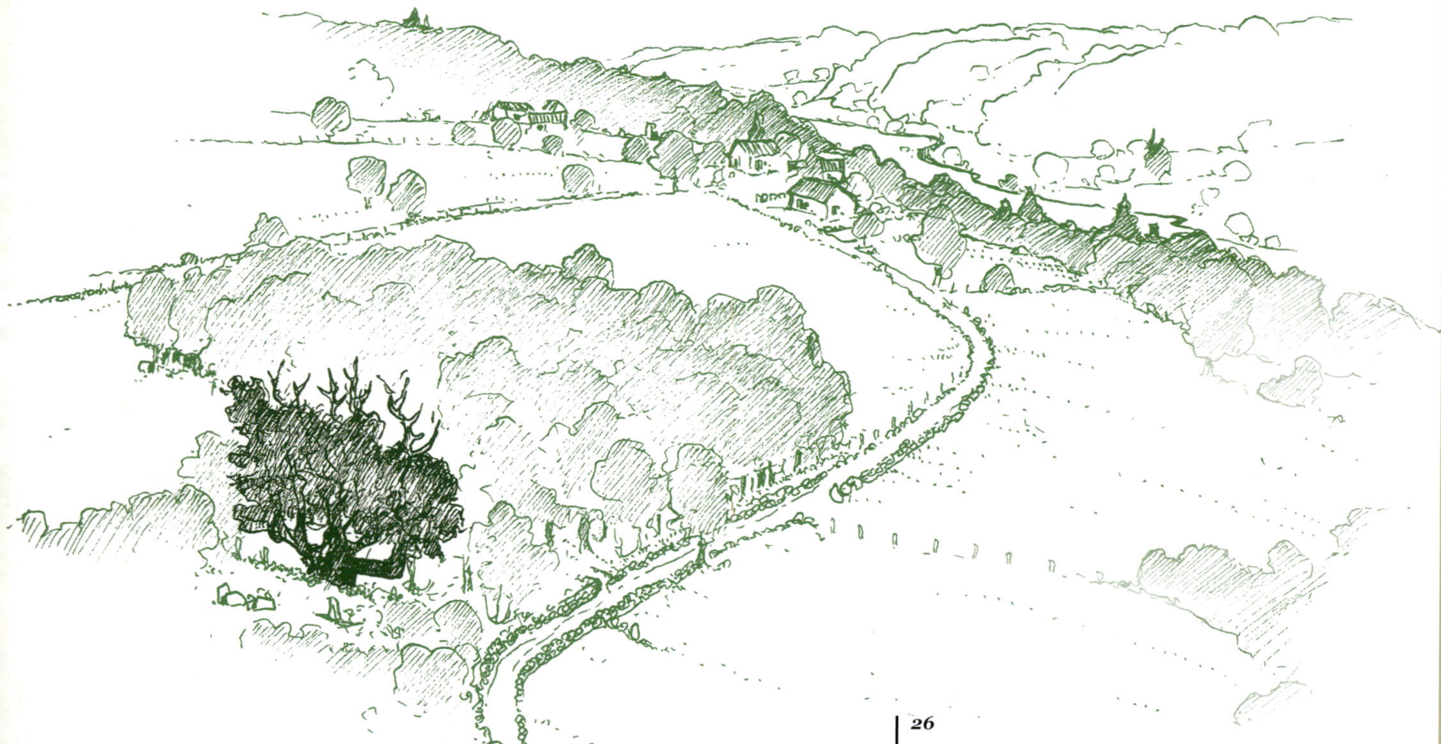

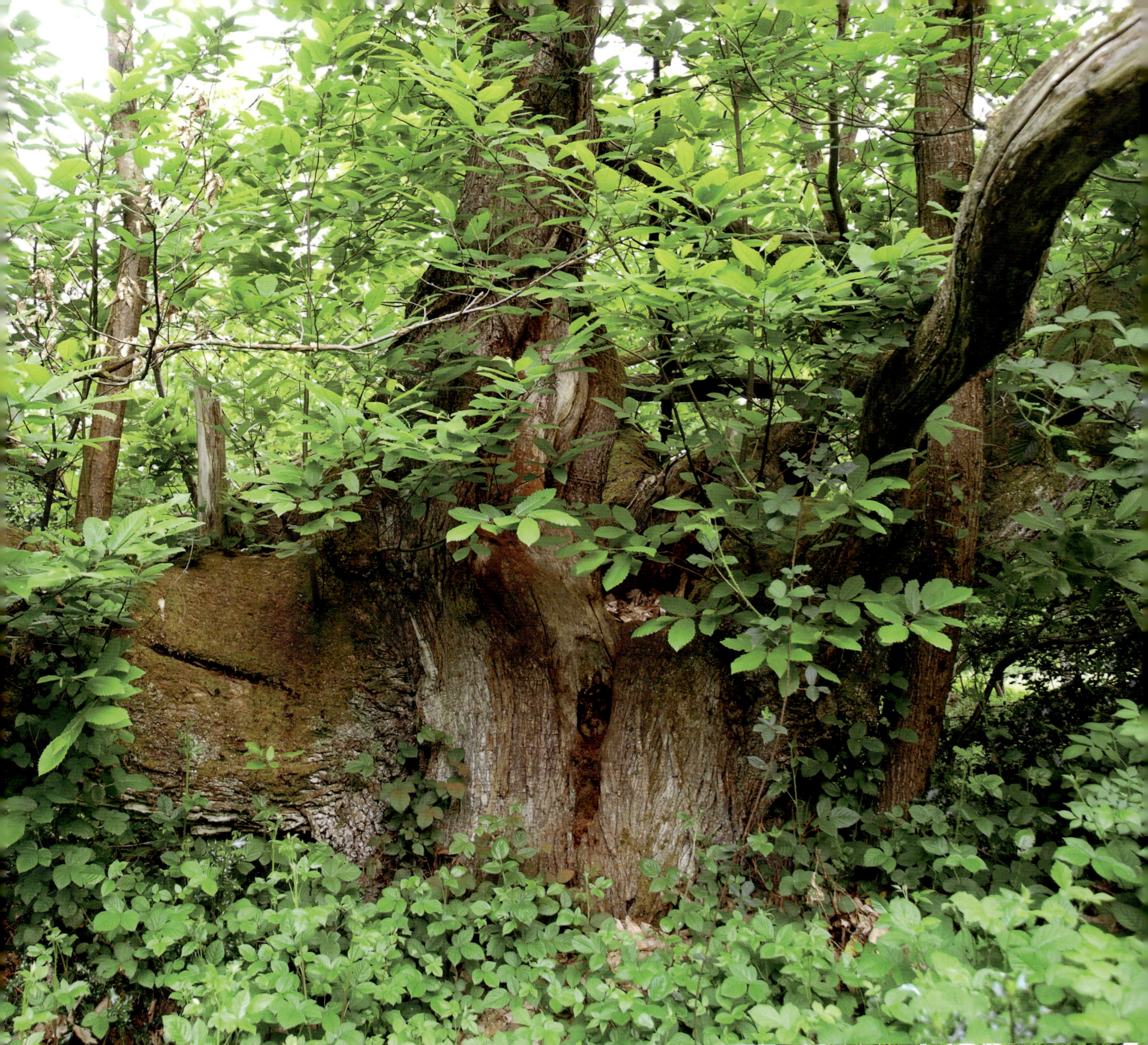

Ce châtaignier fut un arbre de bordure : à son pied, un muret de pierre marque la limite du parcellaire.
Il y a 50 ans, il était seul, arbre-repère pour les paysans alentour.
Aujourd'hui enfoui sous les broussailles, on ne le voit même plus.

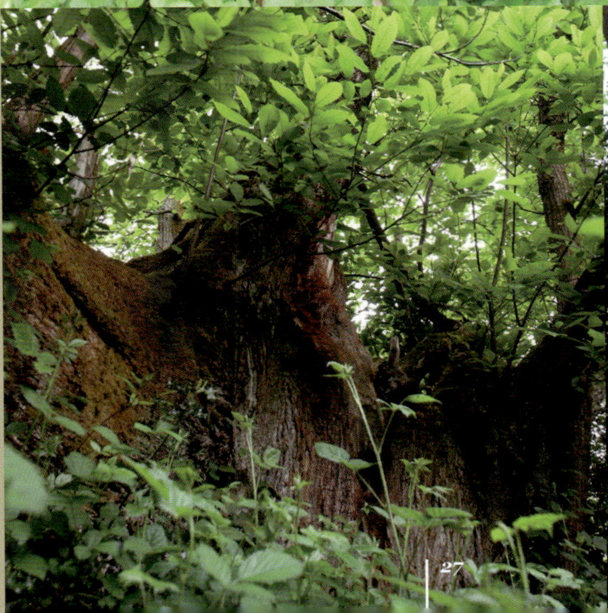

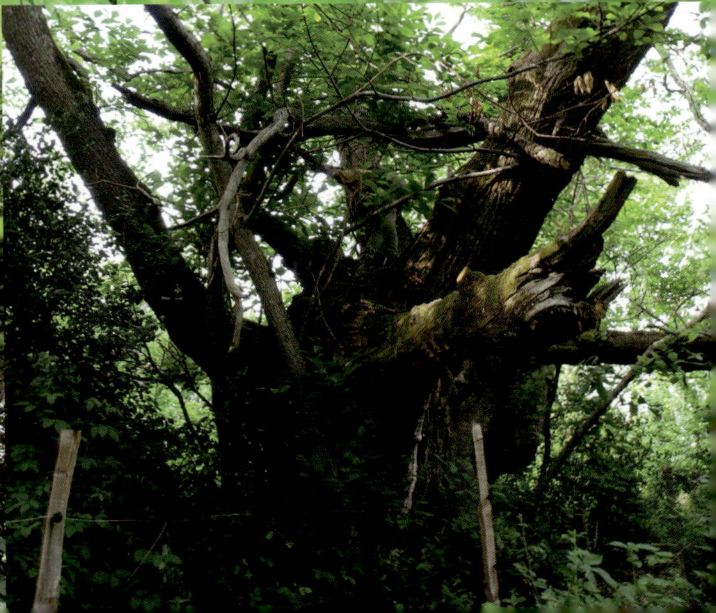

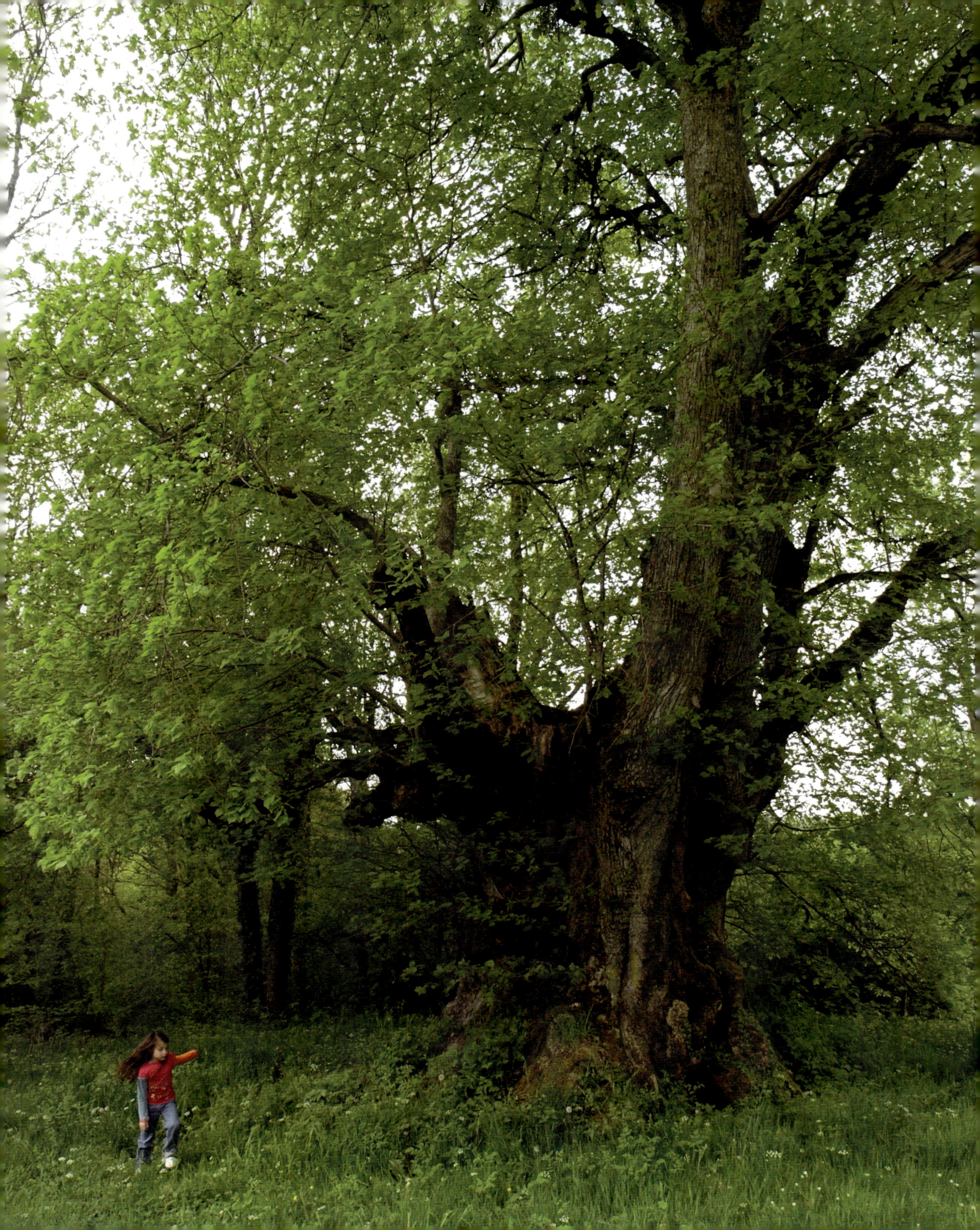

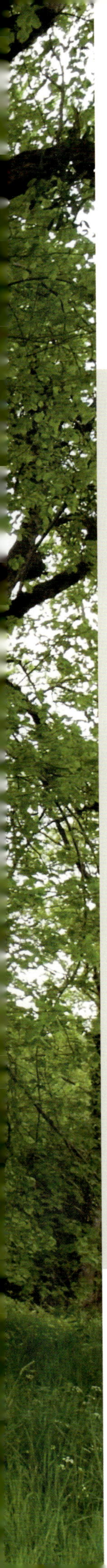

25 m

8,5 m

Tilia cordata

Le tilleul de Noualláguet

commune de
Saint-Georges-la-Pouge
(Creuse)

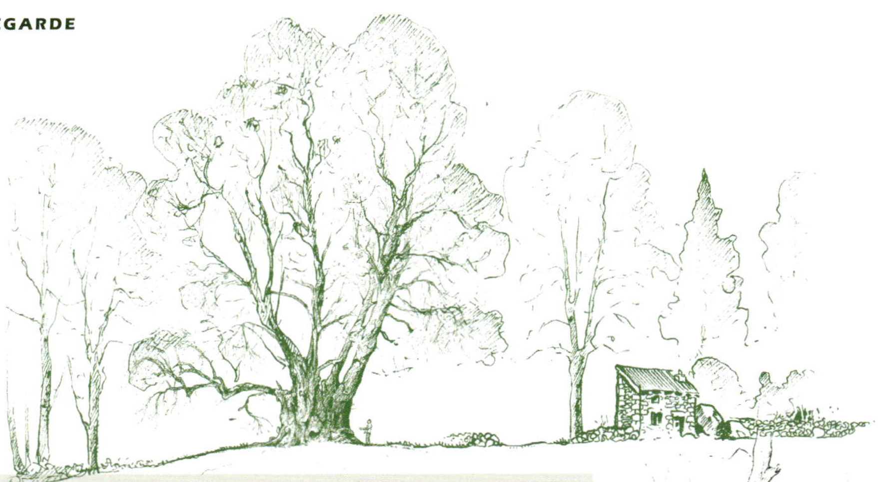

Cet arbre-là, c'est tout un monde.

Une montagne au socle puissant de racines entremêlées, au tronc plein d'histoires, creusé de sillons, peuplé de mousses, parcouru de lierre frais. Une vision magique. Il ne faut pourtant pas s'y tromper : le vrai monde est à l'intérieur.
L'arbre a plusieurs portes d'entrée : près du sol, entre les racines, ou plus haut, au départ des branches. Il faut se faire agile, souple ou tout petit, pour pénétrer dans le temple : le tilleul de Nouallaguet est entièrement creux. Il n'y a pas si longtemps, selon la légende, il était ouvert ; on venait, dit-on, y jouer à la belote, autour d'une table. Aujourd'hui la chambre secrète s'est refermée, elle est invisible de l'extérieur : y entrer est une expérience initiatique.
Une fois dedans, on circule sans peine, on fait le tour des murs. Au centre, droite comme un i, l'âme de l'arbre a continué de pousser, comme un pilier central pour soutenir la voûte des branches... Ou celle des étoiles, peut-être ! Et puisque, devant soi, l'horizon est borné par la courbure du tronc, le regard se porte naturellement vers le haut, se perd dans les feuilles, les traverse enfin et touche le ciel.
Les uns, ceux qui ont une âme de poète, verront en cet arbre un fil tendu entre l'ici-bas et le tout-là-haut. Les autres verront simplement un vieil arbre chargé d'ans et d'histoire, mais qui cache en son cœur une âme jeune et droite. Aurait-il trouvé la clef de l'éternelle jeunesse ?

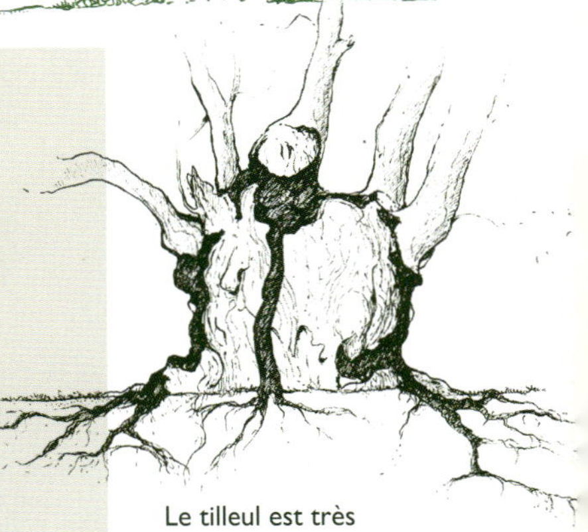

Le tilleul est très probablement un « Sully », planté comme tant d'autres aux abords des villages au tout début du XVIIe siècle. En effet, Maximilien de Béthune, duc de Sully, ministre d'Henri IV, mena une politique active de plantation d'arbres, notamment sur les places publiques et les points culminants du royaume de France.

Près de Saint-Georges-la-Pouge, le terrain est un assemblage de petites collines, un relief nerveux d'alvéoles et de vallons, de petits bois qui soulignent les fonds humides. Certains surnomment ce paysage « la grosse salade » : près de 50 % des terres sont ici boisées. Un lieu idéal où se perdre. Les villages, très éloignés les uns des autres, semblent refermés sur eux-mêmes.
Nouallaguet s'accroche au centre d'une petite clairière, sur une petite colline à 500 mètres d'altitude, entre les deux vallons de la Gosne et du ruisseau de La Chapelle-Saint-Martial.

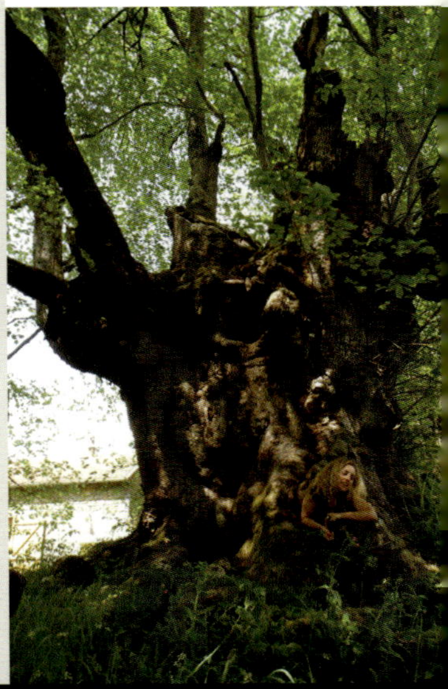

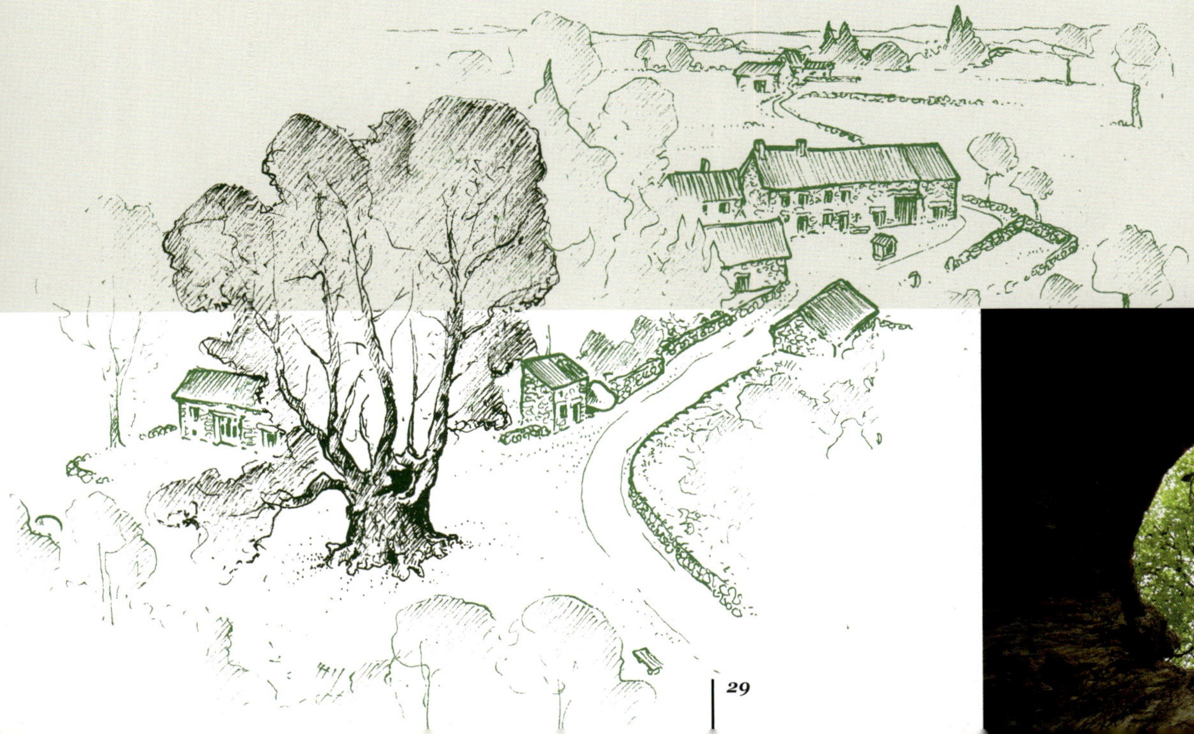

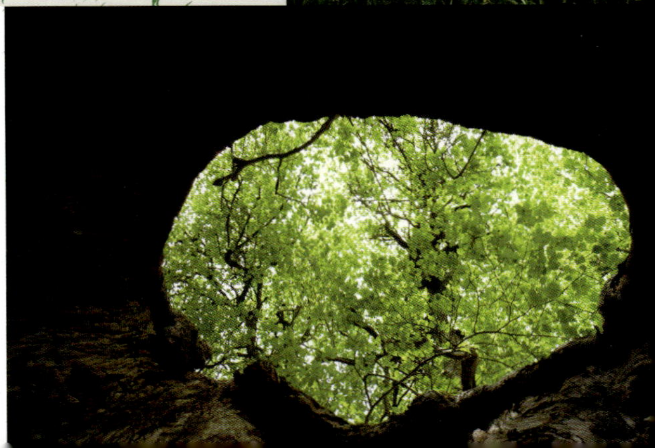

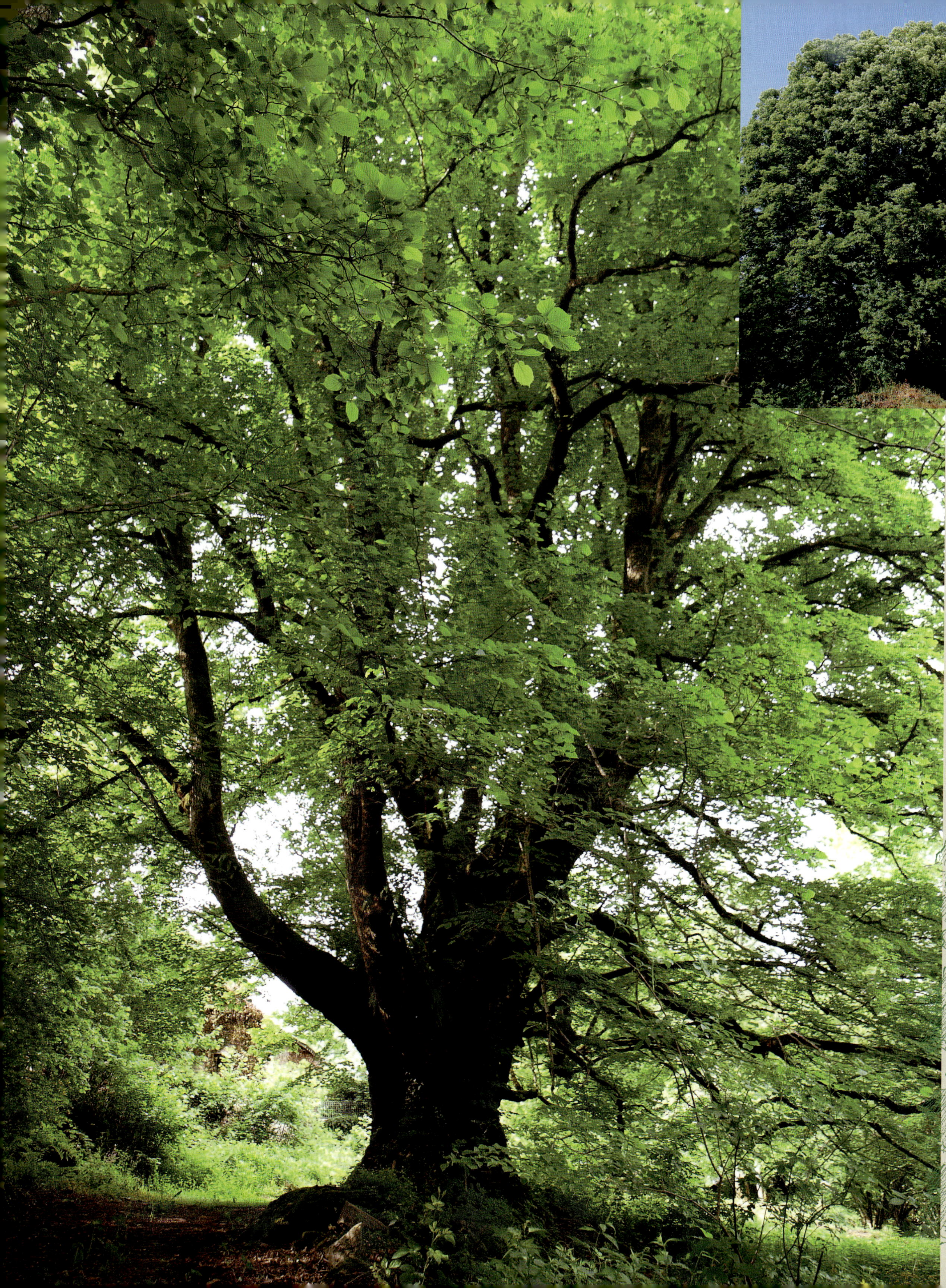
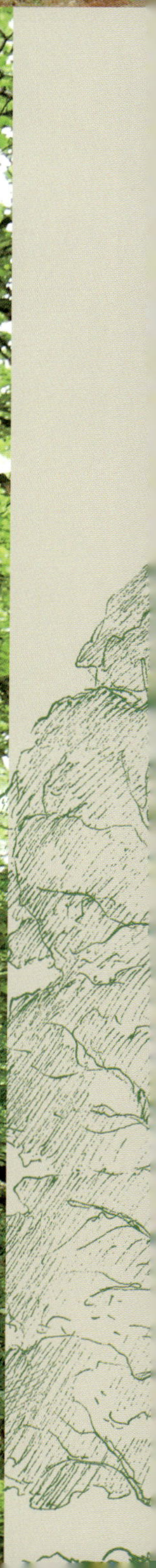

40 m 6 m

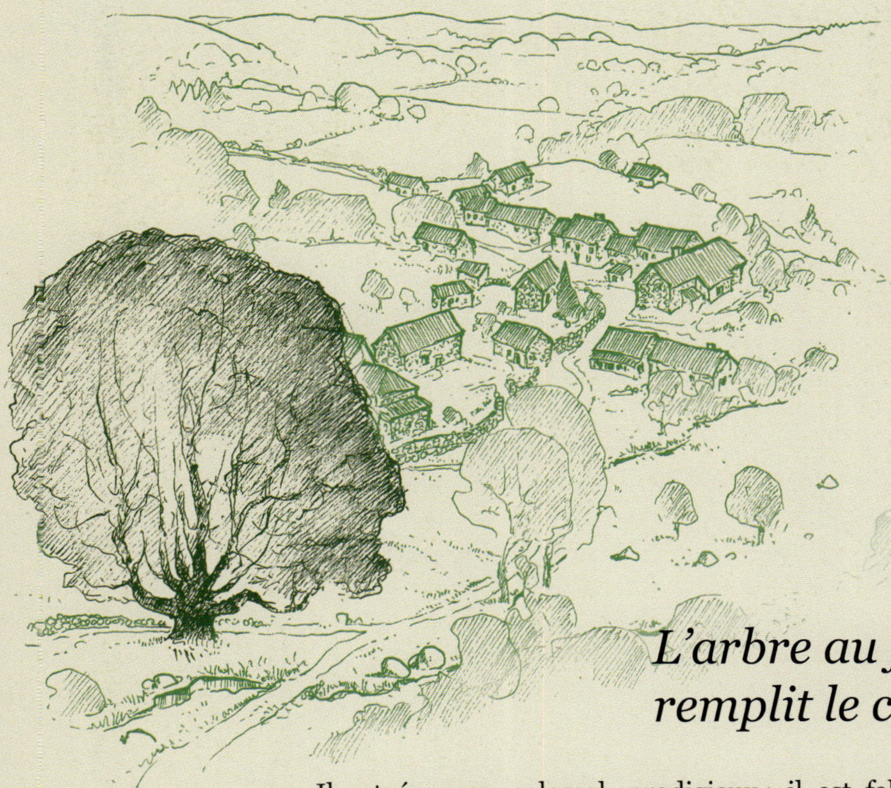

Tilia cordata

Le tilleul de Villechadeau
commune de Sardent
(Creuse)

Les gens d'ici nomment leur territoire les « Monts de Sardent » : un relief assez nerveux, typiquement granitique, avec des puys marqués, bien individualisés. Autrefois, le regard portait loin sur ce qui était une lande à bruyère pâturée par les moutons. Les vaches ont remplacé les moutons, seuls les prés les plus accessibles ont été maintenus, le reste s'est boisé. Dans les parcelles les plus basses, ce sont des étangs ou des cultures.

L'arbre au feuillage infini remplit le ciel.

Il est énorme, colossal, prodigieux ; il est fabuleux, gigantesque, gargantuesque ; il est époustouflant, mirobolant, stupéfiant et les mots manquent pour le dire... Le tilleul de Villechadeau dessine sur l'horizon une masse végétale formidable, épaisse et dense, qui accroche la lumière et brille d'une force vitale sans limites. « Regardez, dit l'énorme tilleul... D'une graine je suis devenu des milliers ! »

Sous son feuillage, l'ombre est si abondante que les plantes qui fuient le soleil se plaisent à pousser. Et s'il venait à quelque farfelu l'idée de déplier le tilleul, feuille par feuille, branche par branche, quelle surface au sol faudrait-il dégager ? L'idée seule donne le vertige.

Son tronc plein et rond, à peine fendu d'une ligne verticale, soutient cinq branches disposées en couronne qui s'élancent comme les cinq proues d'un drakkar immobile, comme les doigts d'une immense main ouverte et prête à recevoir. Au creux de cette main, au cœur de ce drakkar aux cinq proues se dresse le tronc principal, tout droit vers la cime de l'arbre. À bord d'un tel vaisseau, qui n'imaginerait conquérir les quatre horizons ? Si rien ne l'arrête, le tilleul de Sardent emplira le monde de son feuillage océanique. Enraciné – jusqu'à quelle profondeur ? – dans la terre creusoise, il n'a déjà plus de frontières. Il appartient à toutes les cultures, il est de tous les poèmes, tous les mythes, toutes les épopées. Il est Yggdrasil*, l'arbre-pilier qui soutient l'univers. Il est Atlas, qui tient sur ses épaules l'équilibre du cosmos tout entier. Il est ce qui nous permet de rêver.

** Yggdrasil est l'arbre-monde dans la mythologie nordique.*

Le tilleul de Villechadeau est, comme son frère de Noualláguet, une sentinelle de bord de village. À son pied, il y avait une pêcherie, l'abreuvoir et le lavoir. C'était un lieu important pour le village, un lieu où on se rencontrait, entre gardiens de bêtes, entre femmes. Il y a aussi, paraît-il, des sarcophages.
Le tilleul n'a pas été planté là par hasard.

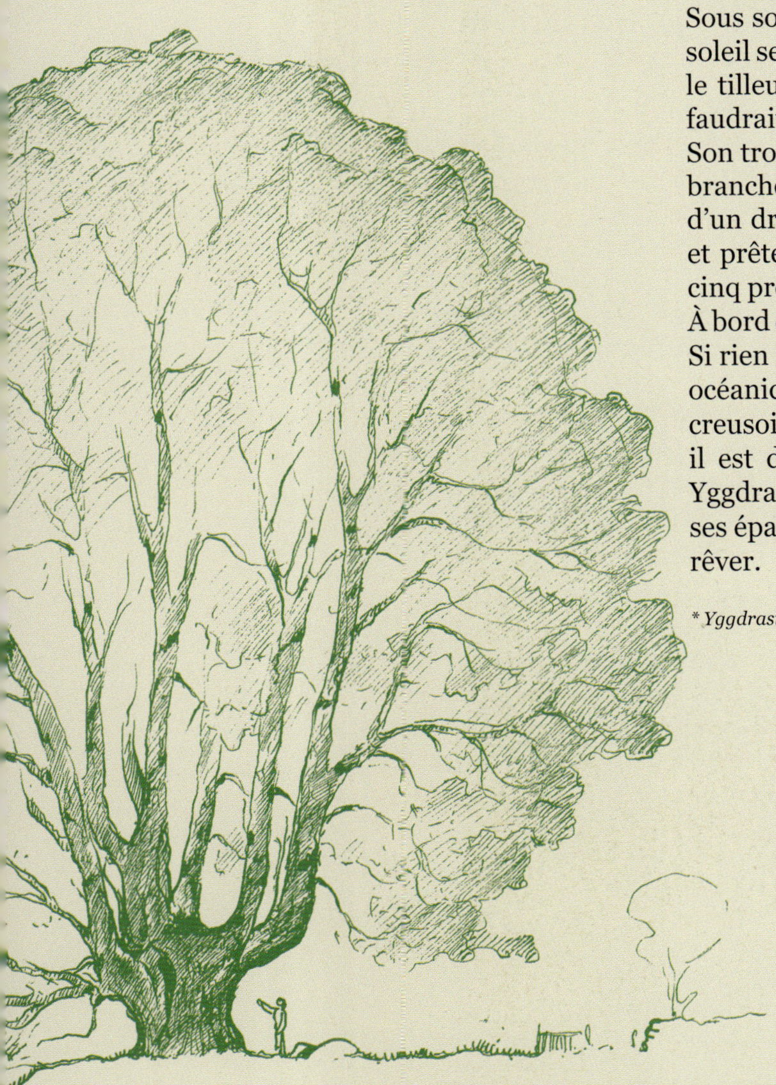

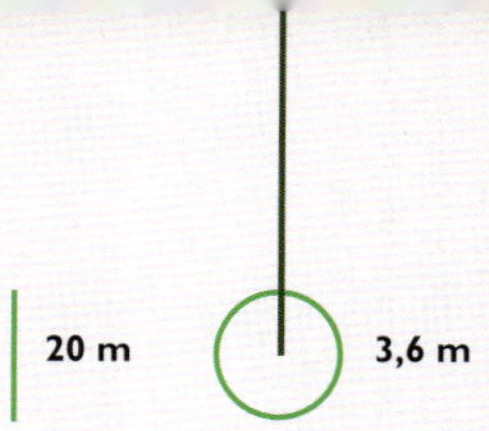

Alnus cordata

L'aulne du mont de Sardent

commune de Sardent (Creuse)

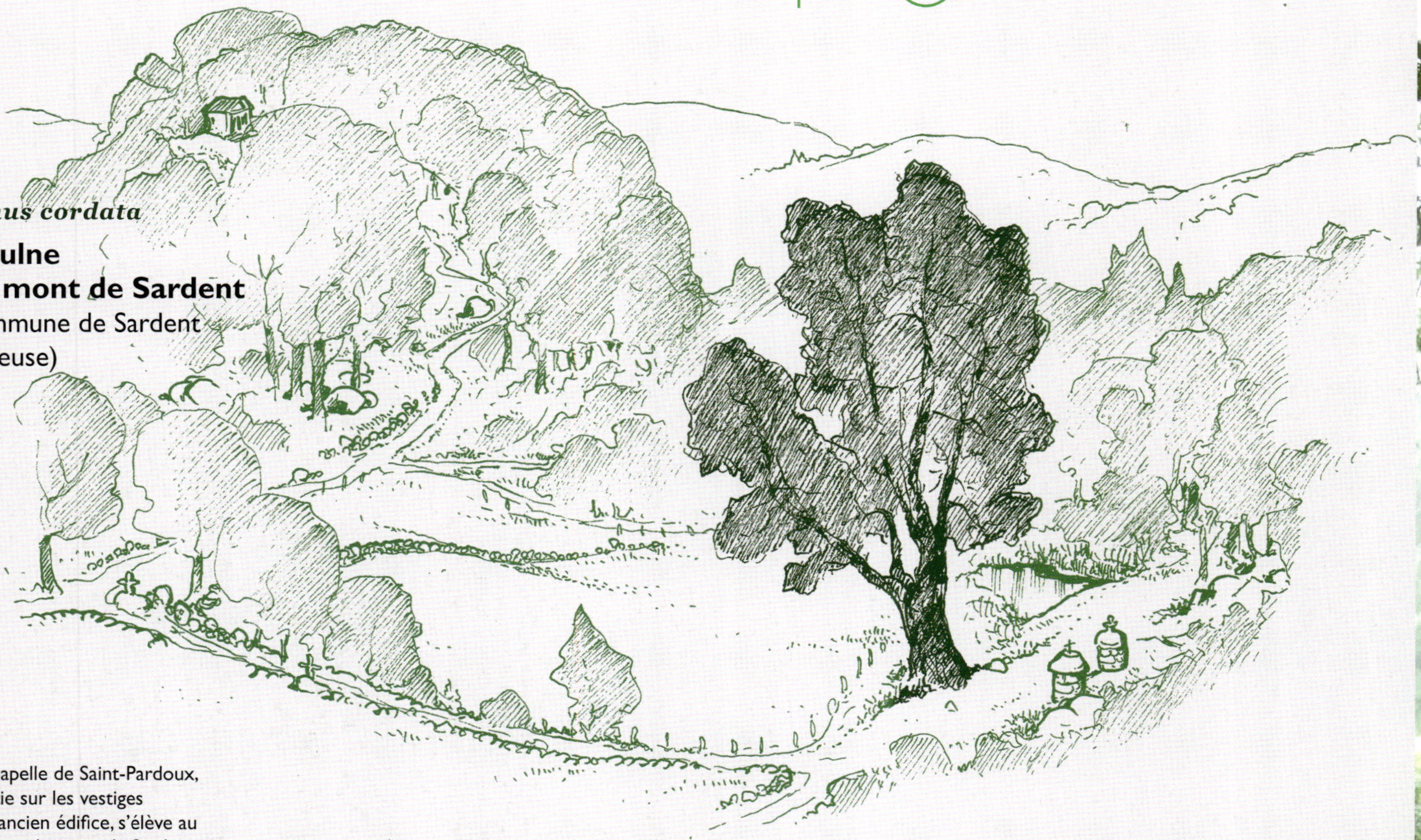

La chapelle de Saint-Pardoux, rebâtie sur les vestiges d'un ancien édifice, s'élève au sommet du mont de Sardent, à 621 mètres d'altitude. D'ici, s'il n'y avait pas tant d'arbres, on pourrait avoir une vue et même un effet de col… Dans l'imaginaire local, le mont de Sardent est le plus haut : n'a-t-il pas été choisi par saint Pardoux ? En réalité, le roc des Frocs, sur la même commune, est plus élevé.

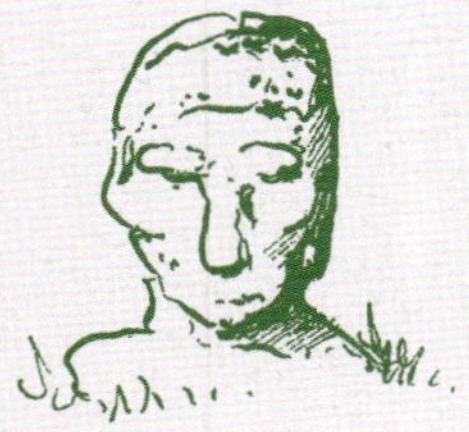

Pardulphe, qui deviendra saint Pardoux est né en Creuse au VIIe siècle. Durant son enfance, il devint aveugle en mettant le feu à un arbre.

On dirait un grand oiseau,

avec son long cou recourbé et ses hautes branches déployées comme des ailes, un grand oiseau prêt à s'envoler. L'aulne-oiseau a posé ses pattes au bord de l'eau, au cœur de la Creuse, entre les hameaux du Mont-de-Sardent, Bassegeas et les Caurades. Là, une petite butte culmine à 620 mètres d'altitude. À son sommet, au bout du chemin qui serpente entre les hêtres, est perchée une chapelle ; plus bas jaillit une source sacrée : c'est là qu'il s'est posé.
Peut-être sait-il n'être ici que pour un instant, au regard de l'Histoire et du temps. Peut-être sait-il que d'autres ont vécu près de cette fontaine, au pied de ce mont, bien avant lui : les mémoires se souviennent encore d'un berger aux yeux brûlés, Pardoux, qui choisit ce lieu pour en faire son désert et y bâtir son ermitage. La ferveur populaire et l'Église en firent un saint. Près de 15 siècles plus tard, c'est-à-dire hier, la colline redevint ermitage, le temps d'une vie, celle d'Éva Zusviakovskaya, « la naine à la poule », comme l'appelaient ses voisins du village. Cette religieuse polonaise avait choisi ce coin du Limousin pour y vivre sa foi.

De ces deux vies restent des noms, une chapelle, et deux fontaines : celle de saint Pardoux, joli petit édifice moussu, et celle d'Éva, sa jumelle plus récente : elle est l'œuvre de Jojo, qui habite non loin de là et peuple le vallon de ses sculptures aux yeux étonnés. L'aulne, lui, s'est arrêté au bord de l'ancienne pêcherie, devant les fontaines. Pour un instant, il s'est posé là. Penché au-dessus de l'eau, comme s'il allait boire, il déploie déjà ses ailes, prêt à repartir.

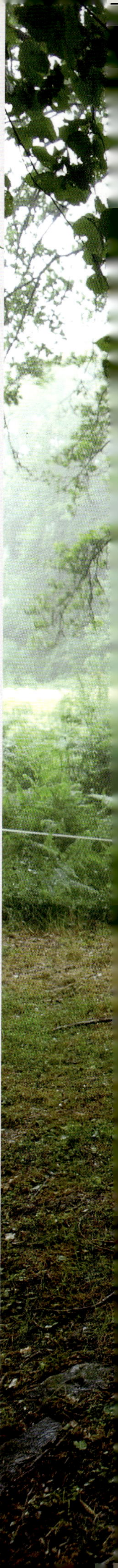

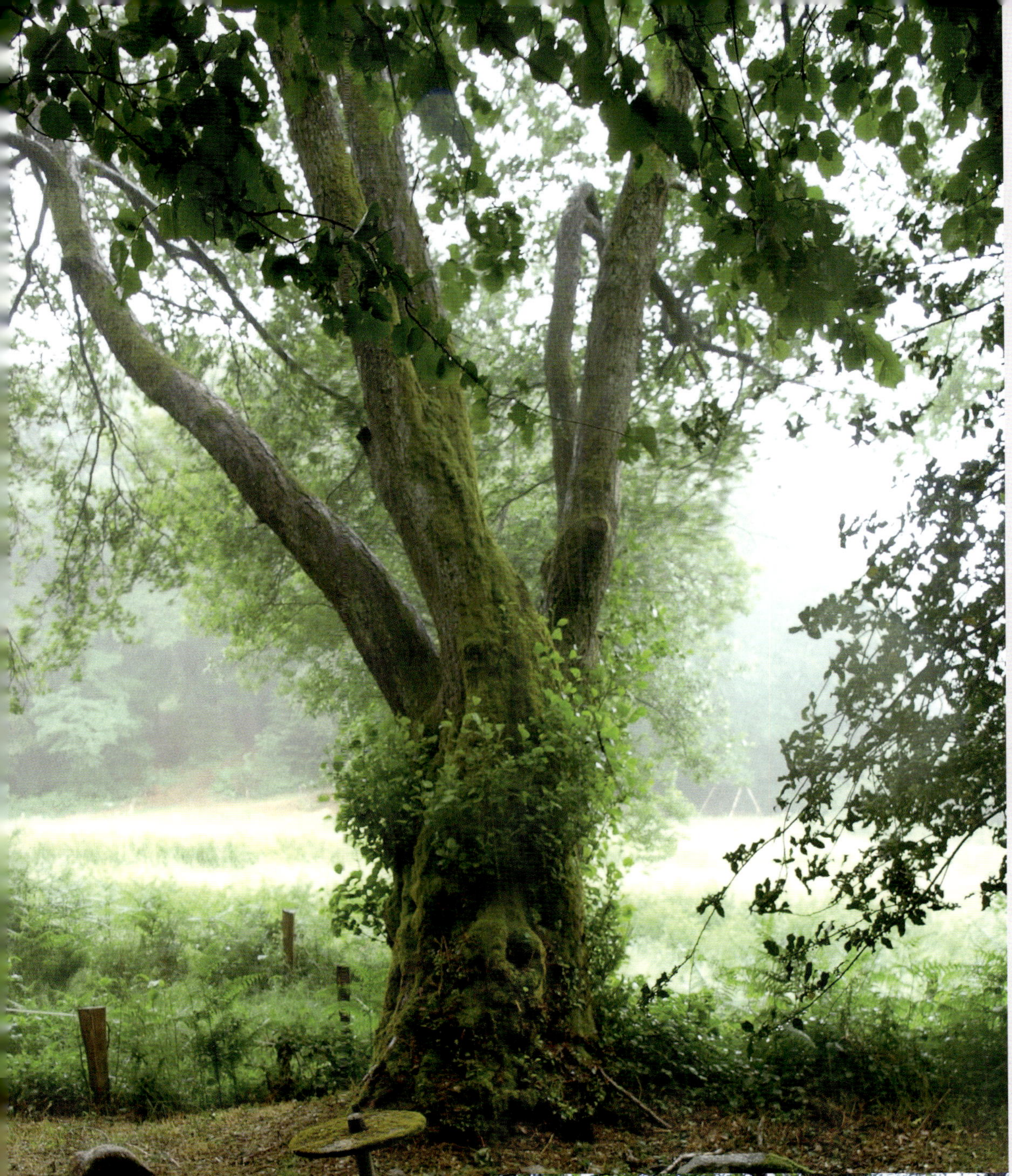

C'est ici, sur cette butte, qu'est la source, c'est ici que l'eau prend naissance avant de suinter pour former le petit ruisseau capté aux deux fontaines de Pardoux et d'Éva Zusviakovskaya.
L'eau et la pierre sont les deux éléments du mont de Sardent.
Mais si la présence de l'eau est toujours très forte, celle de la pierre est aujourd'hui plus diffuse, presque invisible.

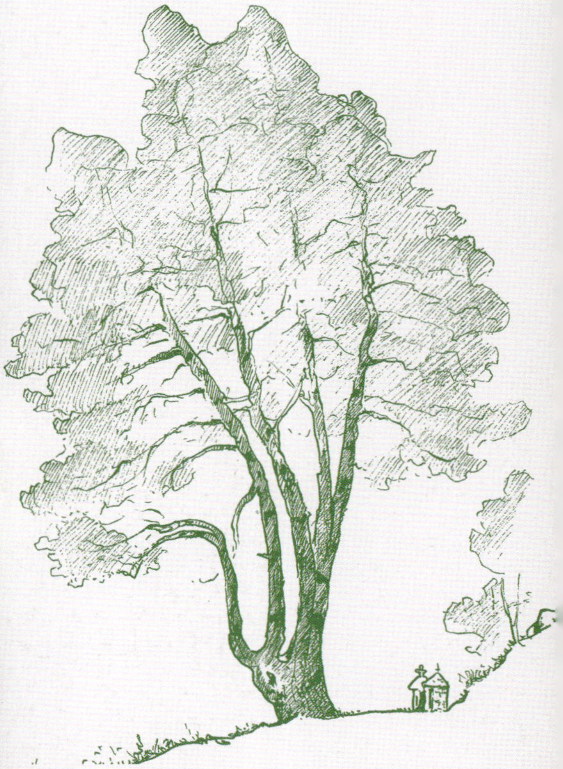

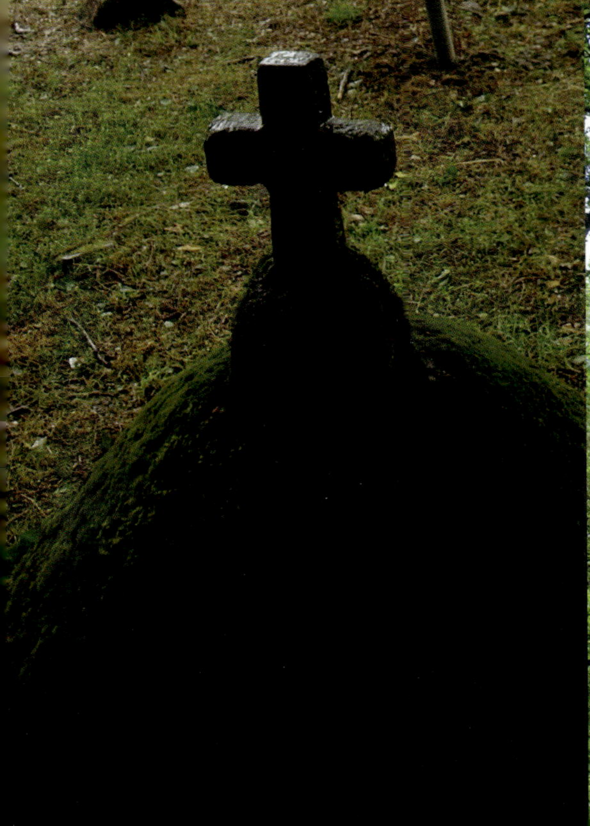

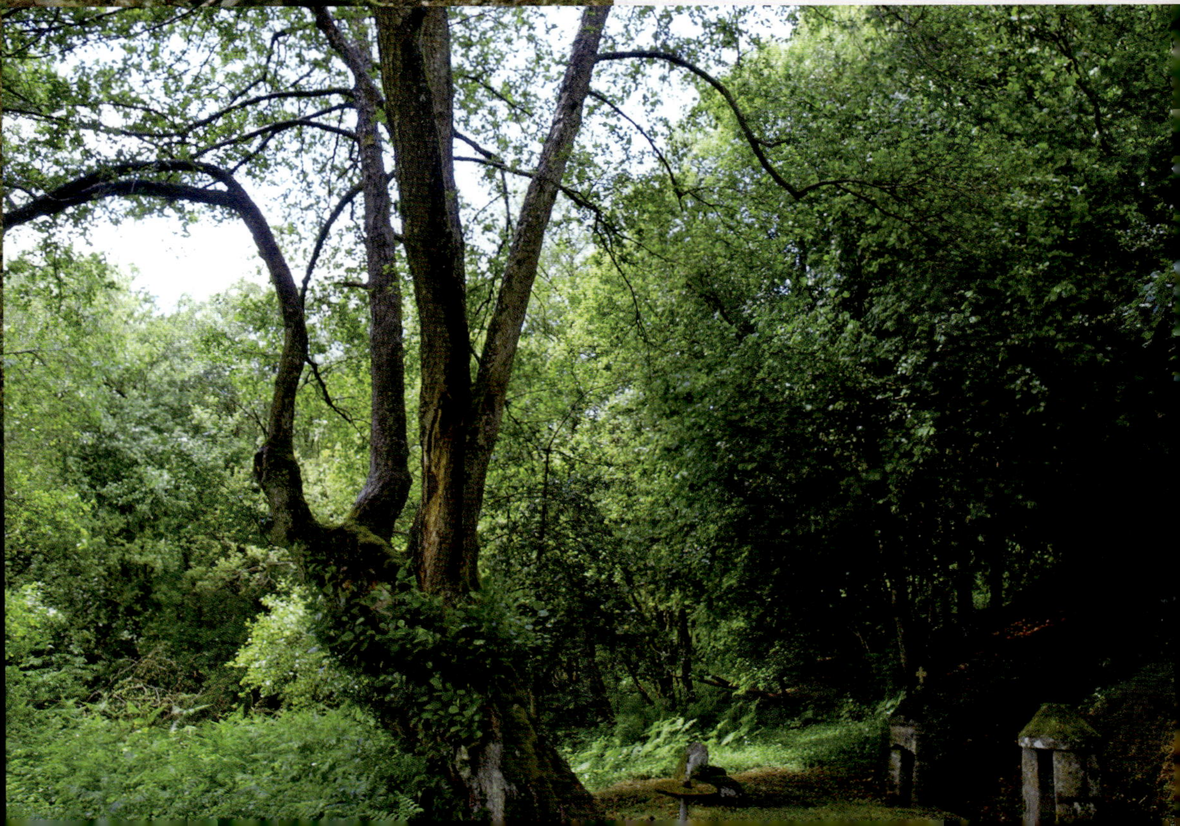

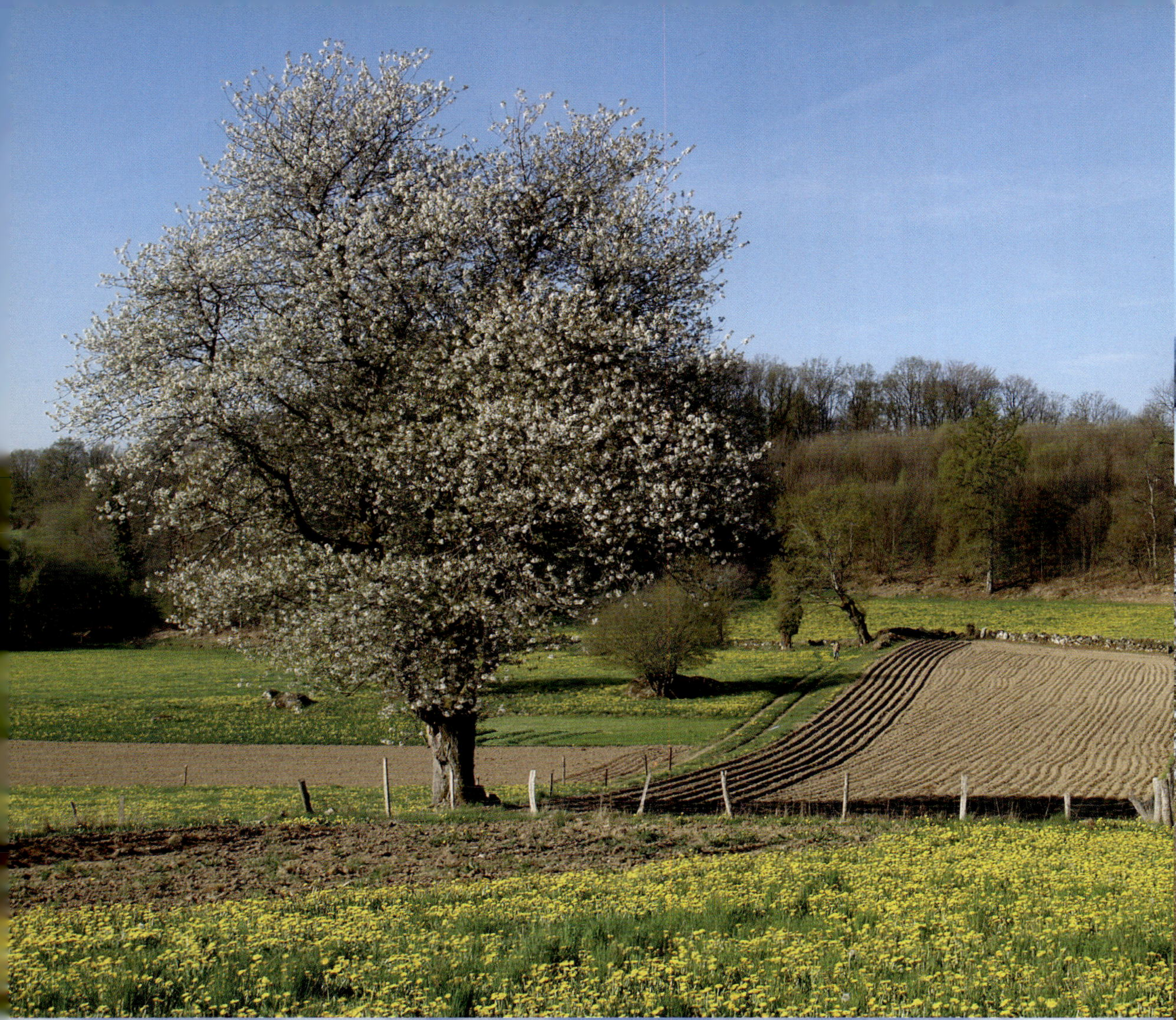
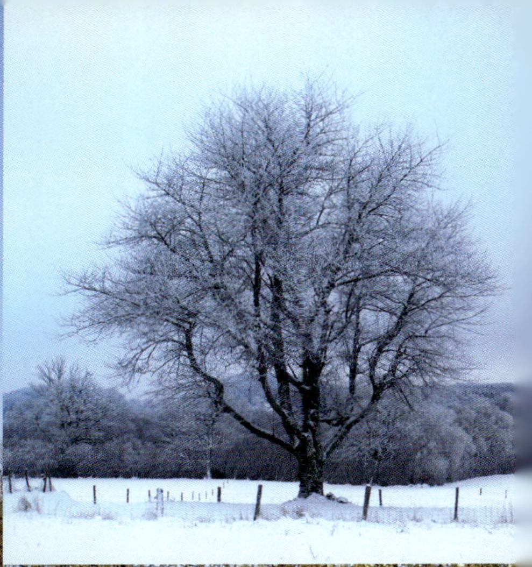
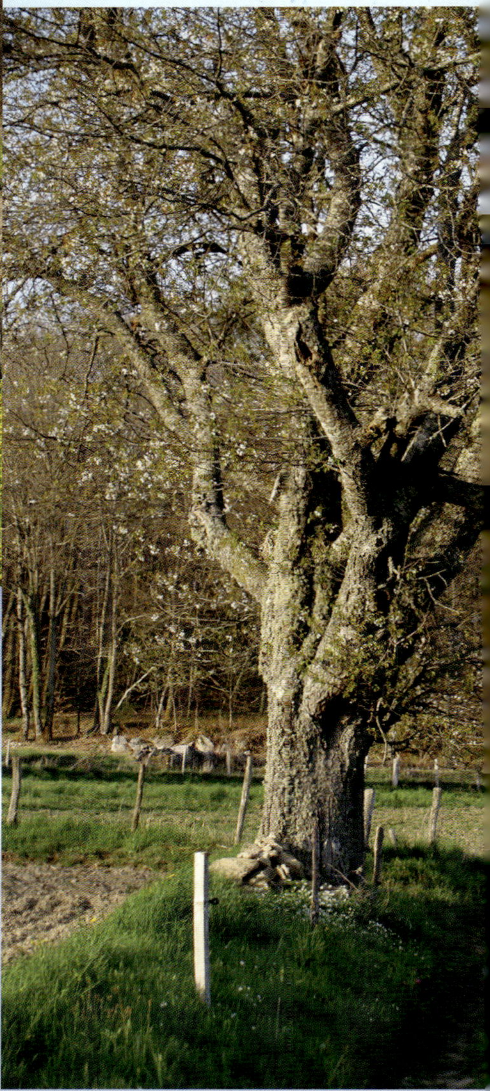
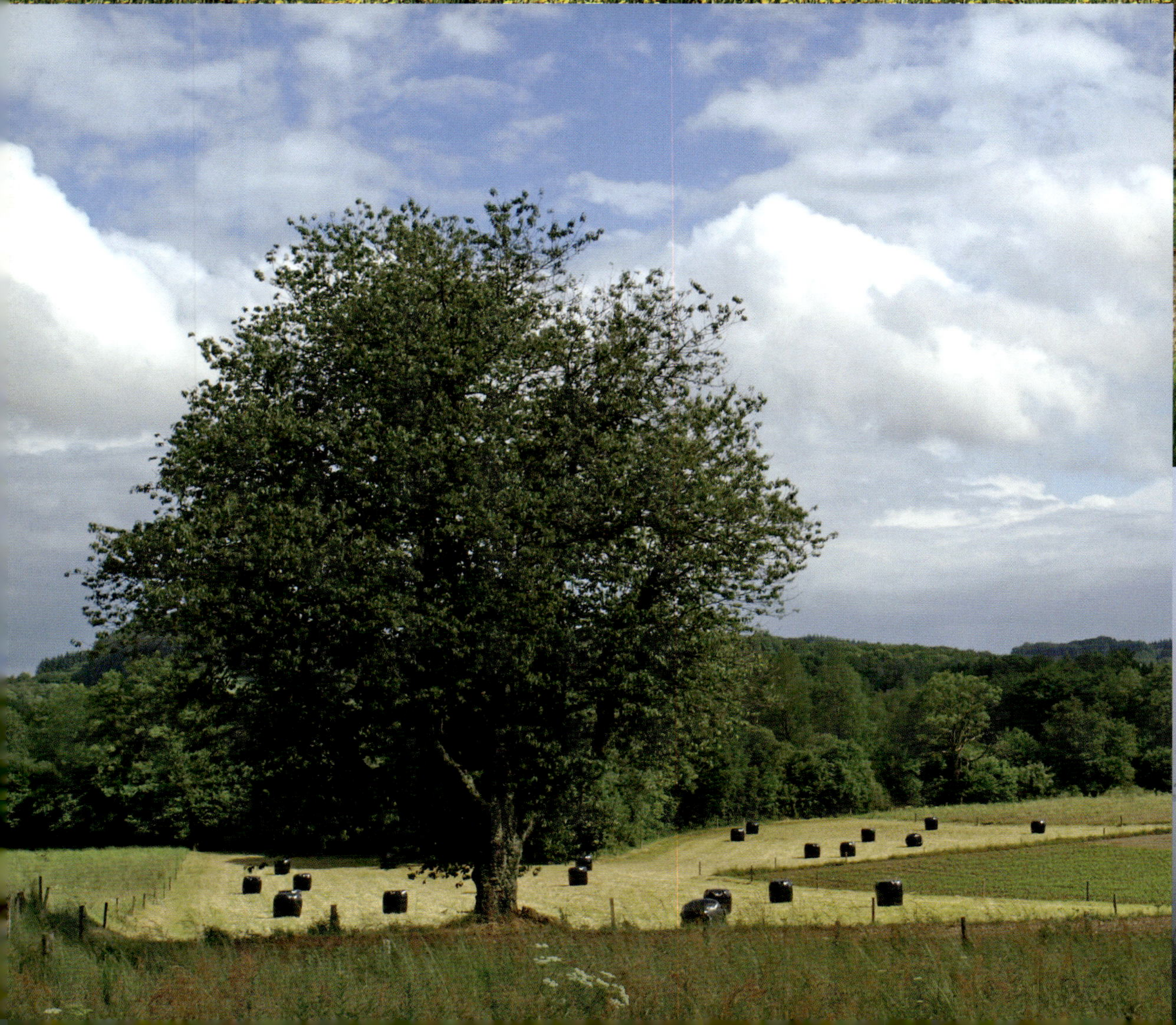
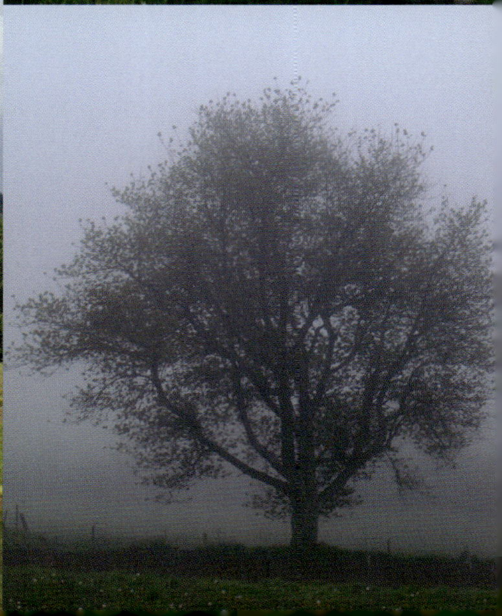

25 m 3,02 m

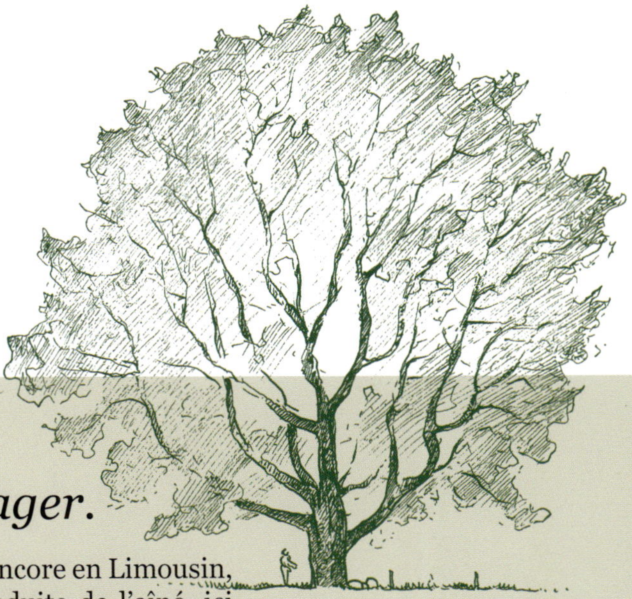

Prunus avium

Le merisier de Sardent
commune de Sardent
(Creuse)

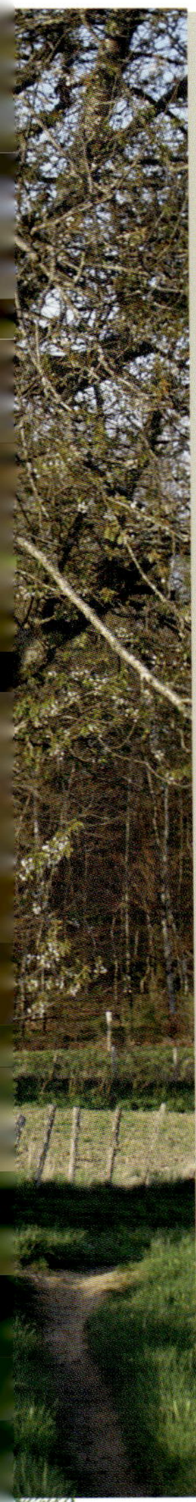

Un grand bouquet au cœur du potager.

Le potager, un potager de plein champ comme on en trouve encore en Limousin, appartient à trois frères que l'on voit, en rang, sous la conduite de l'aîné, ici planter les patates, là faucher un petit pré, quand vient la saison ou le moment. L'arbre - bouquet est dressé au cœur de ce tableau de petites parcelles cousues les unes aux autres. Au printemps, quand ses fleurs éclosent, il habille ses branches de pétales blancs, pour quelques jours, le temps d'une explosion soudaine. Il se révèle fleurs, et bientôt fruits.

Serait-il chêne qu'on ne le remarquerait pas. Il n'est pas si gros, ne paraît pas si vieux, n'a rien de si précieux... En apparence. Mais à y regarder de plus près... Avec le redoux et le soleil, une fois les fleurs passées en envolées floconneuses, son feuillage bruisse d'une agitation sans fin. C'est un pépiement incessant et énervé, une frénésie heureuse et gourmande. Cet arbre-là, c'est Byzance, parole d'oiseau !

Le doute n'est pas possible : aucun chêne n'abriterait tant de volatiles affamés. L'arbre aux fleurs, l'arbre aux fruits, l'arbre aux oiseaux est un bon gros merisier de campagne, rustique et vigoureux, discret et hospitalier. Merles, mésanges et autres moineaux ne s'y trompent pas, qui viennent, sans vergogne, le dépouiller de ses merises à peine les beaux jours arrivés. C'est alors jour de fête sous le ciel bleu. Au loin, un âne brait. Plus près, l'homme souffle sous l'effort. Mais dans l'arbre, une autre musique se fait entendre. Et sous le soleil déjà chaud, entre âne, homme et merle moqueur, l'arbre aux merises veille inlassablement sur son jardin.

Un peu loin du village, le merisier marque « la terre », la bonne terre, la terre vivrière, celle où l'on peut planter pommes de terre et haricots, faire un vrai potager. Le beau déploiement de l'arbre montre qu'il a toujours vécu en liberté, sans contrainte. C'est un arbre fertile au cœur des terres nourricières du village.

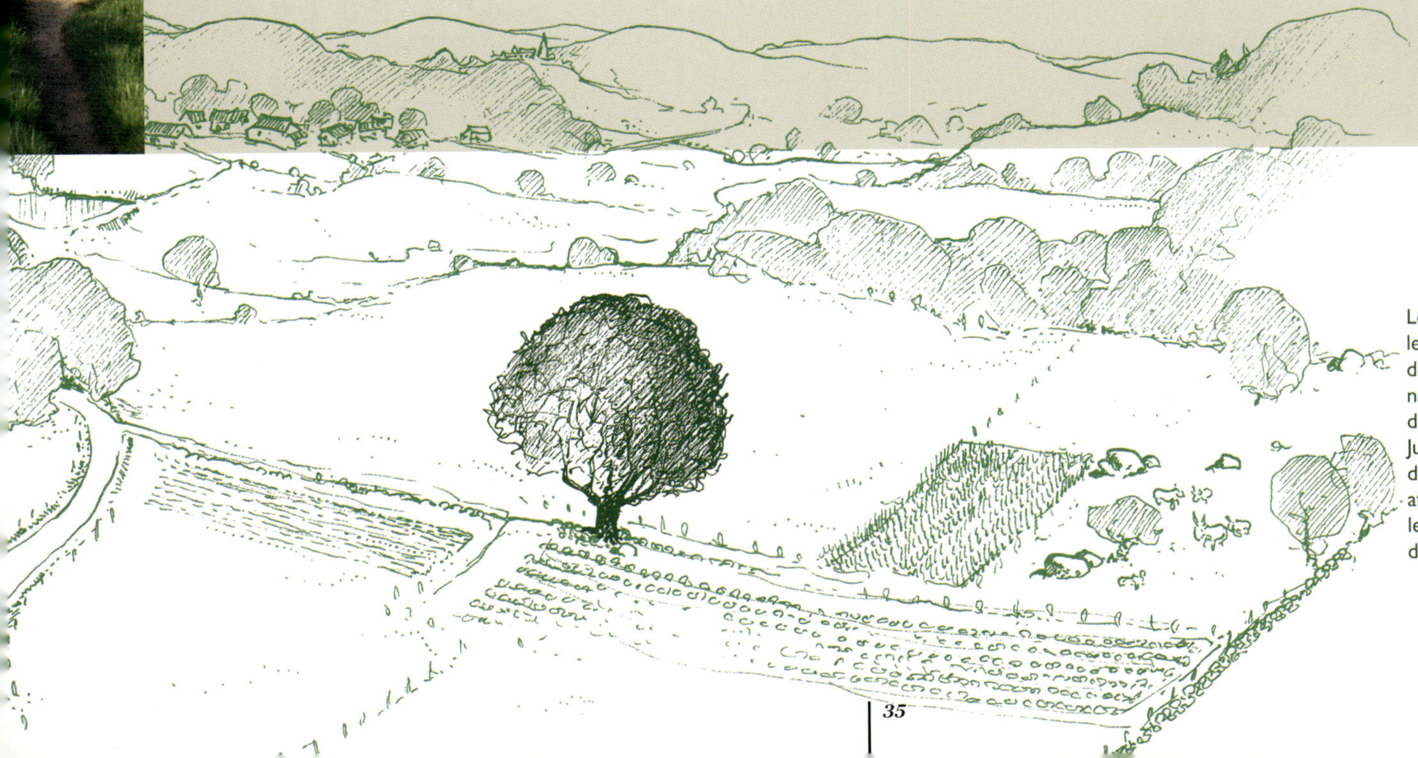

Le merisier est sur le puy Surget, qui domine doucement la Gartempe naissante : la rivière va d'alvéole en alvéole. Juste derrière le merisier, de gros blocs de rochers affleurants indiquent le cœur du territoire des monts de Sardent.

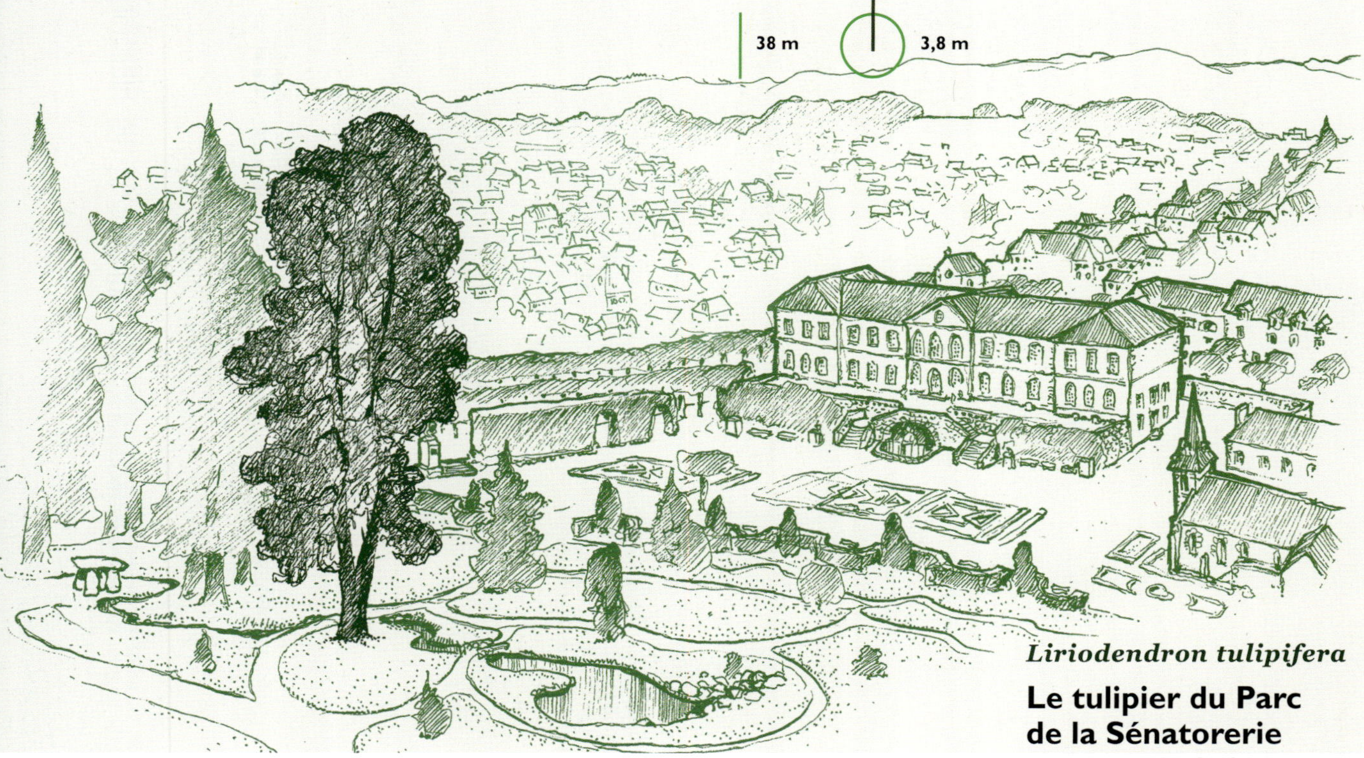

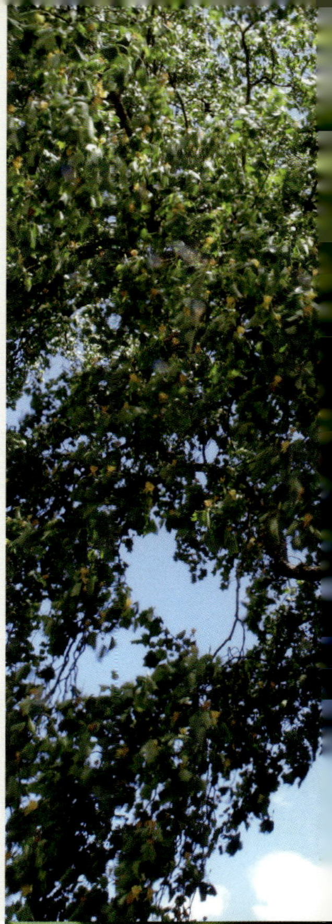

Liriodendron tulipifera

Le tulipier du Parc de la Sénatorerie

commune de Guéret (Creuse)

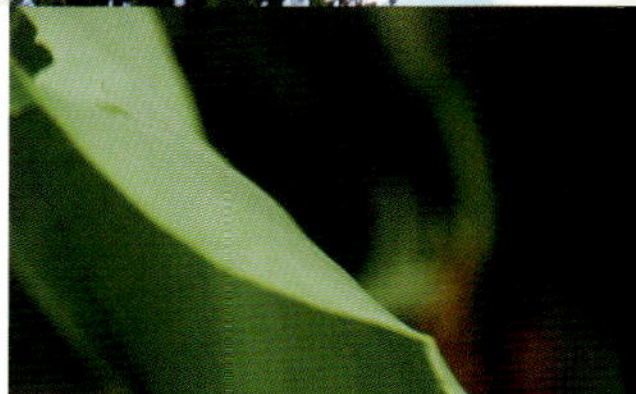

Le tulipier est au cœur du jardin qui entoure l'ancien palais de la Sénatorerie, aujourd'hui musée d'Art et d'Archéologie de Guéret. Si le bâtiment date du XVIIIe siècle, le jardin actuel, lui, fut dessiné par Germain Sauvanet en 1905 : l'architecte en fit un parc à l'anglaise mêlant jardin régulier et déambulations parmi les espèces rares et remarquables.
Les rocailles témoignent du travail des maçons creusois, artistes en la matière, qui avaient développé ces techniques dans les grands parcs parisiens.

Il a l'air un peu perdu, dans cette nature en miniature.

Posé comme un éléphant sur un tapis de violettes, le tulipier a la feuille perplexe et le rameau circonspect. Il semble ne pas bien comprendre comment il a échoué dans ce petit parc de ville, ce concentré d'exotisme où il semble y avoir plus d'allées que de pelouses. On l'a planté entre l'araucaria et le cèdre pleureur de l'Himalaya. États-Unis, Chili, Inde... Jamais il n'aurait imaginé avoir de si pittoresques voisins.

On les a entourés de grilles : est-ce de peur que tous ces déracinés décident un jour de quitter les rases pelouses de Guéret pour retourner au pays ? Ou bien, l'homme est-il une espèce si dangereuse, qu'il faille protéger pelouses, arbres et fleurs de ses possibles incursions nocturnes ? Il est vrai que lors de la dernière guerre, l'armée nazie est venue s'emparer, pour le fondre, du buste en bronze du médecin-historien, ancien maire de la ville, Ferdinand Villard, qui trônait au cœur du parc.

Dans ce petit parc, ce « vieux petit parc » qui a fêté ses 100 ans, le tulipier paraît si grand ! Presque hors de propos. Il dépasse encore d'une bonne tête le séquoia géant dont la soif de grandeur semble s'être apaisée.

Rien de plus artificiel que cette nature improbable, ce mélange d'espèces qui habituellement ne se rencontrent jamais, cet assemblage invraisemblable créé pour le seul plaisir des yeux. Des yeux qui, aujourd'hui blasés, ne s'écarquillent plus : on a déjà tout vu. Mais ce microcosme fabriqué semble suffire aux amoureux de Guéret... Dans un monde de bitume et de béton, il fait bon venir se bécoter à l'ombre du tulipier.

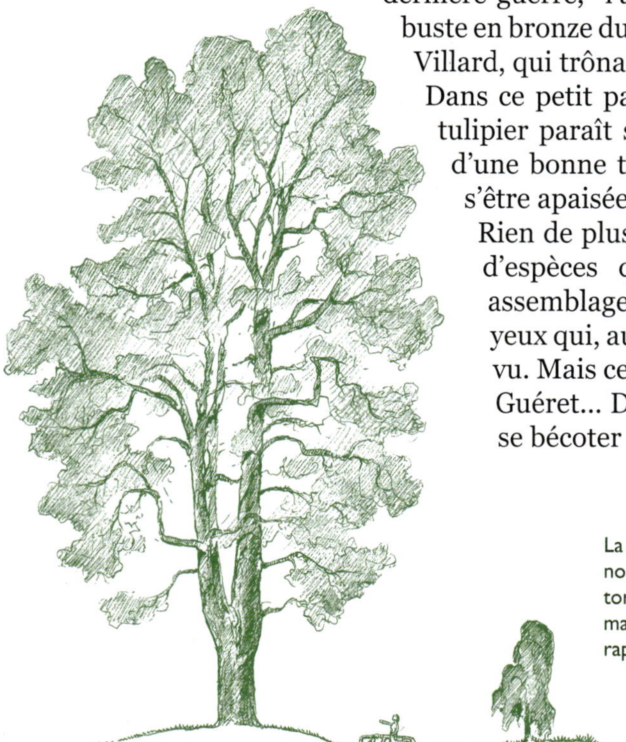

La ville de Guéret s'est installée au pied des monts qui portent son nom, en bordure de la grande forêt de Chabrières. Le parc de la Sénatorerie domine en terrasse un petit vallon oublié. Dans cette ville qui manque de cours d'eau, la rivière artificielle créée au cœur du jardin rappelle une hydrographie enfouie sous le bitume.

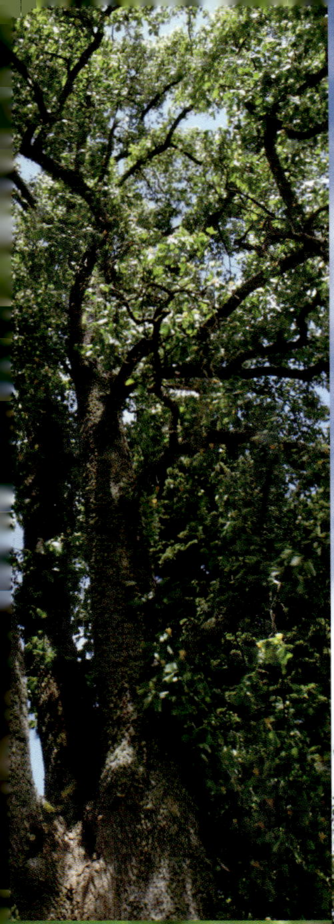
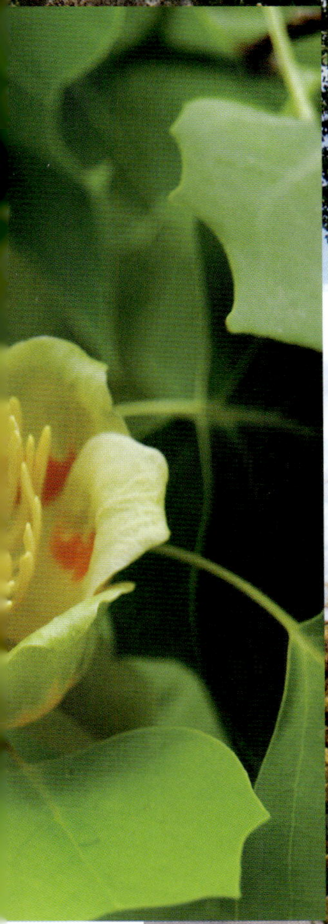
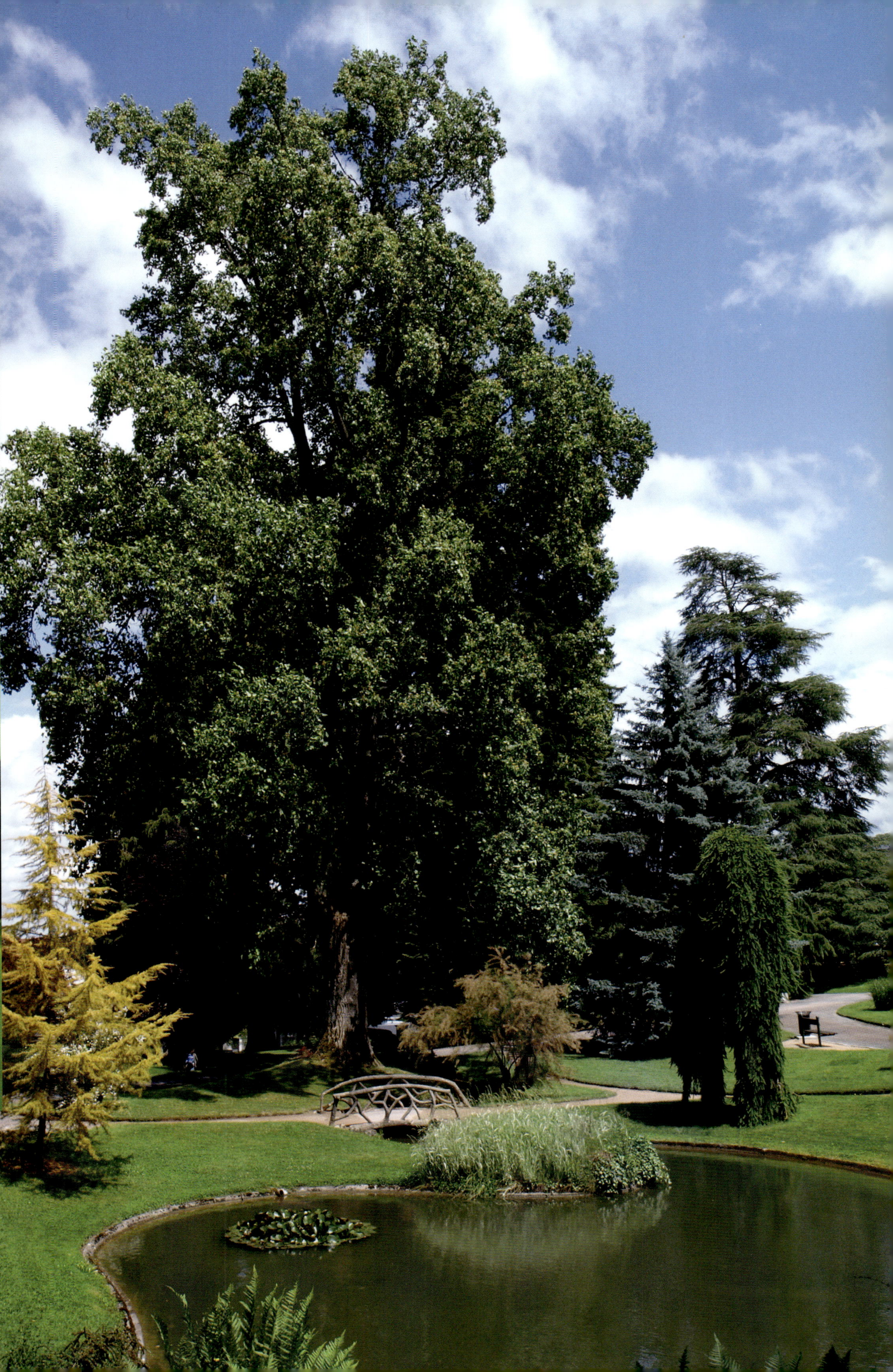

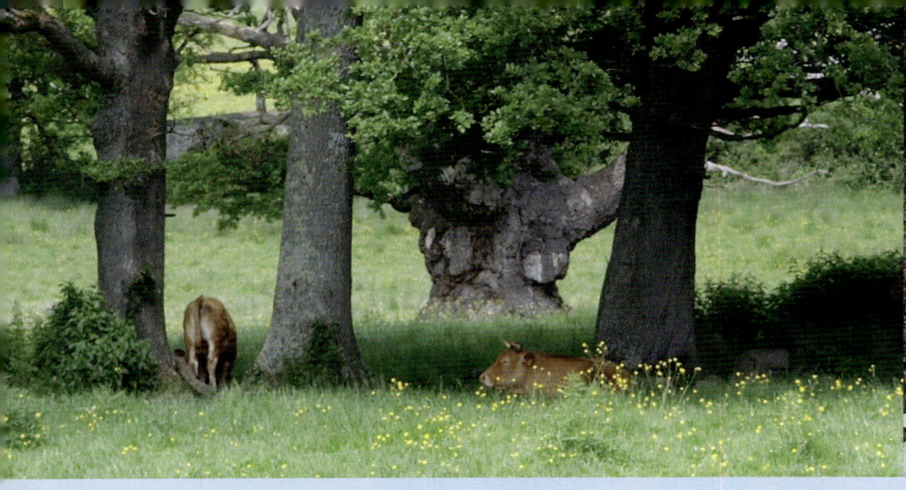
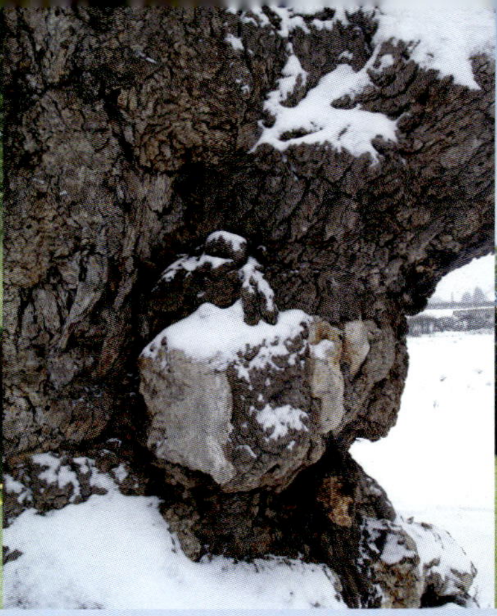
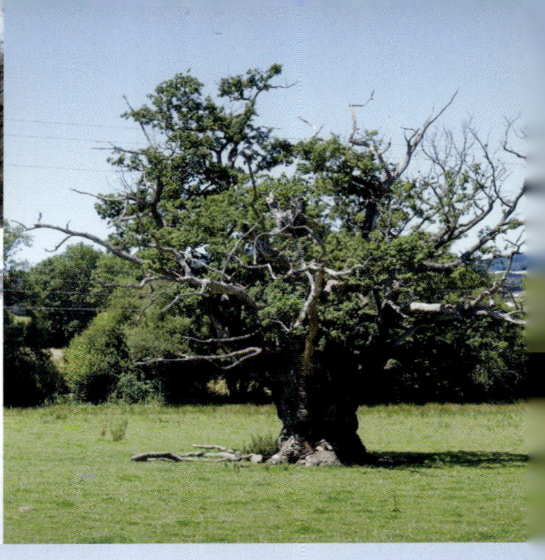
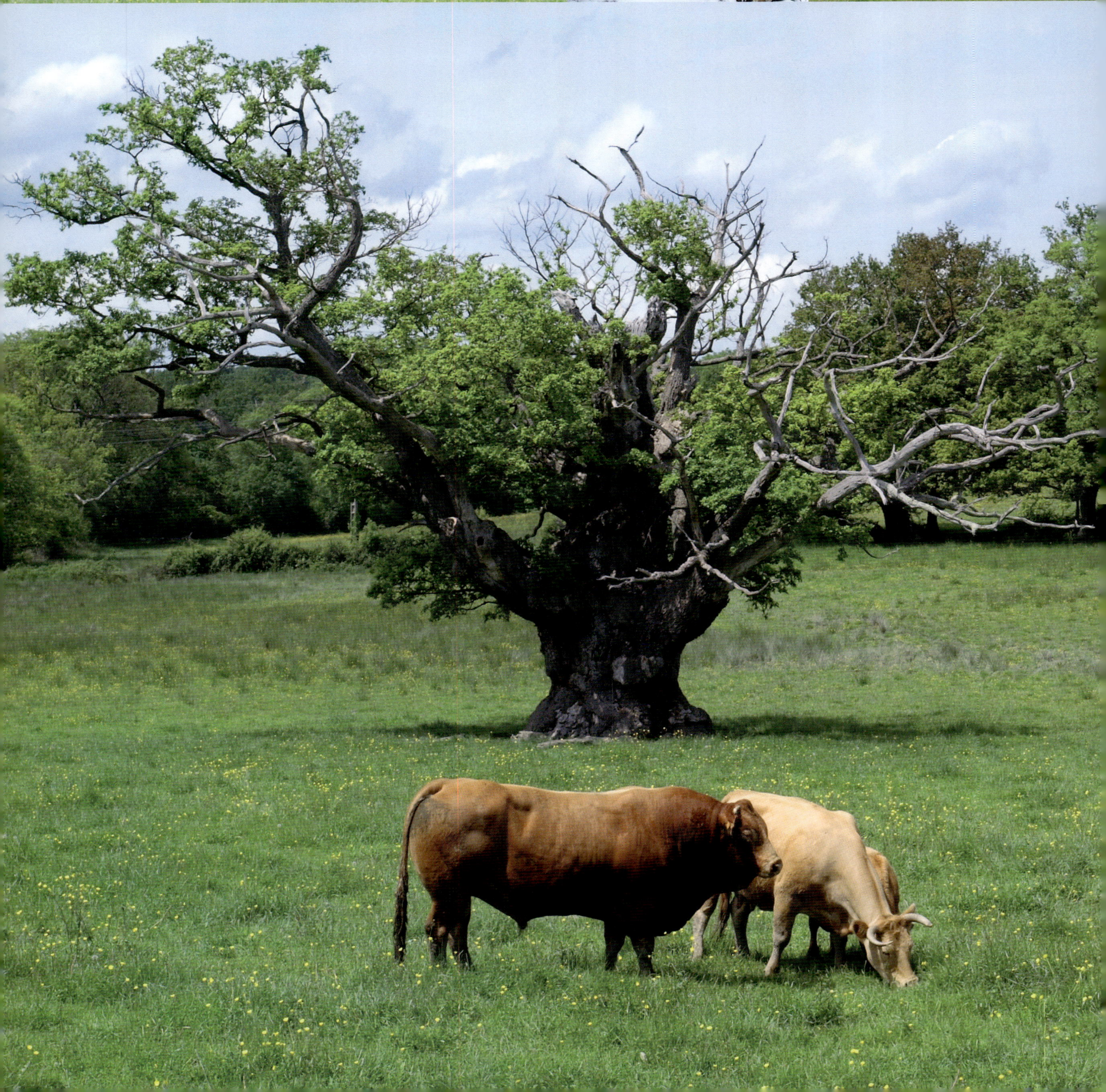

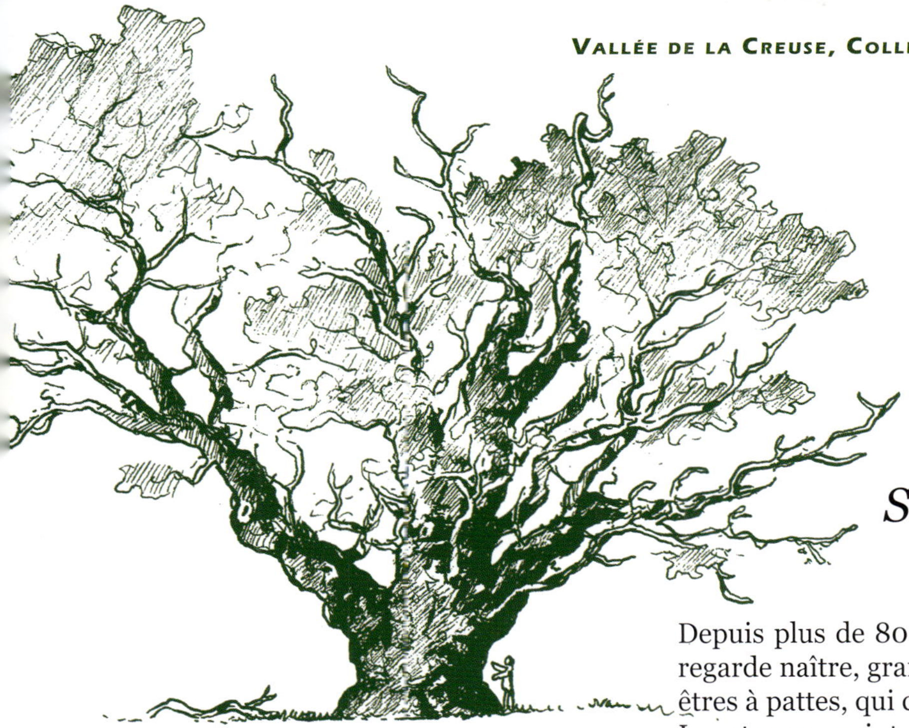

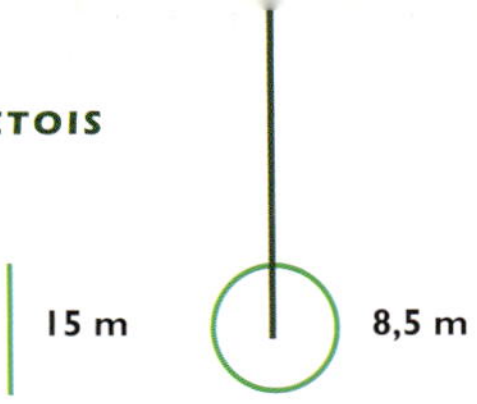

Quercus robur

Chêne de Cherdemont
commune de Guéret
(Creuse)

Son temps n'est pas celui de l'homme.

Depuis plus de 800 ans, au milieu de son pré, le chêne de Cherdemont regarde naître, grandir et disparaître autour de lui des générations de ces êtres à pattes, qui courent, broutent, dorment, mangent et espèrent. Longtemps maintenue par les bêtes, sa frondaison est allée chercher en hauteur l'espace et la lumière. Son tronc est enflé, boursouflé, plié par le poids des ans, son bois lustré par des siècles de caresses animales. Des générations de vaches et de veaux sont venus s'y frotter, profitant de l'ombre, chaque année plus grande, au milieu du pré. Il a voué son existence à l'animal.

Son temps n'est pas celui des hommes. Tous les jours, ils sont des centaines à le frôler sans le voir, à passer à toute allure, sans même soupçonner sa présence à deux pas de la RD 940, au bord de cette grande ligne droite qui vient s'engouffrer dans la zone périurbaine, dite « artisanale », de Guéret. Pourquoi s'arrêter ? Ronds-points, bandes blanches, cédez-le-passage, échangeurs... Les obstacles à la vitesse et à l'illusion de liberté sont déjà si nombreux ! Le temps du chêne n'est pas celui de ce monde qui court, accélère et n'a que faire de lui.

Il est seul au milieu du pré, il l'a toujours été. Tant que le pré reste pré, tant que les vaches continuent de paître sous son ombre, il est en sécurité. Bien caché derrière une haie haute et touffue, il ne voit rien des flots de voitures qui passent et repassent. Il est là, même s'il n'a pas choisi d'y être. Planté par un paysan, loin de la ville, c'est la ville qui aujourd'hui vient à lui. Si le goudron l'épargne, pour l'instant, peut-être n'en sera-t-il pas toujours ainsi... Finira-t-il en « mobilier urbain » ?

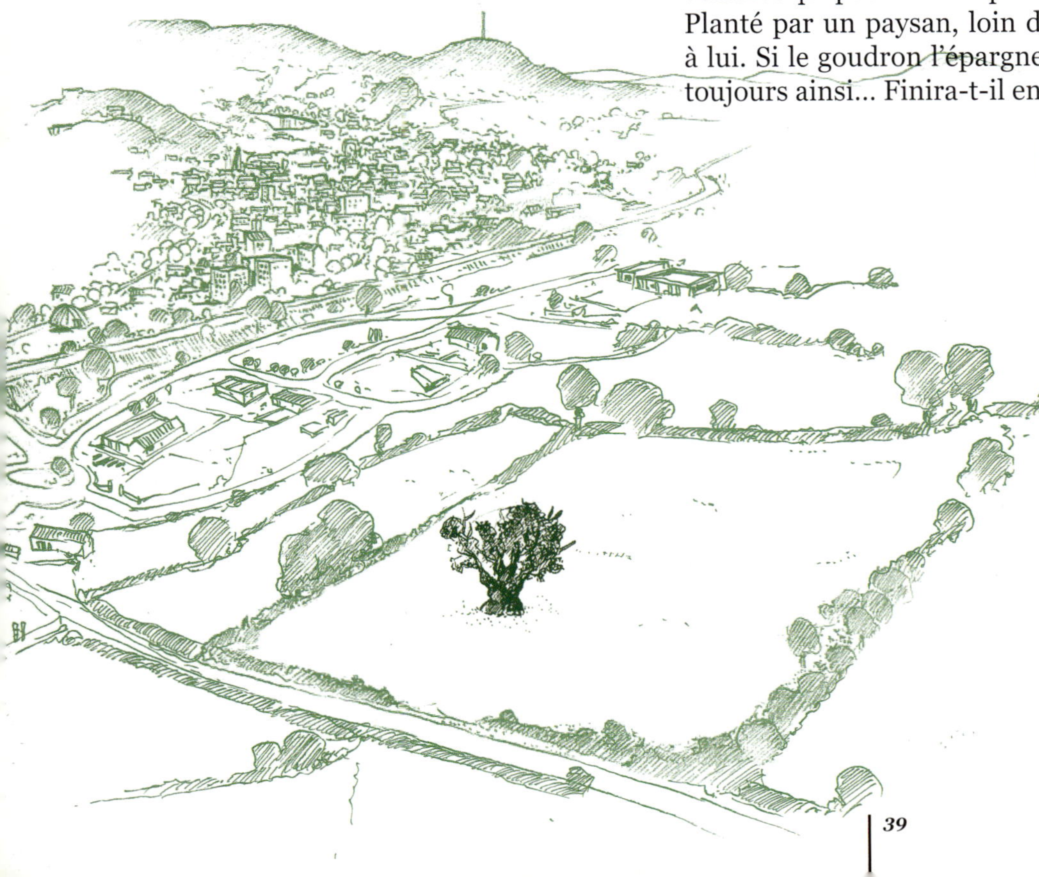

Le chêne, protégé par la haie qui entoure son pré, est au cœur d'une géographie qui n'offre plus aucun obstacle à l'extension de la ville : c'est la plaine de Guéret qui descend vers la Creuse. Ici, le terrain est plat, et la ville s'étend sans soin : zone d'activité, RN 145, réseau Centre Europe / Atlantique… Demain, Cherdemont sera un quartier de Guéret.

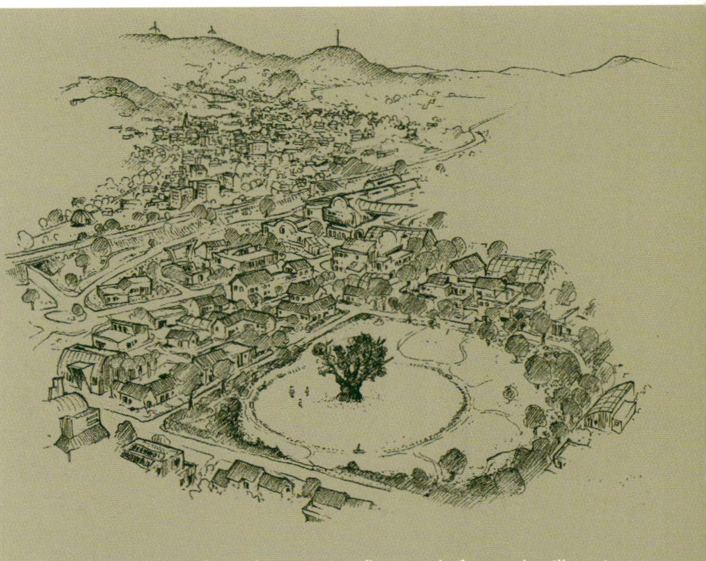

On peut espérer qu'un arbre puisse influencer la forme de ville qui est en train de se créer ici. Cet arbre au caractère « très limousin », est important et puissant. Aujourd'hui repéré en espace boisé classé, il peut déterminer quel visage aura ce lieu en devenir. Tout se joue demain…

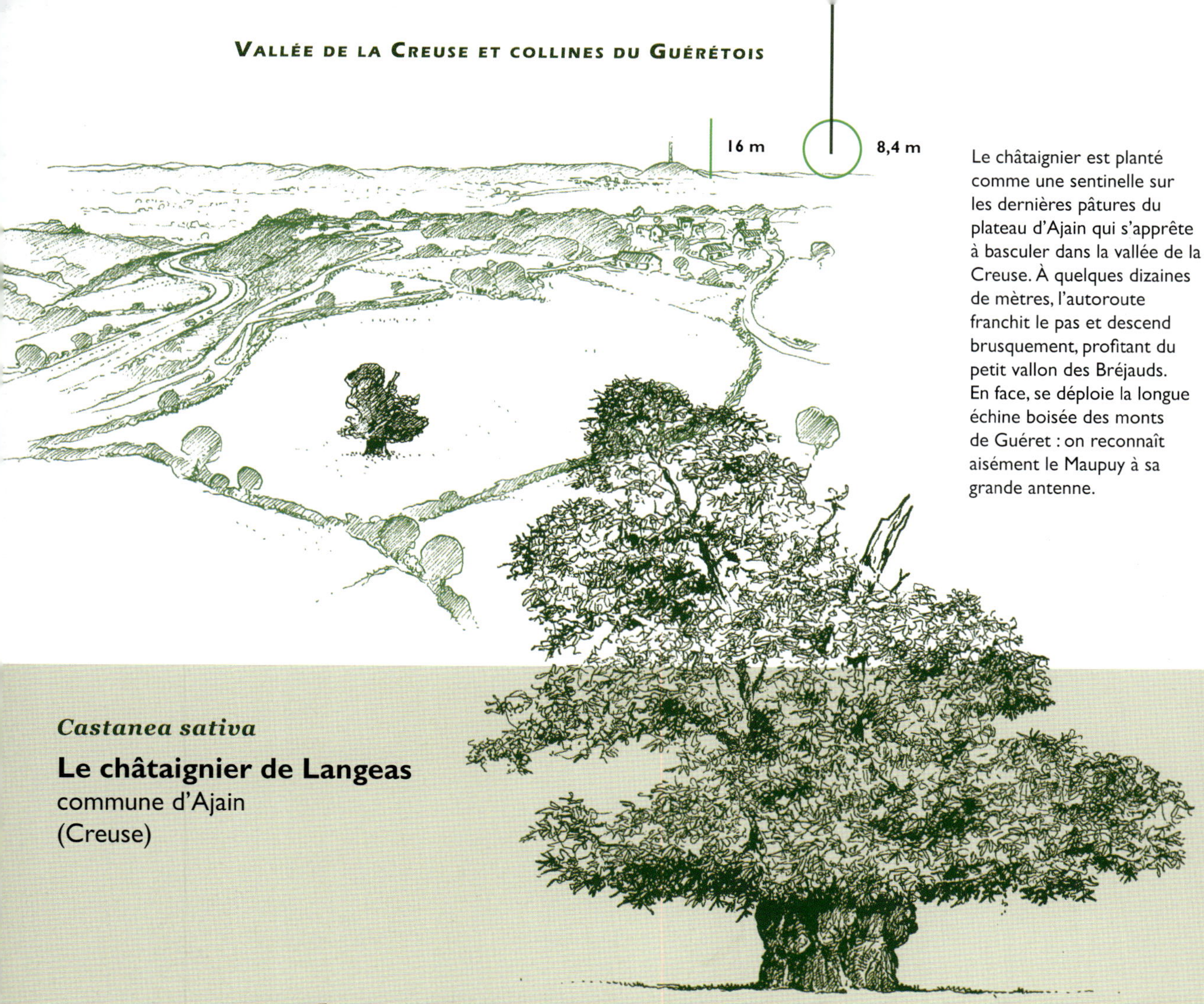

Le châtaignier est planté comme une sentinelle sur les dernières pâtures du plateau d'Ajain qui s'apprête à basculer dans la vallée de la Creuse. À quelques dizaines de mètres, l'autoroute franchit le pas et descend brusquement, profitant du petit vallon des Bréjauds. En face, se déploie la longue échine boisée des monts de Guéret : on reconnaît aisément le Maupuy à sa grande antenne.

Castanea sativa

Le châtaignier de Langeas
commune d'Ajain
(Creuse)

Seul au milieu de son pré, l'arbre s'est fait créateur d'un monde…

Le châtaignier est l'emblème du Limousin. L'ampleur et la vigueur de celui de Langeas en ferait un candidat idéal au titre d'« Arbre du Limousin »… s'il fallait décerner pareille récompense. Situé en plein champ, il a eu tout le loisir de pousser, même si les troupeaux ont sans doute eu quelque influence sur sa physionomie.

Peut-être la solitude ne lui convenait-elle pas ? Destiné à abriter les troupeaux sous son ombre, il s'est plu à accueillir les grosses et les petites bêtes dans les creux de son écorce. Le châtaignier tient table ouverte en permanence depuis au moins… 500 ans ? Peut-être davantage. Cette générosité sans faille le maintient jeune et vigoureux, malgré son grand âge.

Ce « petit peuple » d'oiseaux et d'insectes a trouvé le gîte et le couvert dans une frondaison puissante qui s'étale comme un gros champignon. La structure feuillue est aérienne, pleine de trouées comme autant de fenêtres perchées sur un tronc énorme et massif. Le châtaignier semble multiple, arbre plein d'arbres, forêt suspendue de châtaigniers plus petits : certains semblent moribonds et arborent leurs feuilles déjà rousses alors que les autres resplendissent de verdeur en cette fin d'été.

Près de cet immense châtaignier, on se sent curieusement « en compagnie ». L'arbre n'est plus « un », il est une foule d'êtres plus ou moins étranges, petites bêtes familières ou créatures fabuleuses. Sur le tronc patiné, une colonne de fourmis chatouille le nez d'un monstre d'écorce beige et rouge ; un peu plus bas, c'est un œil qui émerge, puis un autre, révélant un visage tordu ; là-haut, au sommet de l'arbre, une tête de crocodile jaillit de la frondaison, avec son œil blanc, comme pour aspirer une grosse goulée d'air ou, peut-être, attraper une proie insouciante, batifolant dans le ciel chargé de nuages.

« Le petit peuple » n'est pas que plumes et chitine*, il est aussi bois, écorce et feuilles. Il semble si lourd à porter que les piles du tronc se sont plissées, comme écrasées par cette masse énorme de vie immobile ou agitée. Mais le châtaignier tient bon, l'existence lui est plaisante au milieu de ce pré, entouré de tout un monde qui grouille et pétille.

** substance qui recouvre le corps des insectes.*

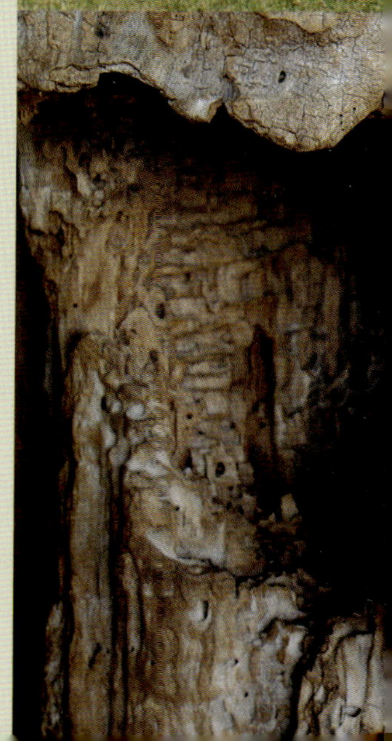

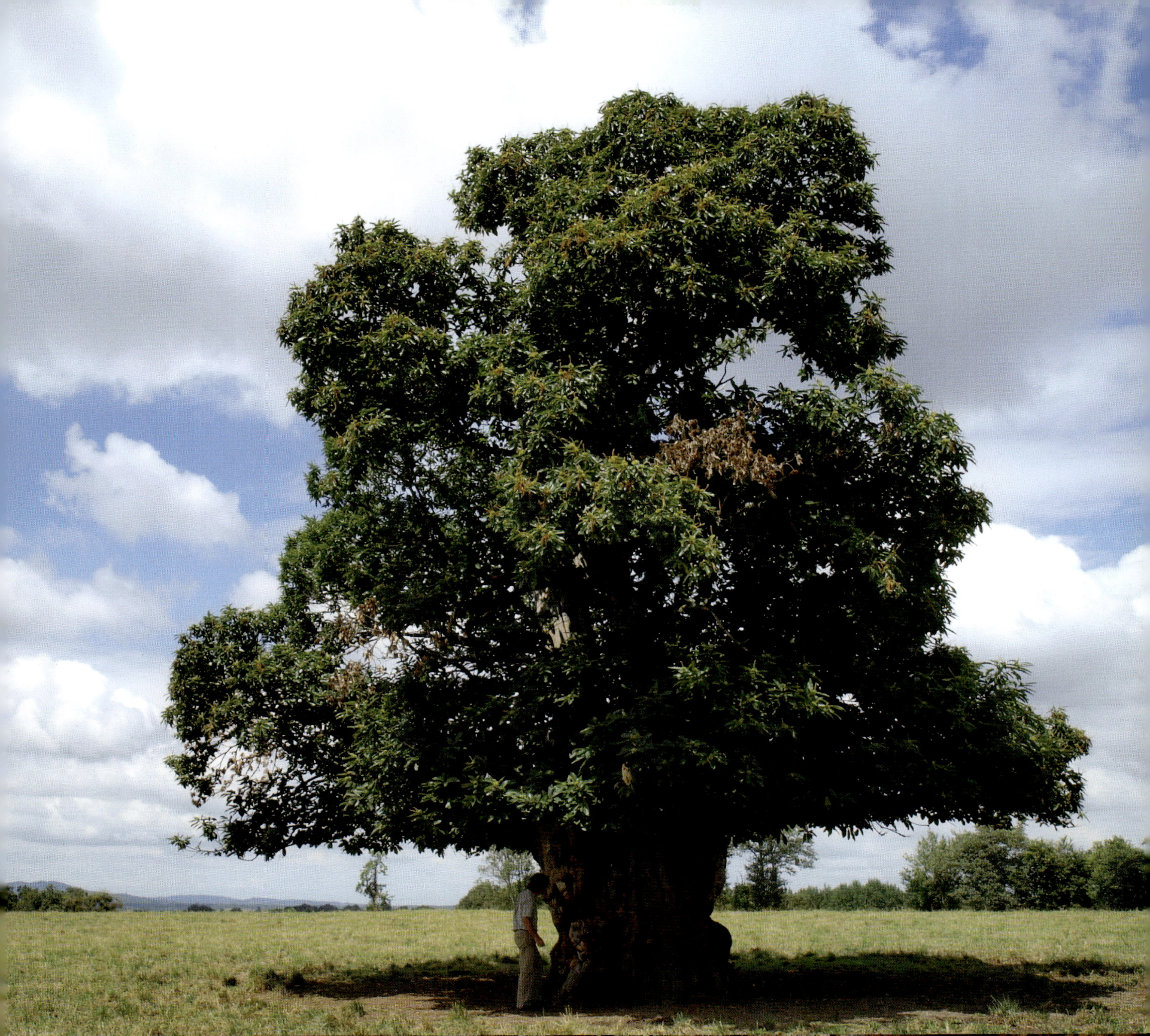

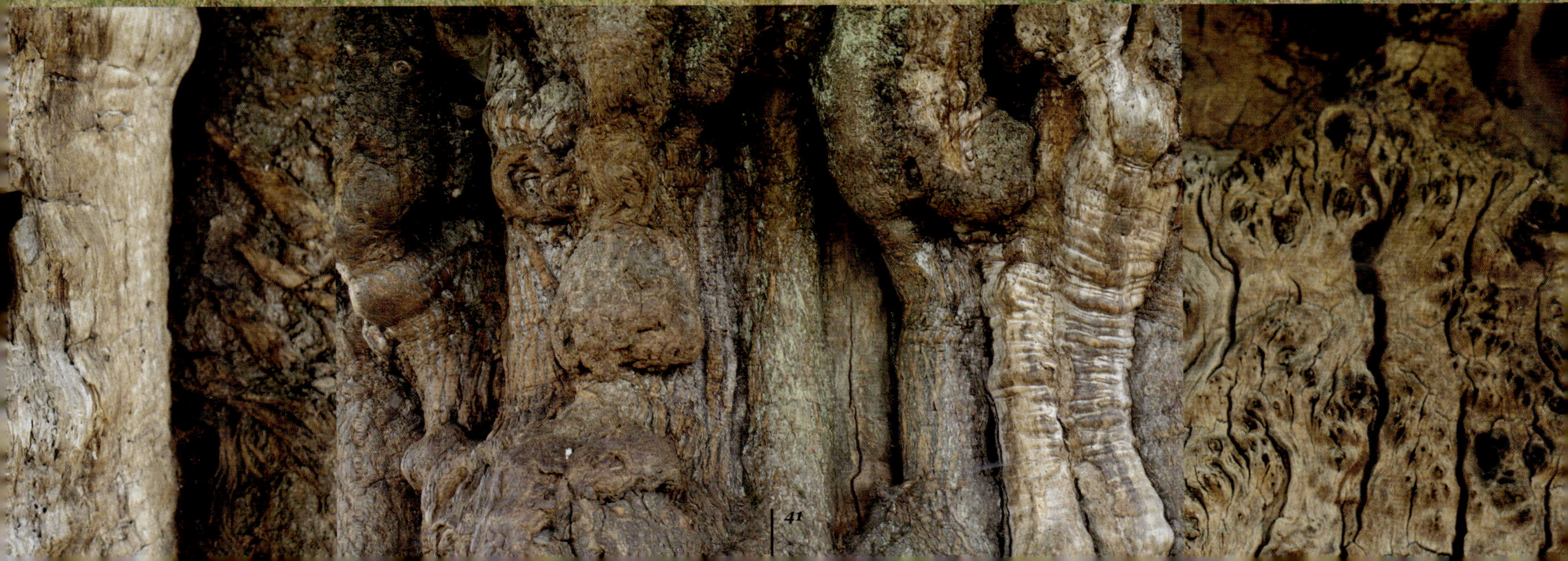

Castanea sativa

Les châtaigniers-cabanes du Mont

commune de Bussière-Dunoise (Creuse)

18 m 9 m

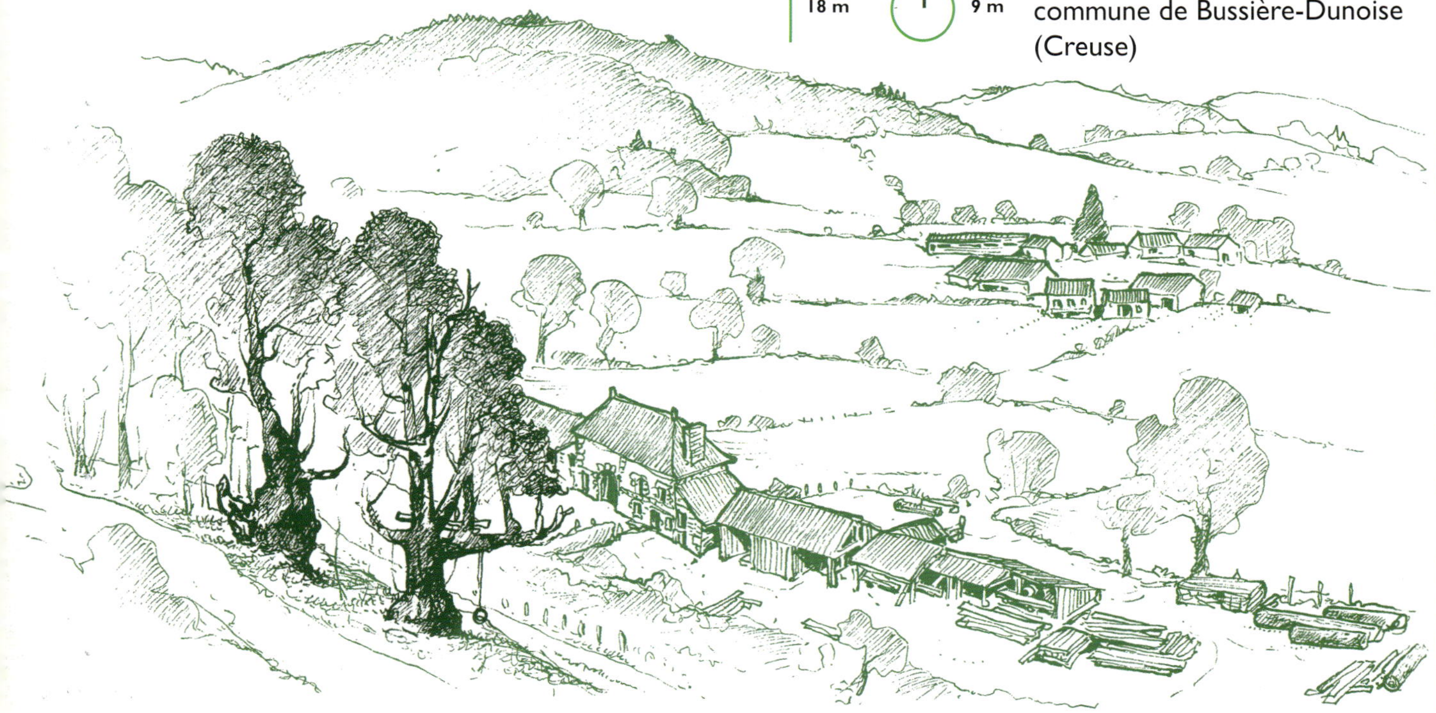

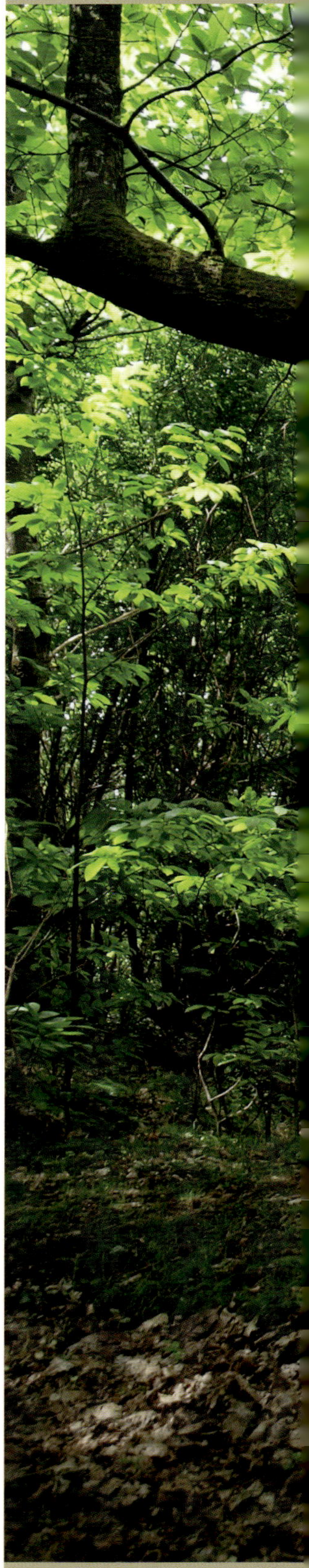

Sur ce flanc de colline assez marqué, l'ensemble paysager de la propriété réunit le pâturage à la maison et à la forêt. Le sentiment de déclivité est accentué par la pente forte du talus où se sont perchés les châtaigniers.

Ces châtaigniers étaient le paradis des enfants,

un univers de jeux, de rires et de chamailleries, de grandes explorations et de mondes imaginés, le temps de l'été. Les enfants ont su faire bon usage des châtaigniers, ils les ont détournés de leur fonction nourricière, « utilitaire », si chère aux adultes, pour les agrémenter de tous les accessoires nécessaires à leurs épopées estivales : planches, clous, encoches vestiges d'un escalier... et l'inévitable balançoire-pneu.

Le plus jeune des deux châtaigniers est un trépied inversé, sans doute l'œuvre de l'homme, avec sa grosse branche horizontale qui forme un socle idéal pour une cabane perchée. On dirait qu'il a été fait « exprès », pour suppléer son illustre prédécesseur, déjà bien usé par des années de bons et loyaux services.

Le plus vieux des deux, au moins 400 ans aujourd'hui, a beaucoup souffert : un jour, un jeune maladroit y a mis le feu pour déloger une martre qui s'y était réfugiée... sans présager de l'étendue du sinistre. L'arbre était très gros et entièrement creux ; la cabane était à l'intérieur : des bancs s'y trouvent encore. Mais le châtaignier n'est plus qu'une carcasse encore debout, d'où émergent des bouts de corde mangés par l'écorce, derniers tatouages du passé. Le feu a détruit une partie du tronc, provoquant un effondrement : l'arbre s'est déchiré et n'est plus porté que par la pente du talus. Il ne vit plus qu'à moitié mais vit encore, par-delà l'agonie.

Même mutilés, même délaissés, ces deux châtaigniers-là rappellent de joyeux dimanches où les parents, tranquilles, laissaient leurs enfants aux bons soins des arbres. Pouvait-on rêver meilleures nounous ?

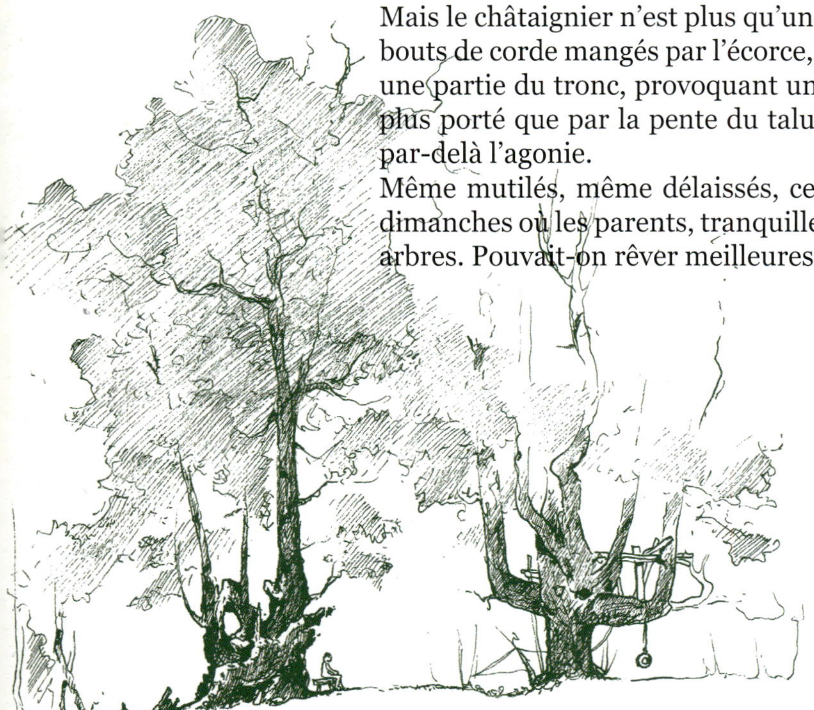

La première cabane est visiblement ancienne... Des générations de cabanes se sont succédé dans ces arbres.

Les châtaigniers sont sur le chemin qui mène au Peu-des-Chapelles, l'une des « trois cornes » du massif éponyme qui se détache des monts de Guéret. Sur ce revers nord du massif existe un peuplement ancien de châtaigniers, ressource alimentaire importante pour le Creusois d'hier.
La fonction première des deux arbres était donc bien de fournir la châtaigne, base de l'alimentation jusqu'au XIXe siècle.

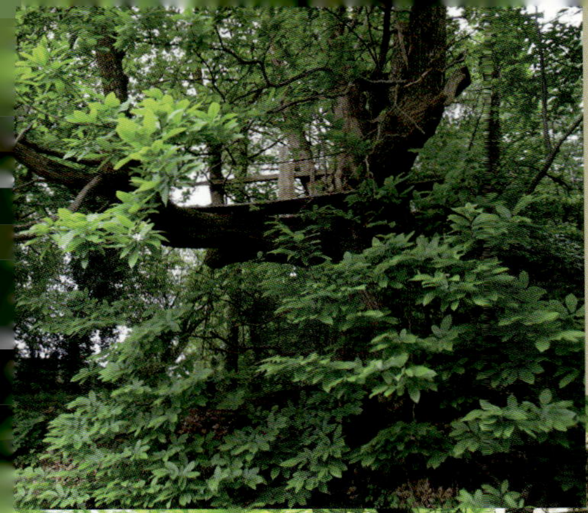

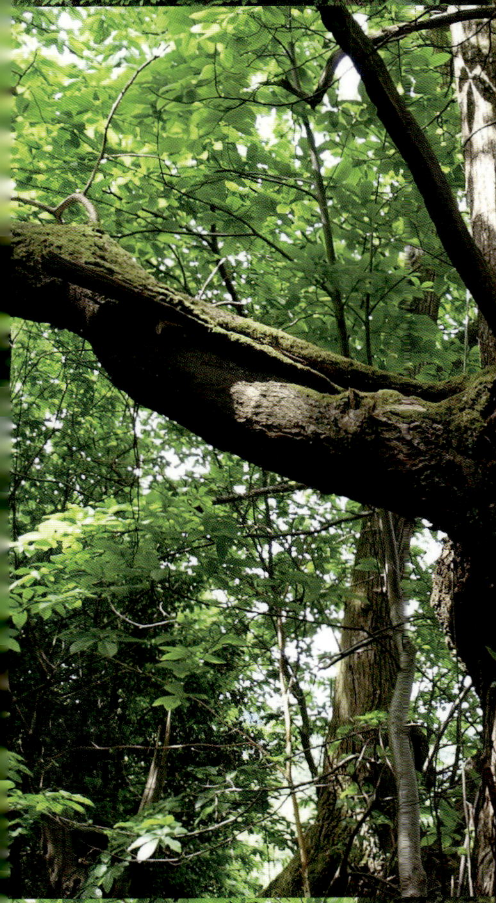

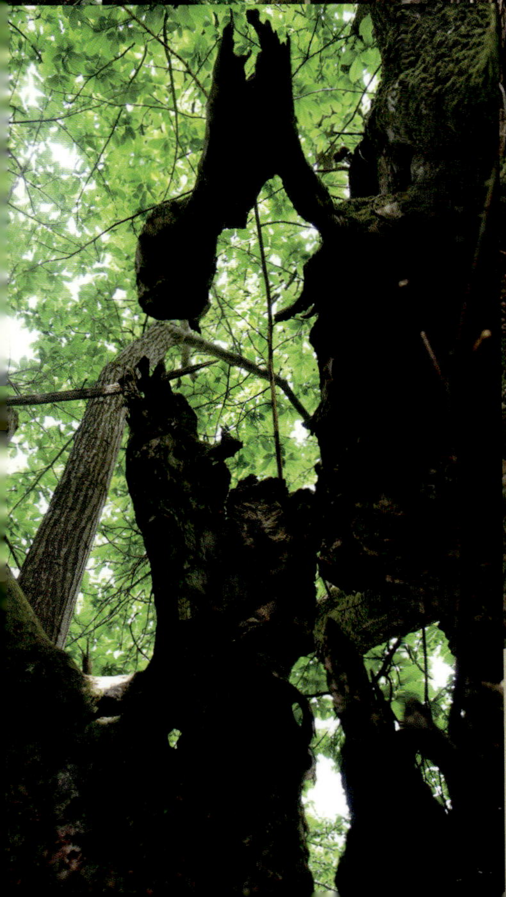

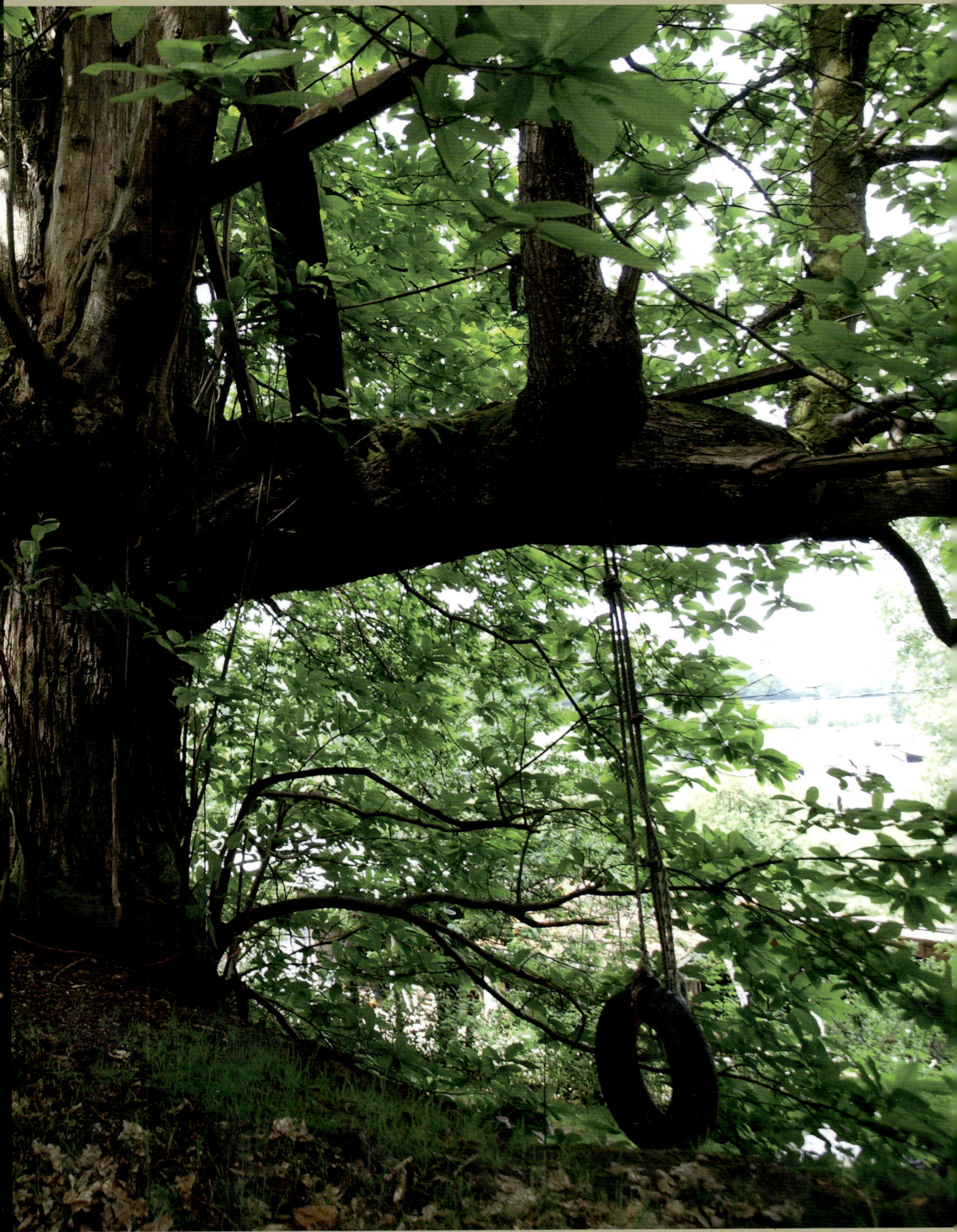

25 m · 7,5 m

Tilia cordata

Le tilleul de la chapelle du Mas-Saint-Jean

commune de
Saint-Sulpice-le-Dunois
(Creuse)

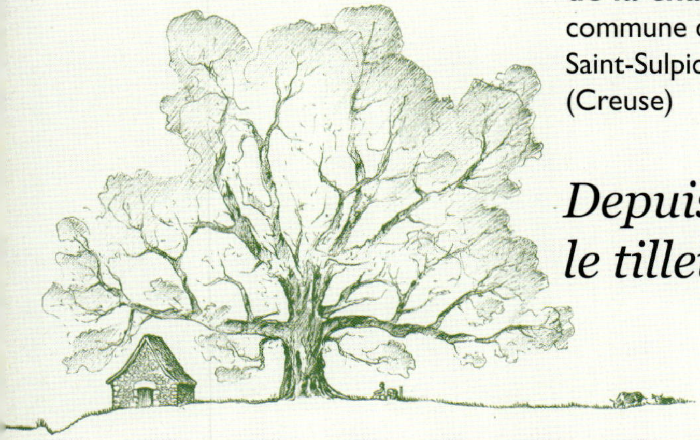

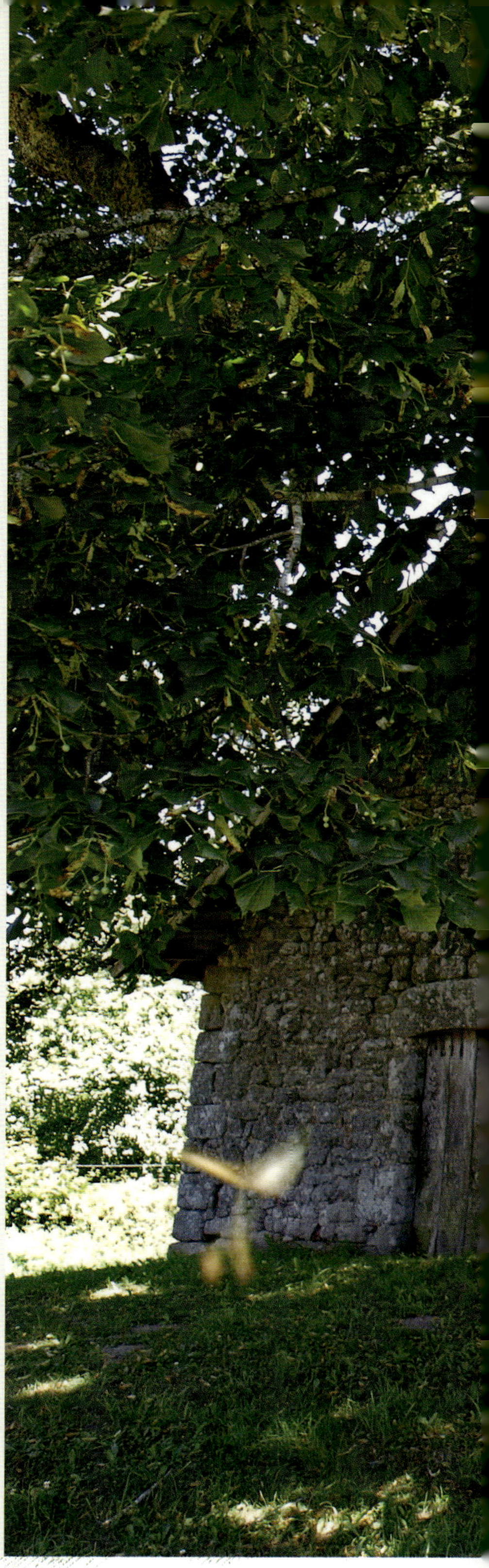

Depuis des siècles, le tilleul protège la chapelle.

Quand on roule vers Saint-Sulpice-le-Dunois, depuis la RD 913, c'est la chapelle qui paraît en premier, seule et humble, au bord de la route. Puis on le voit, le grand tilleul, harmonieux, déjà très âgé, 400 ans peut-être...
Est-ce à cause de l'ambiance fraîche et ensoleillée ? Il n'a rien d'un vieillard. Certains vieux arbres sont tourmentés, ouverts, creux, taillés à la diable... Le tilleul du Mas-Saint-Jean, lui, semble avoir poussé sans accrocs. Son tronc est largement rainuré, comme l'argile fraîche sous les doigts d'un sculpteur. Ses branches les plus basses sont hors de portée, il a poussé haut, projetant ses grosses charpentières vers le ciel. À son pied, une grosse racine forme siège, comme une invitation à s'asseoir... et contempler.
Peu importe qu'on ait la foi, ou non. Le Mas-Saint-Jean, à l'ombre de son tilleul, respire la paix et même... le sacré. L'arbre a donné une qualité particulière à ce petit bout de terre qui semble échapper au commun. Jeanne d'Arc serait venue ici, en 1430. Sa silhouette guerrière colorée de rouge, portant armure et étendard, orne un vitrail de la chapelle... N'en déplaise aux fidèles de la sainte, on offrirait volontiers au tilleul un autre patronage : celui de saint François, qui parlait aux oiseaux. Le siège-racine, au pied de l'arbre sacré, aurait pu être le sien, il y serait venu profiter de l'ombre dans le silence musical de la nature.
Certains arbres vrombissent, bourdonnent, bruissent sans fin... pas celui-ci. La vie y est infiniment présente, mais sans urgence. L'heure a passé de Jeanne d'Arc, des guerres, des fracas, des violences ; le tilleul de la chapelle a grandi sans se soucier de toutes ces vaines agitations. Il ne s'est occupé que de croître dans l'harmonie de ce petit bout de terre, en sage.

Jeanne, sainte très populaire, aurait, selon la légende, prié dans cette chapelle lors d'une chevauchée en compagnie de Jean de Brosse, maréchal de Boussac.
L'anecdote pourrait être vraisemblable, un premier édifice ayant été érigé vers 1115, soit près de trois siècles avant la naissance de Jeanne. Mais l'historien sait aujourd'hui que ce n'est là qu'une fantaisie, la pucelle n'étant jamais passée par l'ancien comté de la Marche... Sans compter que la chapelle actuelle date du XIXe siècle.

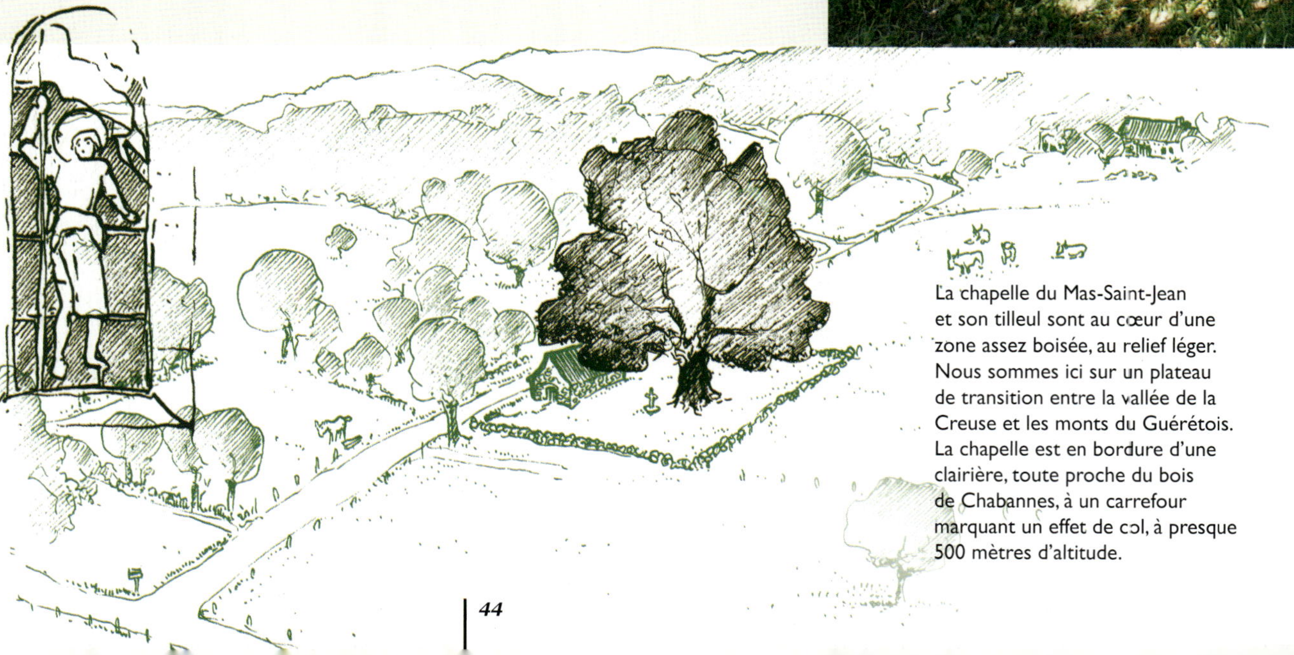

La chapelle du Mas-Saint-Jean et son tilleul sont au cœur d'une zone assez boisée, au relief léger. Nous sommes ici sur un plateau de transition entre la vallée de la Creuse et les monts du Guérétois. La chapelle est en bordure d'une clairière, toute proche du bois de Chabannes, à un carrefour marquant un effet de col, à presque 500 mètres d'altitude.

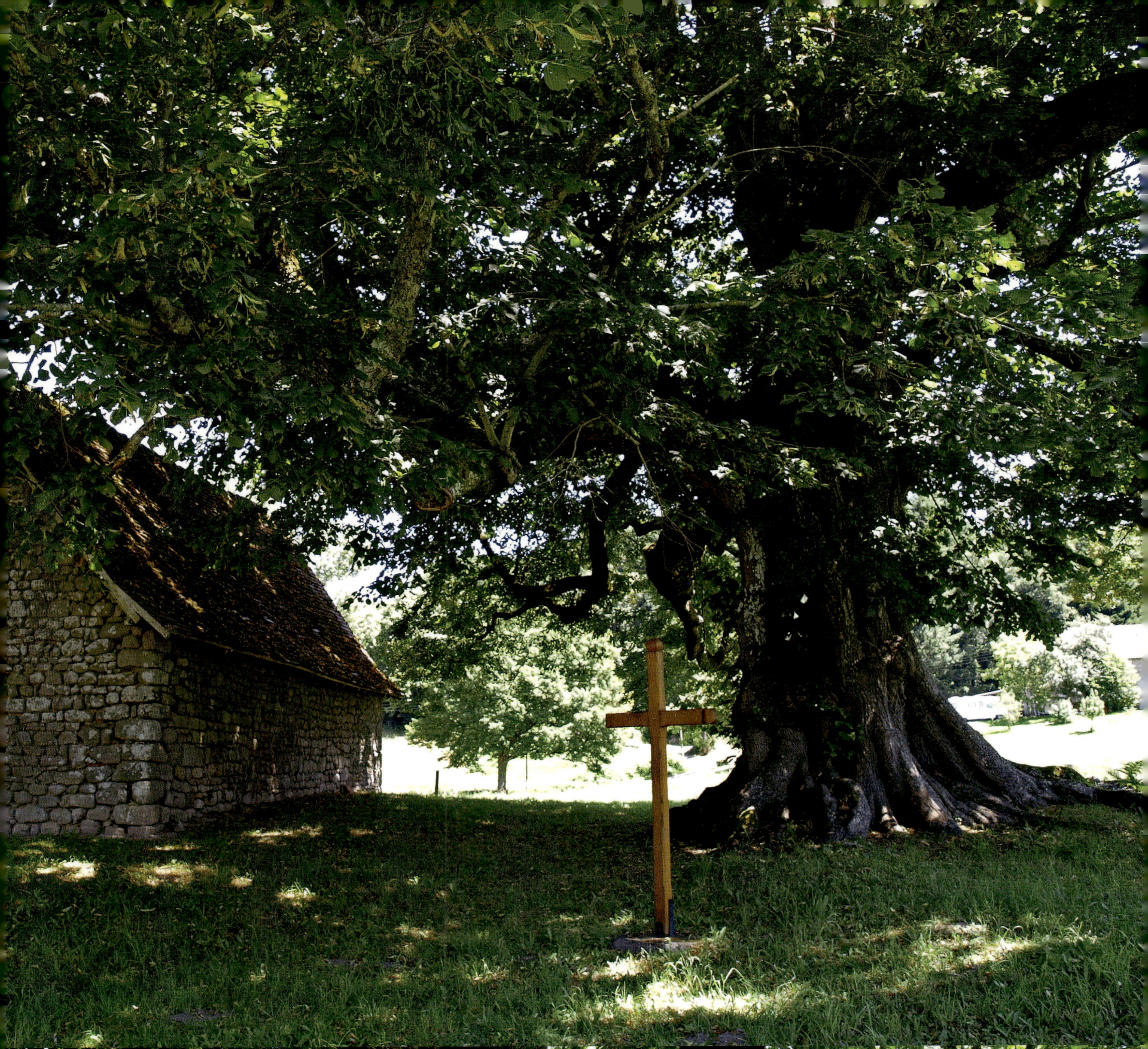

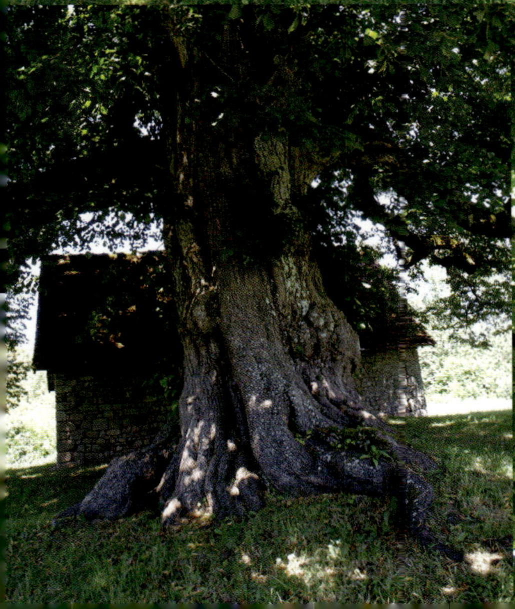

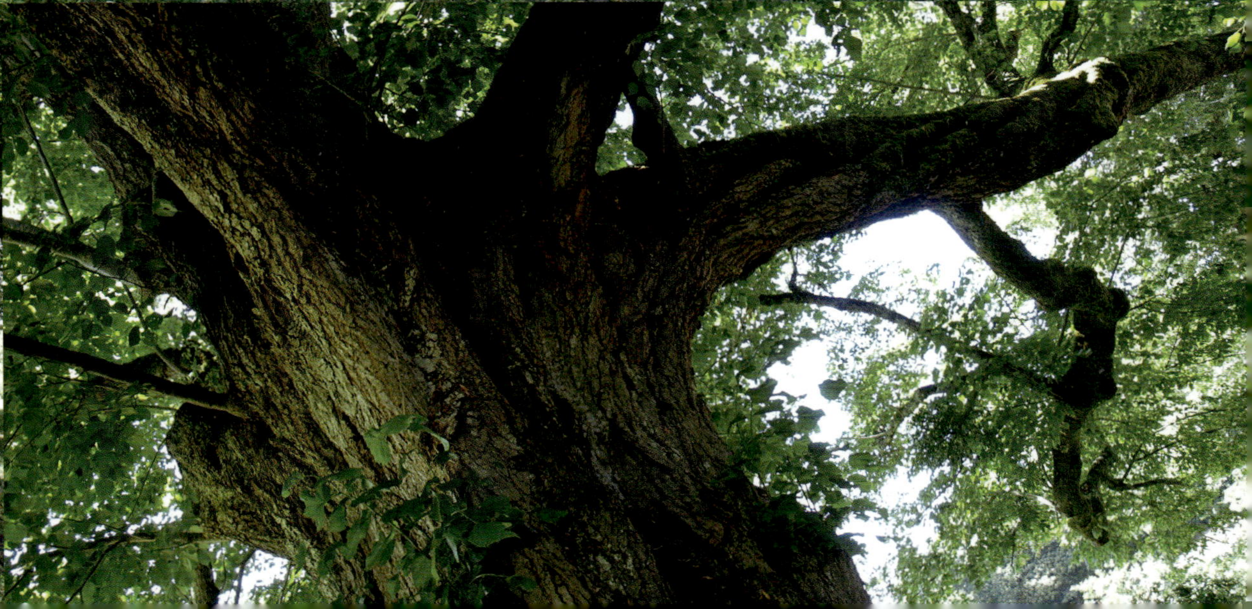

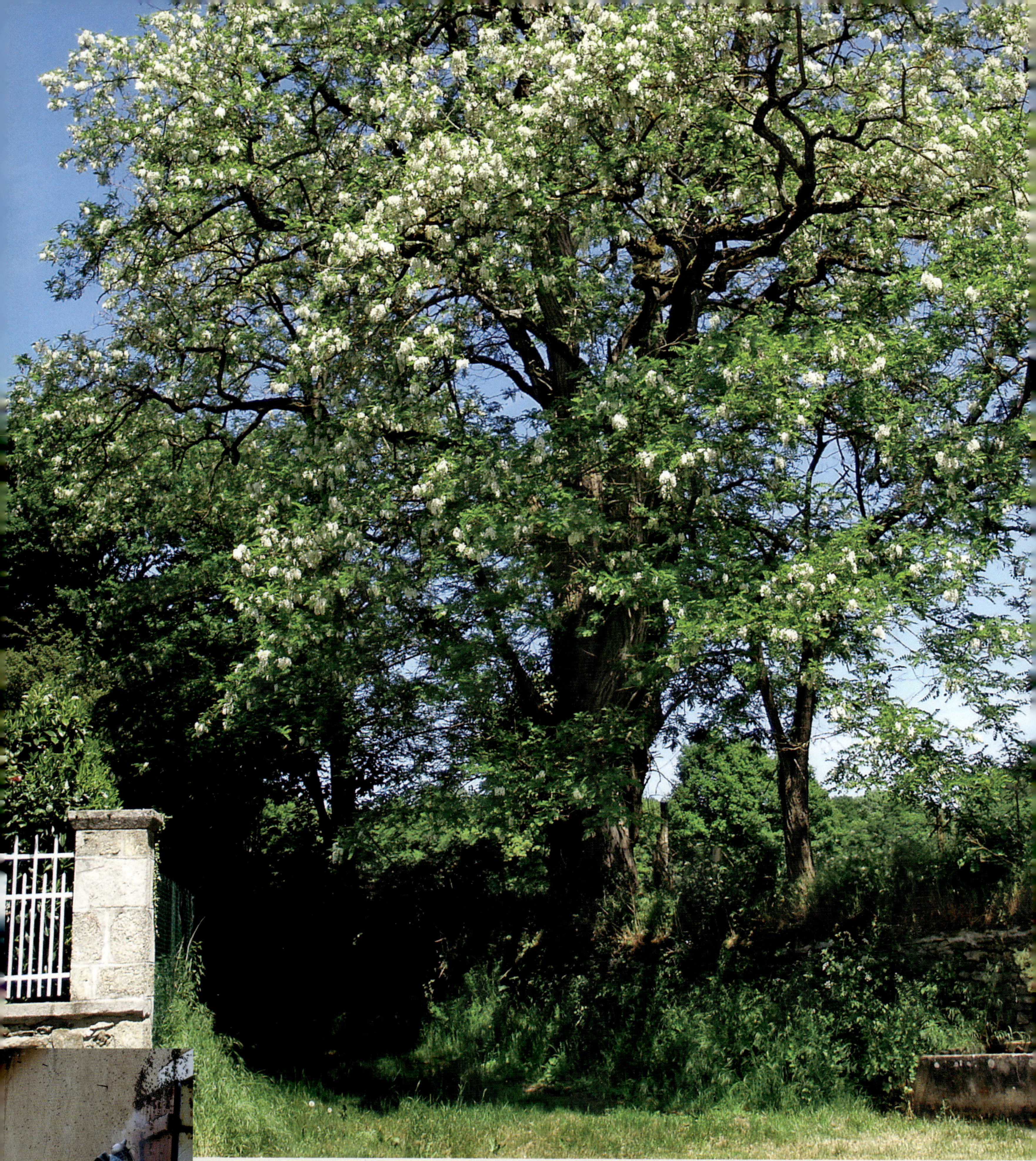

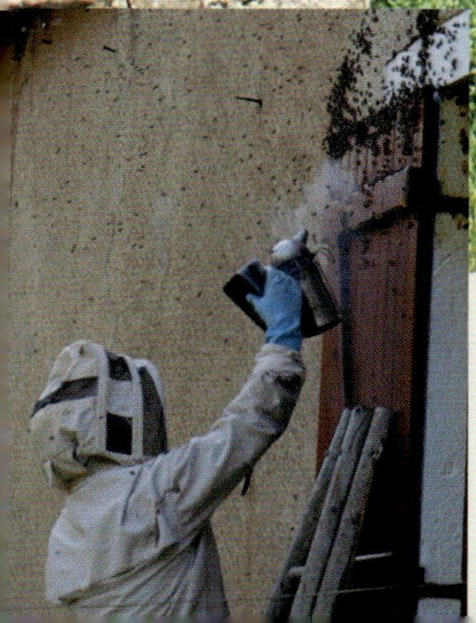

Le robinier a son fan-club : un essaim d'abeilles qui, pour profiter au mieux de l'abondance du pollen, s'est installé derrière un volet de la maison la plus proche.

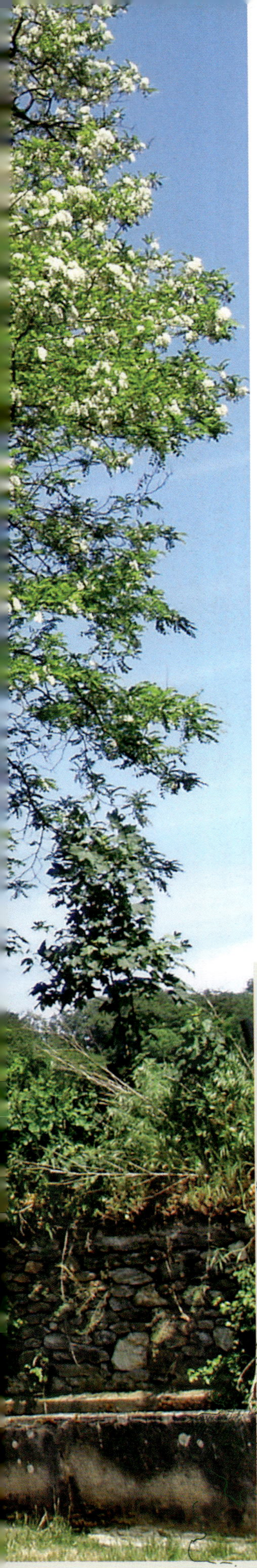

20 m 3 m

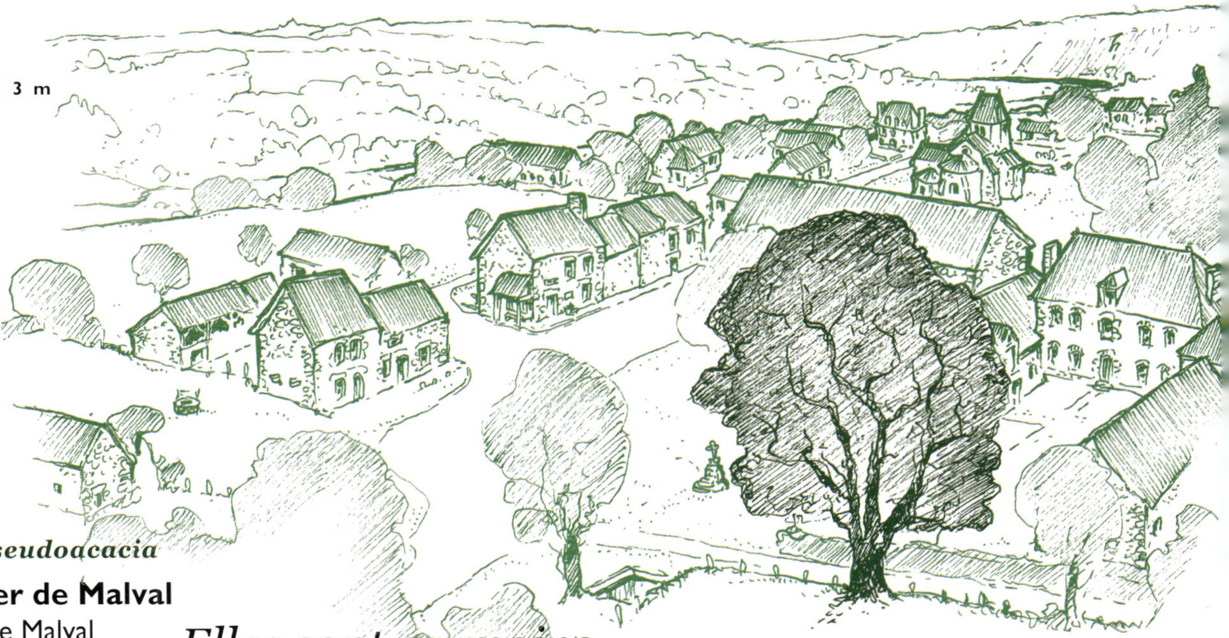

Robinia pseudoacacia

Le robinier de Malval

commune de Malval (Creuse)

Malval est situé sur l'un des méandres les plus marqués de la Petite Creuse : ici se dressait autrefois le château de Malval, surplombant la rivière. il n'en reste que des ruines datant du XIVe siècle. Rivière capricieuse, la Petite Creuse abrite en ses gorges de beaux éperons de granite.

Elles sont au moins 15 000 à venir le butiner,

ce qui n'enchante pas la voisine : à cause de lui, les abeilles se sont installées entre la porte et le volet. Après avoir trouvé le couvert, des grappes de fleurs chargées de pollen, elles ont établi leur gîte, à deux pas de l'arbre, dans une vieille maison... La ruche sauvage est venue profiter du robinier. Il a fallu faire venir l'apiculteur voisin, dans son costume de cosmonaute, pour libérer la maison des clandestines. Les négociations furent difficiles : ce n'est pas tous les jours qu'on a la chance de trouver, si proche de chez soi, un si grand et bel arbre nourricier. Sous son costume, dans la chaleur de l'été, l'apiculteur a transpiré. Tout de même, il a pu récolter 3 kg de miel, de ce fameux miel «d'acacia» à la robe jaune clair, liquide à souhait et qui coule sur les doigts par les trous de la tartine.

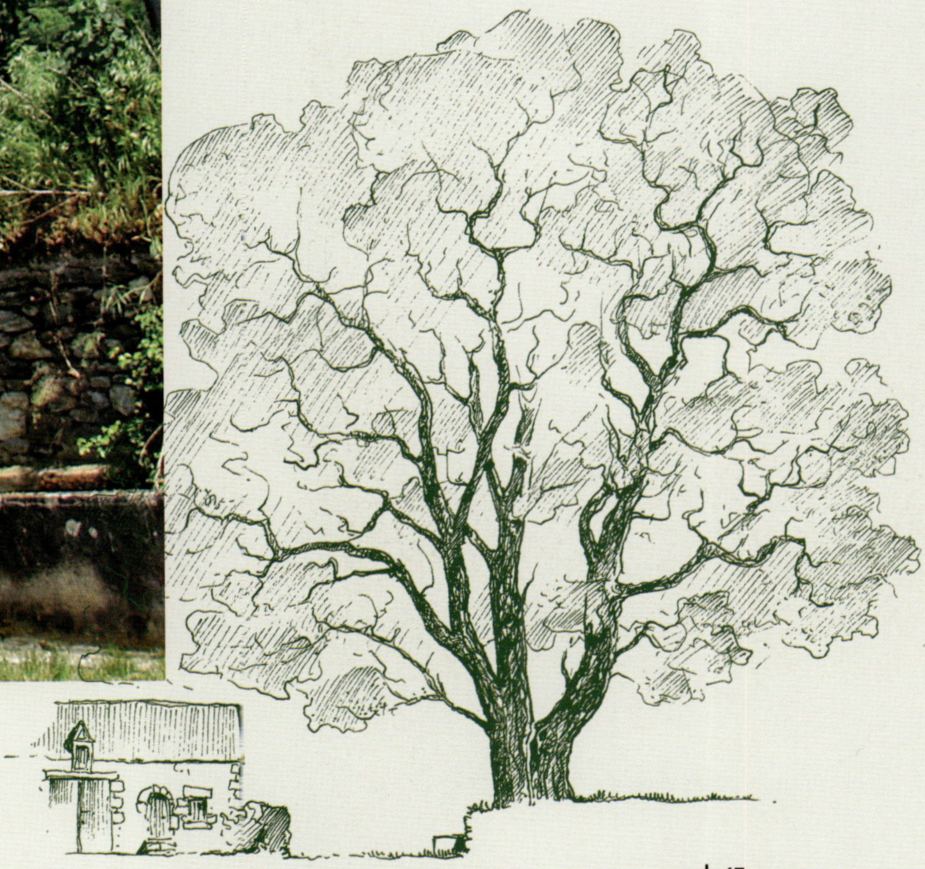

Le robinier « faux-acacia » de Malval n'est pas si vieux : Roger, qui habite en face, le connaît depuis qu'il est tout petit. Il n'était alors pas plus gros « que ça » dit-il en formant un cercle de ses mains. Roger a 84 ans. L'arbre doit en avoir une dizaine de plus. Il n'est pas bien vieux, mais, ici, au-dessus de l'abreuvoir, perché sur le talus qui couvre le muret, il profite de tout, de l'eau comme du soleil.

Il profite mais n'est pas avare : au printemps, il se charge de grappes blanches, qu'il offre au butinage. Les gourmands, eux, en font des beignets. L'arbre d'outre-Atlantique, l'étranger, a su se faire adopter de tous, hommes ou insectes.

Originaire d'Amérique du Nord, le robinier, appelé acacia dans le langage courant, a été introduit en France au XVIIe siècle.
Son bois, imputrescible mais qui se fend facilement, était recherché pour la fabrication de clôtures et piquets pour la vigne.

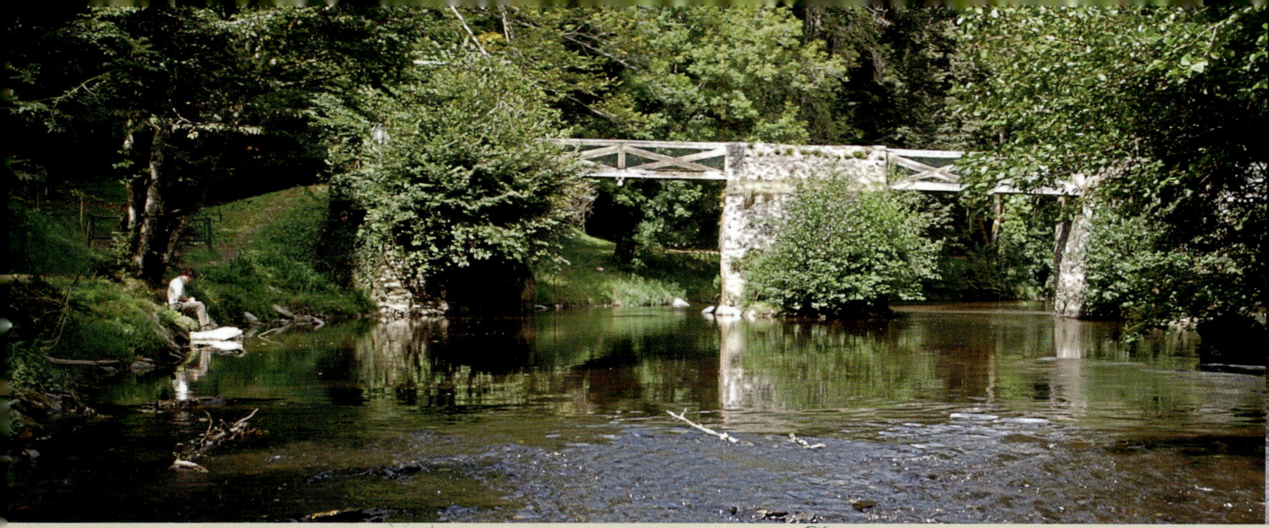
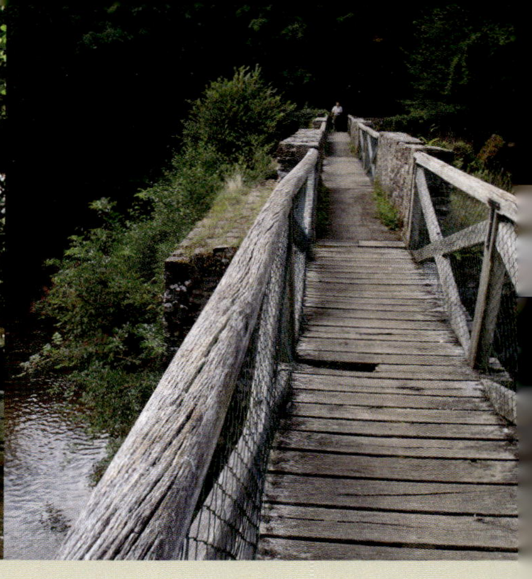
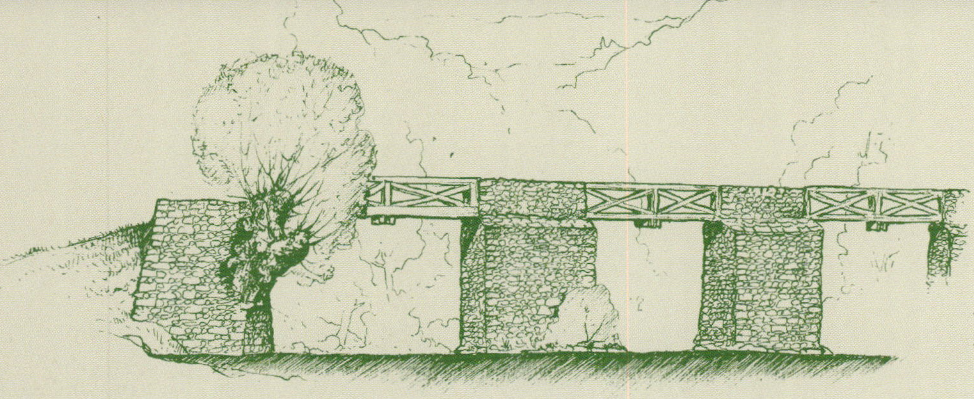
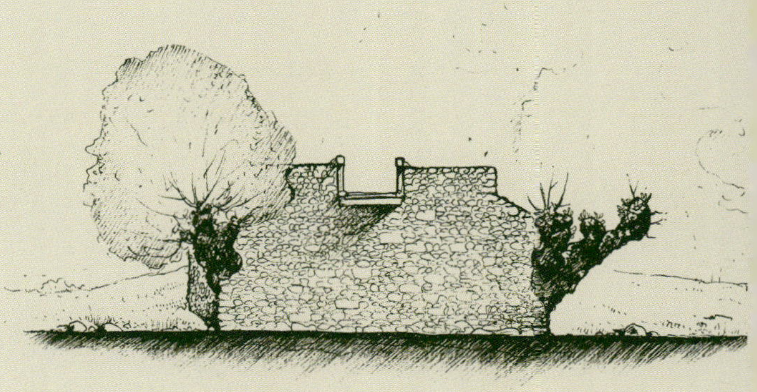
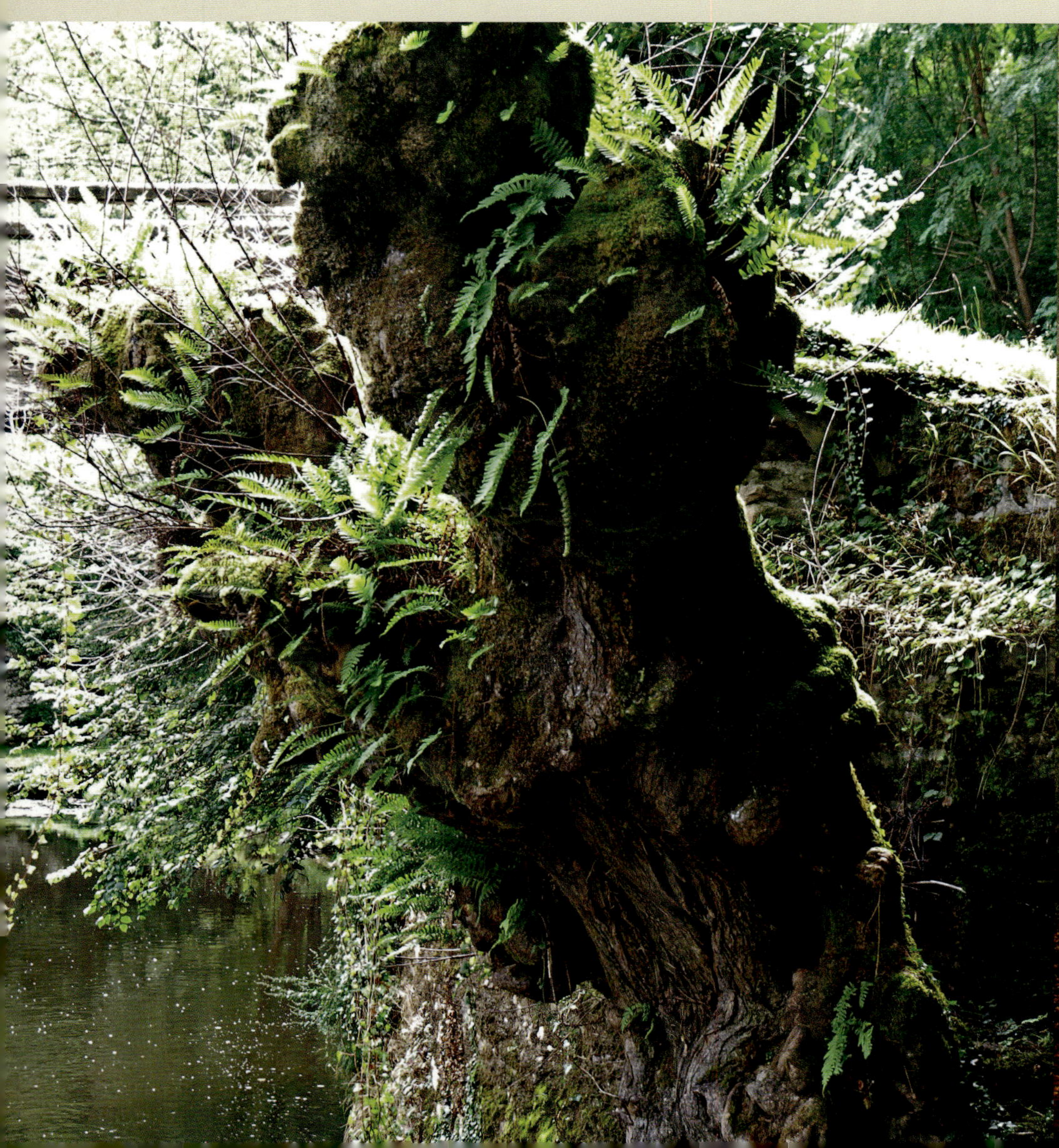
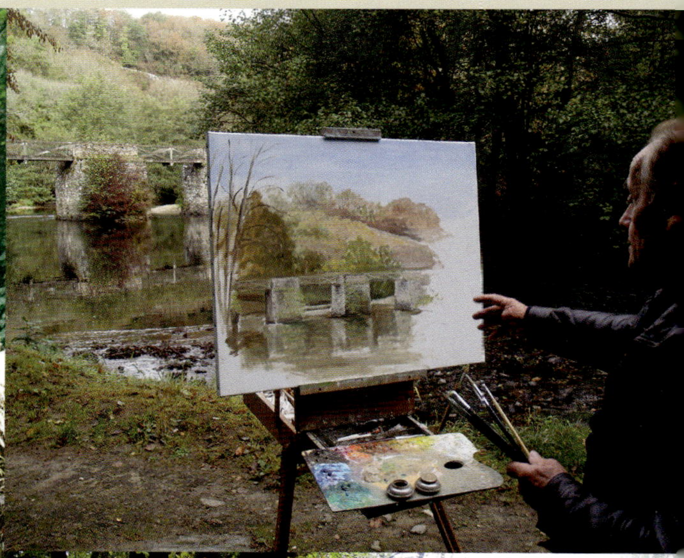
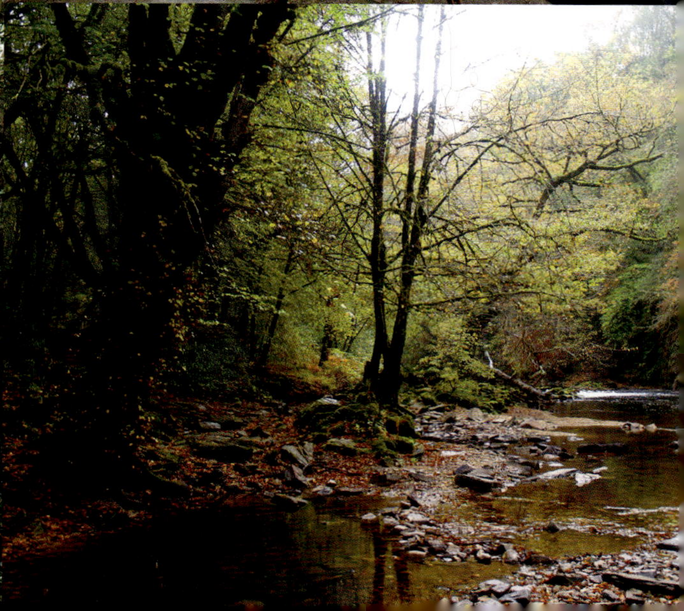

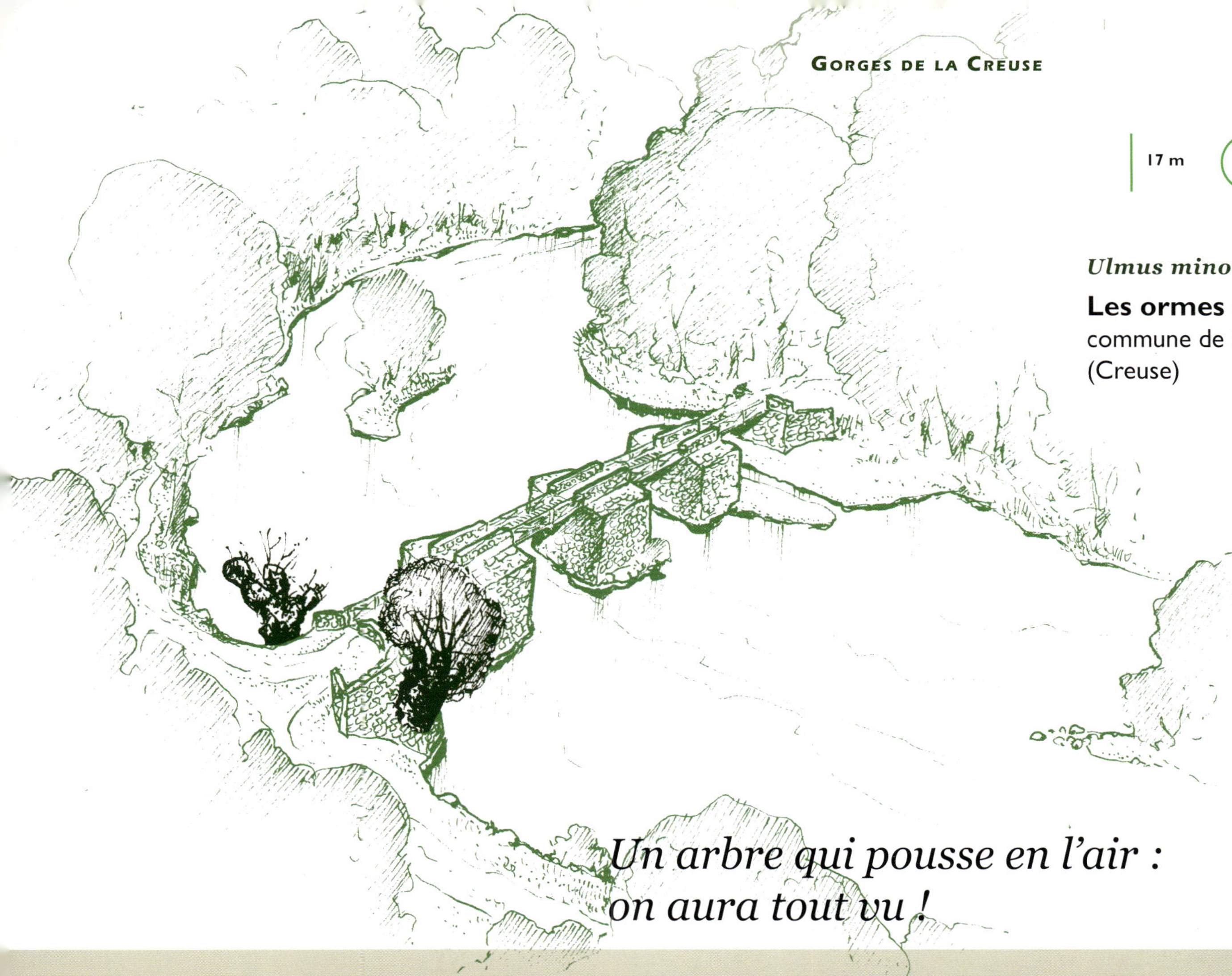

17 m 5 m

Ulmus minor

Les ormes de Puy-Guillon

commune de Fresselines
(Creuse)

Juste avant de rejoindre la Creuse, la Petite Creuse s'offre un dernier méandre à Puy-Guillon. La passerelle qui franchit la rivière est aujourd'hui en mauvais état : autrefois, c'est par elle que l'on passait d'une rive à l'autre. La vallée est ici moins encaissée qu'à Malval mais reste une véritable entaille dans le pays. L'ambiance fermée qui règne est essentiellement due à la végétation luxuriante.

Un arbre qui pousse en l'air : on aura tout vu !

Sur le chemin qui mène à Puy-Guillon ils sont déjà une petite troupe, bien taillés au milieu d'un pré, avec leurs gros troncs et leurs frondaisons resserrées. Plus loin, le chemin s'élargit ; de grands saules ombrent une pelouse rase en bord de rivière. L'eau est claire et file droit, sans hâte, sous de grosses piles de pierre, vestiges d'une passerelle monumentale, si massives qu'elles en paraissent inutiles. Le tableau est idéal : on l'immortaliserait volontiers pour illustrer l'adjectif « bucolique » dans le dictionnaire. Les peintres ne s'y trompent pas, qui, depuis le XIXe siècle, exercent leur inspiration sur ces berges.

C'est là, vers la première pile du pont, que les deux ormes ont poussé : l'un est mort, l'autre vivant. Du premier, il ne reste qu'un tronc creux où la mousse et les fougères se plaisent. Il n'a plus que trois poils sur le caillou, et pourtant il se mire dans la rivière, Narcisse édenté et grabataire qui bave du lierre dans l'eau... Non sans une certaine élégance, d'ailleurs. Au bord du déséquilibre, il ne sert plus que de plongeoir aux oiseaux. On a envie de le retenir de peur qu'il ne plonge à son tour.

Le second est un têtu. Faisant fi des lois de la pesanteur, et de la botanique, il a sorti la tête d'entre les pierres : parti à l'horizontale, au-dessus de la rivière, il s'est redressé et arbore un feuillage abondant. Son tronc, matière végétale souple et dure à la fois, paraît collé au mur comme une limace. Mais où sont ses racines ? Quel chemin tortueux doivent-elles prendre entre les moellons avant d'atteindre la terre ?

Peut-être celui-ci n'est-il qu'un rejet de l'autre. Le prolongement inattendu d'une racine qui aurait, sans y prendre garde, retrouvé la lumière, et l'envie... Une manière originale de survivre, par-delà l'âge et la maladie, de se battre une dernière fois contre le destin.

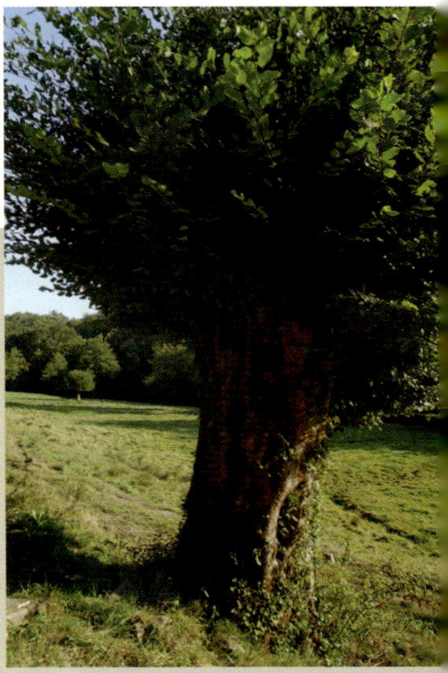

Fresselines, lieu planté de frênes, à la confluence de la Creuse et de la Petite Creuse, fut le temple des peintres de l'école de Crozant. Sur les tableaux de la fin du XIXe siècle, la vallée offre un visage bien plus ouvert qu'aujourd'hui : la forêt d'aujourd'hui n'existait pas, la lande dominait le paysage.

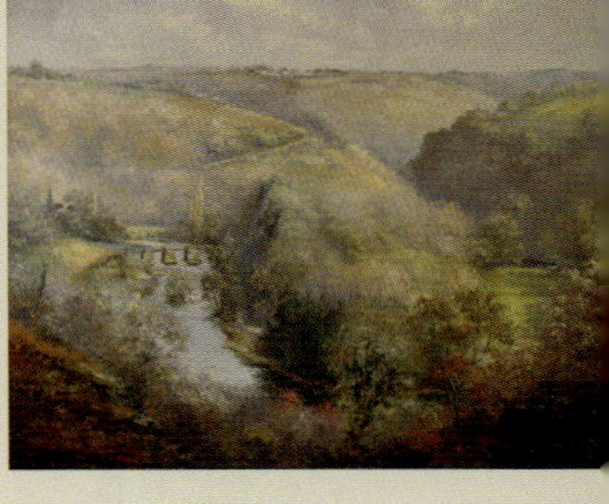

Souvenir de Puy-Guillon, tableau de Gaston Thiéry (né en 1922) offert à la commune de Fresselines en 1993.

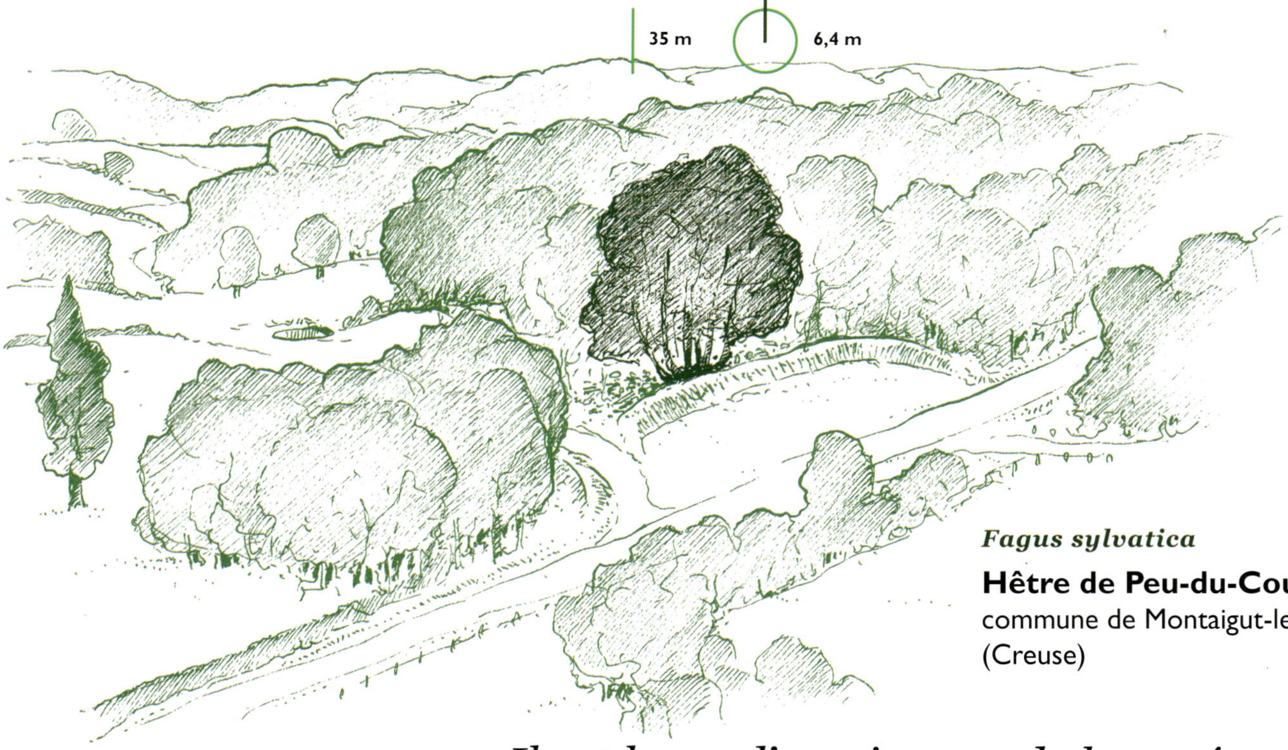

Fagus sylvatica

Hêtre de Peu-du-Cou

commune de Montaigut-le-Blanc (Creuse)

Il est beau d'une immonde beauté.

Tout est grand, large et ouvert sur ce plateau dominé par les monts de Sardent et d'Ambazac et surplombant la Gartempe : c'est un grand pays de pâturages à peine entrecoupés de petits bois accrochés aux collines. L'eau qui circule forme difficilement une rivière. Quelques étangs presque invisibles parsèment çà et là les prairies. Il n'y a plus de plis et de replis dans ce paysage unifié : on est sorti de la « grosse salade ».

Ce hêtre, en bordure du bois de la Prison, est au carrefour d'un ancien chemin gaulois qui suit la ligne de crête, pour éviter les dénivellations, et qui est devenu, au fil du temps, la RD 22. À proximité de cette haute route, Peu-du-Cou est l'un des principaux sommets, à 493 mètres d'altitude. La voie mène à Montaigut-le-Blanc, autrefois réputé pour son château, halte pour les marchands du Moyen Âge et refuge pour les paysans des environs.

Il fascine et effraie tout à la fois. Depuis la route, on ne le devine guère : le parking gravillonné est bordé de ce qui semble un bosquet de hêtres déjà grands, en lisière de forêt. Sur la gauche, un petit chemin descend, qui n'a rien de bucolique, tout semé d'ordures, vitres brisées, pneus, bouts de plastique et autres emballages… Pitoyables cadeaux de la civilisation humaine. Il faut être un peu fou pour s'obstiner à chercher un arbre remarquable dans ce lieu sinistré. Mais une fois au pied du talus qui forme le parking, quel éblouissement, et quelle horreur à la fois !

Le supposé bosquet révèle sa vraie nature : les troncs sont en réalité les branches d'un énorme hêtre chandelier englouti sous le talus. Une merveille d'arbre, un colosse impensable, une fleur au milieu d'un tas d'immondices. Qu'a fait cet arbre pour mériter un tel sort ? Taillé dans sa jeunesse, il fut délaissé et en profita pour s'élancer vers le ciel. Puis les hommes l'oublièrent ; ils utilisèrent son tronc pour supporter un parking. Enfin, ils le méprisèrent au point de venir régulièrement déverser leurs déchets à son pied… pas ailleurs, pas plus loin, non, juste là, à son pied. L'habitude est prise, désormais, et malgré les efforts du propriétaire, le hêtre continue de servir de décharge. Ceux qui polluent lui accordent-ils le moindre regard ?

Dans son roman *Un roi sans divertissement*, Giono parle d'un assassin qui cache les cadavres de ses victimes au cœur d'un hêtre immense. L'arbre est splendide, sa vigueur se nourrissant de la putréfaction des corps. Qui sait si ici… L'envie est trop forte d'aller vérifier ce que recèle l'énorme berceau des branches… On ne sait jamais ! Mais une fois dedans… Rien, il n'y a rien. Rien d'autre qu'une écorce moussue sous l'ombre des feuilles.

Il est temps de redonner au hêtre son innocence, libérer son tronc du talus qui l'emprisonne. Alors, seulement, le monstre sera prêt à renaître arbre… simplement.

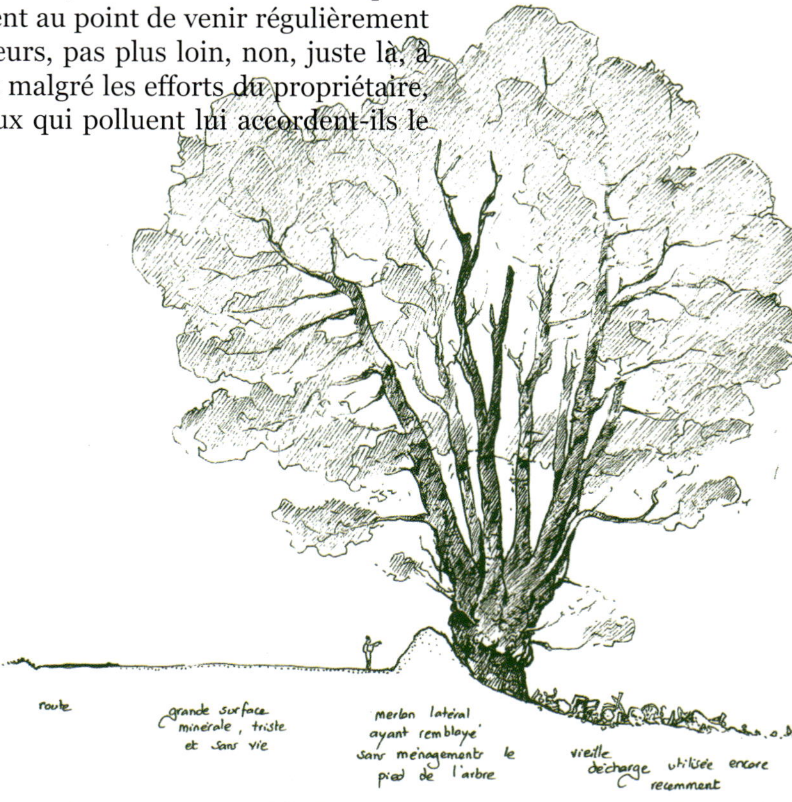

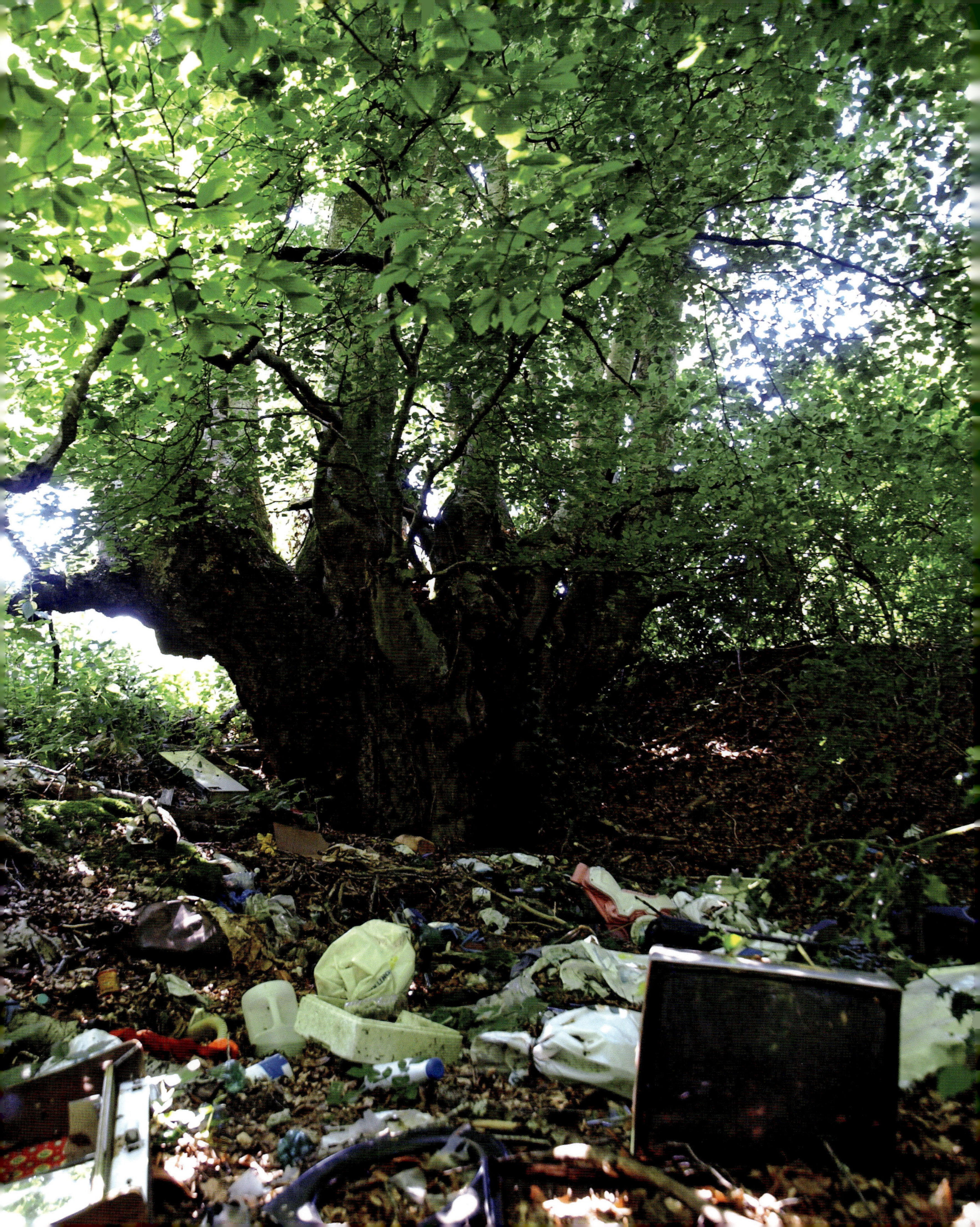

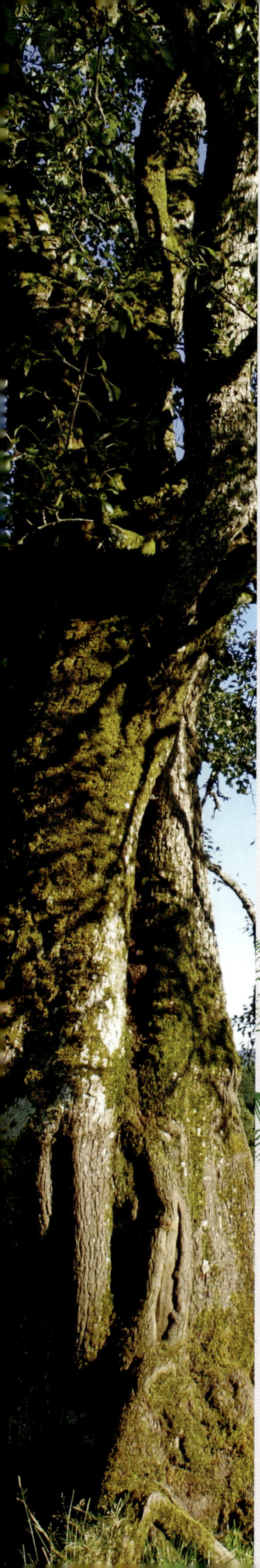

24 m 3 m

Pyrus communis

Le poirier bergamote de Bonnefond

commune de Janaillat (Creuse)

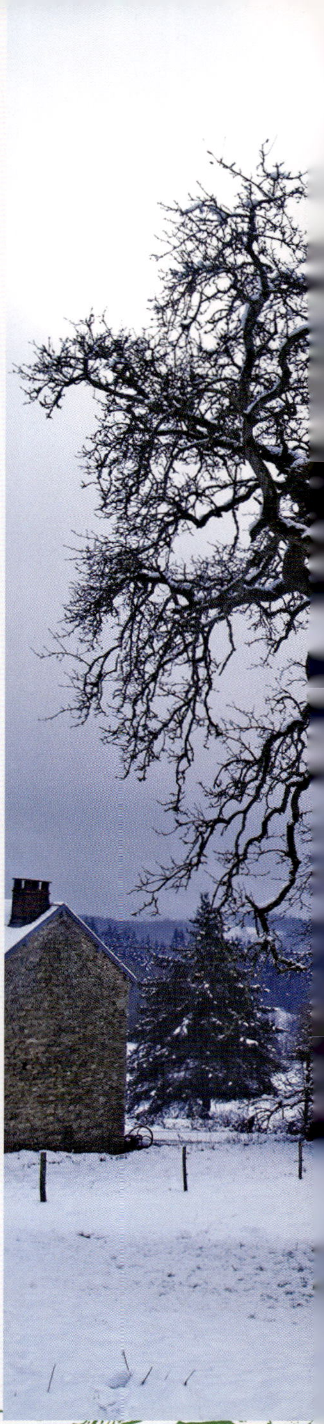

En bas du verger, le poirier danse.

Il habite le creux d'un petit vallon, où s'étale nonchalamment le village de Bonnefond. Au soleil couchant, l'endroit est idéalement champêtre. Au fond, il n'est pas si gros, ce poirier, il n'a pas l'ampleur colossale que peuvent avoir, à son âge, un chêne, ou un tilleul. C'est un vieillard, mais un vieillard mince et élégant. Tout seul au milieu de son pré, il se déhanche pour garder son équilibre menacé par une grosse branche un peu fantasque.

Monsieur Carteron, propriétaire du verger, l'a toujours connu : c'est son arrière-grand-père qui l'a greffé, quand il avait 17 ans, il y a de cela... bien des années ! L'arbre a 200 ans, aujourd'hui, et porte fièrement la greffe, marque de son élégance, à environ un mètre cinquante du sol. Il donne toujours des fruits, selon les années et son bon vouloir... À son âge, on décide, on ne se laisse plus commander.

Ses poires sont dites « bergamotes », une variété rustique, goûteuse mais qui ne se conserve guère. Autant dire qu'elles n'intéressent pas les supermarchés. Un peu plus haut, dans le verger, un autre poirier, un « poirier argent », est presque aussi vieux. Tout creux, il brinquebale, meurtri des suites d'un ouragan : « J 'ai bien peur qu'il ne tienne pas le coup », soupire M. Carteron.

En bas du verger, bien protégé par les pentes du vallon, le vieux poirier s'en moque. Qu'il neige ou qu'il vente, fier et déhanché, il danse.

Bonnefond est au creux d'un petit cirque très marqué, dominé par le puy du Cros, à 619 mètres d'altitude, un petit cirque bien orienté au sud, au cœur de l'espace de transition entre les monts de Sardent et le plateau de Bénévent. Déjà, on bascule vers le Thaurion, on n'a plus la sensation de la vallée de la Gartempe.

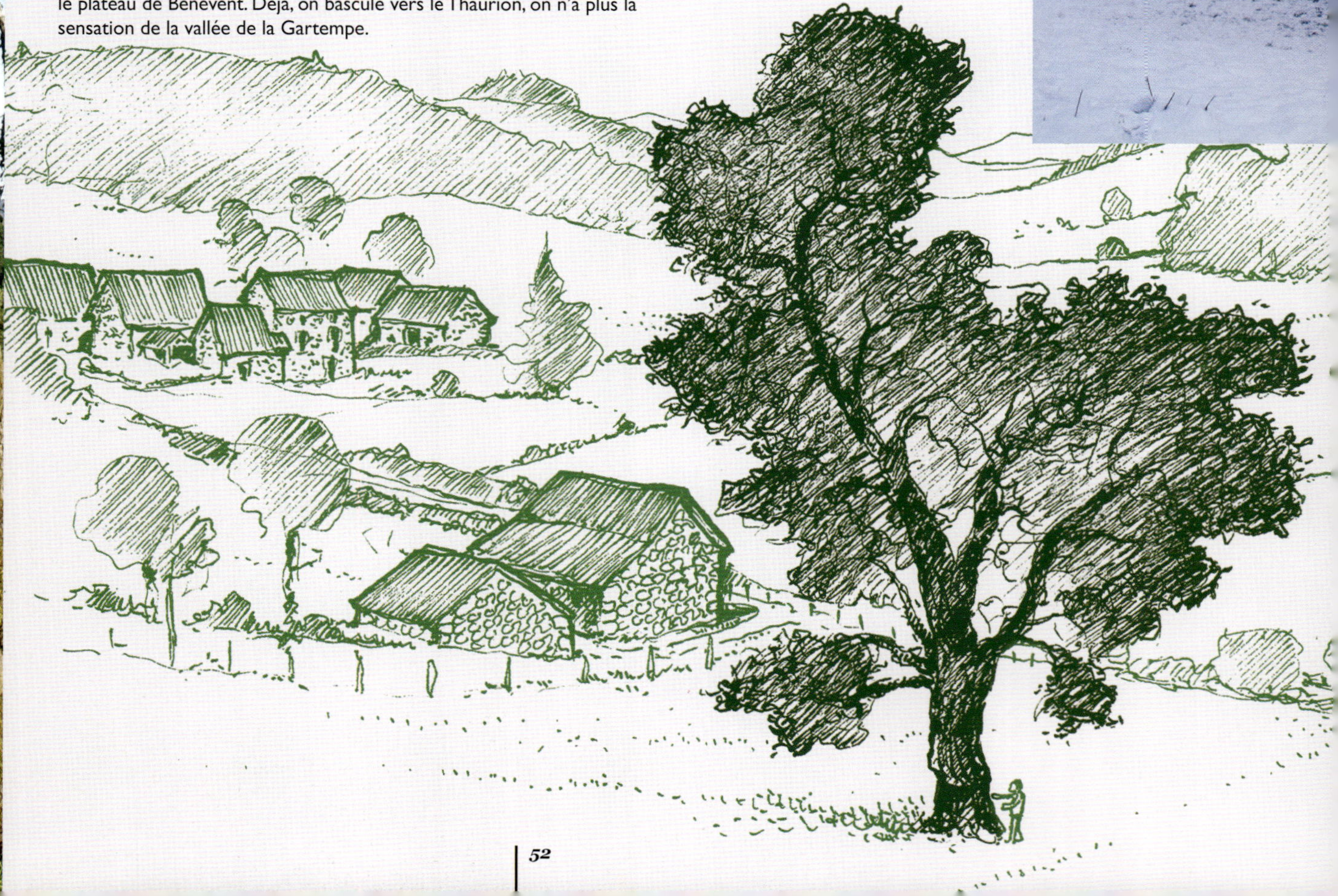

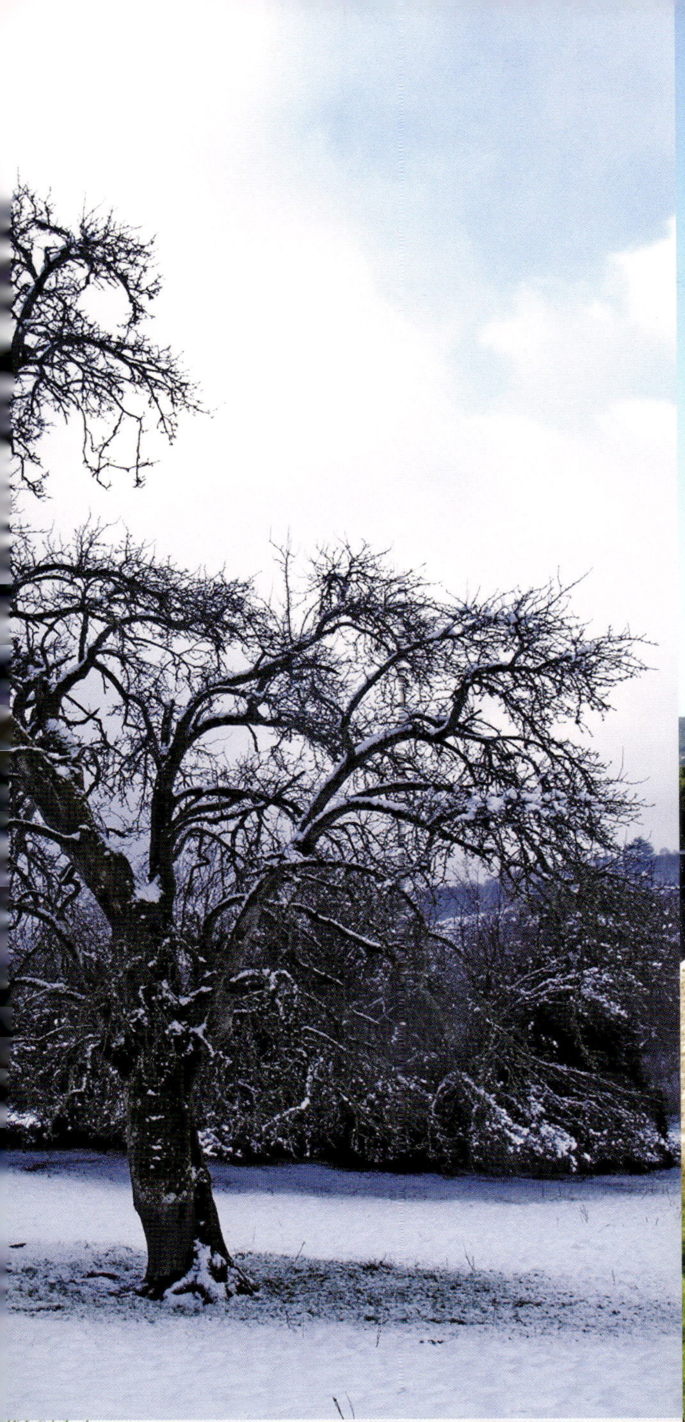

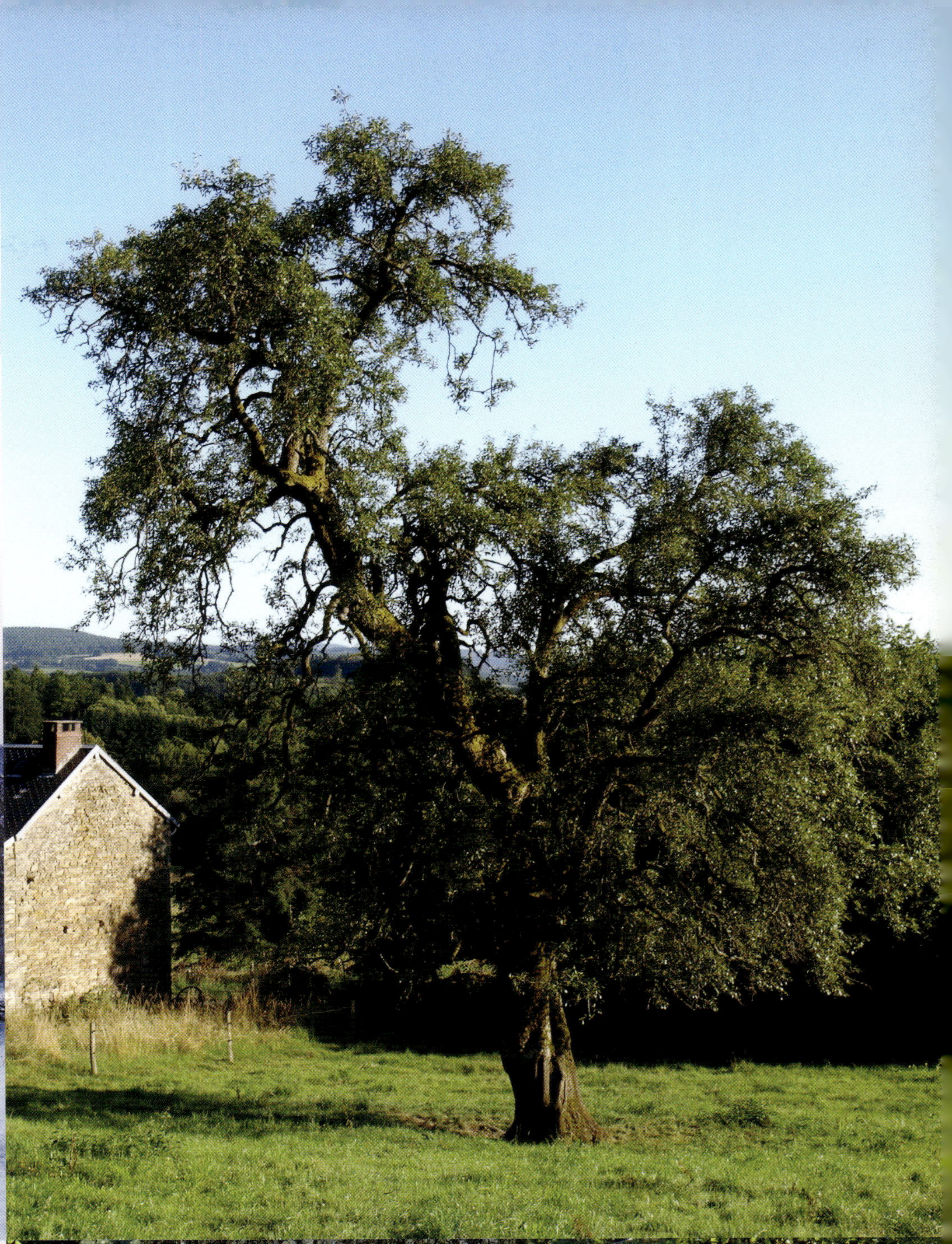

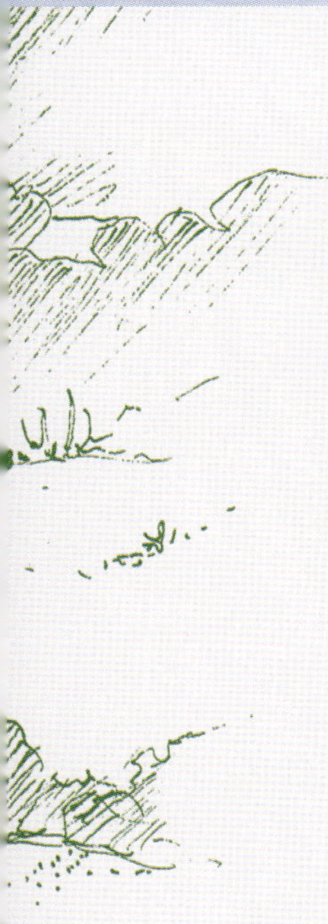

Le village de Bonnefond, la « bonne fontaine », s'est développé en suivant la ligne des sources qui jaillissent : il semble un peu désordonné, ses maisons n'ont pas été implantées en fonction de la route mais bien du terrain. Dans ce village d'origine très ancienne, le poirier a trouvé sa place. C'est l'arbre domestique par excellence, celui qui accompagne la ferme et donne ses fruits.

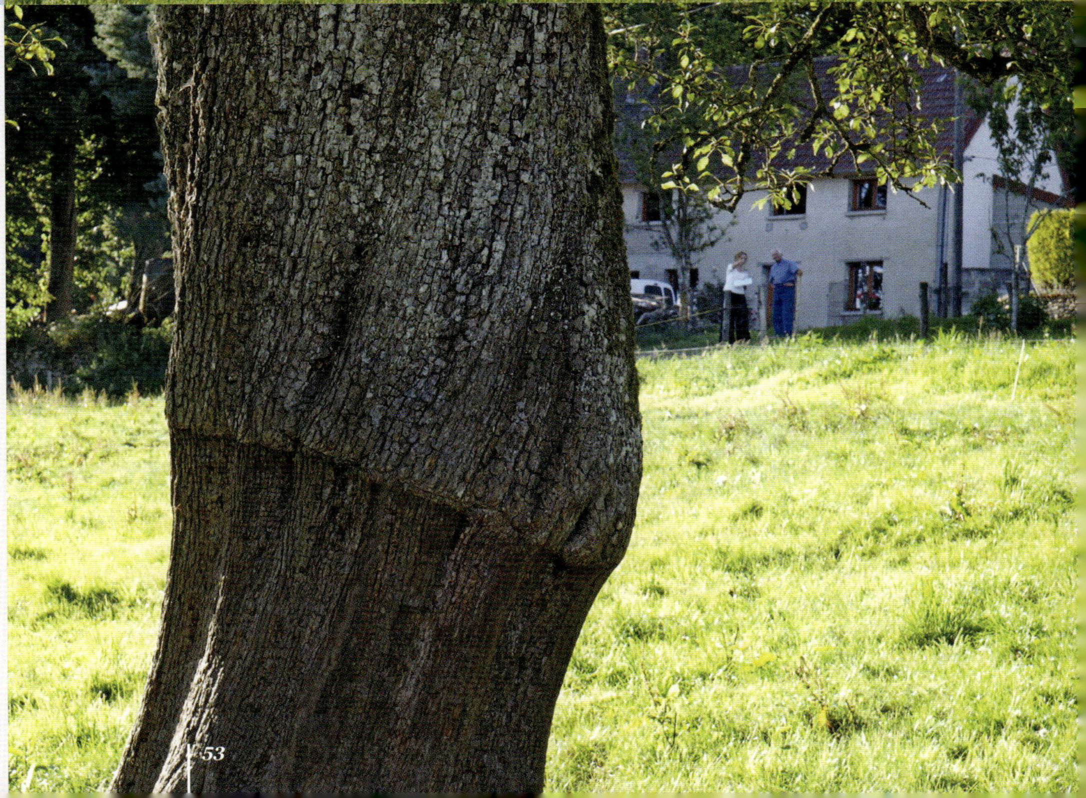

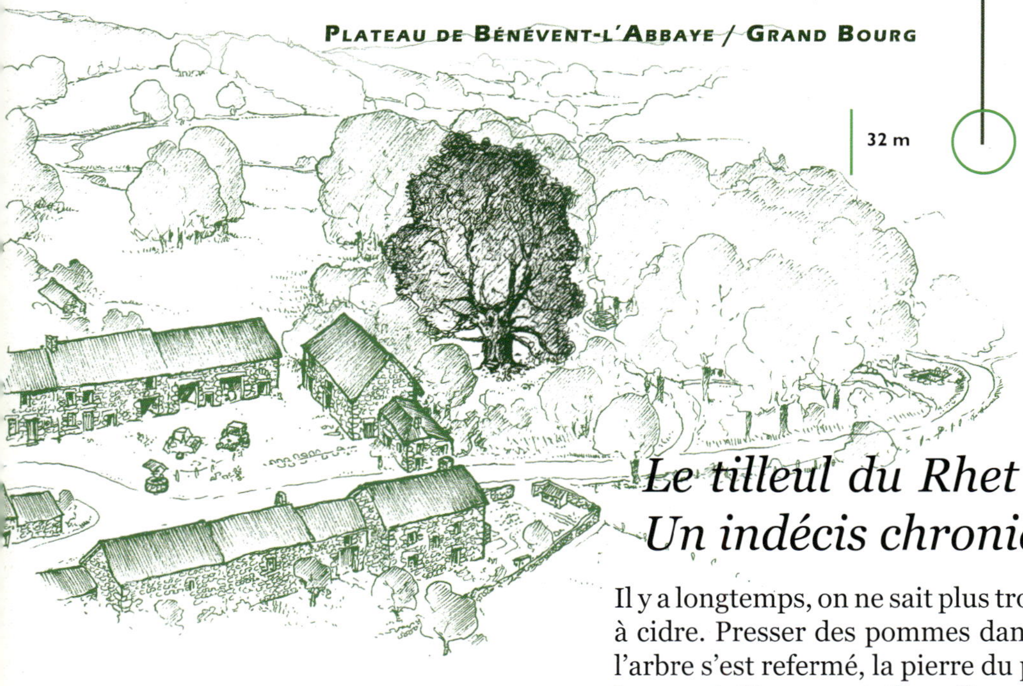

Tilia cordata

Le tilleul de la pierre à cidre

Le Rhet,
commune de Marsac
(Creuse)

32 m | 6,3 m

Le village du Rhet est posé sur le dos ondulé du plateau de Bénévent - l'Abbaye, entre les vallées de la Gartempe et de l'Adour. Ses cinq ou six fermes traditionnelles se referment autour d'un coudert rectangulaire, au pied d'un tertre pierreux. Le tilleul y est perché, à l'extrémité d'un petit bois. De l'autre côté se cache l'ancien lavoir, au creux d'un vallon.

Le tilleul du Rhet est un vieil oncle excentrique. Un indécis chronique.

Il y a longtemps, on ne sait plus trop quand, il s'est ouvert. On y a mis un pressoir à cidre. Presser des pommes dans un tilleul... après tout, pourquoi pas ? Puis l'arbre s'est refermé, la pierre du pressoir, il l'a mangée. Il n'en reste plus qu'un bout qui dépasse, vieille relique qui offre aujourd'hui un siège relativement confortable à celui qui cherche l'ombre du feuillage.

Quand il était petit, Henri en avait fait son toboggan : il entrait dans l'arbre, là où était le pressoir, il ressortait par le haut du tronc et se laissait glisser sur l'une des plus grosses branches. Aujourd'hui, Henri a vieilli. On le surnomme Krouchtchev... Rapport à son caractère, paraît-il. Il surveille son arbre comme le lait sur le feu et s'approche du moindre curieux. Son arbre aussi a vieilli. Il a grandi comme il pouvait, des branches dans tous les sens, et pas une qui file droit, des racines qui serpentent tout autour, boursouflent le sol, luttent contre la roche affleurante... « Il a poussé tout sur pierre, il a cherché pour revivre. Tu vois, même ceux qui vivent la misère peuvent devenir grands. » Henri et son frère en savent quelque chose.

Leur tilleul n'est pas bien droit, c'est sûr. Mais généreux, sans aucun doute. Expansif. Il ouvre son tronc puis le referme, ses racines et ses branches tracent leur chemin buissonnier au sol et dans les airs, un coup à droite, un coup à gauche, un coup dehors, un coup dedans... Il aurait aimé être vagabond. Puisqu'il ne le peut pas, il a semé tout autour de lui ses rejetons : à force d'acharnement, ses lointains descendants verront peut-être un jour la mer...

Cet esprit rebelle l'empêche sans doute de dépérir. Il est tordu, biscornu, un peu ratatiné, mais pas impotent. Il est gros, imposant, mais n'a rien du vieux sage de la forêt. La preuve : les poules viennent gratter à son pied, sans aucune déférence, flanquées d'une nuée de poussins irrespectueux. Le vieil oncle excentrique règne sur une couvée...

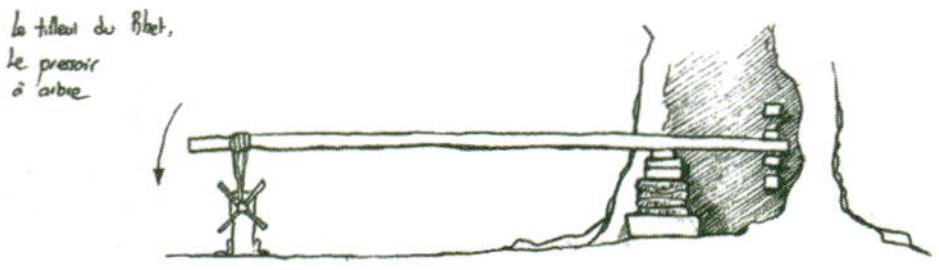

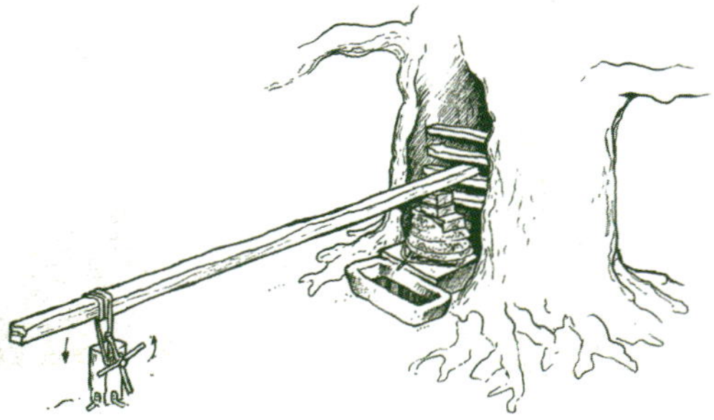

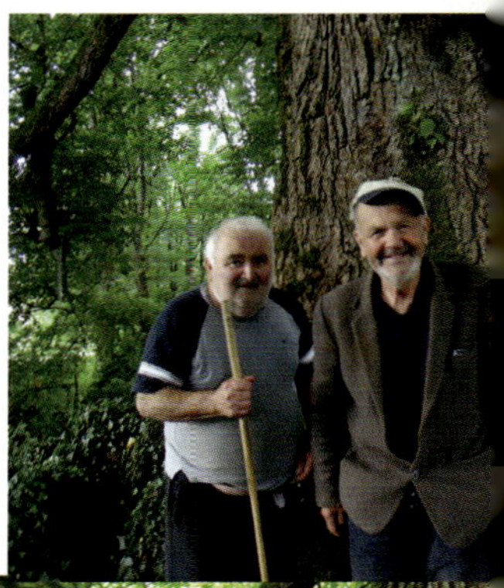

Jusqu'à la fin du XIXe siècle, le tilleul était ouvert : il abritait un « pressoir à cidre ». Une grande poutre sortait du tronc, entraînée par un treuil dont le socle, en queue d'aronde, était encastré dans le sol. On l'abaissait progressivement, pour presser les scourtins* recevant les pommes. Le cidre ne coule plus du tilleul aujourd'hui : une nuit, le grand bac en pierre disparut, emporté par un indélicat. Seule la meule en pierre, creusée de plusieurs rigoles, est restée, engloutie par l'arbre.

* *récipients où l'on place les pommes avant de les presser*

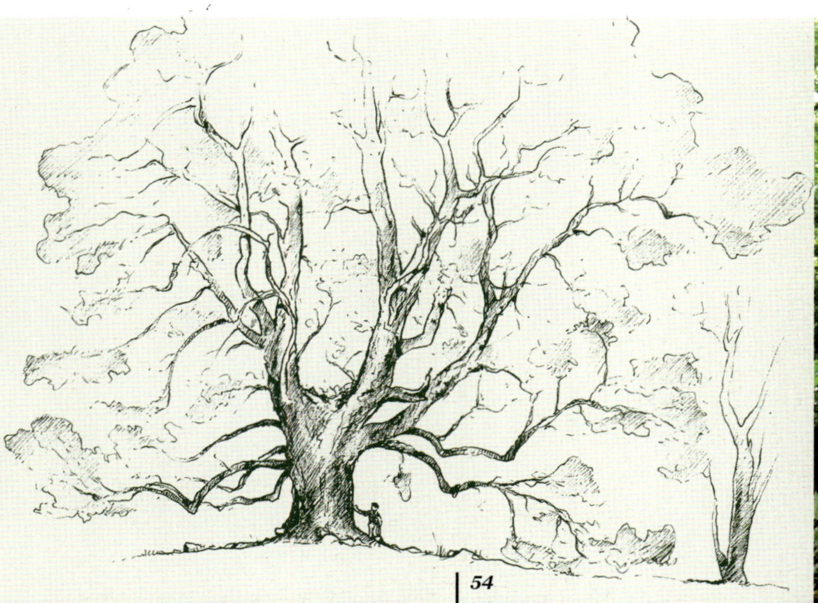

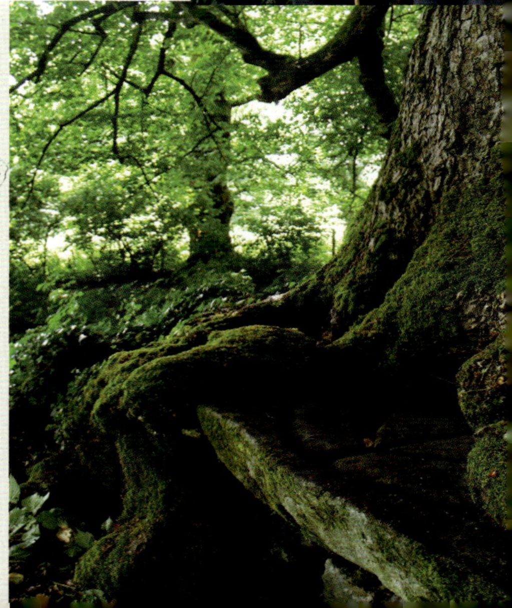

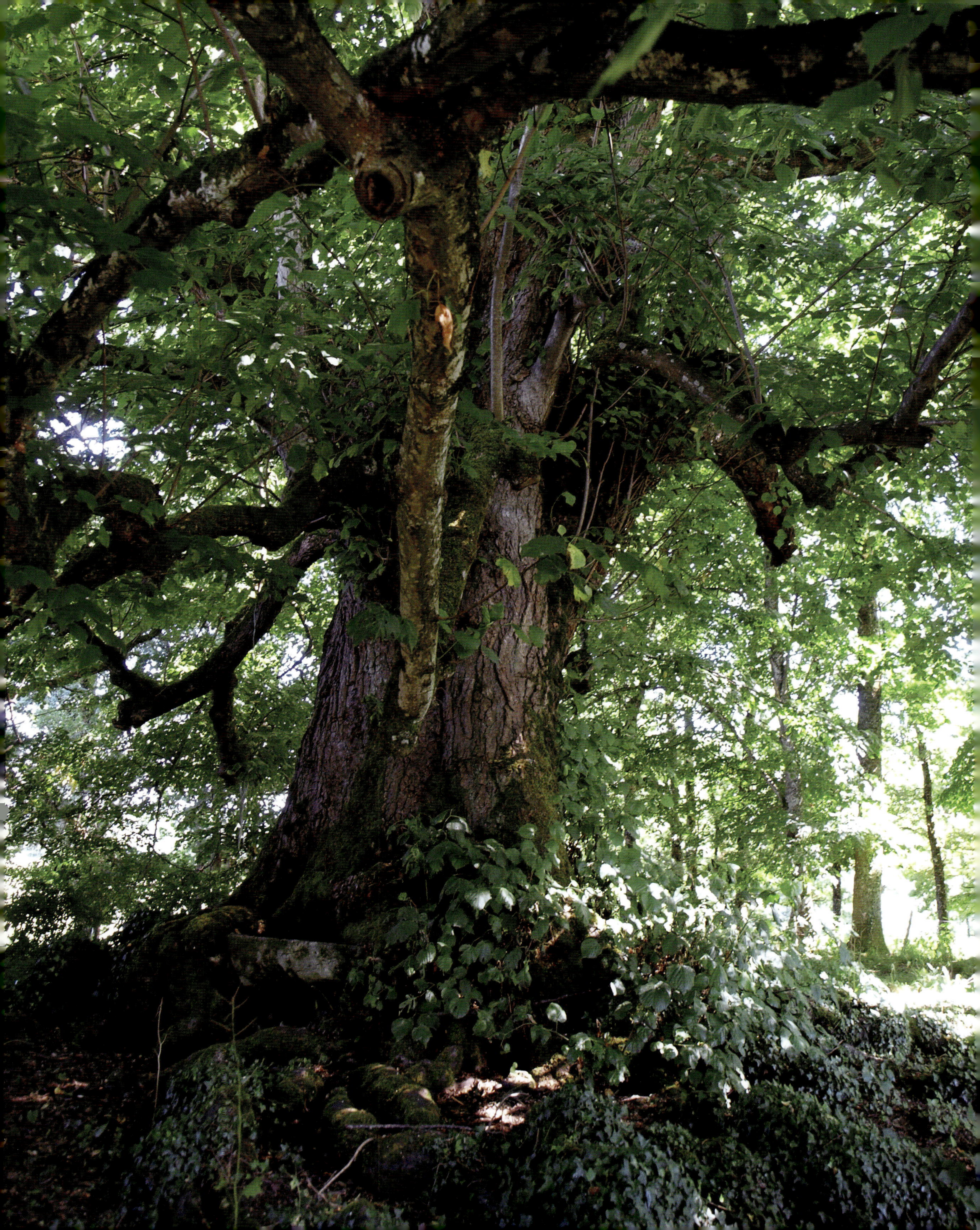

31 m 7,2 m

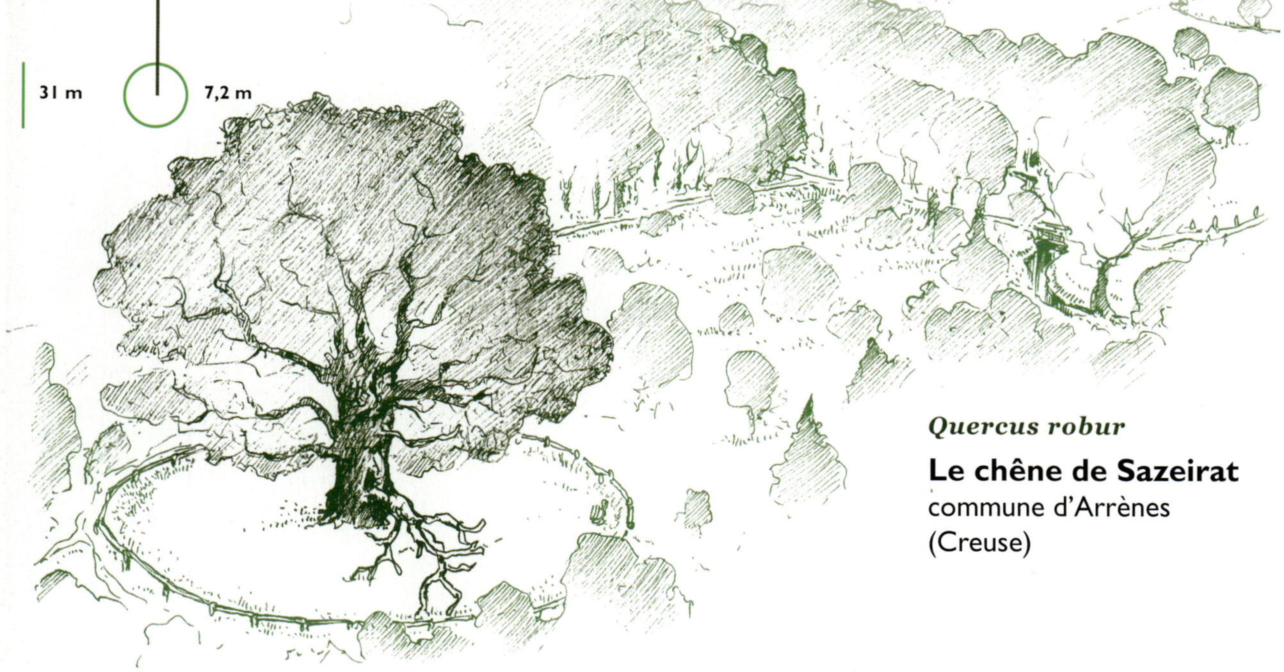

Quercus robur

Le chêne de Sazeirat
commune d'Arrènes
(Creuse)

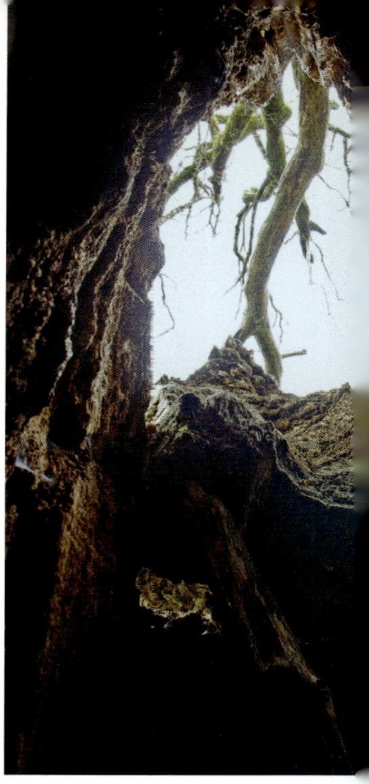

Ici, sur les contreforts des monts de Saint-Goussaud, face au plateau de Bénévent, de l'autre côté de l'Adour, ce sont déjà les prémices des grandes forêts à venir.
Le chêne a poussé en bord du ruisseau du Moulard, au cœur d'une prairie humide. Nourri de cette abondance d'eau, il a prospéré.
Une partie des eaux du ruisseau a d'ailleurs été canalisée par un chenal, le long d'une courbe de niveau.

Le Grand Pan n'est pas mort. Il trône au beau milieu d'une clairière, dans un petit coin de forêt que traverse une rivière. Le dieu sauvage a connu l'agonie, mais blessé, il est encore debout. Il était la nature, excessive et généreuse, et recelait des trésors insoupçonnés pour l'homme avide, envieux, qui ne connaît pas de limites. Les anciens contes nous disent encore comment le dieu-arbre ouvrit son écorce et comment l'homme-hyène, insatiable, en profita sans mesure : il fouilla, gratta, creusa, racla tant et si bien qu'il ne laissa derrière lui qu'une ombre mutilée.
Pourtant, le Grand Pan n'est pas mort, il repose au cœur de son sanctuaire. Une simple pancarte mène à son pied : « Gros chêne », peut-on y lire... Deux mots simples qui cachent un secret. À Sazeirat, près du ruisseau, le Grand Pan s'est fait arbre, l'arbre a souffert, l'arbre s'est ouvert. Une branche, épaisse et belle comme une vague, est descendue à terre, offrant un pont à celui qui cherche à entrer. Il suffit d'escalader un peu, de s'imaginer petit... La porte n'est pas si étroite pour celui qui sait.
Déchiré, vidé, brisé, meurtri par la voracité des hommes, le Grand Pan n'a pas pour autant abandonné tout espoir. Colosse au pied de mousse, il attend, à l'abri d'une clairière, que son heure revienne. Qu'un homme, puis deux, puis trois, viennent se glisser par la porte qu'il a ouverte dans l'épaisseur de son écorce. S'ils savent regarder, s'ils savent écouter, attendre, et recevoir, ils trouveront... Quoi ? ... Chut ! Il faut aller voir par soi-même...

Le Grand Pan n'est pas mort.

Ce chêne était un arbre de plein champ lié aux propriétés du château de Sazeirat. Aujourd'hui les prés ne sont plus exploités et l'ancienne prairie humide se fermerait si la clairière n'était maintenue par un travail de bûcheronnage.

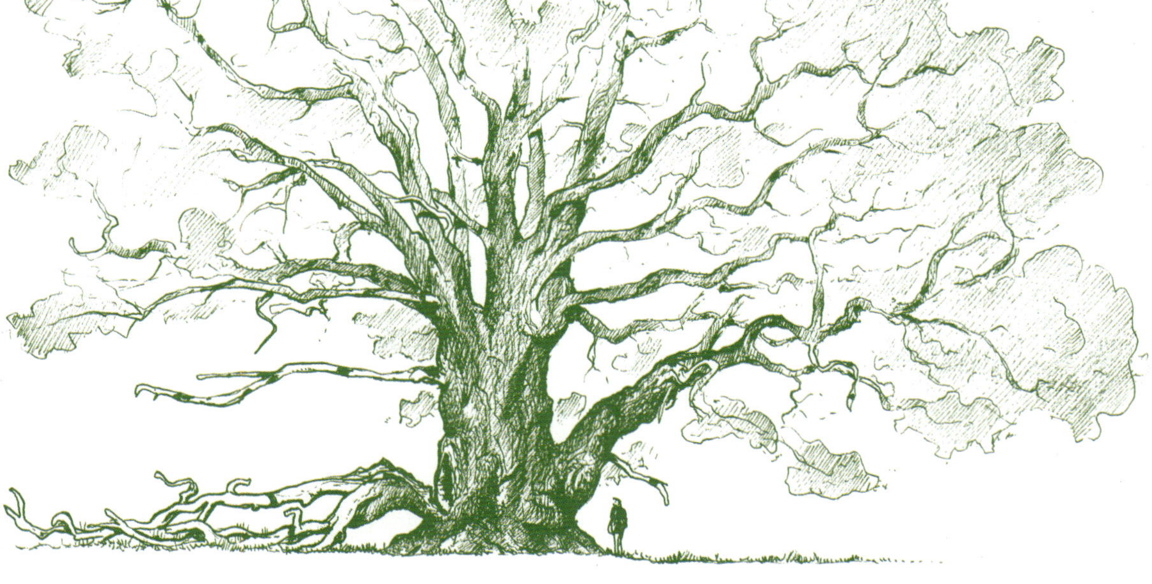

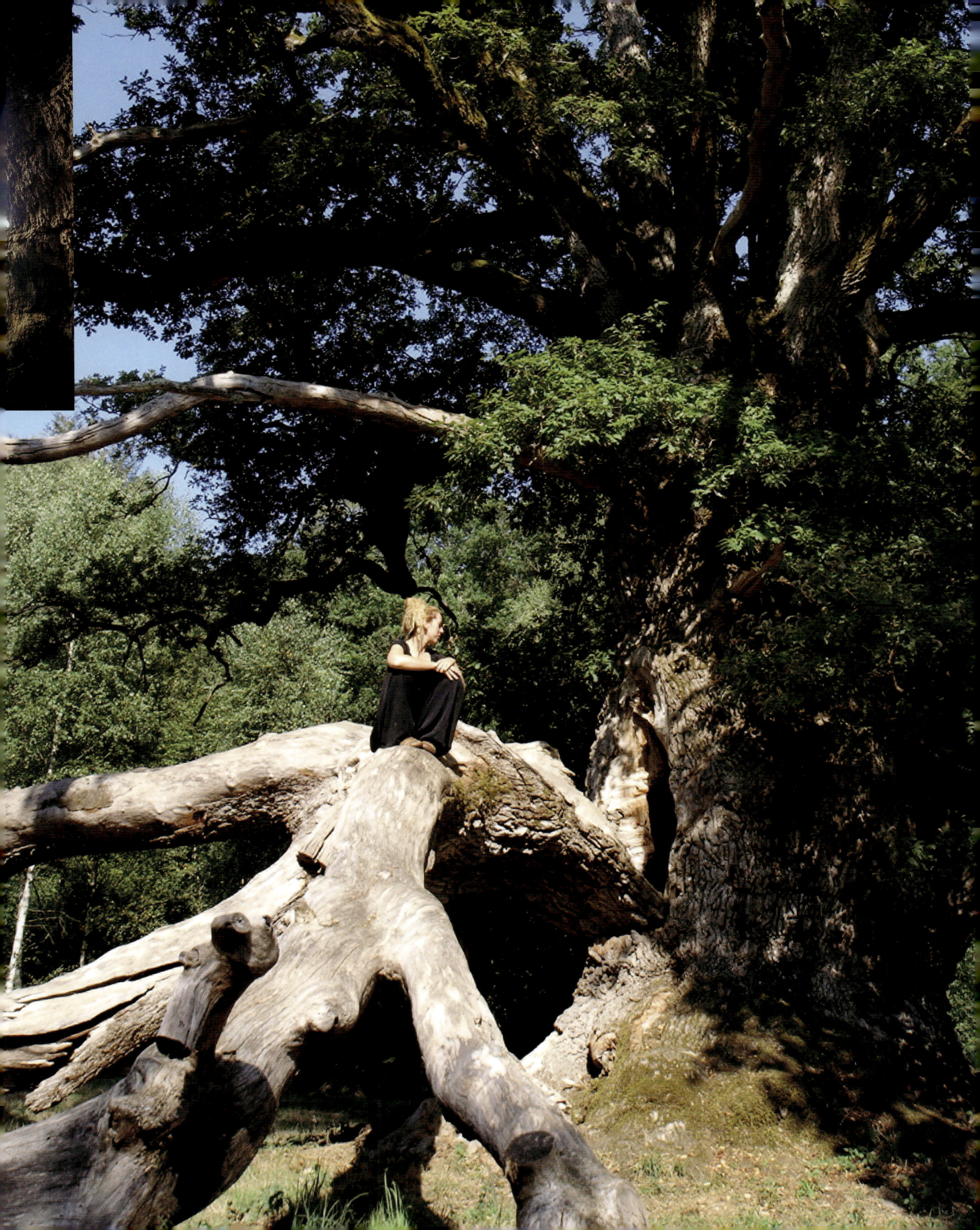

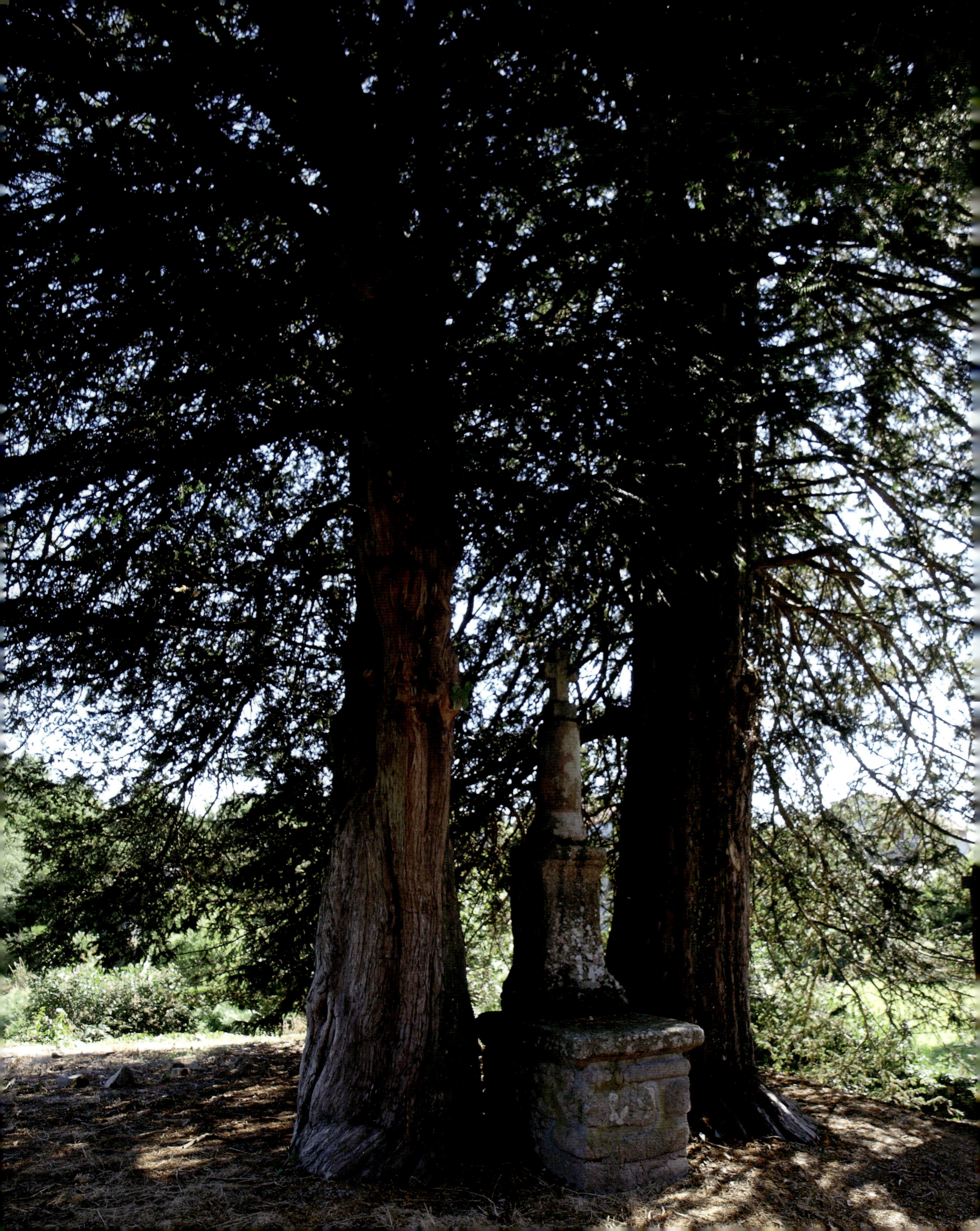

25 m 3,5 m

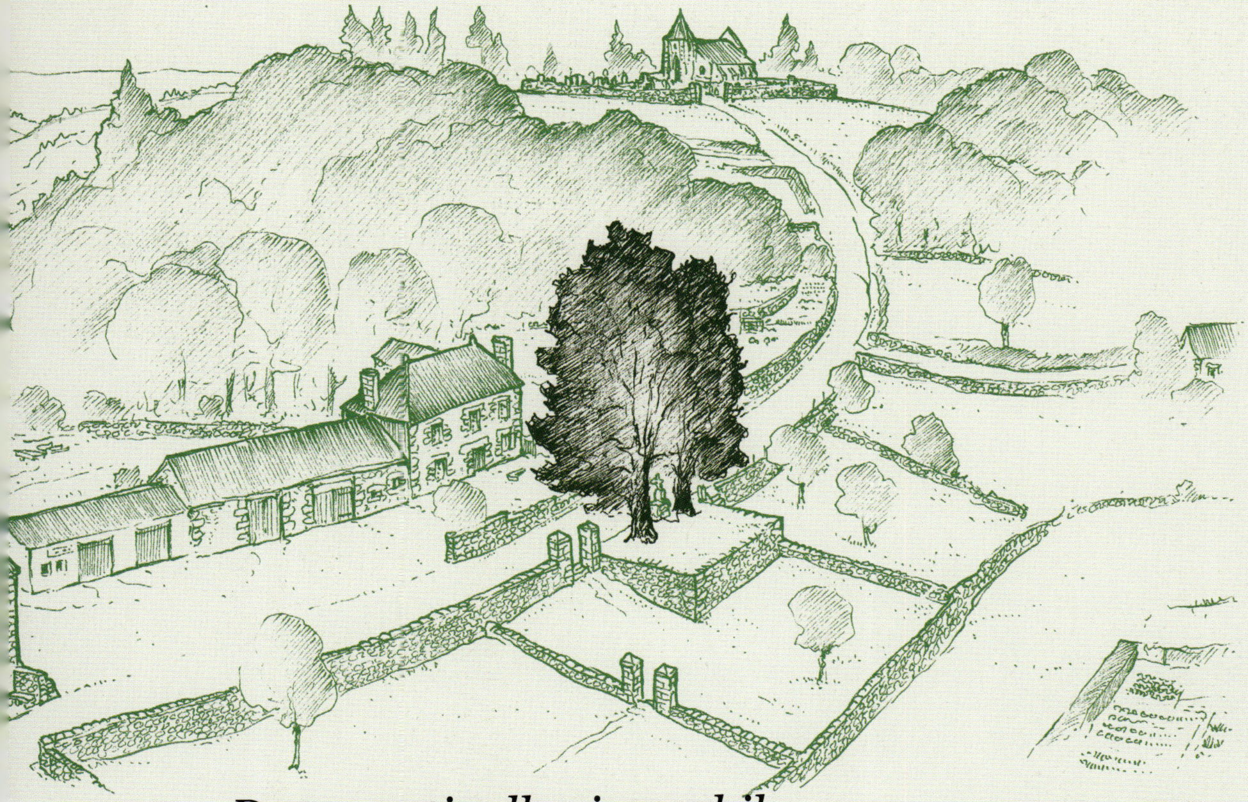

Taxus baccata

Les Ifs de Châtelus-le-Marcheix
commune de Châtelus-le-Marcheix (Creuse)

Le village de Châtelus-le-Marcheix s'étale sur le flanc sud des monts de Saint-Goussaud. D'ici, on domine la vallée du Thaurion. Un méandre très marqué de la rivière a dégagé une pointe, surnommée « le cap », sur laquelle se dressait un château : il n'en reste que les caves, une chapelle ornée de modillons « coquins » et un cimetière. Sur le sentier qui mène à la chapelle orpheline, les ifs protègent un reposoir : ils proposaient une halte lors des processions.

Deux sentinelles immobiles gardent la croix.

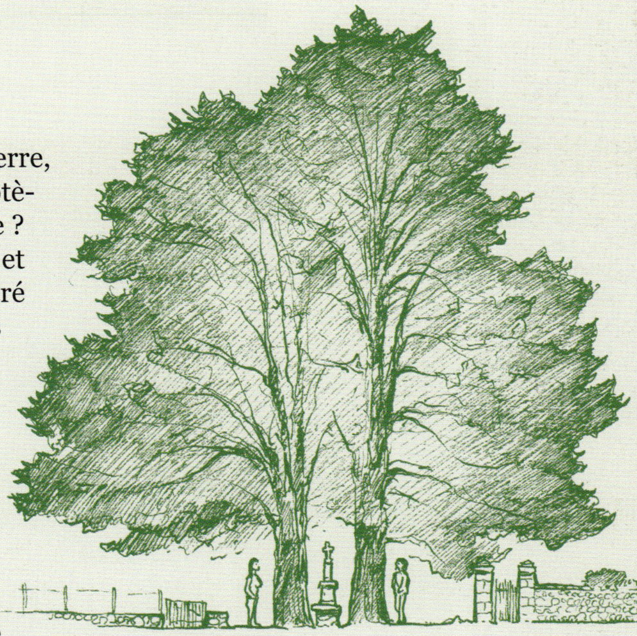

Deux troncs, rouges et moussus, et au milieu, un fût de pierre, couvert de lichen : sur le chemin de la chapelle, les deux ifs protègent le reposoir. Est-ce parce que la pente promet d'être forte ? On s'arrête, la pause est bienvenue. L'assemblage des pierres et des arbres semble fait de bric et de broc, ici un socle récupéré d'un monument ancien, là une croix rajoutée, et autour, les deux arbres, sagement alignés pour conférer à l'ensemble un peu de solennité.

Plus personne ne sait quand les deux ifs ont été plantés ; cela dépasse la mémoire des habitants, y compris celle de Marcel, qui habite en face. Selon lui, les arbres auraient au moins 700 ans... On ne sait pas bien. Ce qui est certain, c'est que ces deux-là sont mâle et femelle. Le mâle est plus droit, la femelle porte des fruits. Au printemps, il s'en dégage une véritable poussière de pollen dont les abeilles font leur régal ; la route se colore de jaune et l'air s'emplit d'une odeur acide et épicée.

L'if mâle et l'if femelle... Deux ifs, symboles d'éternité, unis au bord du chemin. Dans ses *Métamorphoses*, Ovide nous conte l'histoire de Philémon et Baucis, cet homme et cette femme dont l'amour était si fort qu'à la veille de leur mort, un dieu bienveillant les transforma en arbres mêlant leurs feuillages. Ils s'étaient aimés toute une vie, ils restèrent unis dans l'au-delà... Ovide parle d'un chêne et d'un tilleul : c'est qu'il n'avait pas vu les deux ifs de Châtelus-le-Marcheix. Sinon, il aurait su.

Arbre étonnant, l'if est riche d'une symbolique multiple : ses baies sont extrêmement toxiques, délivrant un poison mortel, mais son feuillage toujours vert l'associe à l'immortalité. Dans le nord de l'Europe, il était systématiquement planté dans les cimetières. En Provence, il ornait l'entrée de la maison en signe de bienvenue. En Irlande, en Normandie et ailleurs, on le plantait au milieu des cloîtres, où il incarnait le Paradis... Qu'en est-il à Châtelus ? Les mémoires ont oublié.

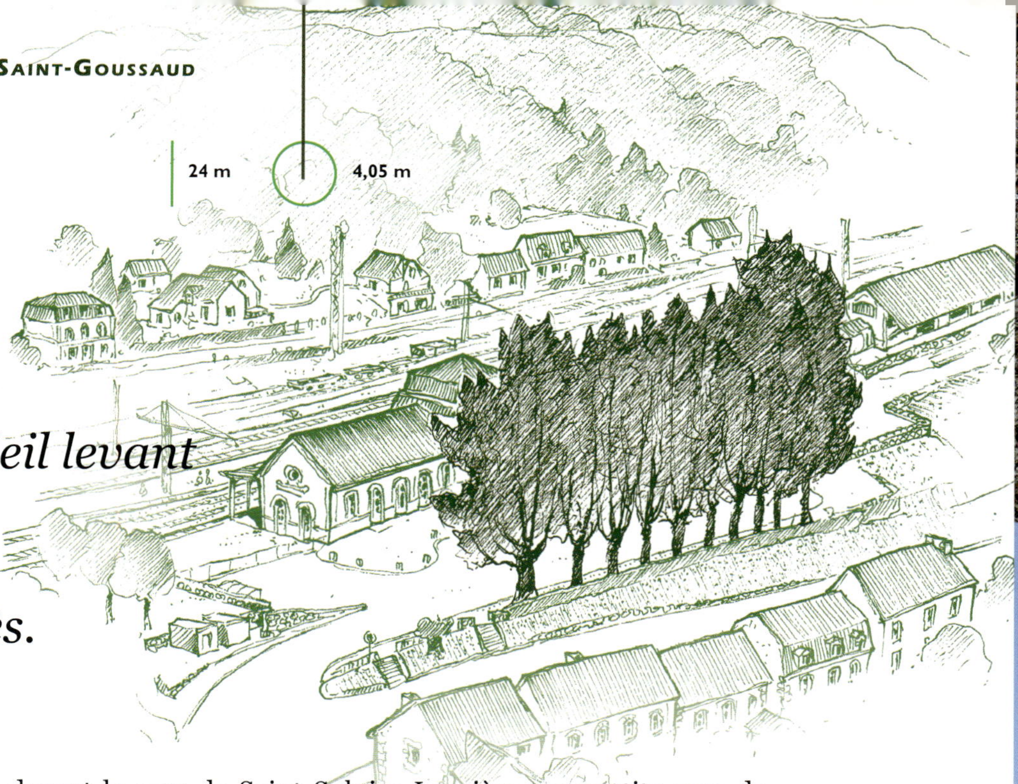

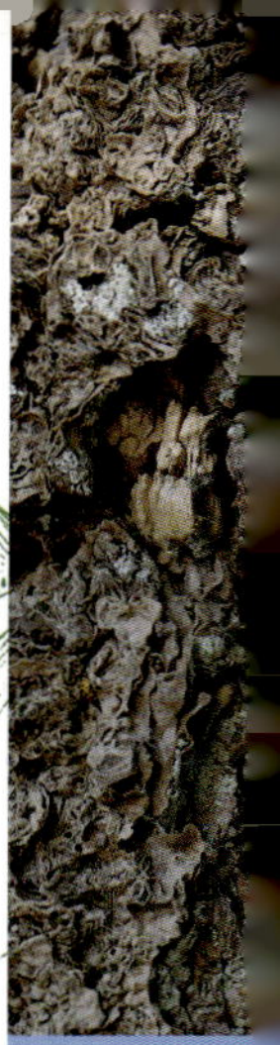

Ginkgo biloba

Les ginkgos de Saint-Sulpice-Laurière

commune de Saint-Sulpice-Laurière
(Haute-Vienne)

Les douze fils du soleil levant considèrent de leur regard impassible l'avancée du progrès.

Ici, sur leur versant nord-est, les monts d'Ambazac se terminent très abruptement, de manière rectiligne.
Le dénivelé, à cette extrémité des monts, est si brutal que la voie ferrée emprunte un tunnel avant d'arriver à Saint-Sulpice, dernier reliquat du relief.
L'implantation de la gare a influencé le développement du village qui s'est étiré le long de la voie ferrée.
Le village est caractéristique des implantations de pied de versant : 300 mètres de dénivelé, sur une pente très boisée, séparent le haut du coteau du cœur du village.

Ils bordent le talus devant la gare de Saint-Sulpice-Laurière, une petite gare de province qui ne mériterait certainement pas le détour si, un jour de 1864, le frère de l'Empereur du Japon n'avait débarqué sur le quai pour offrir 12 ginkgos biloba à son grand ami ingénieur, Monsieur de Leffe.
Arbres prestigieux ! Cadeau impérial ! Les douze ginkgos ont même droit à leur plaque, apposée sur le muret du talus. Onze d'entre eux sont alignés à égale distance, dans le plus grand respect du goût de la géométrie et de l'ordre si cher à ce XIXe siècle du progrès, de la machine, de la Science triomphante. Plantés bien serrés, ils ont poussé avec une rigueur tout orientale.
Le douzième, plus gros, plus étalé, fait la forte tête et se dresse, un peu à l'écart, perpendiculairement à l'alignement. S'il y eut une raison à cette disposition étrange, les années en ont effacé le souvenir, l'agencement moderne et bitumé du parking en a gommé les traces.
Curieux assemblage que ces douze arbres d'une espèce si ancienne qu'elle ne ressemble à aucune autre, «fossiles vivants», côtoyant le temple du mouvement et de la vitesse. Ils sont huit mâles et quatre femelles – car les ginkgos ont un sexe ! – témoins immobiles d'une époque où l'exotisme avait un sens, car les distances n'étaient pas encore abolies. Pour eux, le voyage s'est achevé là, face à cette petite gare. Ils n'iront pas plus loin. Curieusement, ne viennent les voir que ceux qui stationnent leurs véhicules avant de s'embarquer pour des destinations de moins en moins lointaines : rares sont les voyageurs qui embarquent en espérant le Japon... On se contente d'un aller-retour vers Limoges.
Les ginkgos impériaux de Saint-Sulpice regardent passer davantage de trains régionaux que d'Orient-Express. Il faudra s'en contenter... L'époque n'est sans doute plus aux grandes épopées.

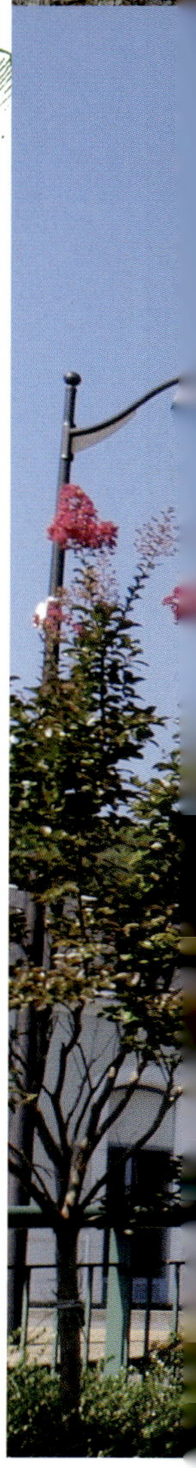

Le ginkgo biloba est la seule espèce actuelle de la division des ginkgophyta : les sept autres espèces ont disparu et ne sont connues que par leurs fossiles. C'est la plus ancienne famille d'arbre connue : elle serait apparue il y a plus de 270 millions d'années, bien avant les premiers dinosaures. L'ancêtre est résistant : c'est le premier arbre à avoir repoussé dans la zone atteinte par l'explosion d'Hiroshima en 1945. Ici, les arbres ont tous subi une coupe sévère pour former plusieurs charpentières, quelques années après leur plantation.

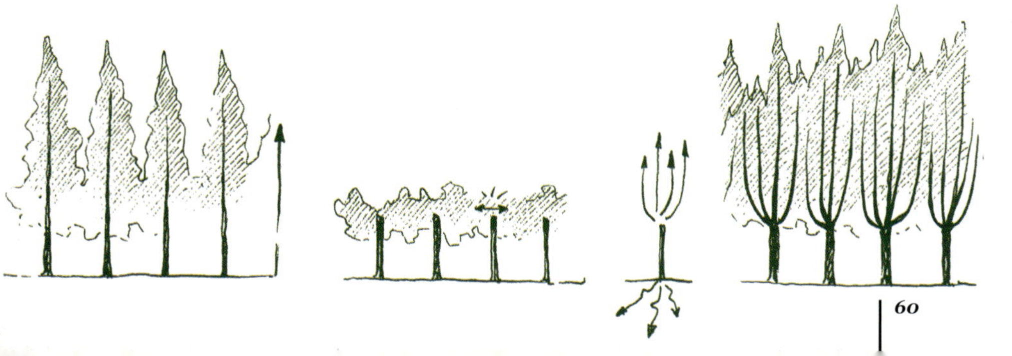

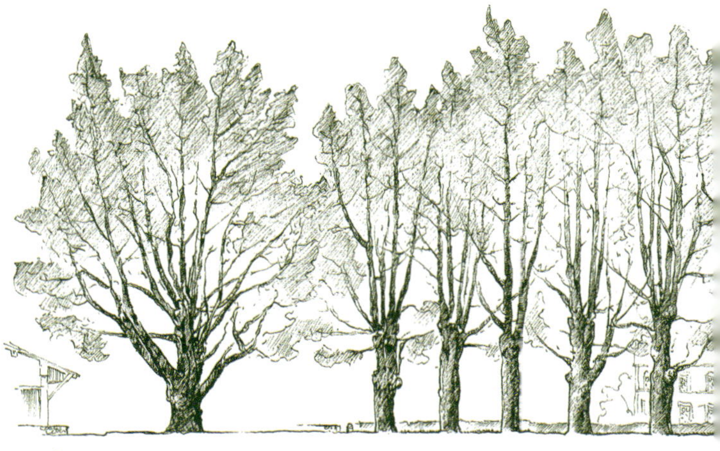

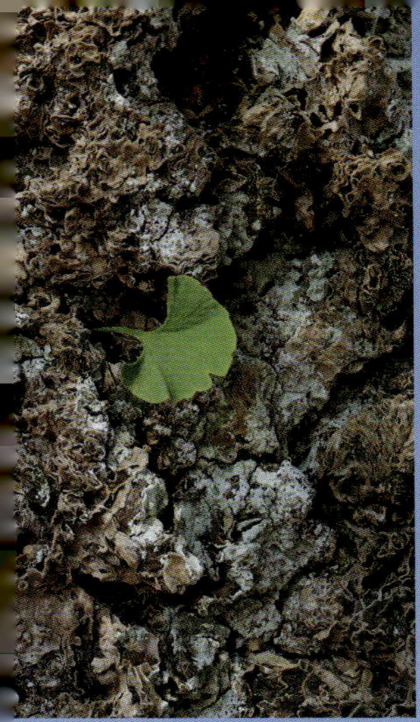
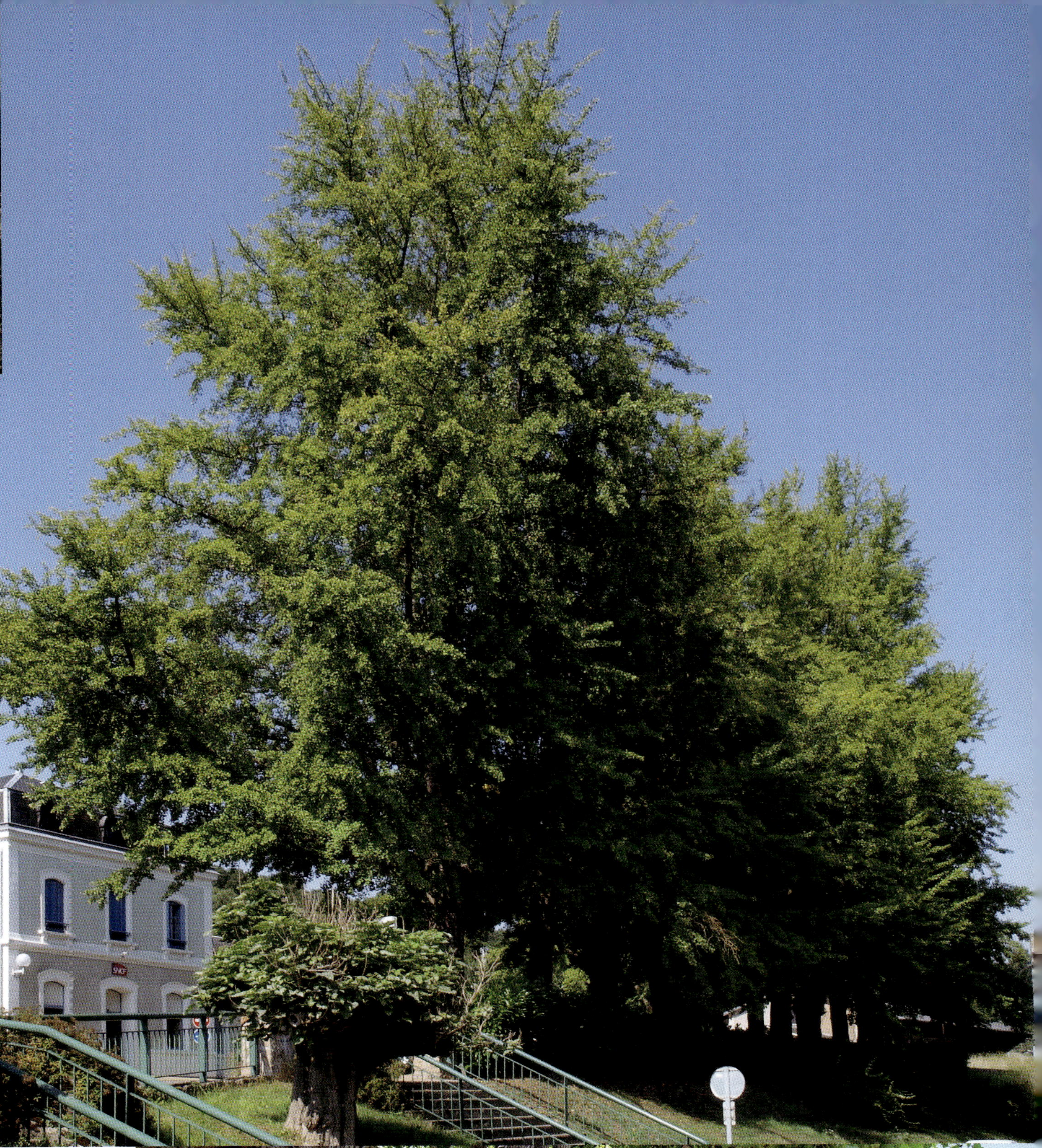
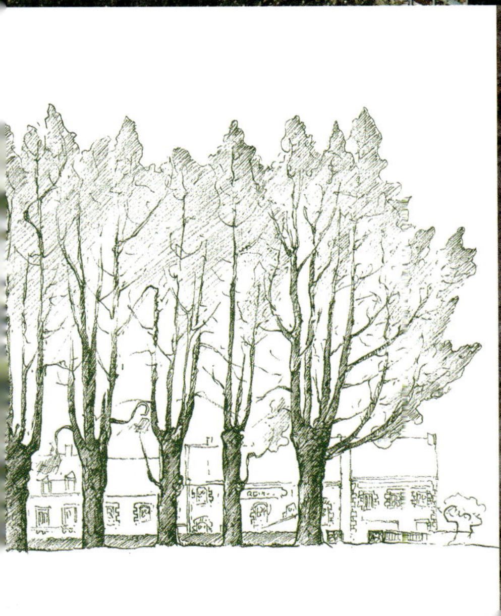
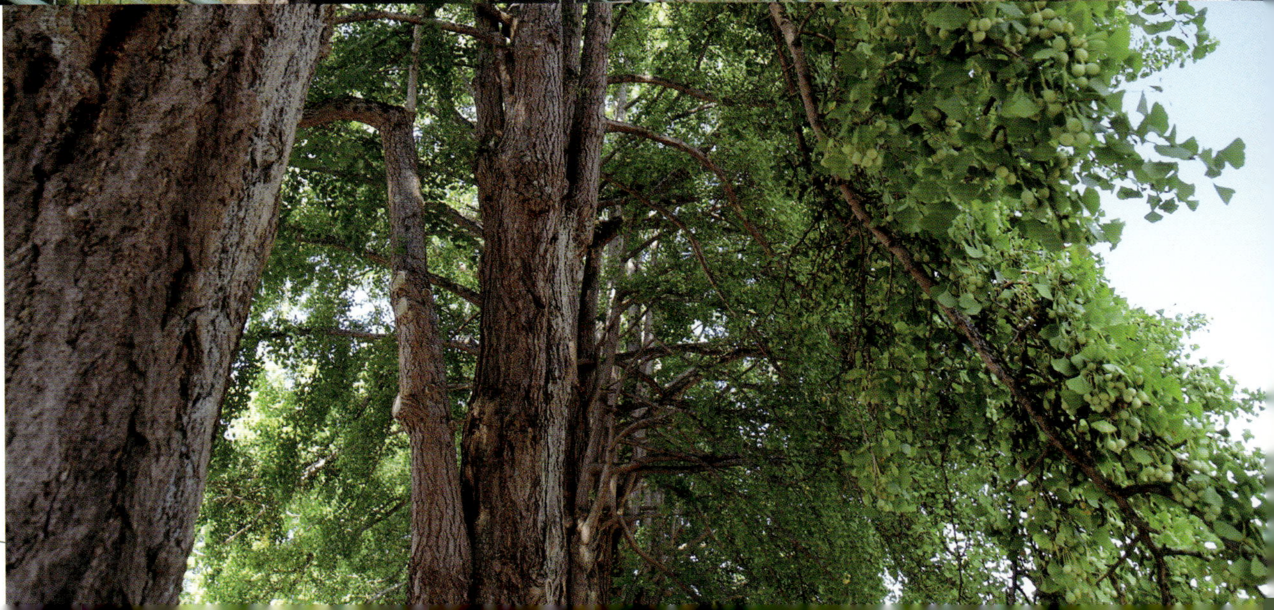

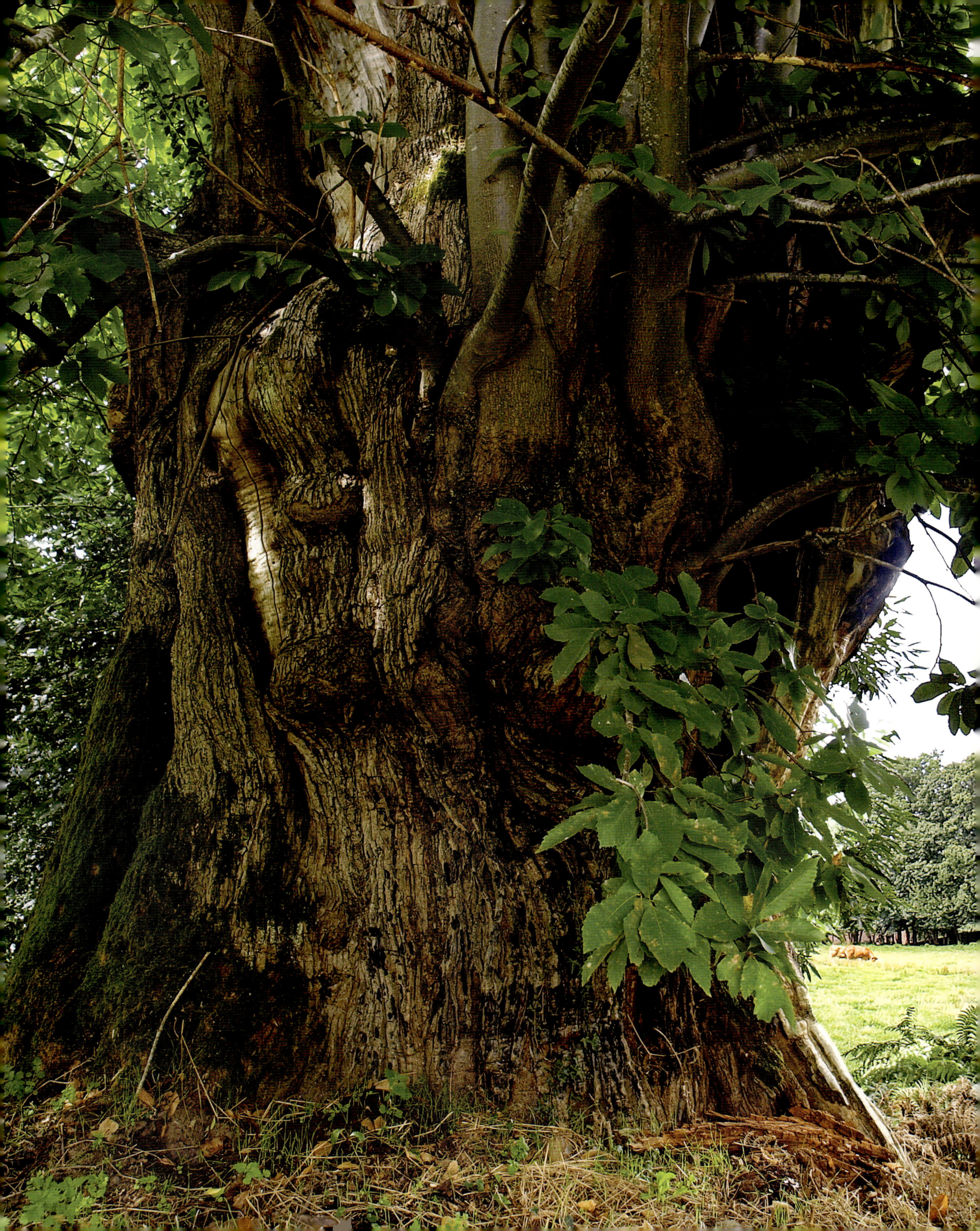

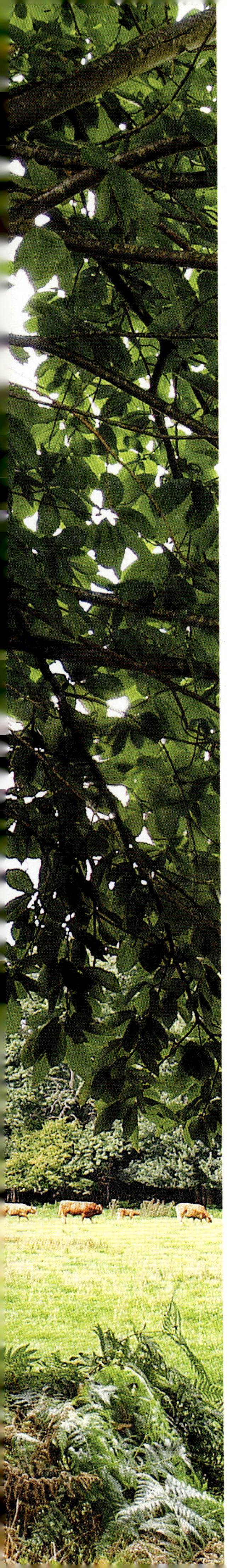

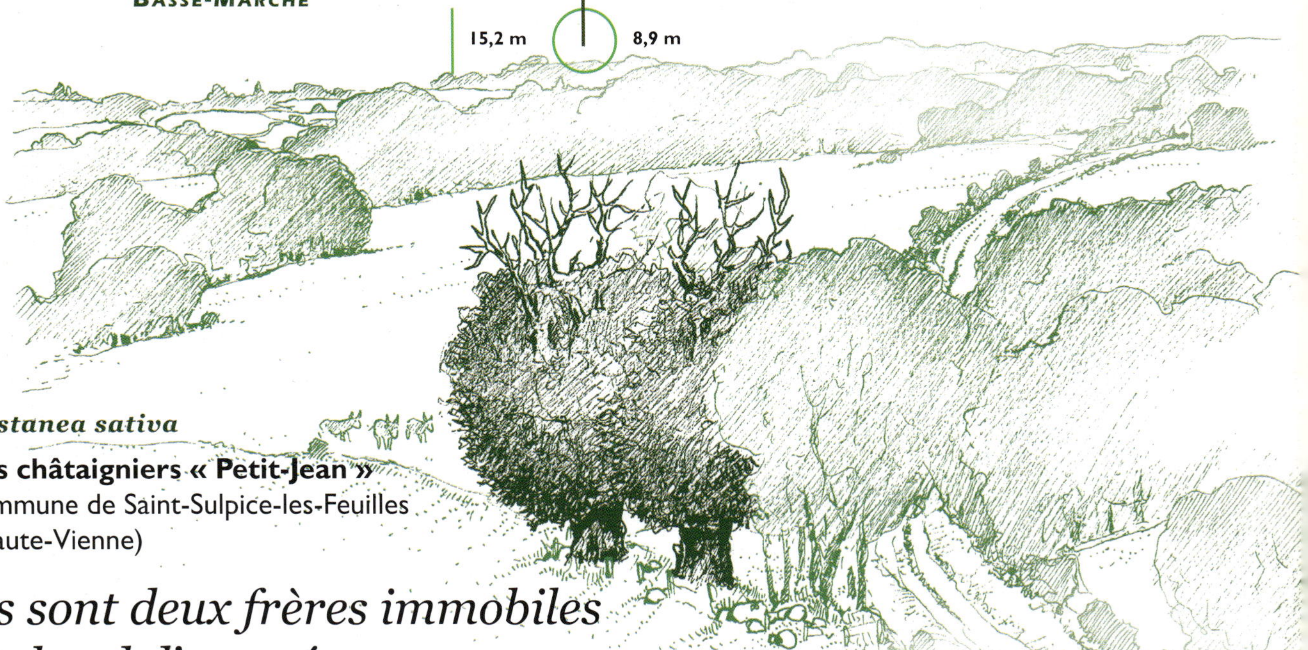

Castanea sativa

Les châtaigniers « Petit-Jean »
commune de Saint-Sulpice-les-Feuilles
(Haute-Vienne)

Ils sont deux frères immobiles au bord d'un pré.

Ils ne sont déjà plus tout jeunes, 570 ans environ (plus de mille ans à eux deux) et se ressemblent, épais, ventrus, touffus. Le plus gros paraît avoir davantage vécu : son tronc, très tourmenté, s'est fissuré par endroits, où l'aubier blanc apparaît sous l'écorce. Une grosse branche tombée a laissé comme un gros œil noir qui s'ouvre sur son cœur, au creux du tronc, un cœur tout noir de fumée : l'arbre a failli brûler, un soir de fête... Car on faisait la fête sous les châtaigniers ! C'est Jean qui l'organisait, Jean dit « Petit-Jean ». Petit-Jean a vieilli, on ne fait plus la fête sous les châtaigniers, mais le nom est resté.

Des trous, des bosses, du noir, des rides, et ces branches, sèches et nues à leur sommet : c'est la marque des vieux châtaigniers, cet air qu'ils ont d'avoir traversé les âges dans la souffrance, au point d'en être tordus, ouverts, béants, pelés... Ce ne sont pourtant que signes du temps qui a passé. Chaque année de jeunes et vigoureuses gaulettes émergent, rejets multiples de la sève qui continue de circuler sous l'écorce, les bogues hérissent leurs piquants, promesses d'une belle récolte d'automne : il ne faut pas se fier aux premières impressions, ces vieux-là sont loin d'être agonisants. L'arbre, il ne faut pas l'oublier, n'est pas programmé pour mourir.

Les deux châtaigniers « Petit-Jean » ne sont en rien deux vieillards impotents. Ils sont un mélange de jeunesse impatiente et de vieillesse tordue... Là réside leur magie, dans cet oxymore perpétuel. « Je parais immobile, et pourtant je bruisse au vent. Je ne suis jamais le même, toujours renaissant... » nous dit l'arbre. Et nous, de quoi avons-nous l'air avec nos crèmes anti-âge, à côté de cet invraisemblable recommencement ?

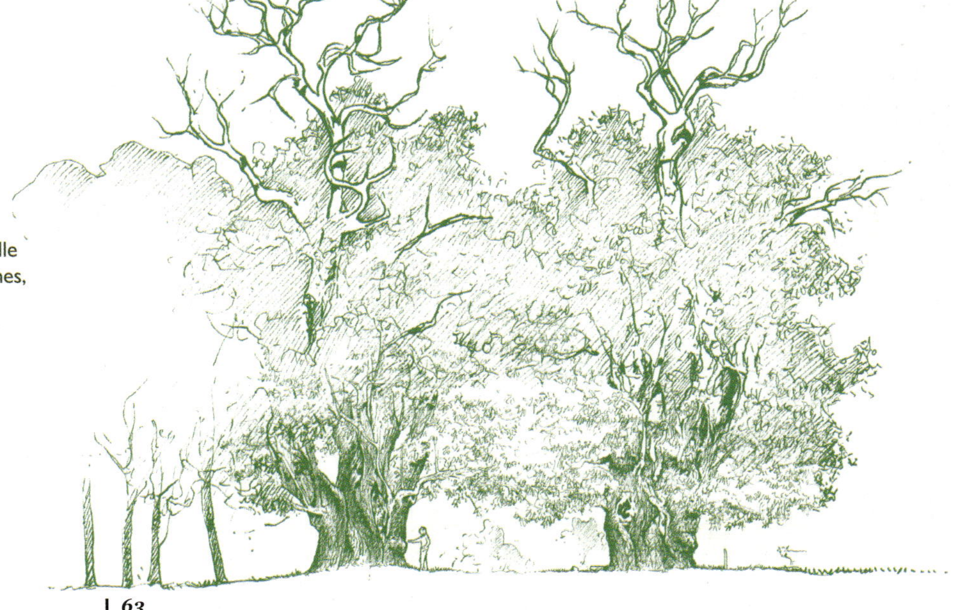

Les deux arbres font toujours partie d'une haie marquant les limites d'une parcelle. Alentour, le bocage se démaille et se dénoue, les haies se font plus lâches, moins entretenues.
Adossée au bois des Grandes Gorces, la plaine de Saint-Sulpice-les-Feuilles était et reste pourtant une terre de pâture, les noms nous le confirment : « les Brandes », « les Landes ».

35 m 5,8 m

Fagus sylvatica

Le hêtre des Taffres
commune de Châteauponsac (Haute-Vienne)

D'abord, il est immense. Un vrai monument, lisse et droit.

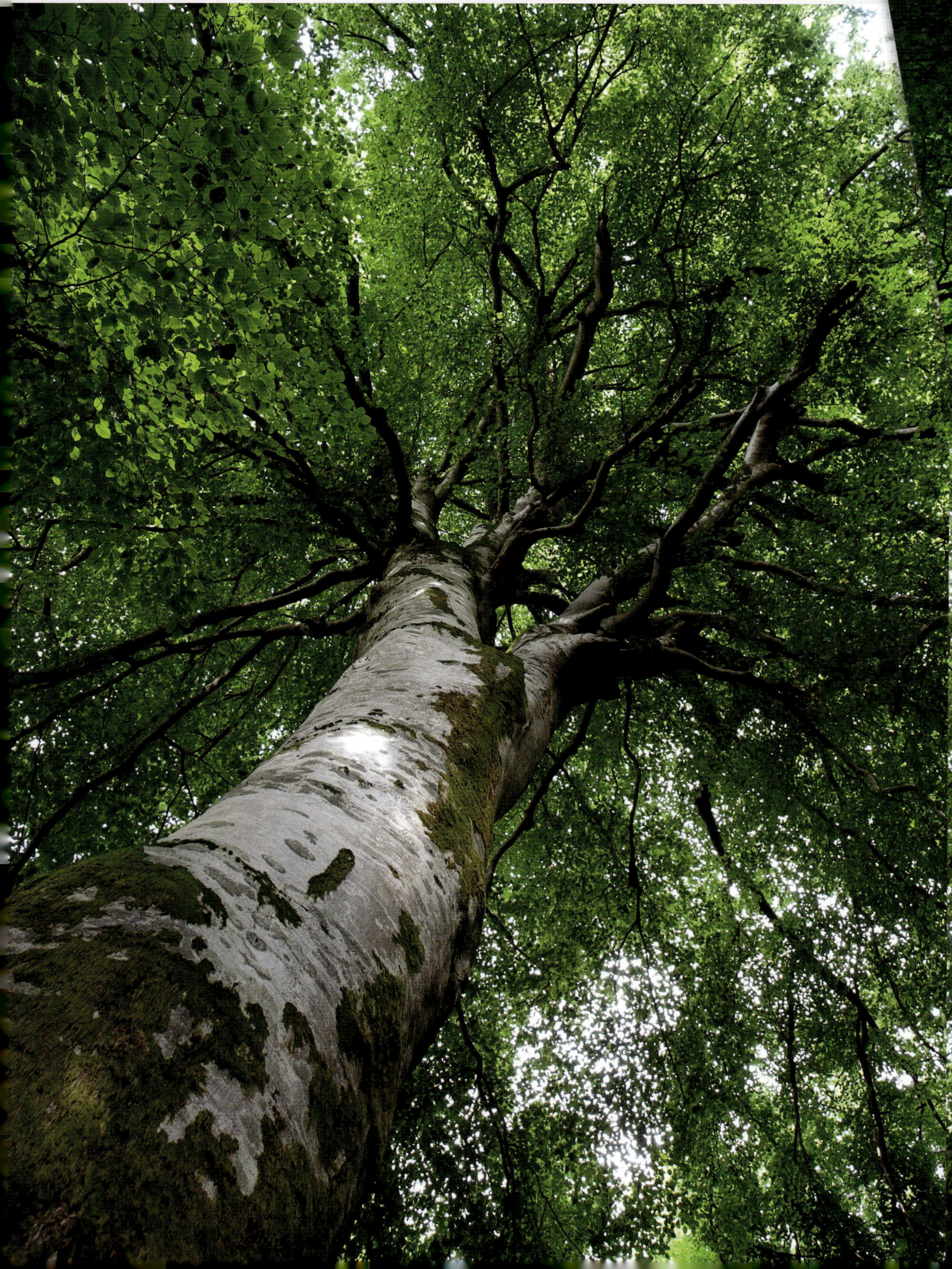

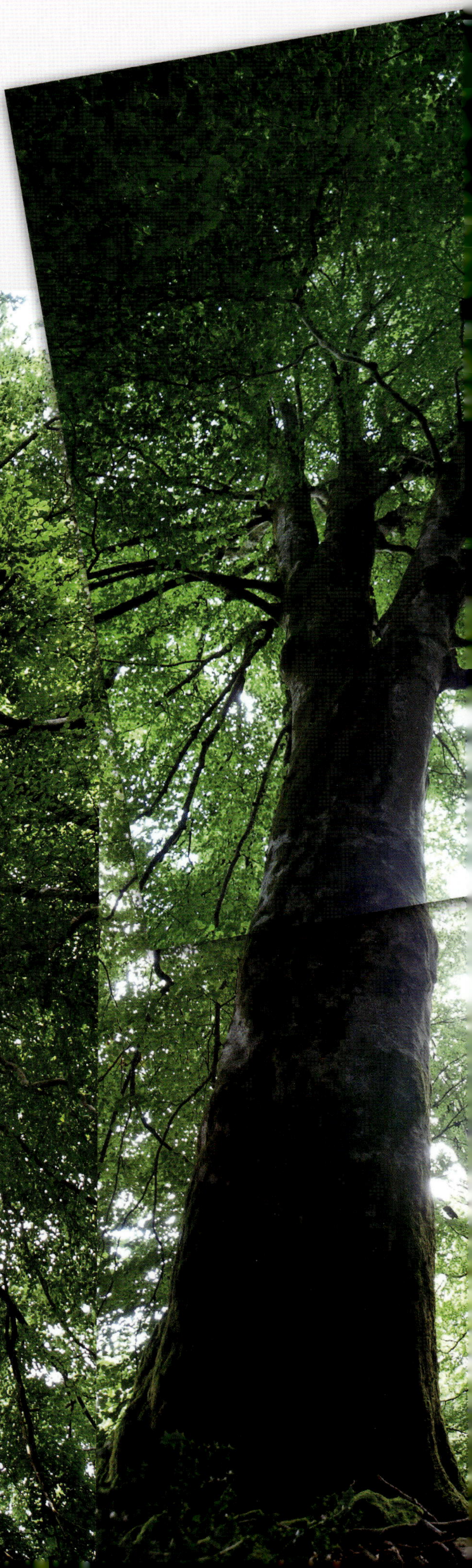

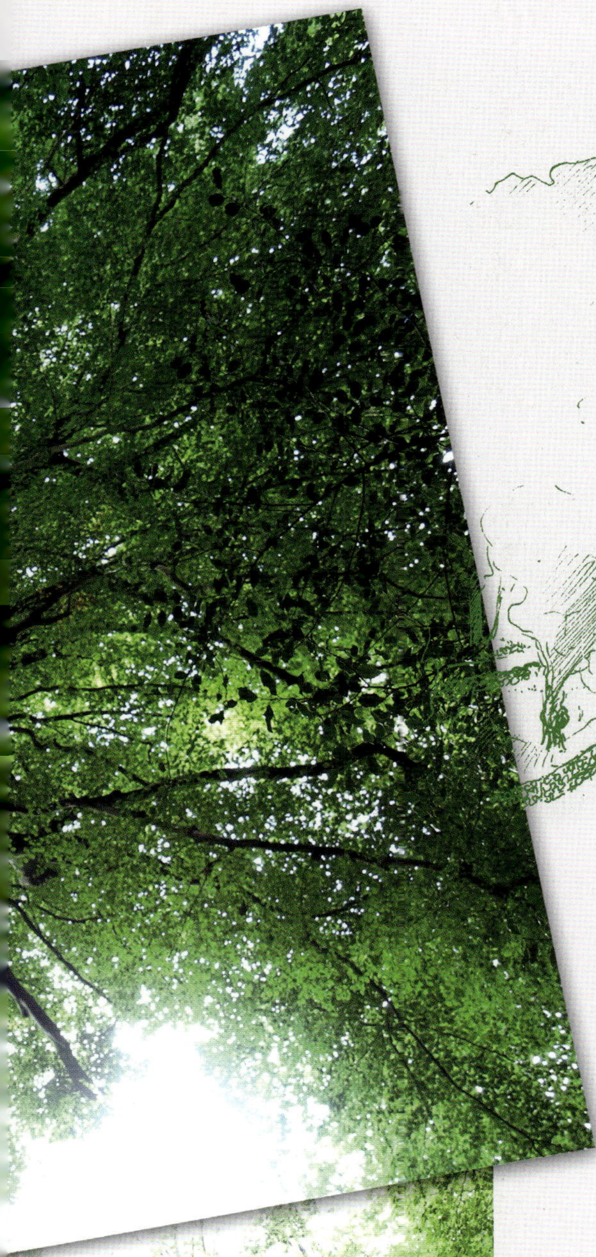

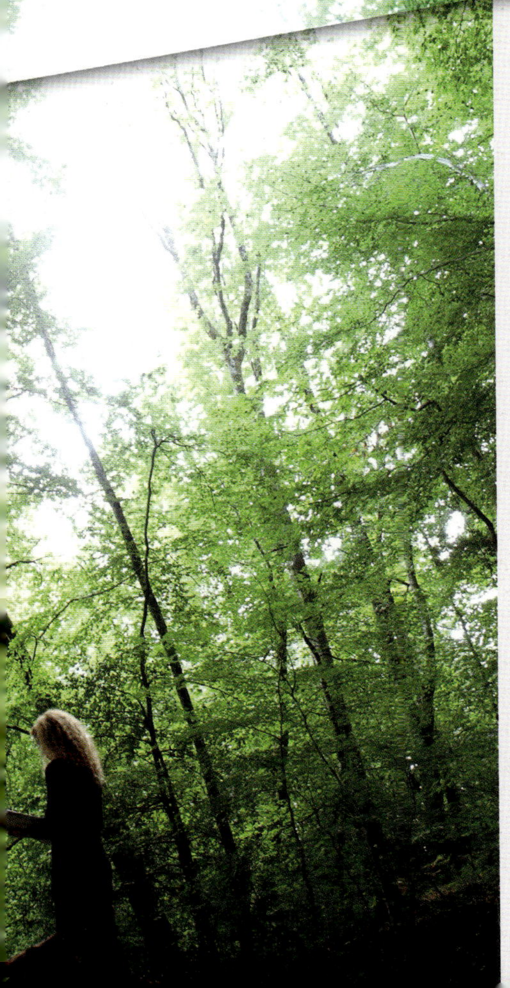

Sur ce plateau, au-dessus de la vallée de la Gartempe, un petit vallon creuse le relief, descendant du Puy-de-Mane. Il n'est pas habité par un ruisseau permanent : la terre de cette Basse-Marche s'imprègne lentement d'eaux ruisselantes. Là, sur un petit replat, le village des Taffres s'est blotti, dense et comme replié sur lui-même. Un chemin creux s'éloigne du village, dans la pente, abritant l'incroyable hêtre de lisière.

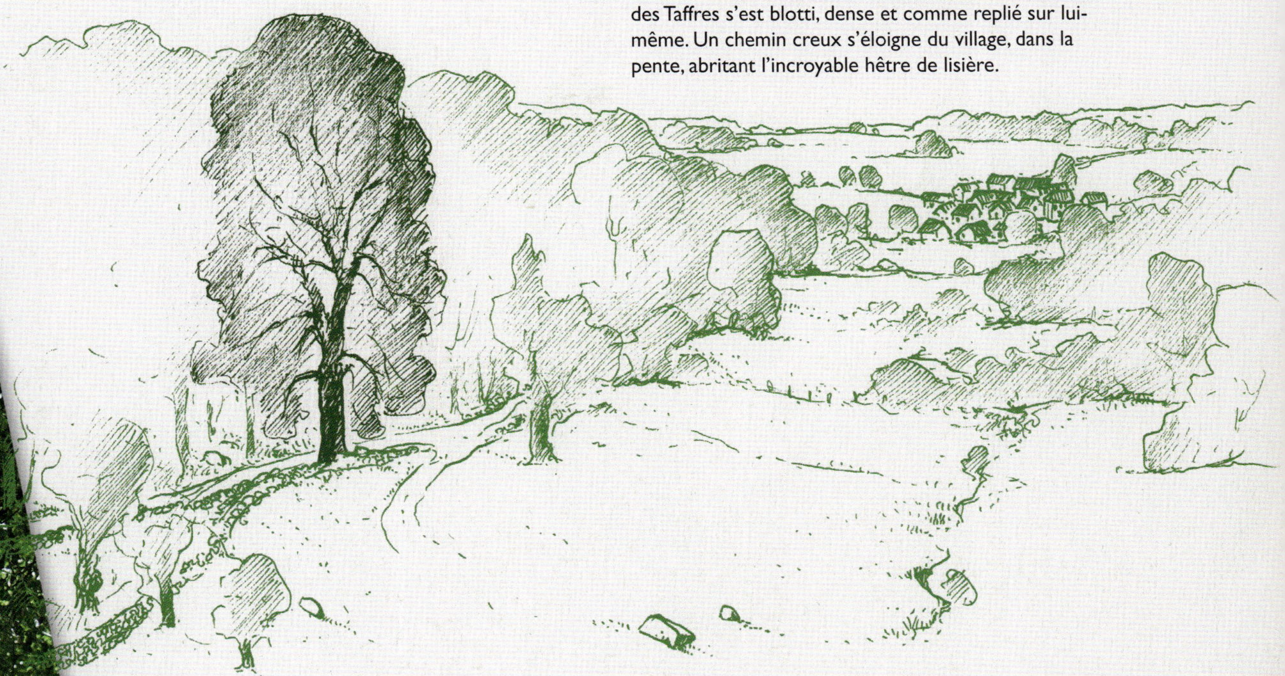

On dirait le pilier d'une cathédrale végétale ; au sommet, la frondaison s'étale, régulière comme une voûte, puis retombe en une pluie d'étoiles filantes, une explosion de feuilles. Debout au pied de l'arbre, la tête en l'air, on éprouve soudain une irrésistible envie de s'extasier : « Oh, la belle verte ! »

On le regarde d'en bas et on se verrait bien quitter la verticalité des bipèdes pour marcher sur son tronc, et grimper là-haut. Et de là-haut, regarder le monde. S'asseoir entre les deux plus grosses branches, là où le tronc se sépare, et attendre... L'hiver, puis le printemps. L'arbre serait-il le plus court chemin vers le ciel ?

S'il faut un arbre-symbole, un arbre-emblème, un arbre-métaphore, le hêtre des Taffres est bien celui-là, il l'est même tellement qu'on en a le souffle coupé. Depuis le hameau qui lui a donné son nom, quand on descend le petit chemin creux, rien ne laisse présager telle splendeur. Le chemin traverse une ancienne châtaigneraie, la pente se fait plus forte, puis, là où le sentier s'arrondit, on aperçoit une belle silhouette d'arbre, une silhouette parfaite. Mais le dénivelé du terrain est trompeur : ce n'est qu'une fois au niveau des racines qu'on réalise enfin...

C'est un véritable événement. Un jour de fête. On ose à peine le toucher... Il faut s'y risquer, passer sa main sur l'épaisse mousse verte qui recouvre tout le bas du tronc : le premier contact est établi. Alors, on a envie de l'étreindre, ce géant, de mettre sa joue contre le tronc lisse et gris, d'y coller son oreille pour entendre la « marée » de sève battre au cœur du bois. Cet arbre-là est un vrai miracle. Si droit, si haut, si puissant, si harmonieux... Le dernier survivant, rare et précieux, d'une espèce trop grande pour notre monde.

Dans ce paysage aux reliefs émoussés, à l'air nonchalant, le hêtre apparaît comme un monument. Les géographes de l'IGN ont même pris la peine de le mentionner sur la carte au 1 / 25 000e.
Il a poussé pour s'élever au-dessus de la châtaigneraie et, quand il a atteint le ciel, il a enfin pu étaler sa frondaison.

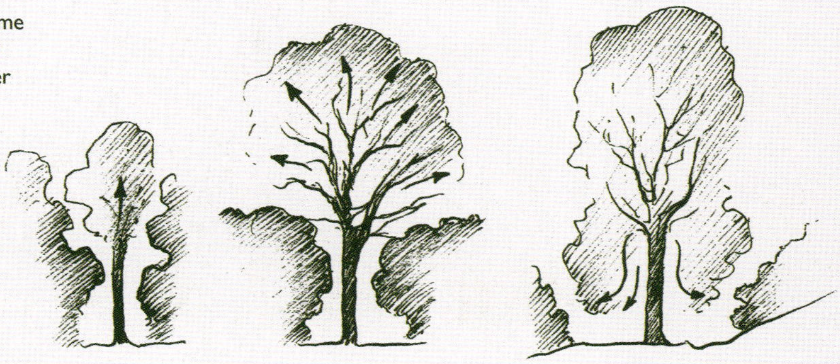

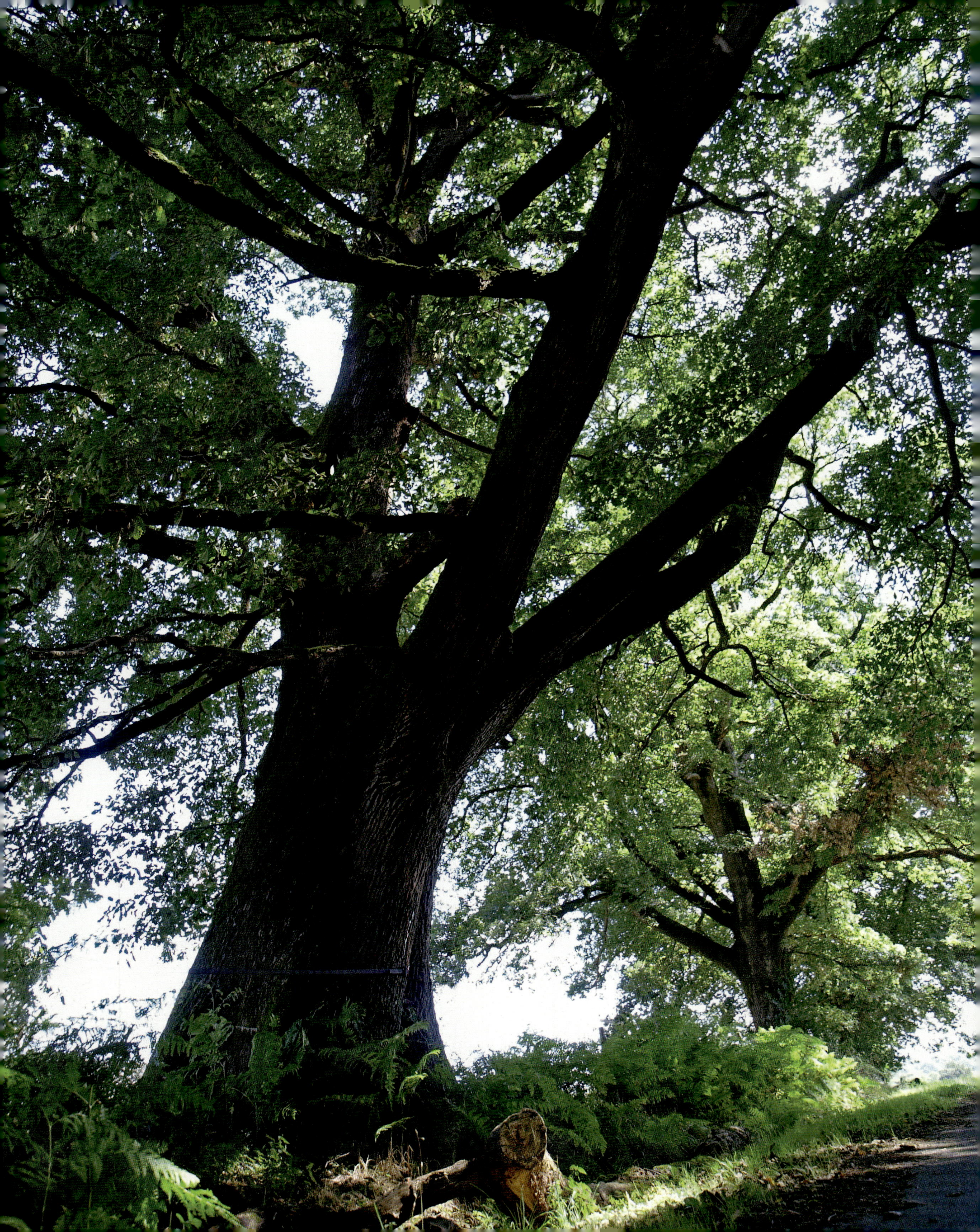

6,2 m | 25 m

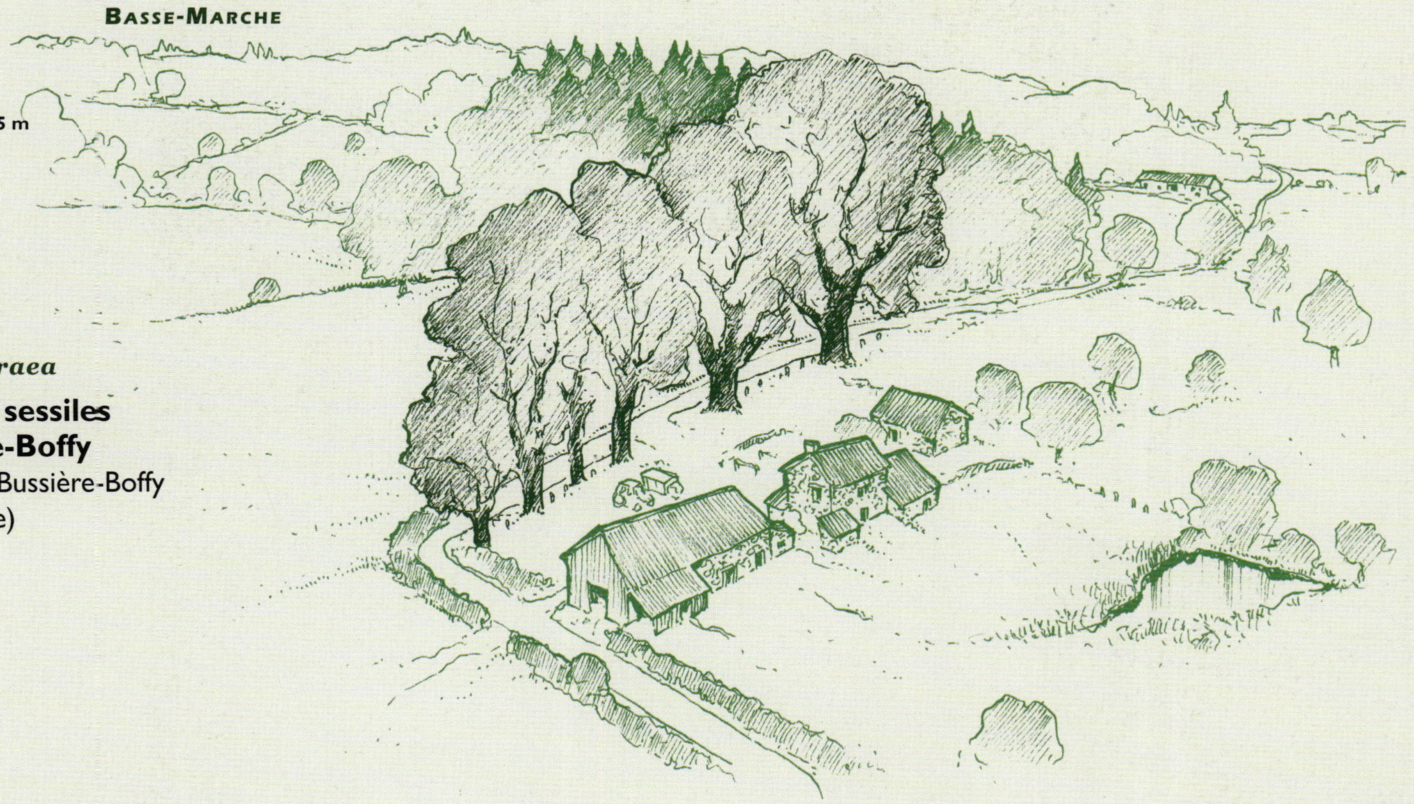

Quercus petraea

Les chênes sessiles de Bussière-Boffy
commune de Bussière-Boffy (Haute-Vienne)

Dans la Basse-Marche règne le chêne pédonculé. Mais à quelques kilomètres de Bussière-Boffy, le ruisseau des Rivailles marque la limite du département, et l'ébauche d'un monde végétal différent. Le relief, dernière survivance des monts de Blond, s'étire entre deux vallons qui viennent s'ancrer sur les buttes de Frochet, site de la légendaire Mandragore.

Le métier de botaniste a ses grands moments !

À ce qu'on dit, il faut lui soulever la feuille, lui tâter les glands et lui palper l'écorce… Il faut pouvoir le distinguer de son frère pédonculé, ce chêne sessile. Le savoir populaire dit, à tort, qu'il est le mâle, et l'autre, la femelle. Mais bien malin qui sait les distinguer au premier coup d'œil ! Non, décidément, il ne faut pas craindre d'y mettre les mains, car de surcroît, ces deux-là ont tendance à s'hybrider. La nature aime se jouer des conventions.

À Bussière-Boffy, six chênes sessiles, en bord de route, encadrent l'entrée de la ferme. Quatre, les quatre plus jeunes, se tiennent bien serrés en avant-garde ; les deux autres, un peu plus âgés, ferment la marche. Derrière eux finit le Limousin, car la géologie comme les hommes en ont décidé ainsi : quelques kilomètres de plus, et l'on change de pays.

Aux XIIIe et XIVe siècles, un château gardait ici la frontière : dans le pré, en face des grands chênes, se trouvent encore, paraît-il, des souterrains. Désormais, la voie est libre… C'est en plein jour que le chêne sessile déploie ses branches et répand sa semence, espérant peut-être reconquérir des territoires.

Dans ce paysage autrefois peuplé de vergers, les haies denses et boisées sont la norme : l'alignement de chênes n'est donc pas une surprise. Le seul étonnement vient de leur espèce, le chêne sessile. On le reconnaît à son fruit, le gland, accroché directement au rameau sans pédoncule, ainsi qu'à d'importantes différences sur les feuilles – les critères concernant les écorces sont beaucoup plus difficiles à appréhender. On l'appelle aussi chêne rouvre. Les deux essences ont progressivement envahi le territoire français à l'issue des dernières glaciations.

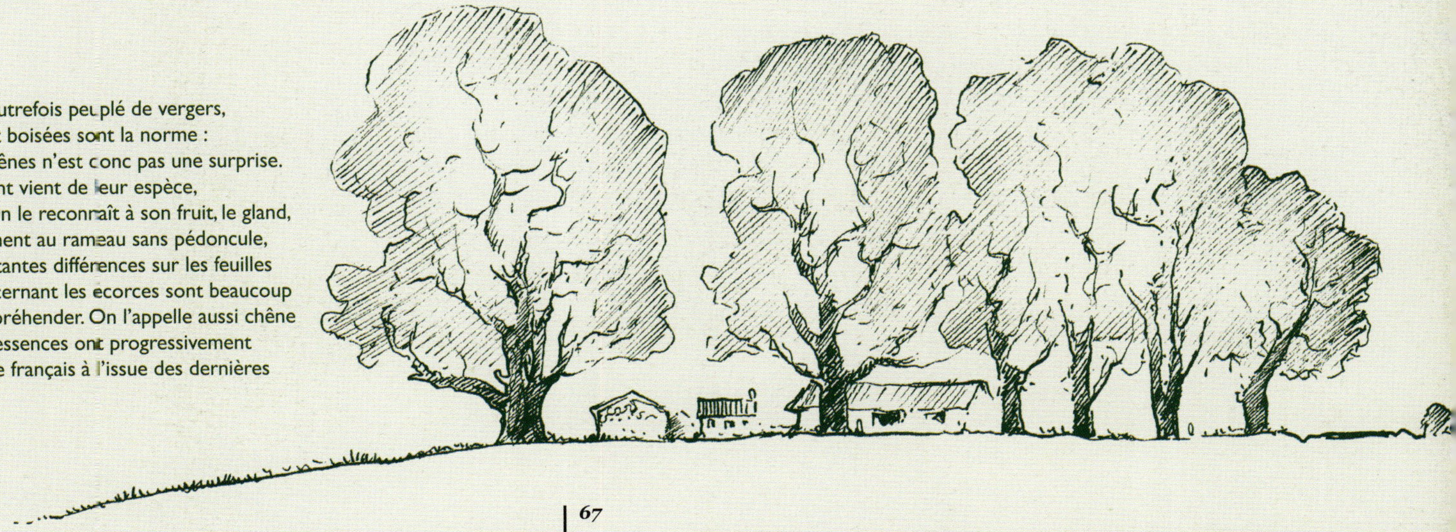

23 m 4,5 m

Pinus nigra

Le pin noir du château des Augustins

commune de Mortemart
(Haute-Vienne)

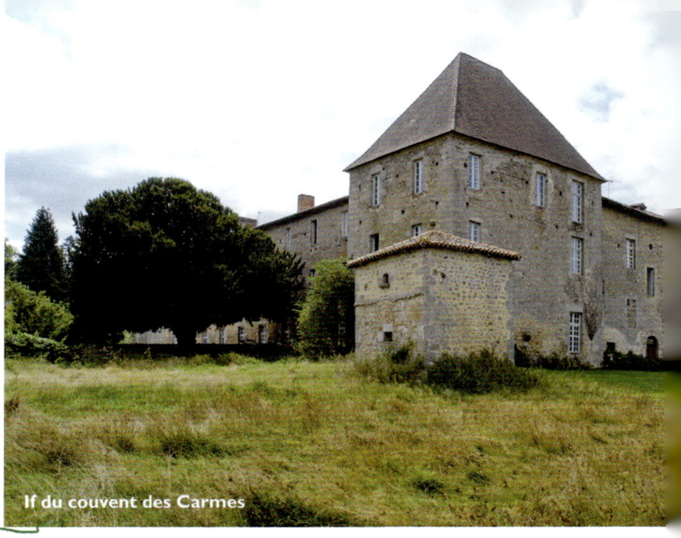
If du couvent des Carmes

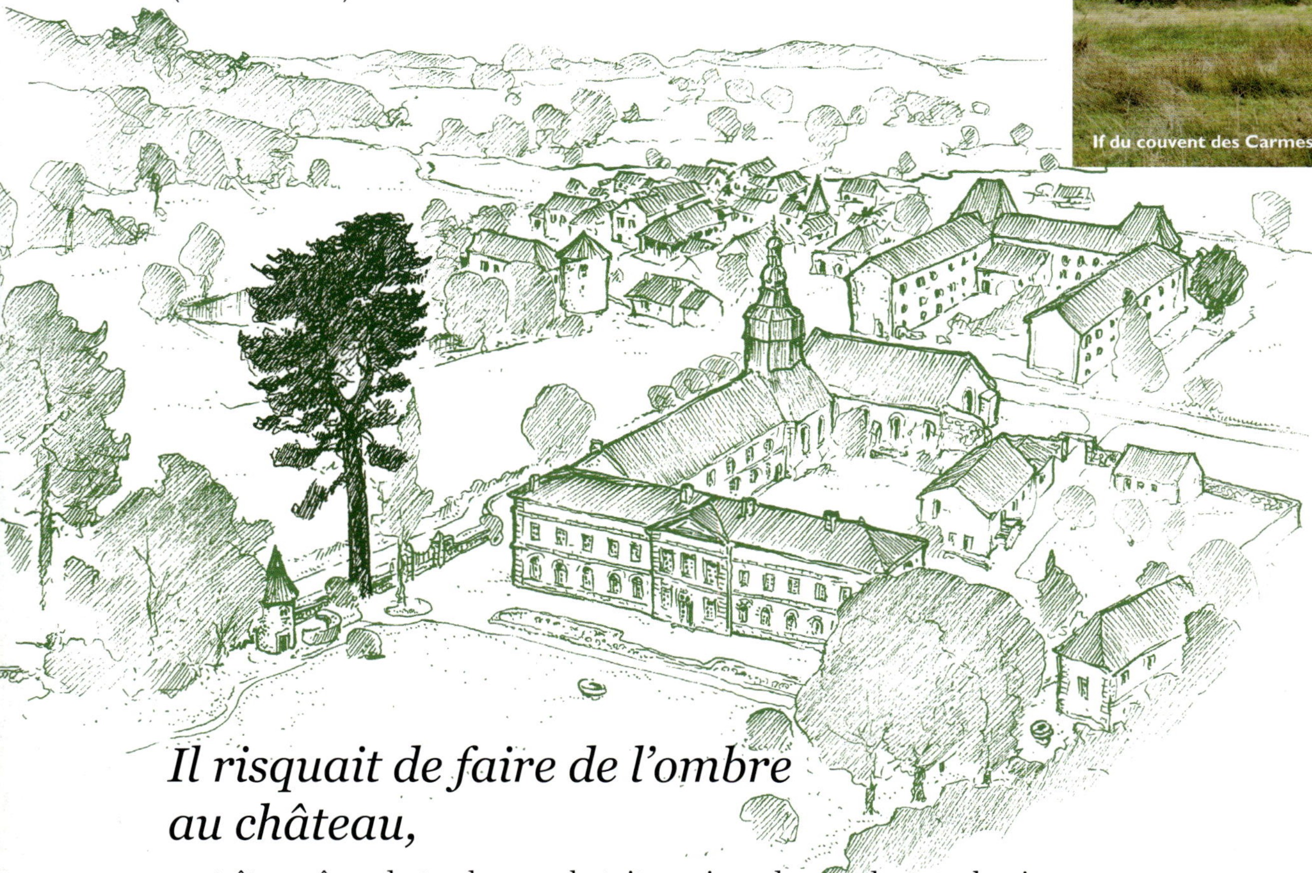

Il risquait de faire de l'ombre au château,

peut-être même de tomber sur le toit, un jour de grand vent : le pin noir est un grand arbre qui atteint facilement les 50 mètres de hauteur. Alors, on lui a coupé la tête pour le ralentir un peu : maintenant, il en a deux.

C'est qu'on ne plaisante pas avec le patrimoine, à Mortemart. Le petit village de 126 âmes s'enorgueillit d'un passé prestigieux où figurent, dans le désordre chronologique, des ducs et des duchesses, une marquise, celle de Montespan, née Françoise Athénaïs de Rochechouart, et même un enfant du pays devenu cardinal au XIVe siècle ! De ce passé flamboyant, il reste un sentiment, parfois empreint de nostalgie, et de beaux édifices que les vicissitudes du temps ont épargnés, bien qu'ils ne soient plus aujourd'hui que le reflet de leur splendeur passée. Le village est chargé de tant de grosses bâtisses qu'il en paraît presque embarrassé.

Dans cet ensemble monumental, la végétation a gagné du terrain et semble vouloir ajouter sa touche à l'agencement des lieux. Derrière le couvent des Carmes, un très bel if couvre de son ombre un jardin d'enfants, et de l'autre côté de la grille du château des Augustins, près d'un ancien pigeonnier, le grand pin noir lance ses deux troncs. Tout juste centenaire, mais déjà beau, avec son écorce d'un gris rare.

Planté pour l'agrément, vers 1900, il incarne la transformation d'un monde, le couvent devenu château. Tout de même, il n'aurait pas fallu qu'il se montre trop entreprenant. On l'a fait lyre : c'est pour qu'il comprenne que, après tout, il n'est jamais là que pour faire le beau.

Mortemart est un des « Plus beaux villages de France », avec sa halle du XVIIe siècle, son château des Ducs, son église et ses trois monastères fondés par le cardinal Gauvain au XIVe siècle. Le couvent des Carmes, à côté duquel pousse un bel if, a été partiellement transformé en logements, celui des Chartreux a disparu. Quant au couvent des Augustins, il fut renommé château et, après avoir hébergé les derniers chanoines de la commune au XVIIIe siècle, il fut successivement racheté par différentes familles.

Mortemart est comme le port qui accueille le navigateur à l'entrée de l'île des monts de Blond. D'un côté, la Basse-Marche, plate et large. De l'autre les courbes des monts. Dans cet espace de transition, les hommes se sont nstallés, les couvents ont prospéré, profitant des produits de la plaine et de la montagne. Mortemart, point de passage entre deux mondes…

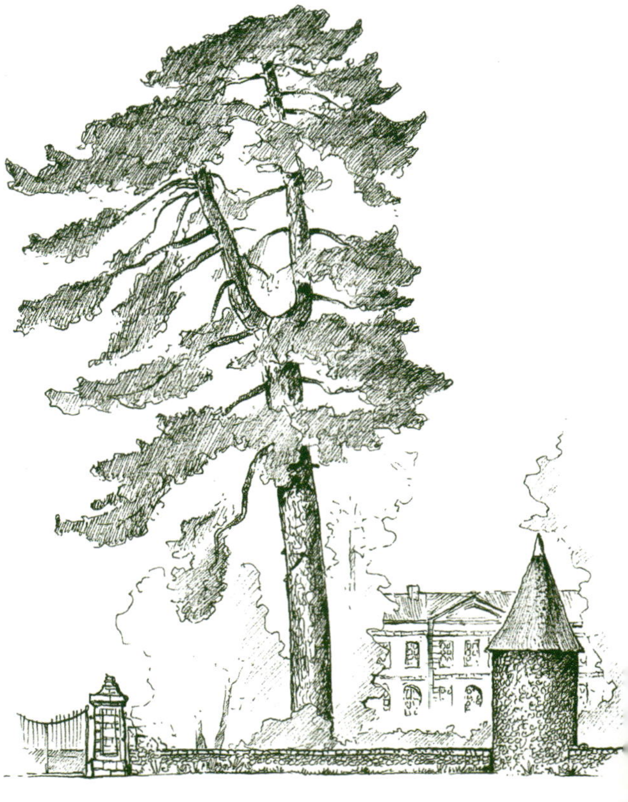

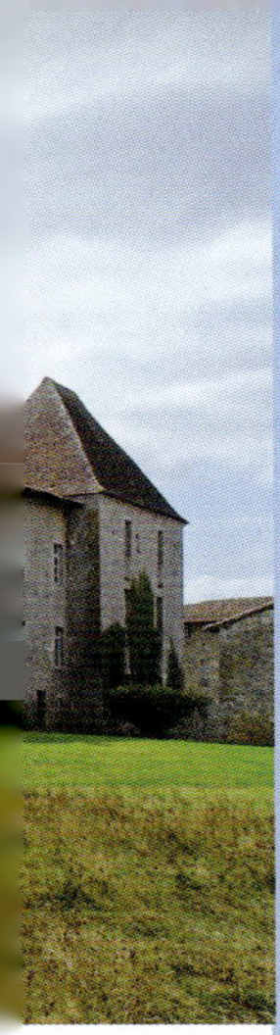
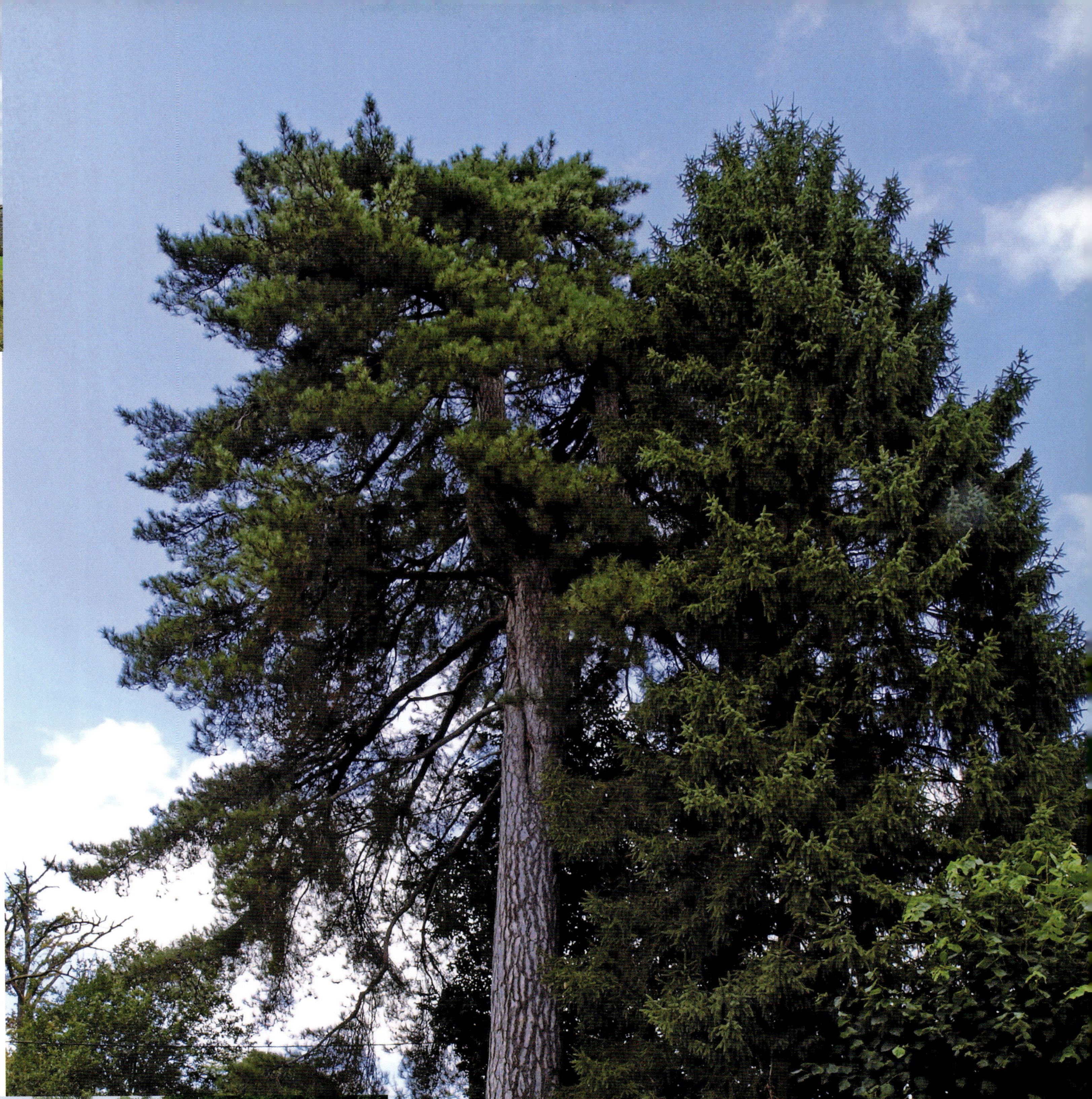
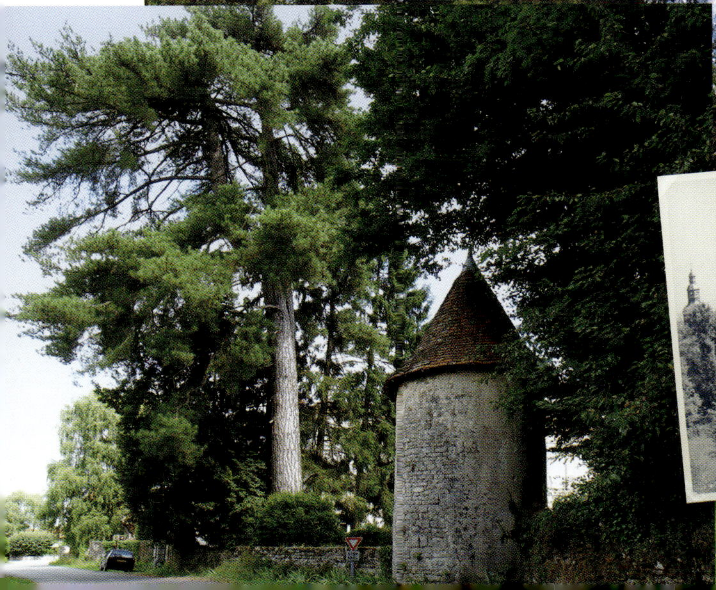
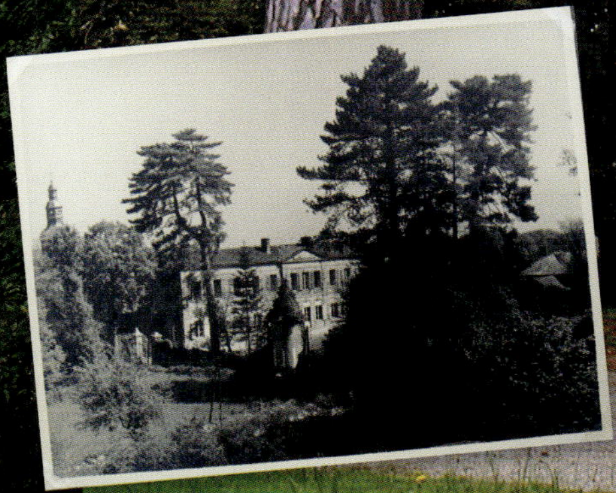

17,5 m 3,6 m

Quercus robur

Le chêne d'Oradour-sur-Glane

commune d'Oradour-sur-Glane
(Haute-Vienne)

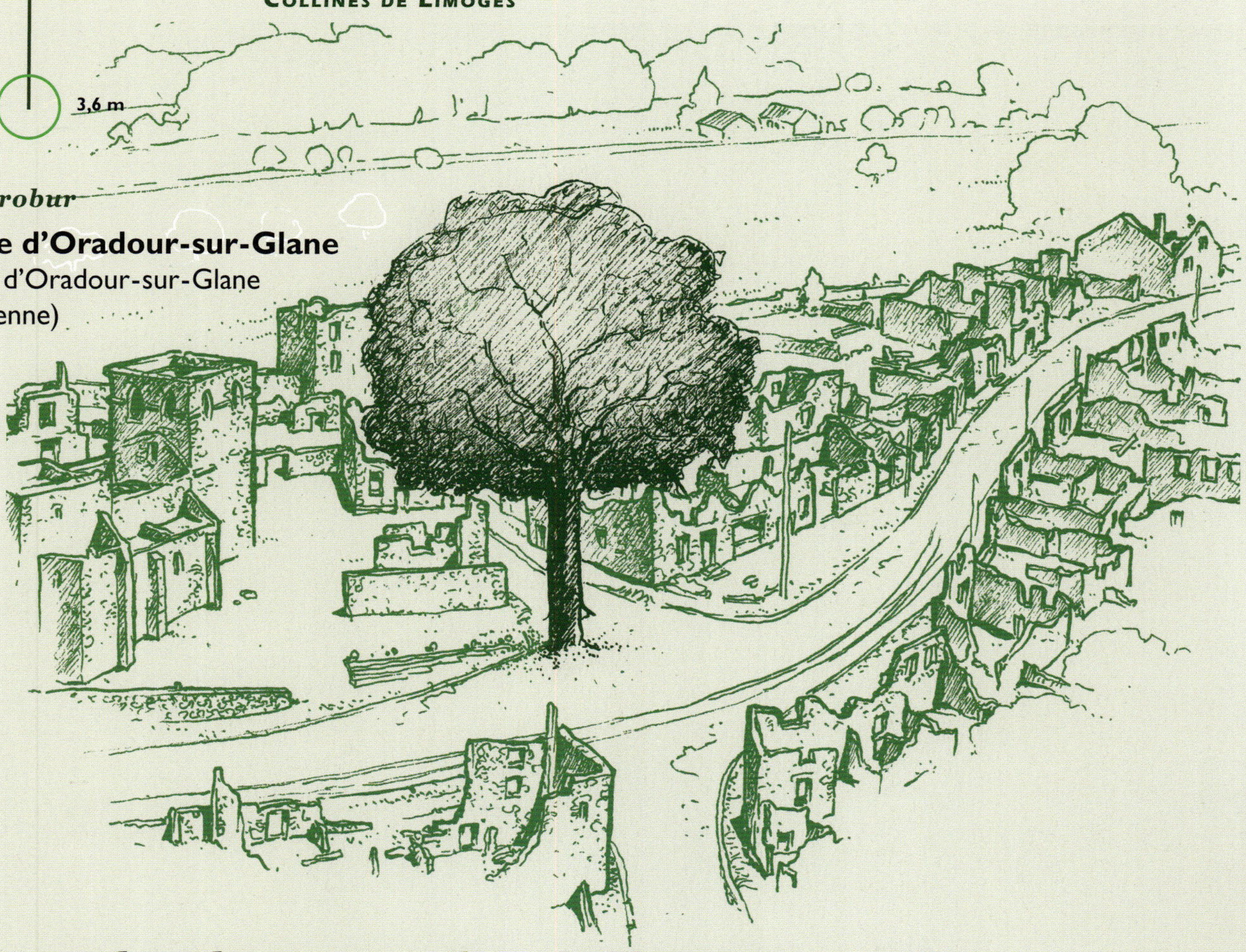

Il est la vie au milieu de l'horreur pétrifiée.

L'ancien village d'Oradour dominait la Glane, rivière tranquille découpant à peine le doux relief des collines de Limoges. Un paysage si tranquille qu'il s'en dégage une certaine torpeur. Sur l'ancienne place de l'église, le chêne domine la rivière. Tout autour, les bois recouvrent les ondulations du terrain. C'est la campagne aménagée, la campagne comme un parc, bien loin de la nature sauvage. Le nouveau village dessiné par les hommes en forme de cité-jardin s'est installé un peu à l'écart des ruines, ni trop près, ni trop loin.

À Oradour-sur-Glane, les fenêtres n'ouvrent plus que sur du vide : les grenades incendiaires ont bien fait leur travail. Le long des rues, les plaques se répètent : « Ici, lieu de supplice », formant un refrain obsédant... Ce qui s'est produit ici, le 10 juin 1944, nulle commémoration ne saura l'apaiser. Puis soudain, au milieu de cette horreur silencieuse, qui tord les tripes lentement mais sûrement, il est là, tout près de l'église : le chêne.

Il a été planté en 1848, à l'avènement de la Seconde République. Autrefois, le dimanche, les femmes rejoignaient sous son ombre leurs hommes absorbés dans une partie de quilles. Des clous rouillés sont encore plantés dans son écorce : l'arbre de la République, Seconde puis Troisième, en était le panneau d'affichage. En 1940, il a vécu la capitulation et l'achèvement sans gloire de cette République qui l'avait honoré. Il a été très chanceux, en cet été 1944, alors que tout autour de lui les maisons brûlaient ; mais il n'en porte pas de traces.

C'est sûr, un arbre, ça ne bouge pas, ça ne court pas dans tous les sens, ça ne risque pas de s'enfuir, ça ne porte pas d'armes, non plus. Pourtant ces critères-là n'en étaient pas pour les 200 Waffen SS qui ont massacré les habitants d'Oradour : les enfants non plus ne portent pas d'armes. Mais dans leur folie meurtrière, les soldats nazis n'ont pas prêté attention au chêne silencieux et immobile.

Aujourd'hui, les visiteurs ne le regardent pas davantage. Et pourtant... Quel symbole ! Il est la preuve, simple et évidente, que la vie est toujours possible.

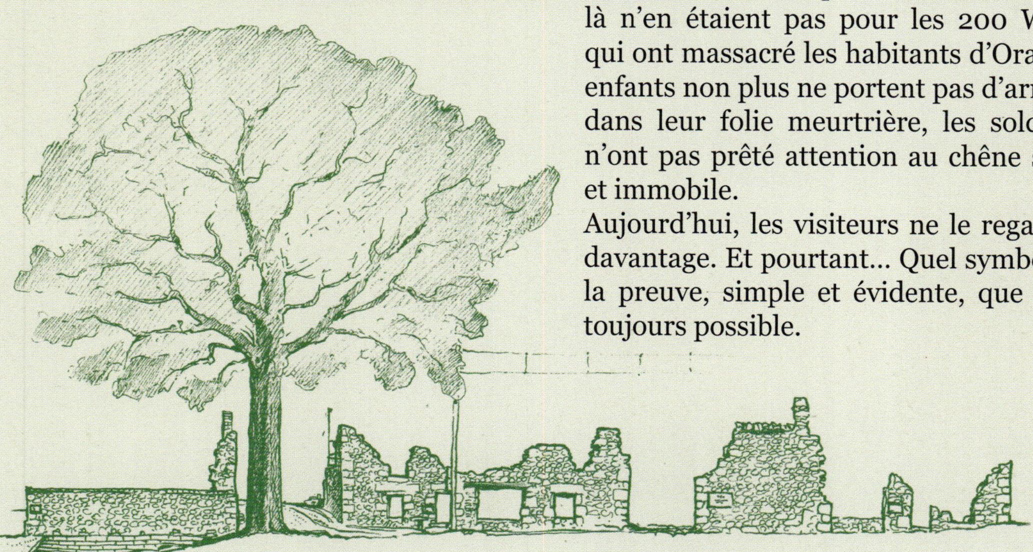

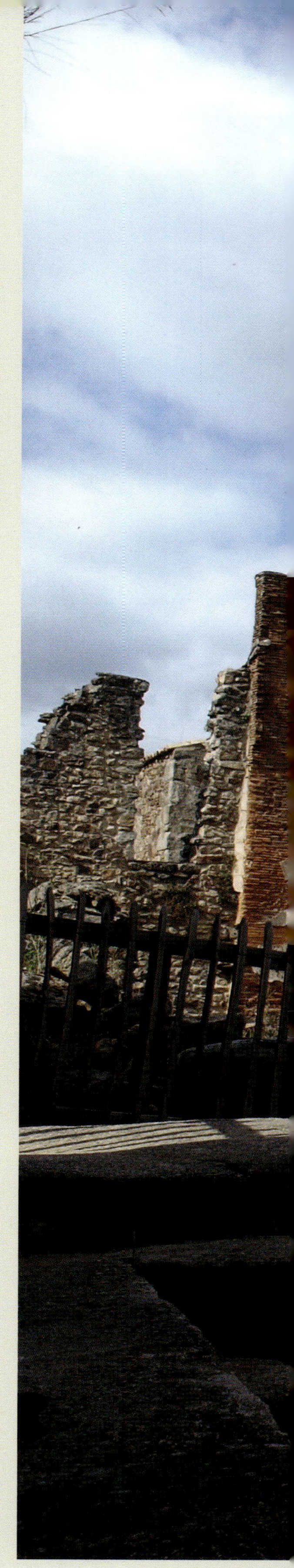

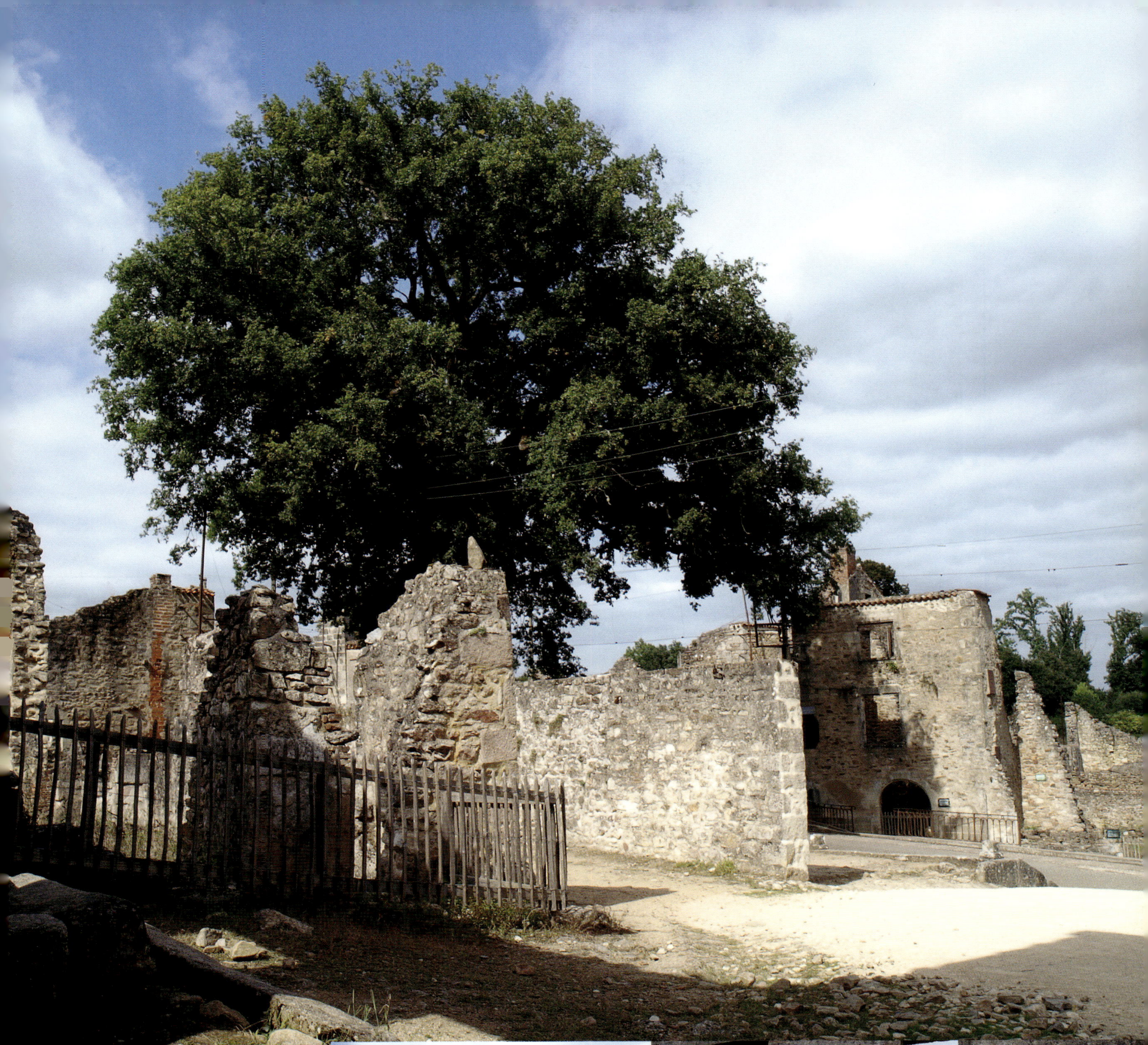

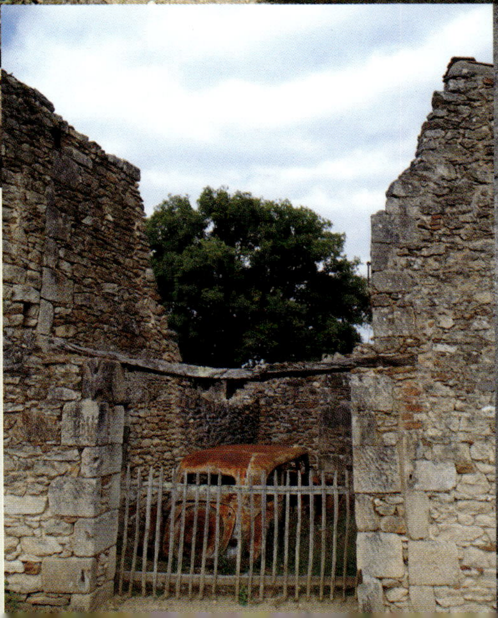

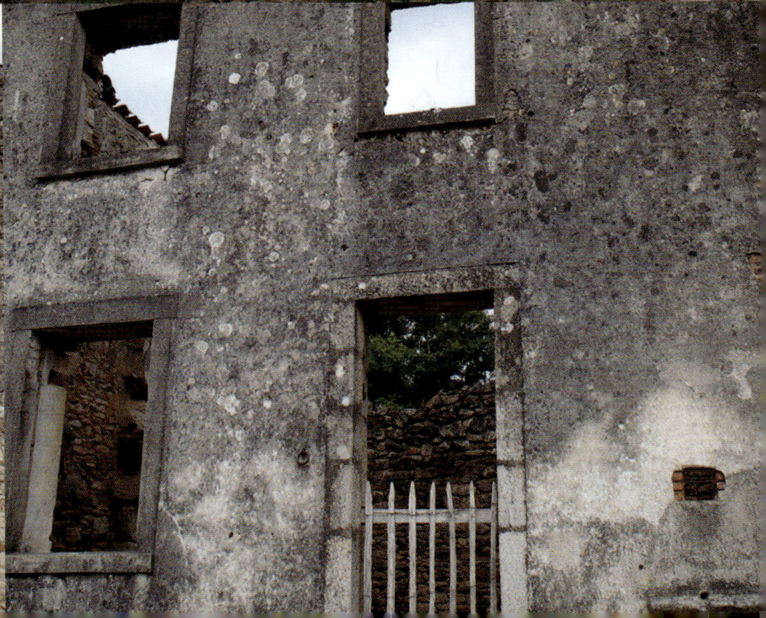

Le massacre d'Oradour-sur-Glane, perpétré par la Division SS Das Reich, a été cristallisé dans les ruines de l'ancien village : c'est le général de Gaulle qui, après la guerre, décida qu'Oradour-sur-Glane ne devait pas être reconstruit mais transformé en un mémorial « à la douleur de la France sous l'Occupation ».

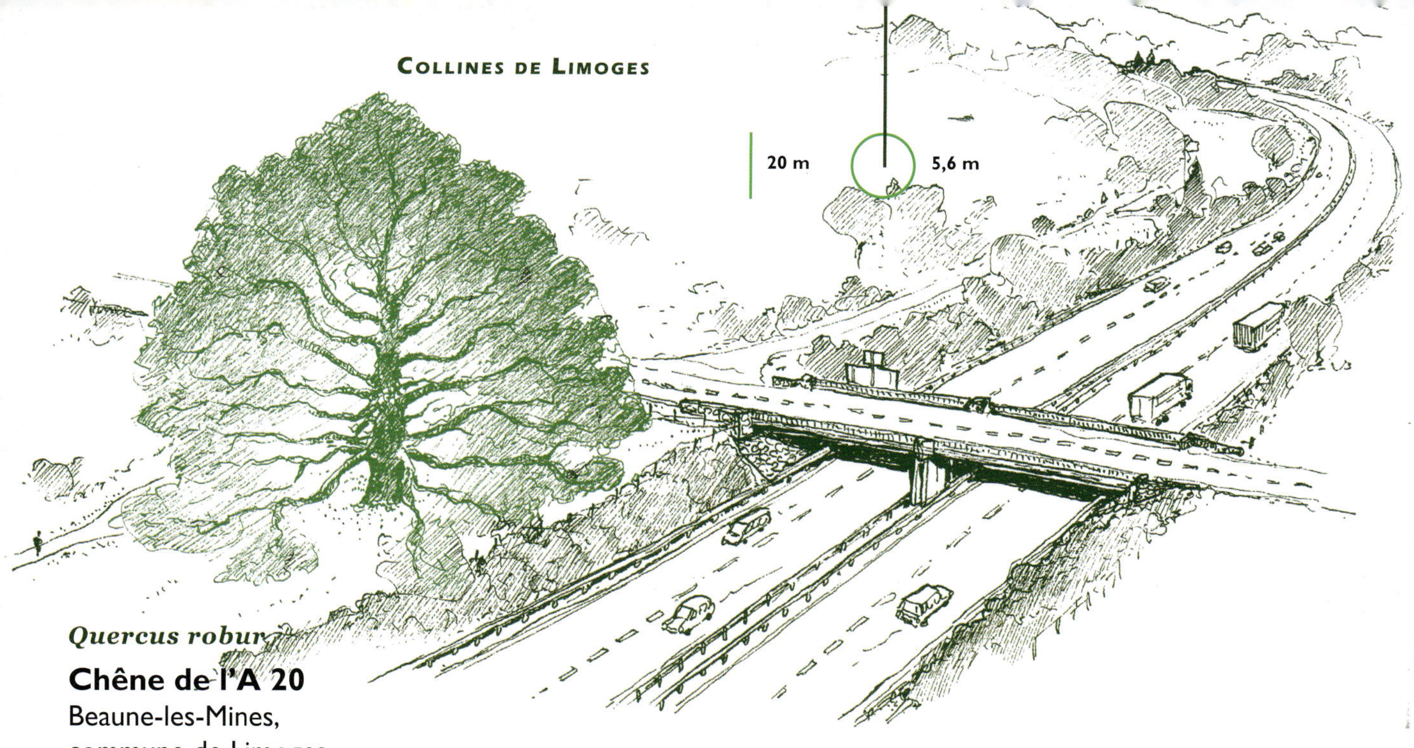

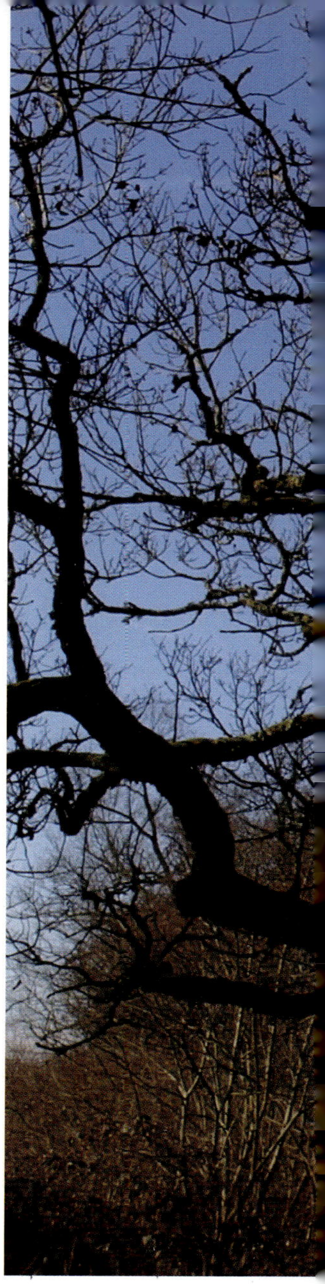

Quercus robur

Chêne de l'A 20

Beaune-les-Mines,
commune de Limoges
(Haute-Vienne)

L'autoroute A 20, descendant des monts d'Ambazac, trouve un relief plus tranquille à l'approche de la ville de Limoges. L'ancien village de Beaune-les-Mines, devenu zone pavillonnaire, est là, sur un plateau au-dessus du lac de barrage qui est venu remplir le vallonnement de la Mazelle. Le tracé de l'autoroute entaille le plateau pour anticiper la descente sur la vallée de la Vienne. Les impératifs autoroutiers ont primé sur l'ancienneté de l'organisation agricole du territoire et le chêne de plein champ s'est retrouvé au-dessus de la chaussée.

Il semble condamné. Le sait-il seulement ?

Pourtant son sauvetage a coûté cher : pour lui, on a dévié une autoroute. C'est un chêne au port somptueux, dont les plus grandes branches s'étalent jusqu'à 17 mètres du tronc, pour une ombre de 35 mètres de diamètre ! Mais qui en profitera désormais ? Qui viendra s'allonger sous ses branches, maintenant que l'air n'est plus que bruit et gaz d'échappement ? L'a-t-on seulement regardé, quand on a creusé la tranchée et coulé le bitume, à son pied ? A-t-on seulement pensé aux 40 000 véhicules qui chaque jour allaient se croiser à toute vitesse, à deux pas de cette ombre gigantesque ?

S'il le pouvait, il prendrait ses jambes à son cou. Fuir d'ici, loin, loin, échapper au vacarme incessant ! Si seulement ! Mais l'arbre ne peut bouger. Une fois planté, une fois ses racines profondément enfoncées dans la terre, il est condamné au même ciel, au même petit bout de terre, quoi qu'il arrive…

Il s'en est fallu d'un rien que cet arbre-là finisse en tranches, sous le goudron de l'autoroute A20 qui aborde Limoges, entre les sorties 27 et 28. Heureusement, cet arbre-là était trop majestueux pour être abattu ; on l'a même élu «arbre le plus remarquable de la Haute-Vienne ». Alors, miracle, il est resté.

Resté, oui, mais le creusement du sol a éloigné l'eau de ses racines, la nappe phréatique, malmenée, s'est enfoncée : privé de ressources, le chêne s'affaisse et dépérit. Les spécialistes appellent cela une « descente de cime ». Alors on panse, on paille, comme on peut. Certains le croient sauvé. L'avenir le dira… L'arbre est plus large que haut : l'eau le fuit, le bruit le harcèle, et puisque qu'il ne peut plus espérer s'étirer vers le ciel, il s'élance vers l'horizon en un dernier geste désespéré, en un cri silencieux. Mais qui pourra l'entendre ? Qui saura saisir cette main tendue ?

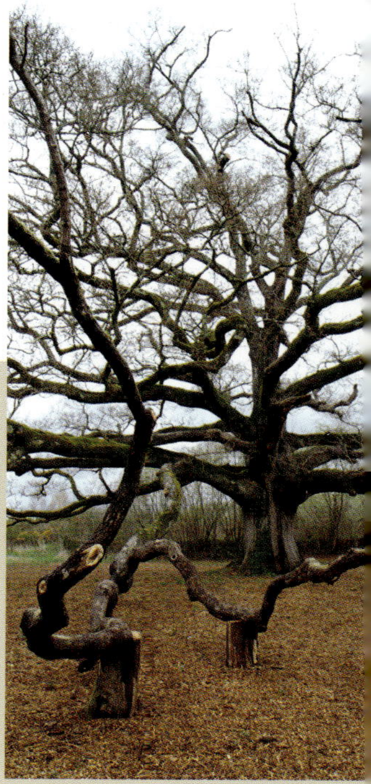

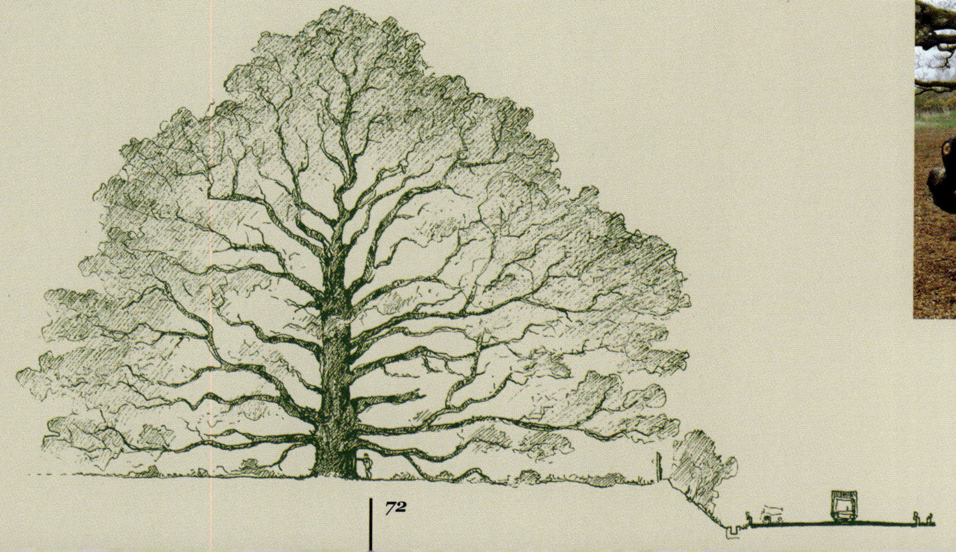

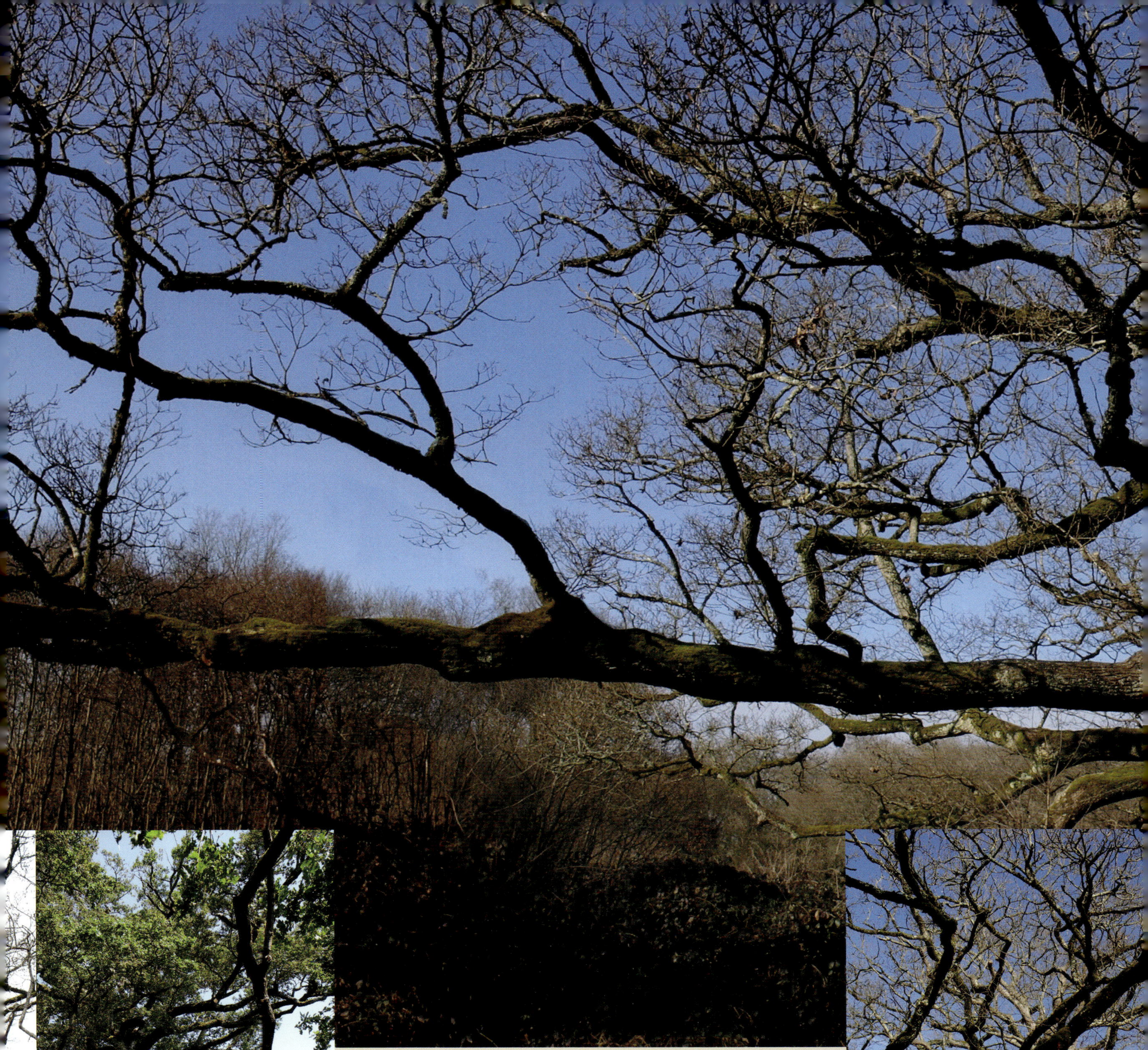
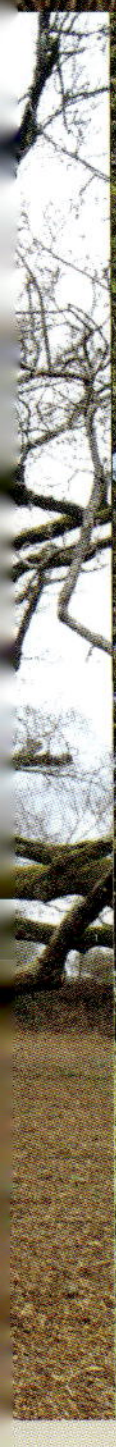
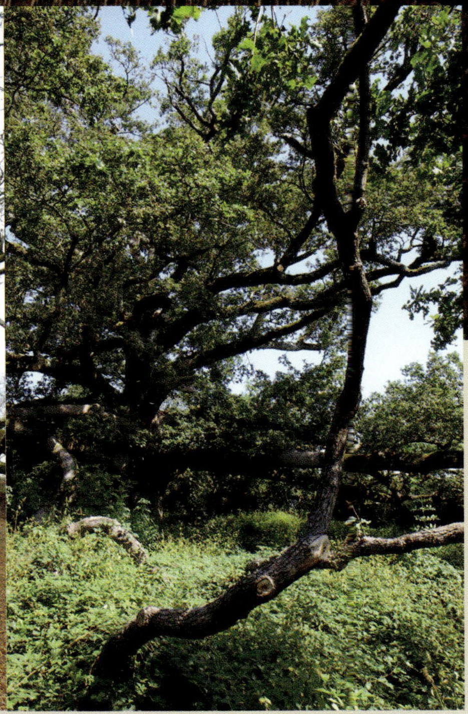
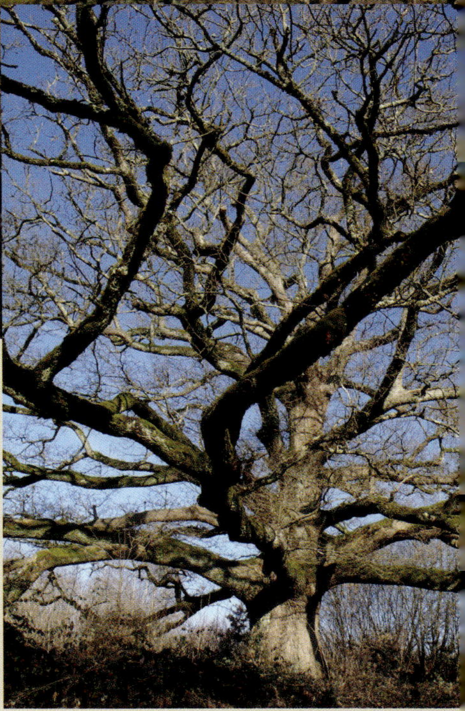

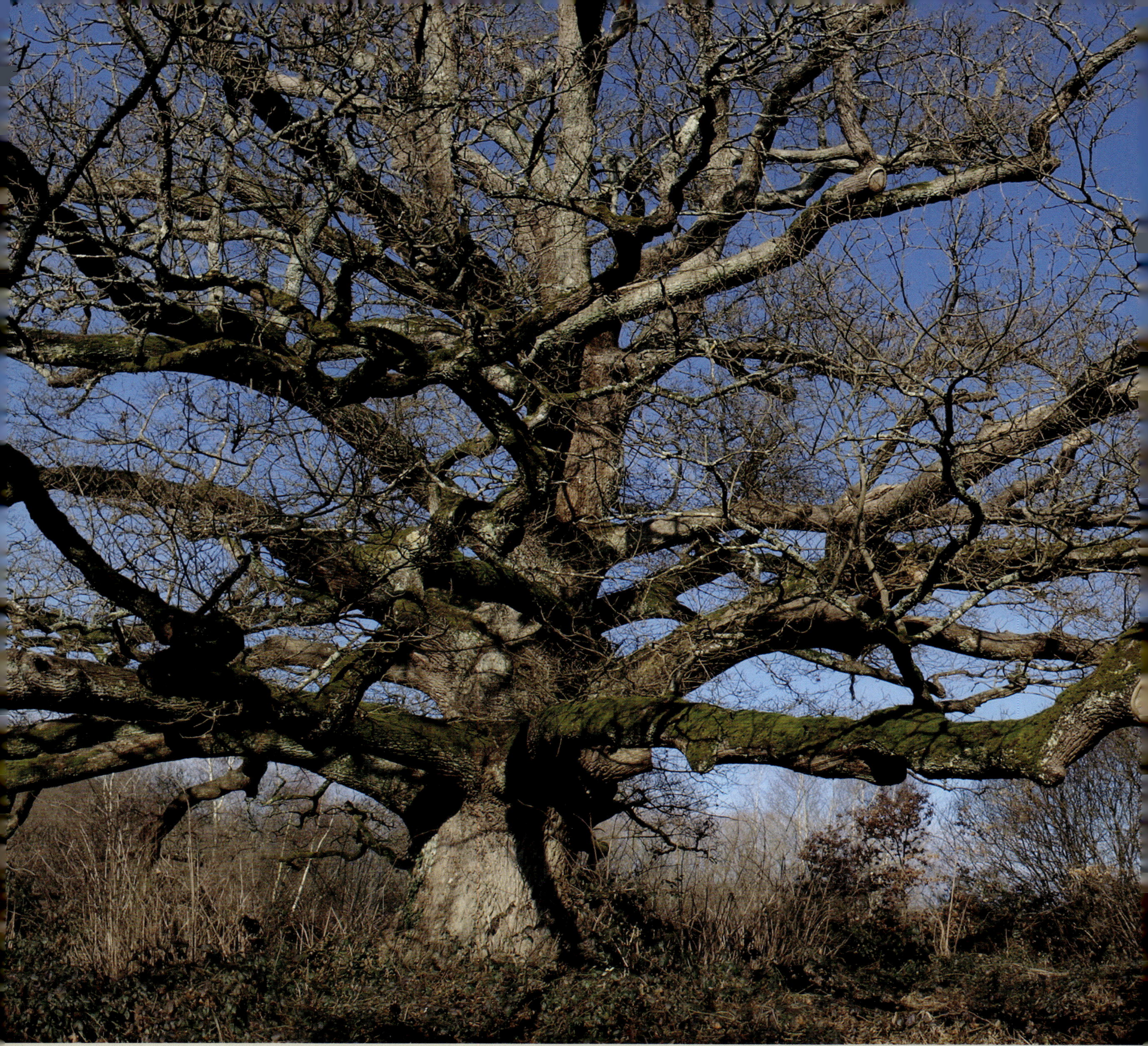

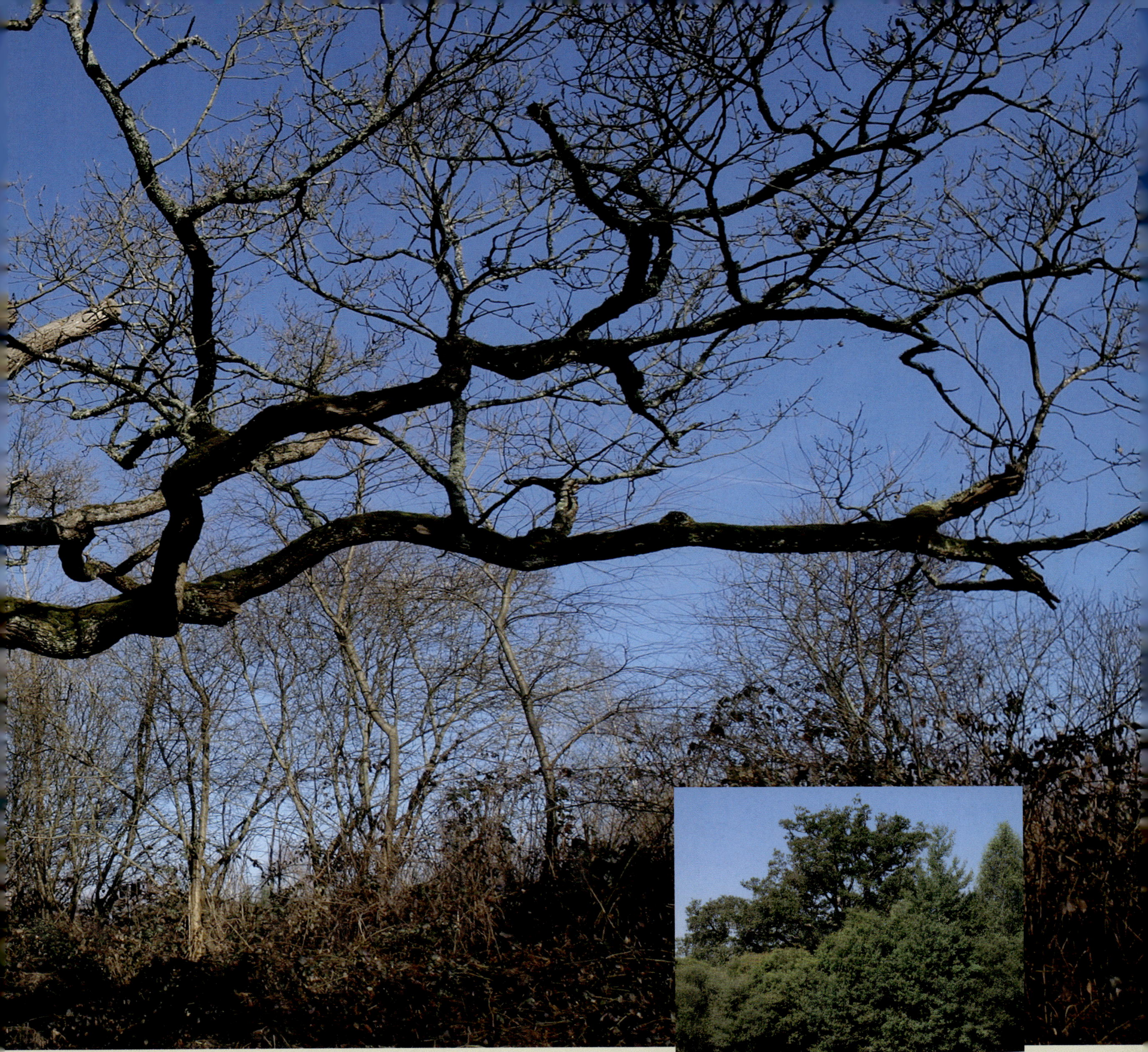

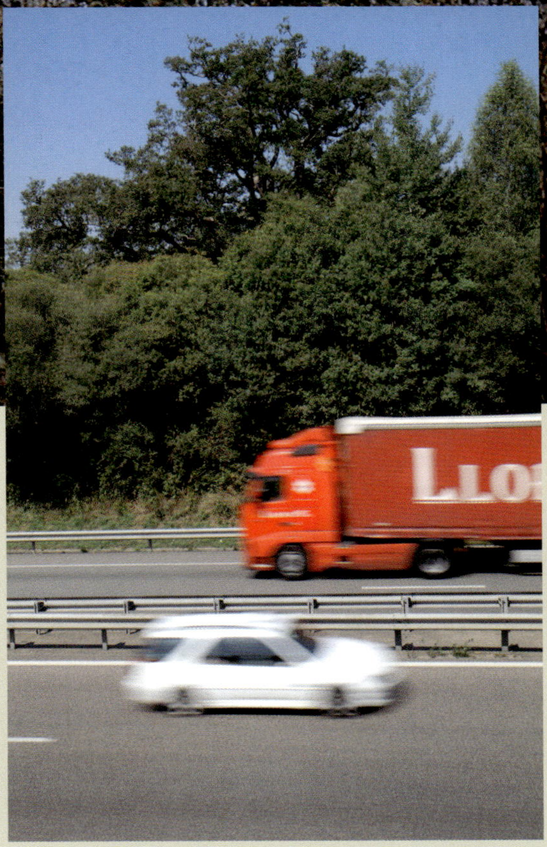

« Si cet engin se développe, les gens envahiront tous les plus beaux endroits ! Il faudra construire des routes pour y aller et des immeubles pour les loger, détruisant ainsi ce qu'ils sont venus y chercher : la sérénité devant la contemplation du monde. Et puis, les voitures, il faudra bien les garer quelque part. Elles monopoliseront les trottoirs et les places. Les enfants ne pourront plus jouer dans la rue et les flâneurs disparaîtront car il faudra que tout aille comme cette machine : vite. Comme les gens passeront tout leur temps dans cette cage à roulettes, ils perdront l'habitude de se parler et ne se comprendront plus. Alors, ils se détesteront. »

(*Le Vent dans les Saules*, de Michel Plessix, d'après Kenneth Grahame)

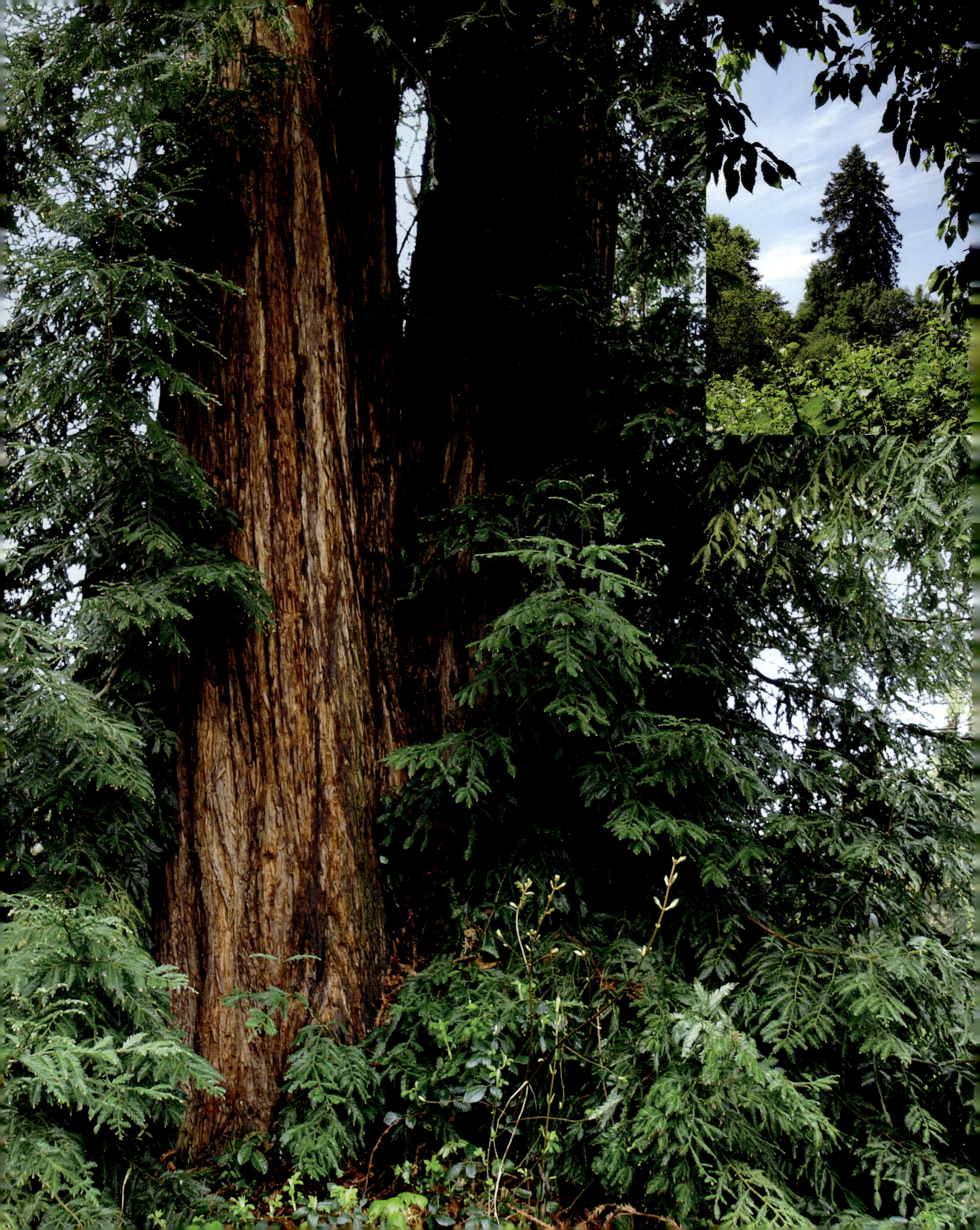

Le château de la Bastide dominait un grand parc, une véritable prairie arborée jouxtée par un bois, au-dessus d'un petit vallon. Pour les anciens, le nom de la Bastide évoque peut-être encore le grand domaine agricole et d'agrément qui s'étendait, au début du XIXe siècle, sur plus de 1500 hectares et occupait une centaine d'hommes pour les moissons. Vingt-quatre personnes y travaillaient à l'année.
Tout a basculé lorsque le tracé de l'autoroute a profité du vallon. Aujourd'hui, la Bastide est le nom du plus grand quartier HLM de Limoges. Une partie du parc est amputée et le château n'est plus qu'une enclave entre autoroute, grands immeubles et zones pavillonnaires.

43 m | 6,65 m

Sequoia sempervirens

Le séquoia du square Camille-Fauré

quartier de la Bastide, commune de Limoges (Haute-Vienne)

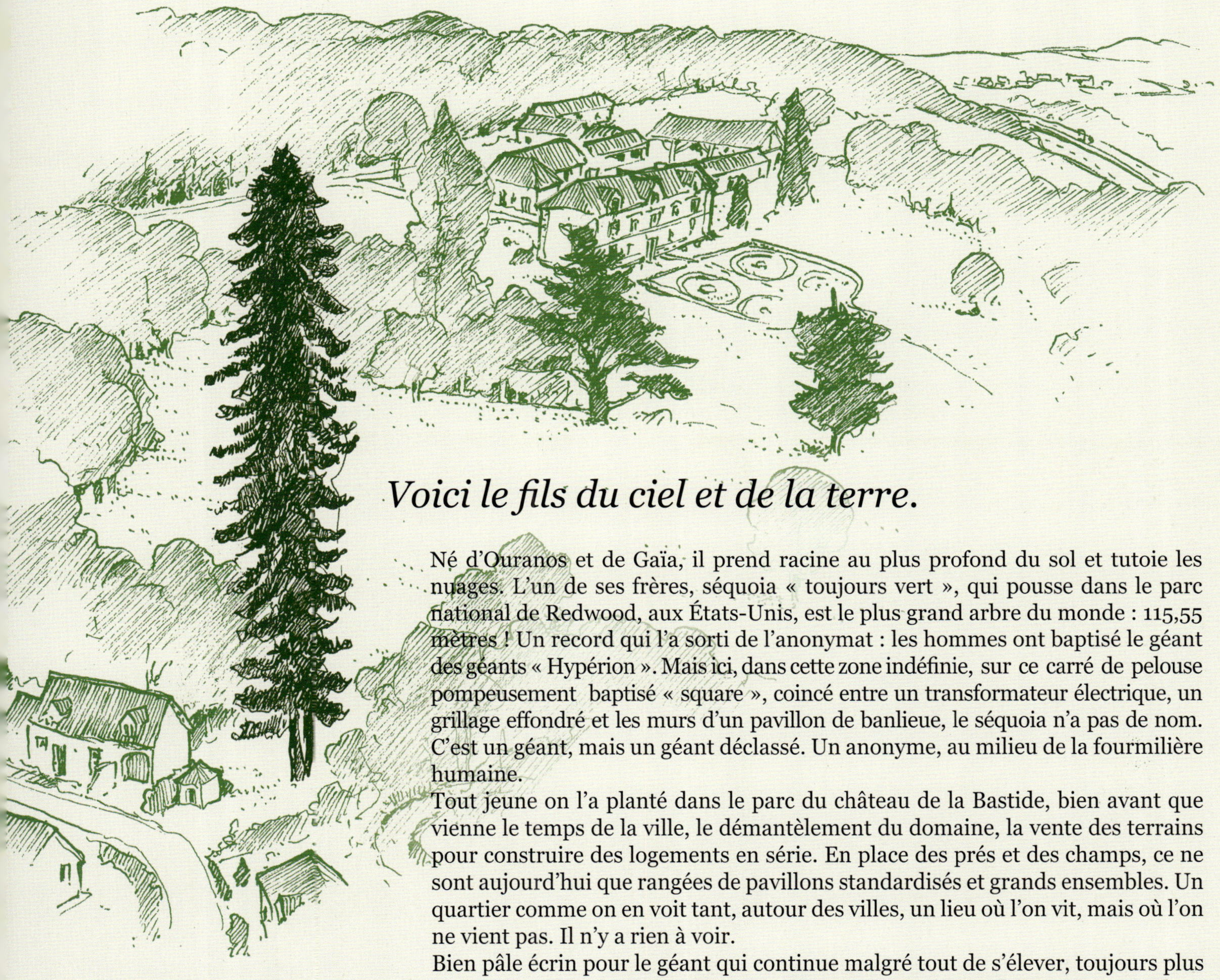

Le séquoia est le vestige d'un parc paysager du XIXe siècle. Il est séparé de ses anciens compagnons, magnolias et cèdres, par une barrière de grillages.
Son environnement actuel témoigne de la mutation des zones péri-urbaines…
Et notamment d'un manque de vision globale sur l'aménagement réalisé à la fin des années 1950.

Voici le fils du ciel et de la terre.

Né d'Ouranos et de Gaïa, il prend racine au plus profond du sol et tutoie les nuages. L'un de ses frères, séquoia « toujours vert », qui pousse dans le parc national de Redwood, aux États-Unis, est le plus grand arbre du monde : 115,55 mètres ! Un record qui l'a sorti de l'anonymat : les hommes ont baptisé le géant des géants « Hypérion ». Mais ici, dans cette zone indéfinie, sur ce carré de pelouse pompeusement baptisé « square », coincé entre un transformateur électrique, un grillage effondré et les murs d'un pavillon de banlieue, le séquoia n'a pas de nom. C'est un géant, mais un géant déclassé. Un anonyme, au milieu de la fourmilière humaine.
Tout jeune on l'a planté dans le parc du château de la Bastide, bien avant que vienne le temps de la ville, le démantèlement du domaine, la vente des terrains pour construire des logements en série. En place des prés et des champs, ce ne sont aujourd'hui que rangées de pavillons standardisés et grands ensembles. Un quartier comme on en voit tant, autour des villes, un lieu où l'on vit, mais où l'on ne vient pas. Il n'y a rien à voir.
Bien pâle écrin pour le géant qui continue malgré tout de s'élever, toujours plus haut, à la recherche de l'air pur. Son beau tronc rouge cendré se sépare en deux et s'élance droit au dessus des toits, vers le soleil ou les nuages, comme pour se libérer de la terre. Il est fils du ciel ! Il sait que, là-haut, il reste suffisamment d'espace pour respirer. Plus rien ne le retient en bas, désormais, et nul ne saura freiner son désir d'altitude. Ah ! Retrouver l'ivresse des sommets !

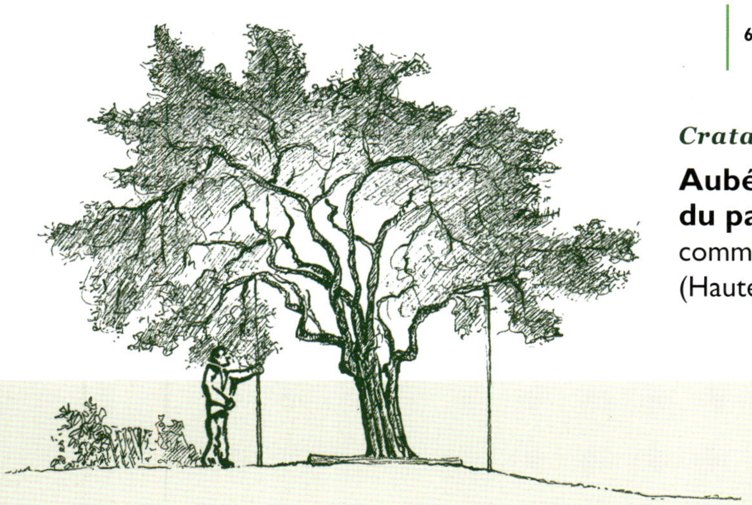

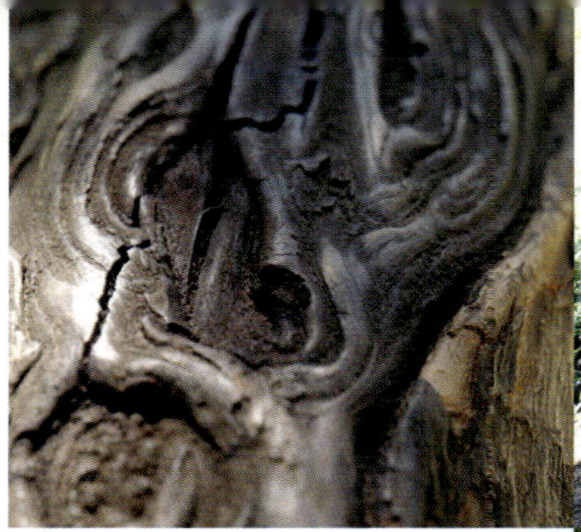

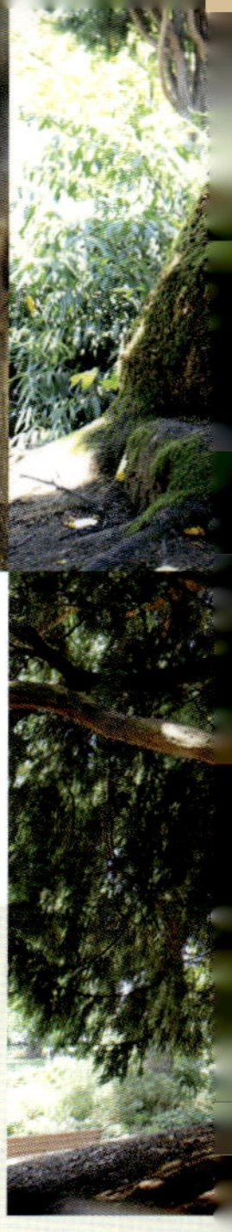

6 m 1,65 m

Crataegus monogyma

Aubépine du parc Victor-Thuillat
commune de Limoges
(Haute-Vienne)

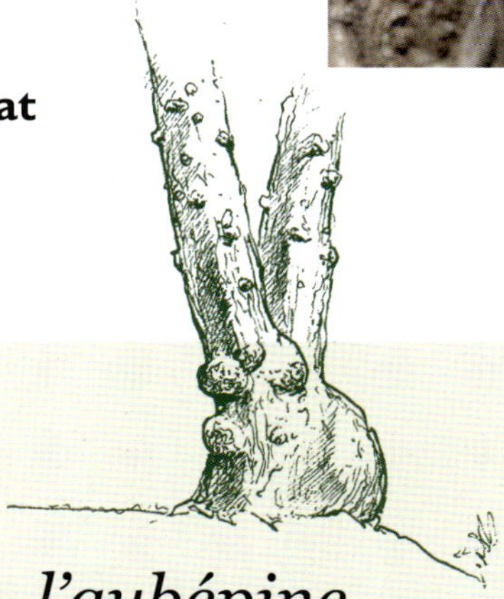

Elle ne paye pas de mine, l'aubépine.

Le parc Victor-Thuillat, au cœur de la ville de Limoges, est l'ancien jardin d'agrément du manoir de la Grange-Garat.
Il est planté « à l'anglaise », autour d'une rivière qui ondule entre des parterres fleuris et une collection de plantes vivaces.
Il recèle de nombreux arbres d'essences exotiques : tulipier, cyprès chauve, séquoias, chênes, ifs…
L'aubépine accompagnait les bâtiments agricoles du manoir, ce qui explique qu'elle soit un peu à l'écart des grands axes de promenade du jardin.
L'ensemble, sur 3,7 hectares, est devenu public dans les années 1960.

Mais à y regarder de plus près, si on s'y connaît, elle n'est pas si anodine qu'il n'y paraît. Elle n'est pas bien haute, pourtant elle a germé ici il y a déjà plus de 250 ans, ce qui en fait une doyenne des aubépines de France. Il en va des aubépines comme de certains « arbustes ». Pour peu qu'on leur en laisse la possibilité, ils s'obstinent à pousser et prennent soudain des airs de grands.

Quand elle a germé, la ville n'était pas là : l'aubépine est née dans la cour d'une ferme que l'urbanisation a fini par avaler, un grand domaine agricole avec sa basse-cour et son potager. Fille des champs, la voilà aubépine des villes, contrainte à s'adapter, à son âge, à cette nouvelle existence. Plus d'animaux, mais des voitures qui passent et repassent, des parents à poussettes, des enfants en vélo, de simples promeneurs qui ne la remarquent guère, blottie à l'ombre du grand tulipier, en lisière du parc Victor-Thuillat. La vieille paysanne se prend alors à faire la belle pour attirer à elle les regards. Son tronc creux menaçait de s'ouvrir : on lui a mis un corset. Ses jambes commençaient à flageoler : la voilà armée de deux cannes. Un peu branlante, certes, mais encore debout. Chaque printemps, sa floraison est abondante et spontanée, toute blanche. L'ancêtre ne tient peut-être plus tout à fait sur ses jambes, mais a encore toute sa tête.

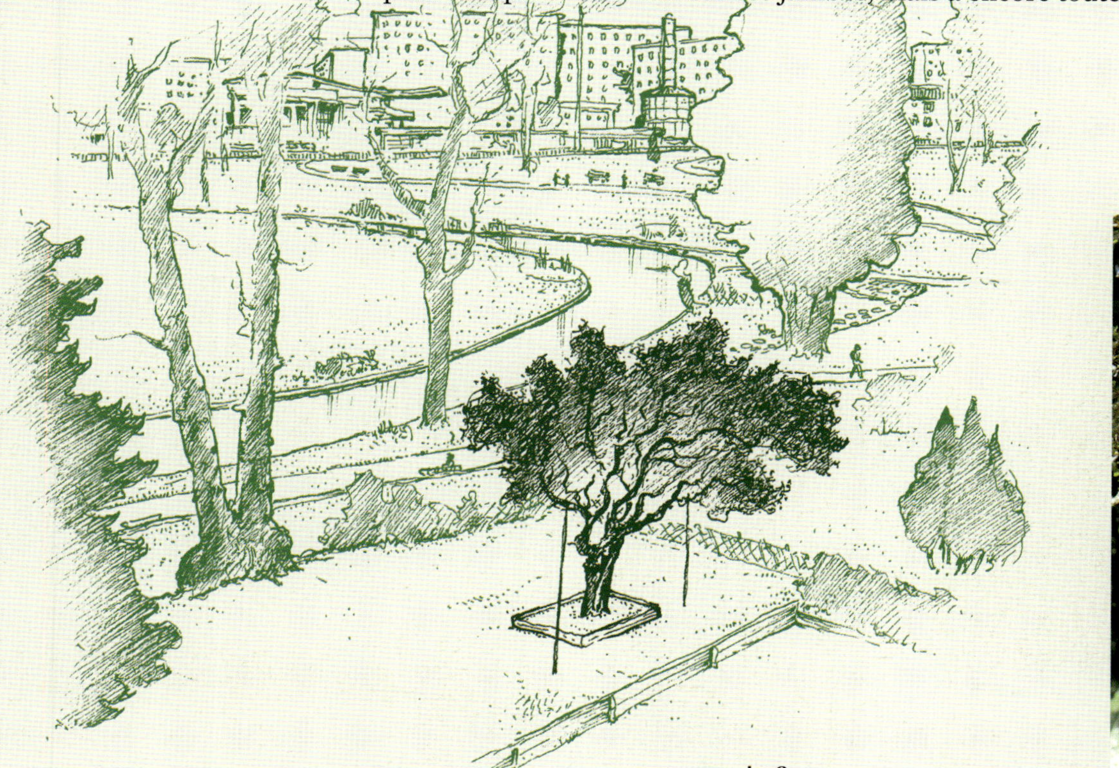

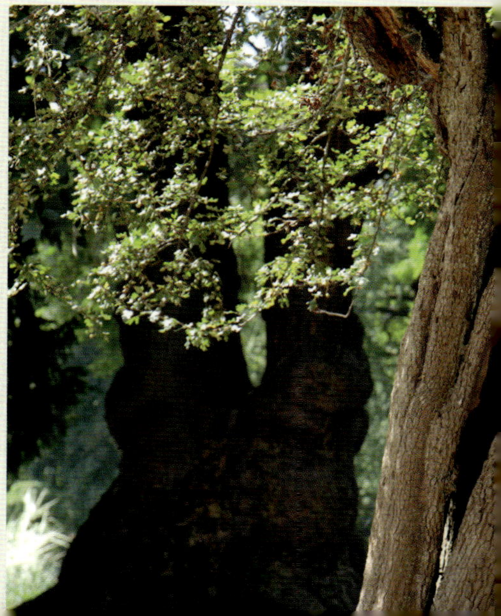

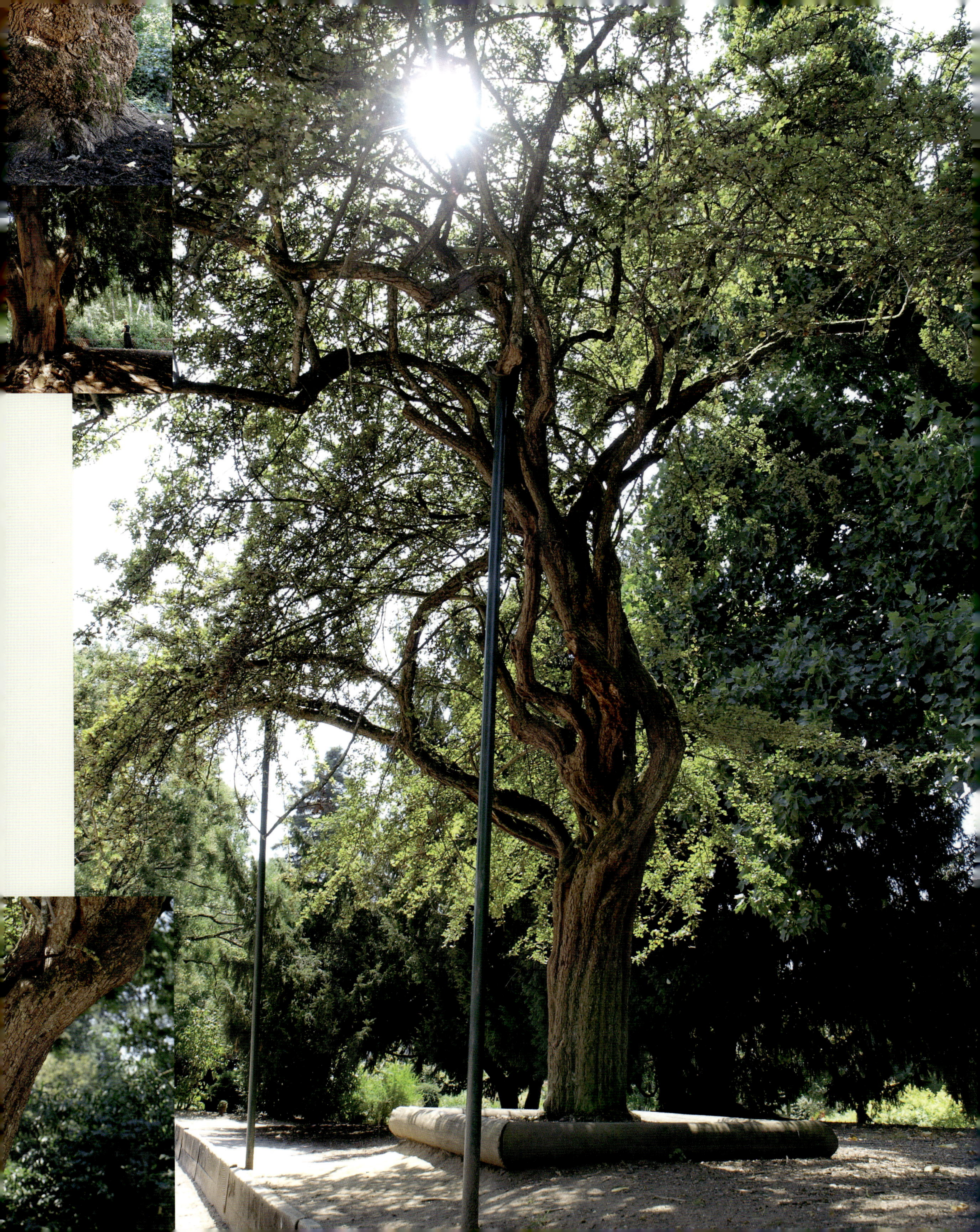

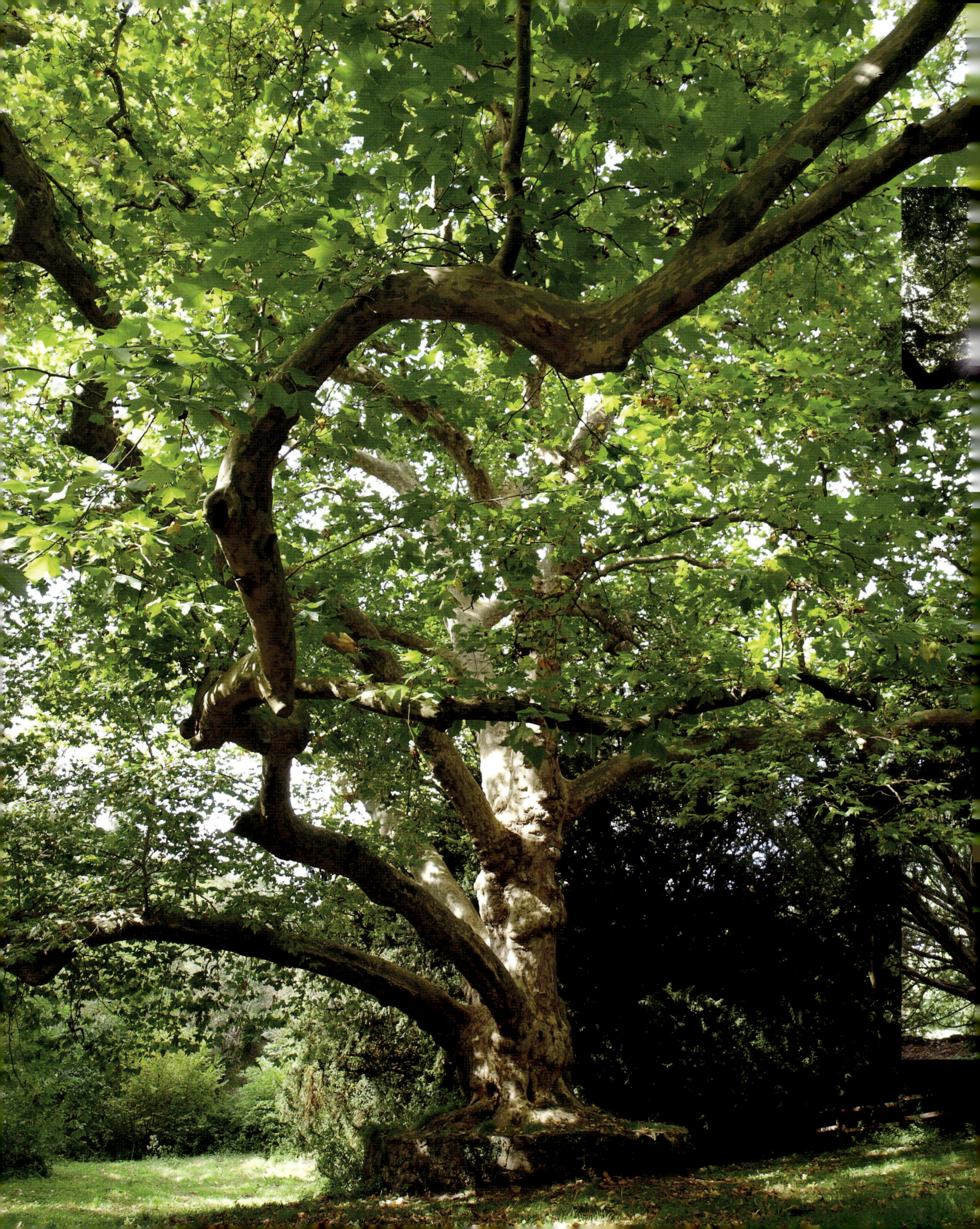

24 m | 6,7 m

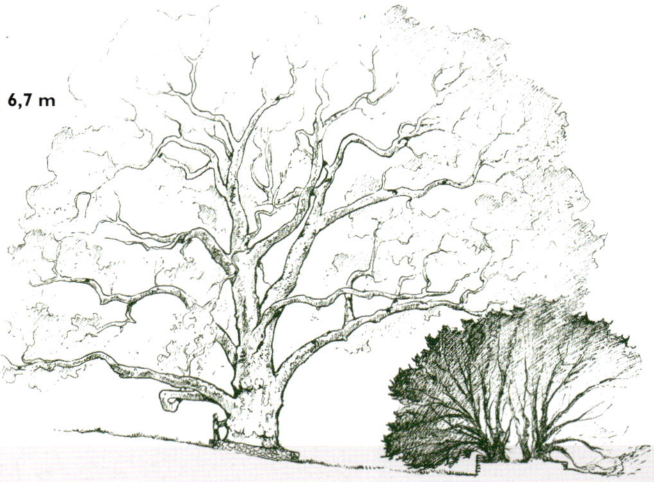

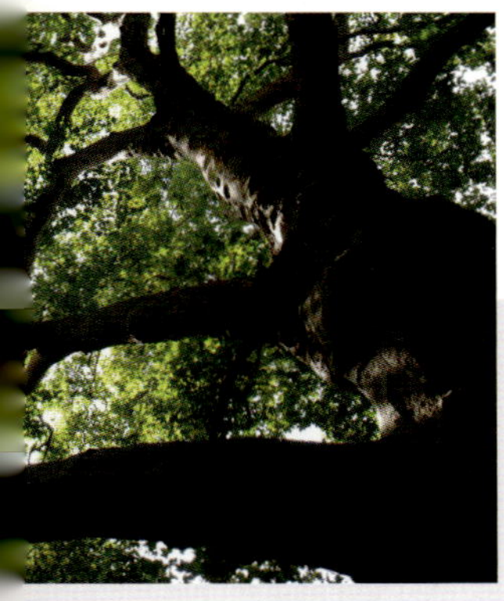

Platanus acerifolia

Les Platanes de Peyrassoulat

commune de Chéronnac
(Haute-Vienne)

Andante maestoso, *« avec lenteur et majesté ».*

Les platanes agrémentaient la cour d'une ancienne forge appartenant à la famille Wendel, qui ne cessa ses activités qu'en 1920. Les bâtiments sont en ruine aujourd'hui, mais on reconnaît les locaux d'habitation, le système de drainage, le jardin potager, avec les ifs. La forge de Peyrassoulat, installée sur un verrou de la rivière, n'était pas la seule à profiter de la qualité des eaux de la Tardoire, réputée pour le trempage de l'acier. De très nombreuses forges existaient entre Chéronnac et les Salles-Lavauguyon.

À Peyrassoulat, au bout du chemin qui descend vers la rivière, quatre gros ifs accueillent le promeneur. Si beaux soient-ils, ils ne sont que l'ouverture du grand opéra végétal de Peyrassoulat, un prélude au premier mouvement : le grand platane gonflé de sève, riche d'harmonies, qui trône, telle la Reine de la nuit dans *La Flûte enchantée* sur son socle de pierre au milieu d'une clairière.

Au moindre souffle de vent, l'arbre entonne son chant. Dans un déploiement de feuilles, la cantatrice, resplendissante de vigueur et de santé, ouvre ses branches énormes avec une légèreté stupéfiante, formant un cocon aéré de bois et d'ombre claire. La vie semble palpiter sous son écorce, on sent presque la veine de sève saillir sur la branche la plus basse. Elle chante… et la clairière écoute en silence.

Le second mouvement, allegretto, est caché au détour d'un petit chemin : un autre platane, presque aussi beau, un peu moins grand : un Tamino qui attend son heure. Blotti dans sa propre clairière, il écrit patiemment sa partition. À lui, bientôt, d'entonner le chant des arbres.

Mais pour longtemps encore, c'est la Reine-platane qui dominera Peyrassoulat. Les promeneurs, les amoureux, les adolescents, lui rendent hommage à leur façon, violente et inutile : en gravant leurs noms au creux des branches lisses. Présomptueux ! Bientôt, le temps aura brouillé leurs traces. Et dans cent ans, dans mille ans, peut-être, alors que leurs noms seront effacés, d'autres viendront écouter le chant de la Reine des arbres. Pour eux, l'opulente souveraine poursuit sa croissance, heureuse et forte, belle et puissante. Au bord de la rivière, elle se gave d'eau et de lumière, *andante maestoso*, avec lenteur et majesté.

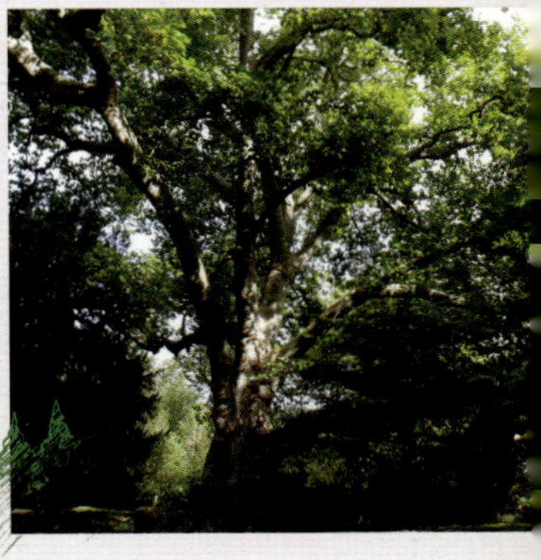

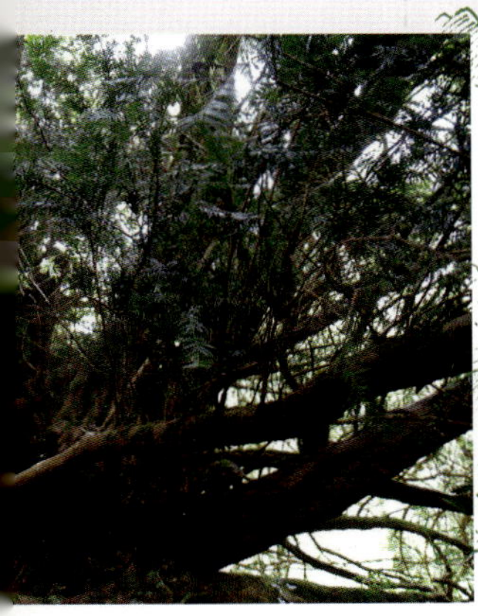

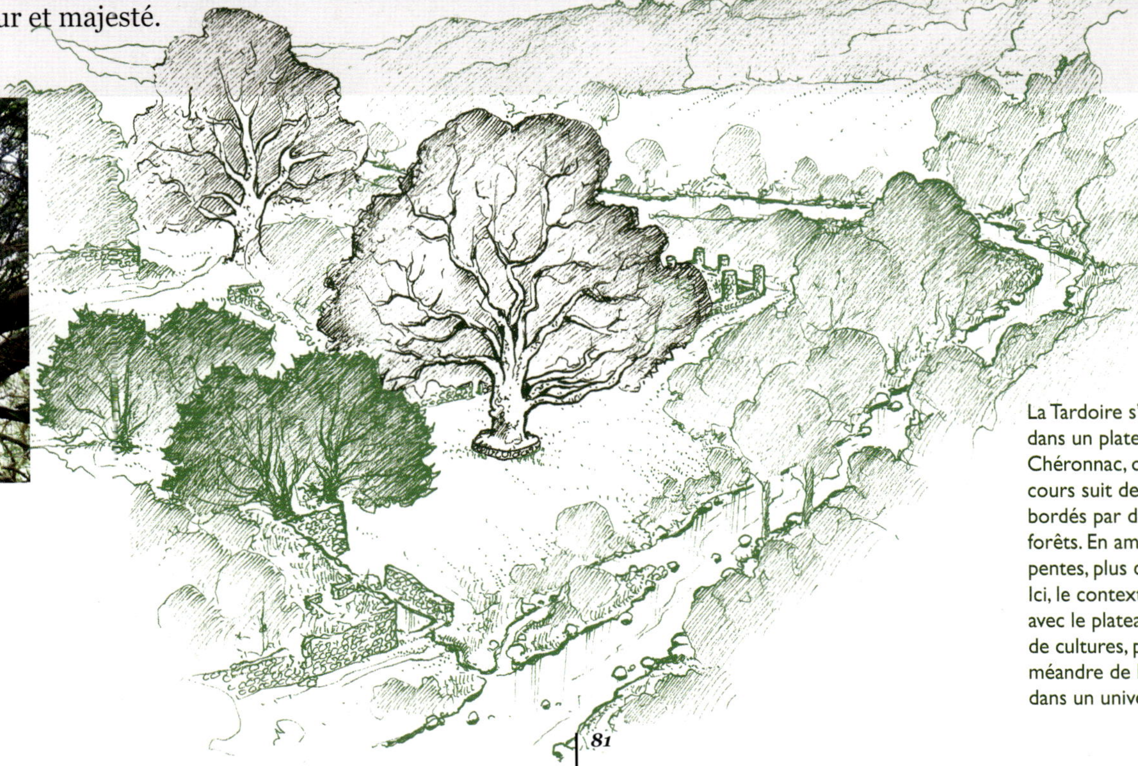

La Tardoire s'encaisse de près de 50 m dans un plateau, aux abords de Chéronnac, où naît la Charente. Son cours suit des méandres très marqués, bordés par des pentes couvertes de forêts. En amont, où la vallée s'élargit, les pentes, plus douces, sont moins boisées. Ici, le contexte très forestier contraste avec le plateau, véritable mosaïque de cultures, pour descendre jusqu'au méandre de Peyrassoulat, on s'enfonce dans un univers d'arbres.

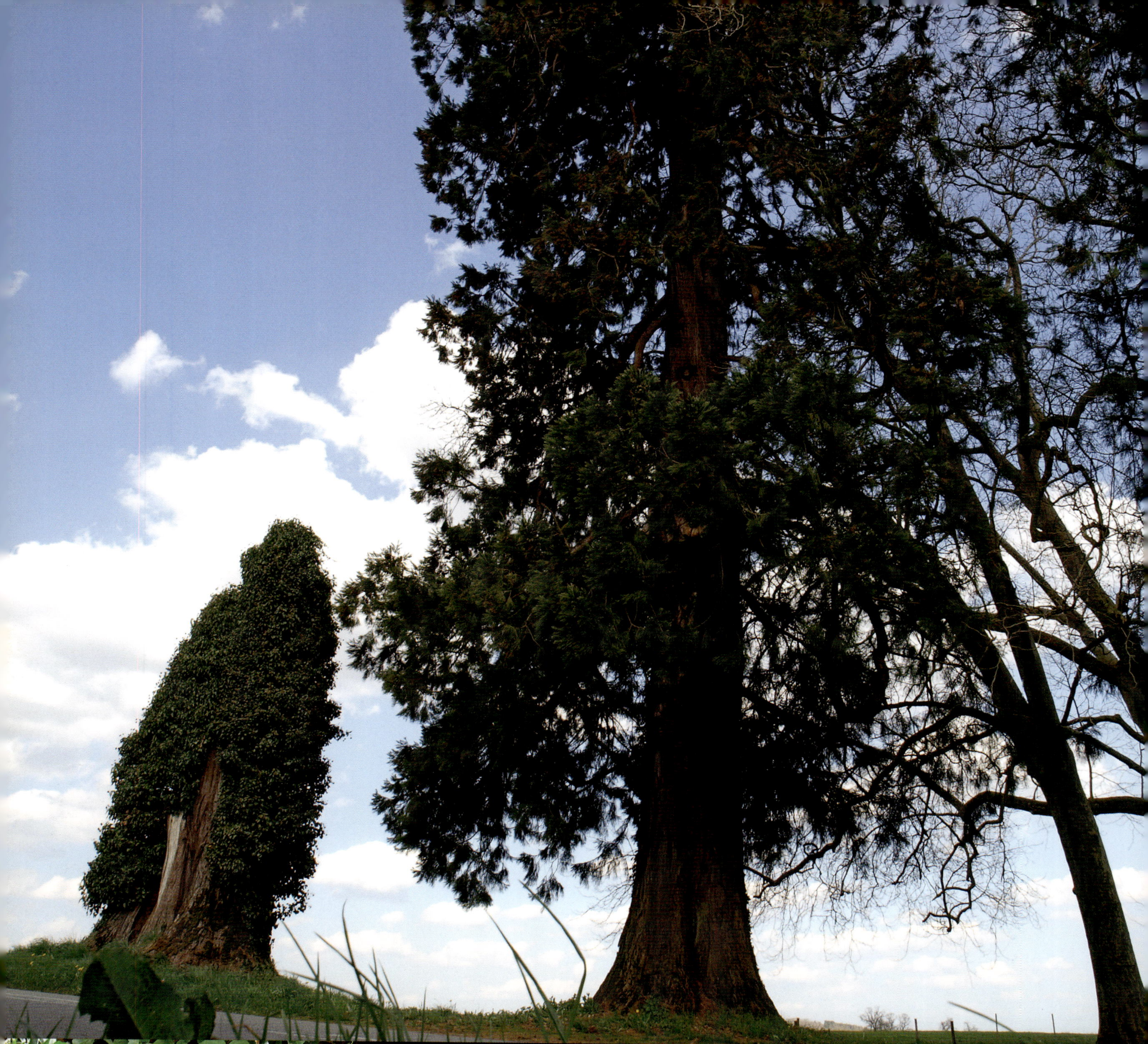

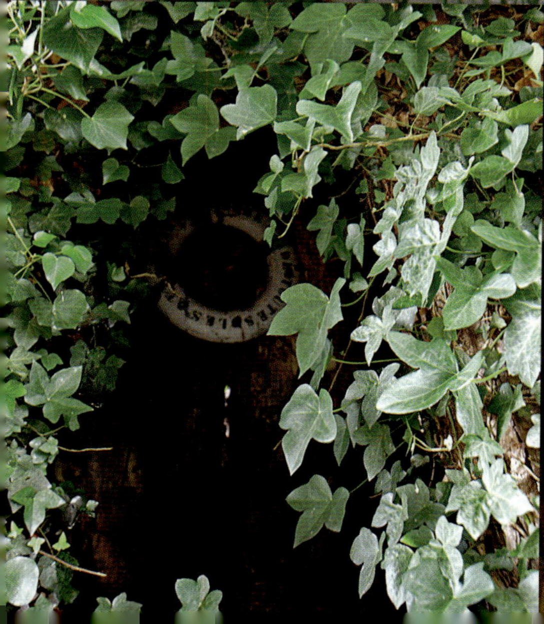

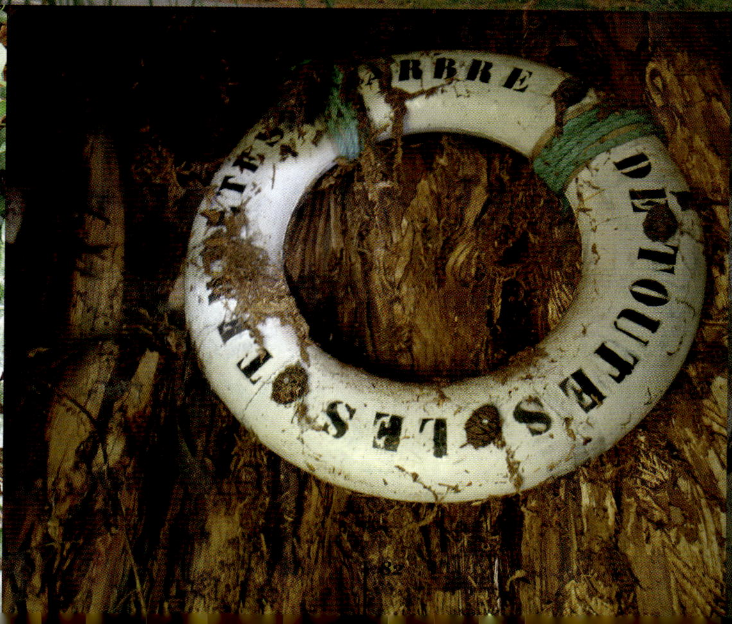
ARBRE
DE TOUTES
LES

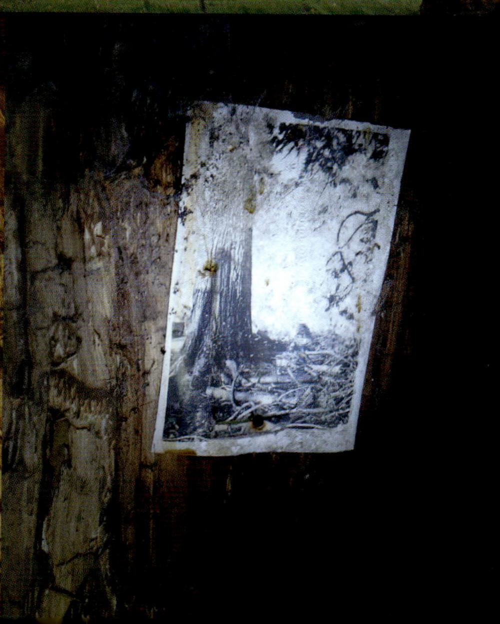

Séquoiadendron giganteum

28 m / 35 m — 6,5 m / 7,9 m

Les séquoias de Charbonnier

commune de Bussière-Galant
(Haute-Vienne)

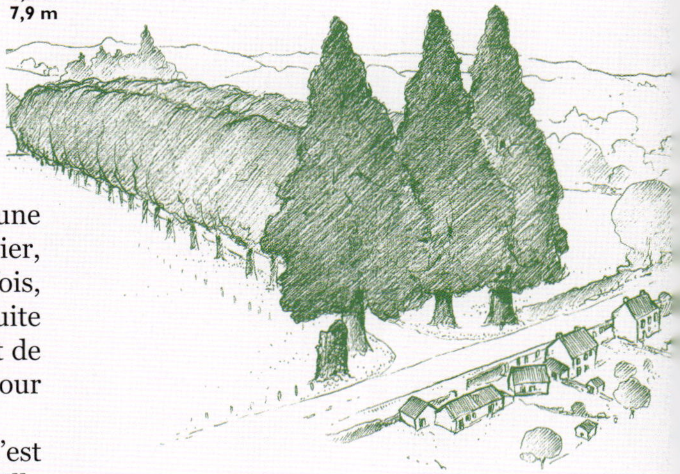

Ils étaient quatre séquoias formant une gigantesque porte, au départ d'une incroyable allée de cent vingt platanes menant au domaine de Charbonnier, une gigantesque porte aux troncs rouges et odorants, énorme et légère à la fois, faite de ce bois friable et aéré, marqué de grandes rides verticales. À leur suite viennent plus d'une centaine de gros troncs lisses et gris, marbrés de vert et de beige, comme une nef aux cent vingt piliers… Deux univers d'arbres réunis pour une fabuleuse mise en scène.
Des quatre séquoias n'en restent que trois. Le premier « pilier » de la porte n'est plus que moignon, pâle vestige du tronc brisé par la grande tempête de 1999. Elle n'a laissé de l'arbre qu'un vague souvenir, une silhouette mutilée, entièrement mangée par le lierre, bien misérable à côté des cent vingt-trois gardiens. De la route, on n'en voit qu'une masse informe qui ne retient pas le regard, image de la déchéance et de l'abandon.
Mais, tournant le dos à la route, une niche a été ouverte dans le moignon. Pour qui ose jeter un œil, la surprise est belle… Ici, une communauté invisible est venue honorer l'arbre : adultes et enfants en ont fait un temple, un oratoire, une relique vénérée. Une main attentive a soigneusement creusé l'intérieur du tronc, aménageant un sol régulier, où l'on peut s'asseoir, perçant de petites niches dans les parois : elles accueillent souvenirs et ex-voto. Ici, un dessin d'enfant qui porte les mots « Je suis petit mais je peux entrer dedans », là, une photo jaunie de l'arbre en pleine force, avant la tempête, ailleurs, des cadeaux, une petite voiture, un bout d'assiette, un cœur… Et, à la place d'honneur, trône une grande bouée de sauvetage portant l'inscription : « L'arbre de toutes les tempêtes ».
Un arbre brisé pour conjurer le grand vent, le mauvais temps et les ouragans…

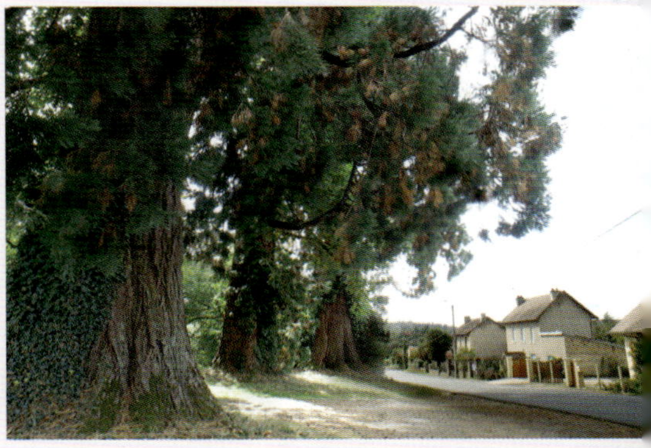

Au bord de la RD20 qui file vers le sud de Bussière-Galant, les séquoias marquent l'entrée du chemin qui mène au château du Charbonnier. Le château est niché sur un petit replat, entre l'éperon du village et le coteau du taillis de Charbonnier.
Plus haut, c'est la grande et ancienne forêt de Vieillecour. Le château, qui n'est pas bien gros, occupe une position très centrale : il a fallu un geste paysager, la plantation de cette grande série d'arbres, pour magnifier sa présence dans le paysage.

Un arbre comme un bateau échoué ;
un arbre pour les marins perdus du Limousin.

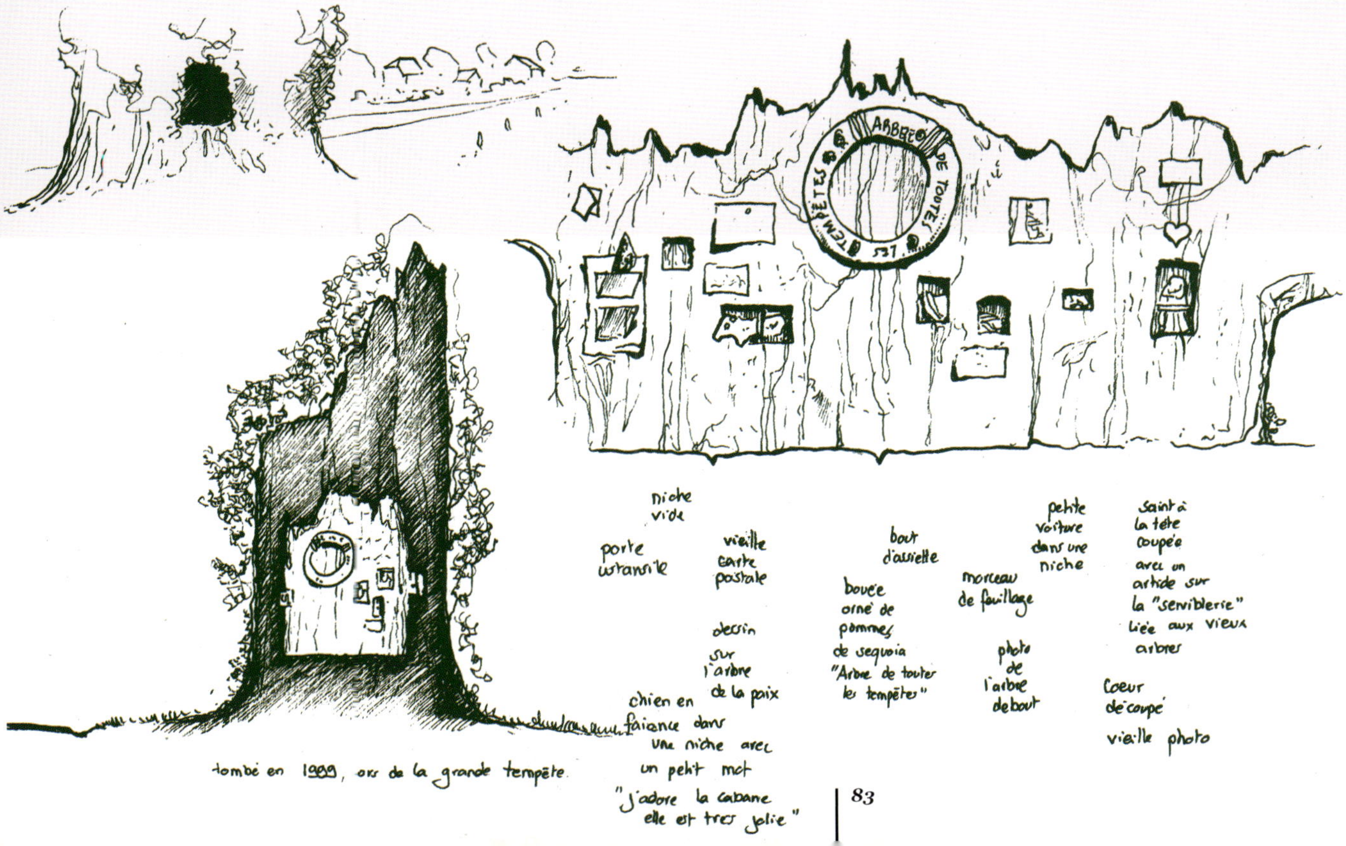

22 m 3,3 m

Platanus acerifolia

Les platanes et le noyer de Charbonnier

commune de Bussière-Galant (Haute-Vienne)

16 m 2,9 m

Juglans regia

Au-delà, l'alignement semble n'avoir pas de fin.

Une fois vos dévotions faites à l'arbre des tempêtes, franchissez la porte - séquoia, suivez le chemin de platanes : c'est une expérience quasi initiatique. Essayez-vous à les compter, il sont 111 anciens et huit jeunes, plantés après la mémorable tempête, pour remplacer les dix-sept qui étaient tombés. Le grand corridor végétal diffuse une lumière ombrée et fraîche les jours d'été. Au bout, il y a la maison, bien sûr, et la ferme qui lui est associée, mais surtout, il y a ce gros noyer bancal.

Il a dépassé les 250 ans et porte une branche énorme qui part à l'horizontale et semble si lourde qu'on se demande comment l'arbre fait pour ne pas perdre l'équilibre. Des noyers aussi vieux, aussi gros, aussi beaux, on n'en voit plus guère : combien ont été coupés, victimes des parasites, du froid, ou de l'homme qui cherche des espèces plus productives ? Un bon gros noyer comme celui-là se bichonne, se respecte, mérite toutes les attentions !

Frappez à la porte de la ferme : on vous racontera que ce noyer-là, « il a fait le tour du monde ! C'est qu'il a de la visite, incroyable ! Heureusement, hein, parce qu'ici, c'est pas la foule... »

Les trois habitants rendent grâce au noyer. Il fait venir le monde à eux, qui ont depuis longtemps abandonné l'idée d'aller courir les chemins. Jugez donc ! Ils ne connaissent même pas l'existence du sanctuaire des tempêtes, dans le séquoia, au bout de la longue allée... Comme leur arbre, ils se sont faits voyageurs immobiles.

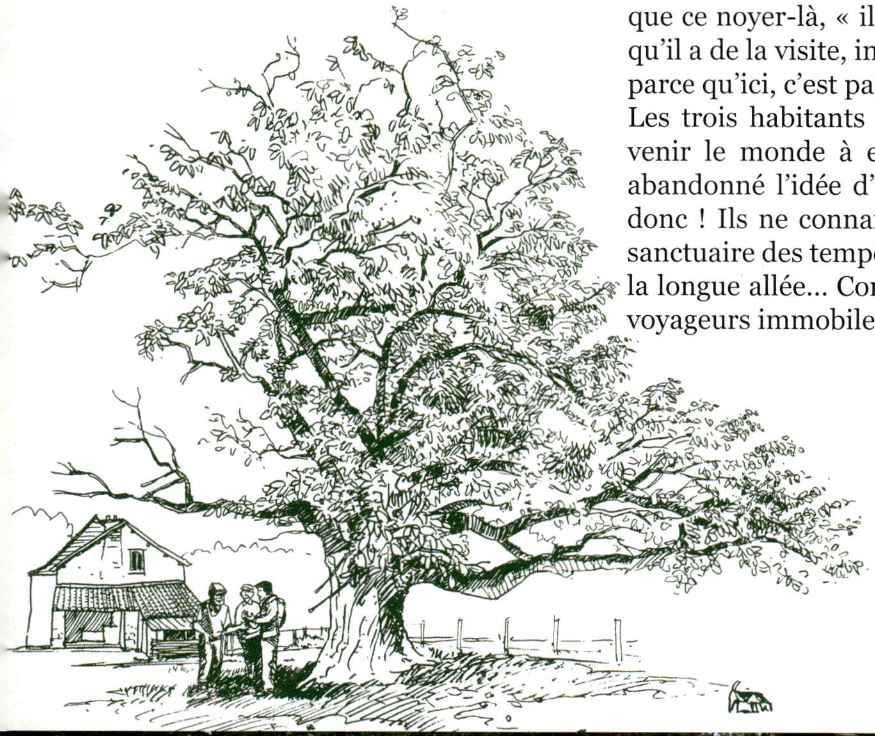

La vallée de la Dronne, qui passe au pied de l'éperon de Bussière-Galant est un lieu d'activités touristiques : camping, baignade, gare… Il est heureux que l'urbanisation n'ait pas fait le lien entre le village et ces équipements implantés plus au sud : le grand triangle de la propriété de Charbonnier a permis de préserver une petite plaine non construite.

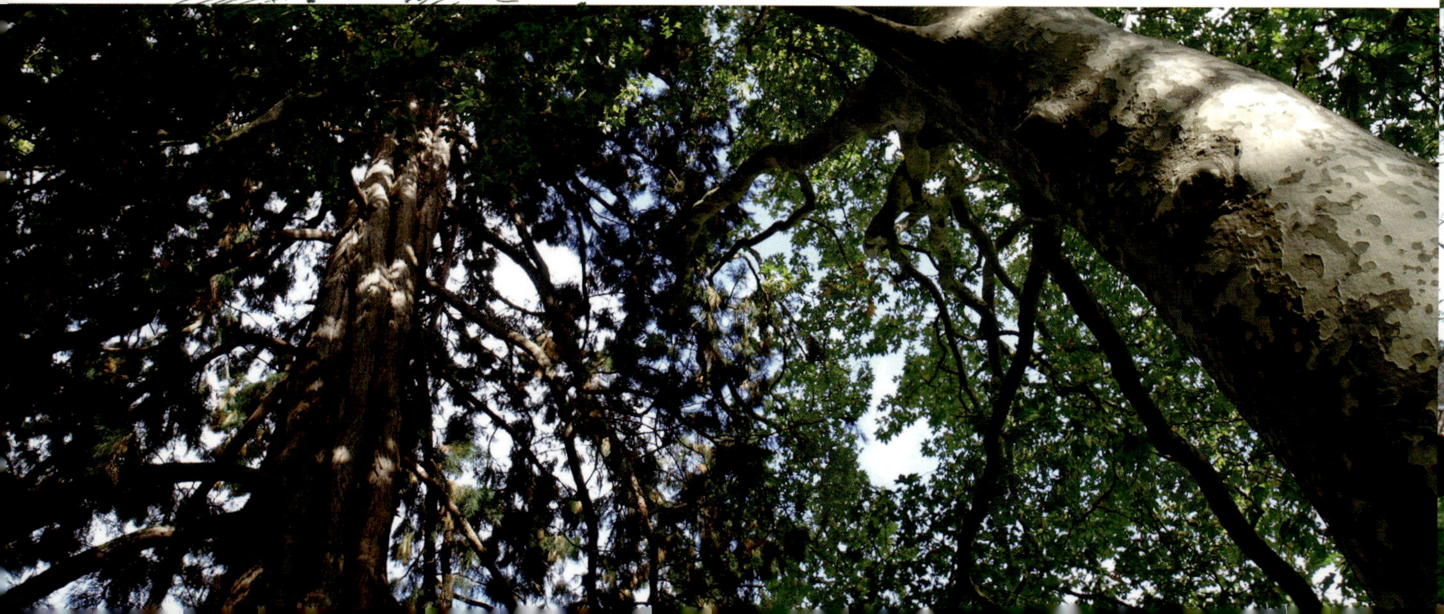

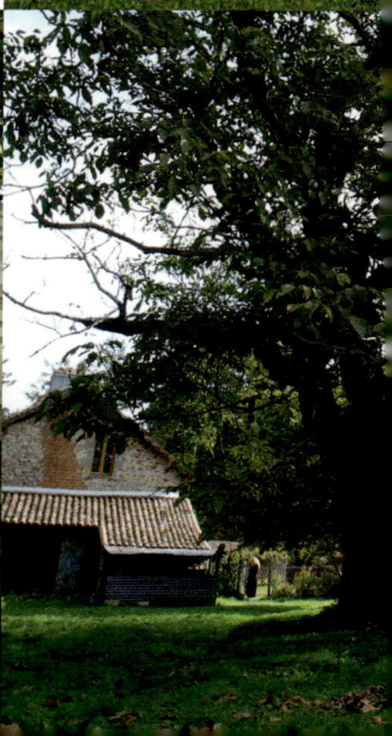

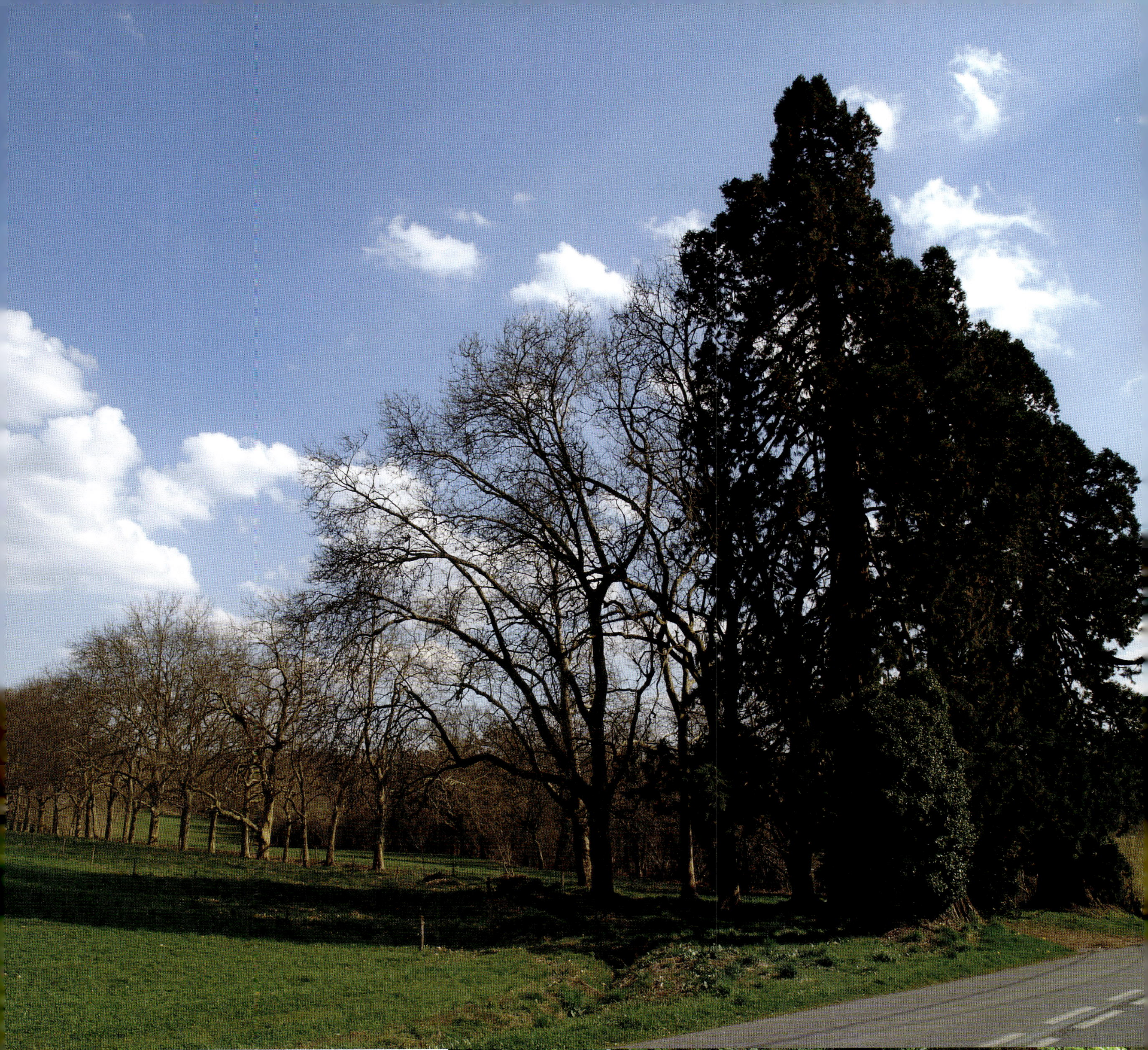
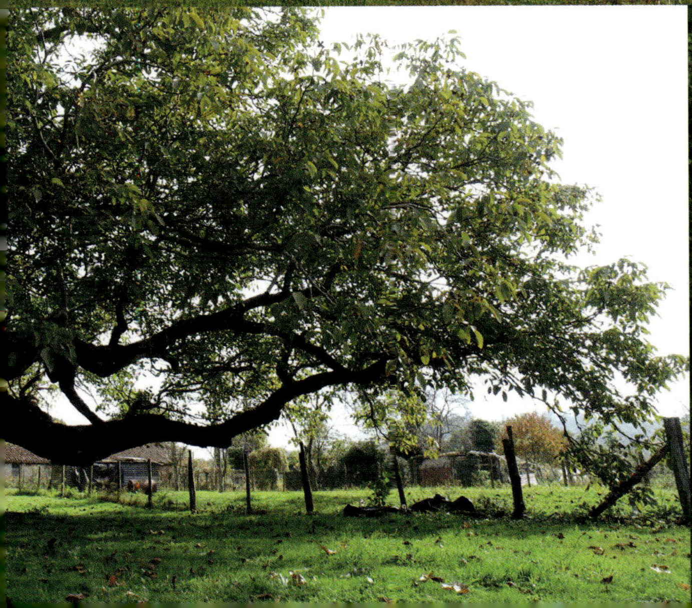
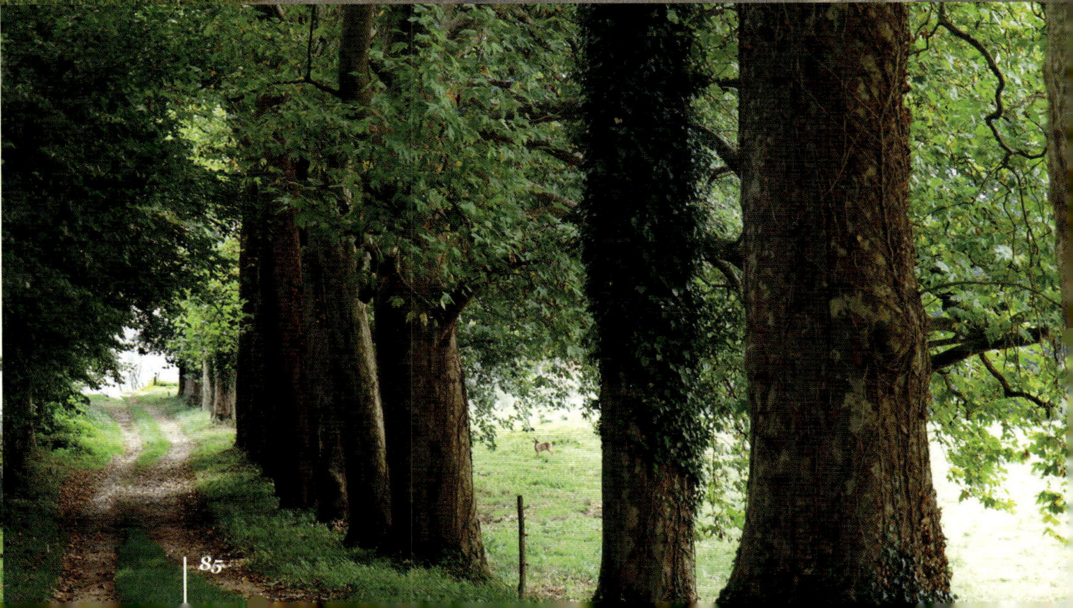

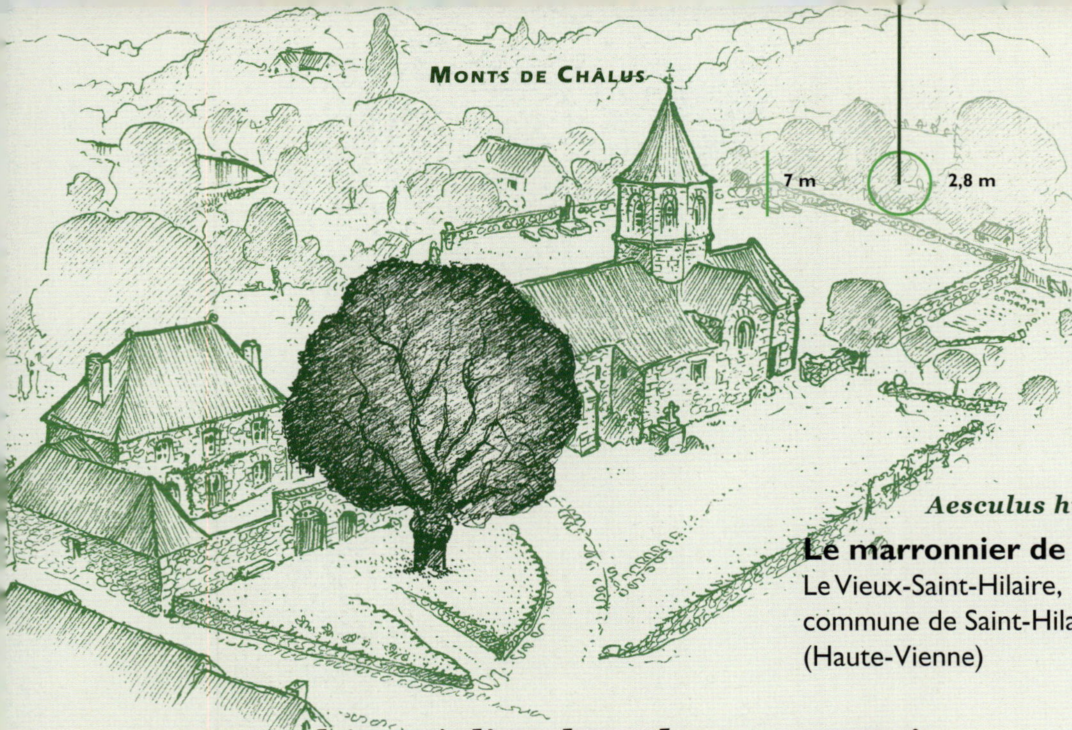

Les premières carrières de granite bleu de Saint-Hilaire ont été exploitées à partir de la toute fin du XIXe siècle. Elles ont fait vivre jusqu'à 200 ouvriers, et ont drainé loin du vieux village l'essentiel de l'activité économique. Certaines rues de Paris ont été pavées de granite de Saint-Hilaire. Aujourd'hui, les carrières ont fermé, pourtant l'essentiel des 850 habitants de la commune demeure dans le nouveau village.

Aesculus hippocastanum

Le marronnier de l'ancien presbytère

Le Vieux-Saint-Hilaire,
commune de Saint-Hilaire-les-Places
(Haute-Vienne)

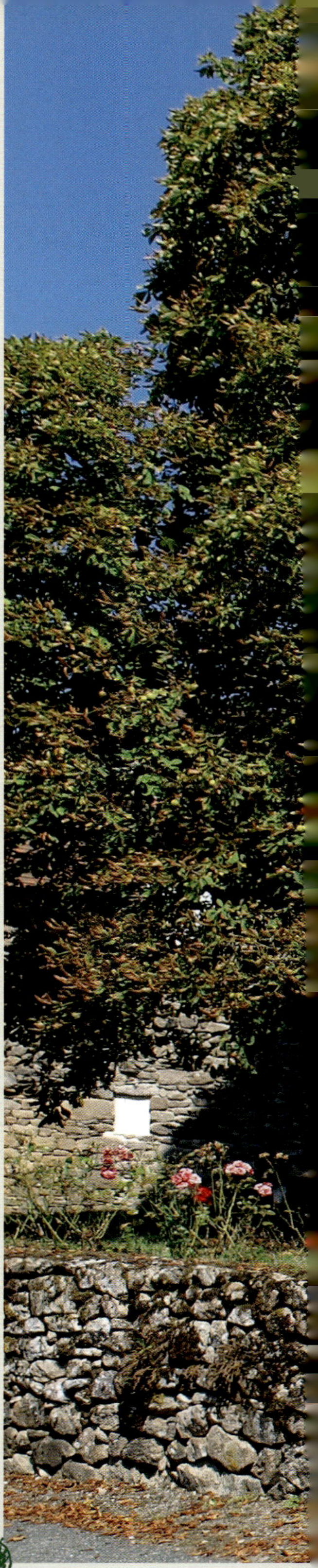

On est bien, à l'ombre du marronnier...

Lui aussi rêverait peut-être de se mettre à l'ombre, en cette fin du mois d'août : pas une de ses feuilles n'a échappé à la morsure du soleil. Elles ont roussi avant l'heure, car l'automne n'est pas encore là ; il a pris de l'avance. Il fait peine, cet arbre qui semble chercher l'eau alors que l'été n'est pas encore fini. Pourtant, l'effet est charmant : au vent, les feuilles déjà sèches crissent, elles emplissent l'atmosphère d'une musique qui sent bon les premières fraîcheurs de l'année et sous les pas, le tapis de celles qui n'ont pas survécu bruisse et craque. C'est le seul bruit qui anime le petit village du Vieux-Saint-Hilaire...

Car ici, il y a le jeune Saint-Hilaire et le vieux, délaissé par la plupart de ses habitants au début du XXe siècle. Ils sont tous partis, attirés par les sirènes de la modernité et du travail, dans ces carrières de granite prometteuses, laissant le vieux village se confire et se plaire dans une ambiance surannée. Une chapelle du XIIe siècle désertée, même de ses chaises, que les artistes investissent chaque été ; d'anciennes maisons du XVIe siècle, que leurs occupants inondent de fleurs... Saint-Hilaire, autour de son marronnier, semble avoir arrêté le temps et ne plus se consacrer qu'à lui-même. On plante, on taille, on arrose, on contemple.

Le marronnier, l'arbre aux feuilles à sept doigts, porte sur son tronc les boursouflures de multiples coups de scie. On l'a maltraité pour le modeler, privilégiant certaines branches qui portent maintenant une frondaison haute et ronde. C'est un marronnier jardiné, bonzaï improvisé, joyau végétal de ce village qui tente d'oublier la valse incessante d'un monde « frivolant ».

La commune de Saint-Hilaire-les-Places est installée sur un bombement des monts de Châlus. Depuis le cœur du nouveau village, il faut traverser une forêt puis descendre un vallon pour arriver au Vieux-Saint-Hilaire. L'ancien village n'est plus sur les voies de communication : la voie ferrée, au XXe siècle, a « mis le bazar », coupant le vallon, modifiant les routes. Le chemin est quasi labyrinthique, et l'arrivée au cœur des maisons, au pied du vieux marronnier, n'en est que plus surprenante. Le Vieux-Saint-Hilaire est bien préservé dans son écrin de verdure. Partout en Europe, les marronniers sont victimes de la chenille du papillon *Cameraria Ohridella*, qui creuse des galeries dans les feuilles et provoque leur brunissement et leur chute précocément..

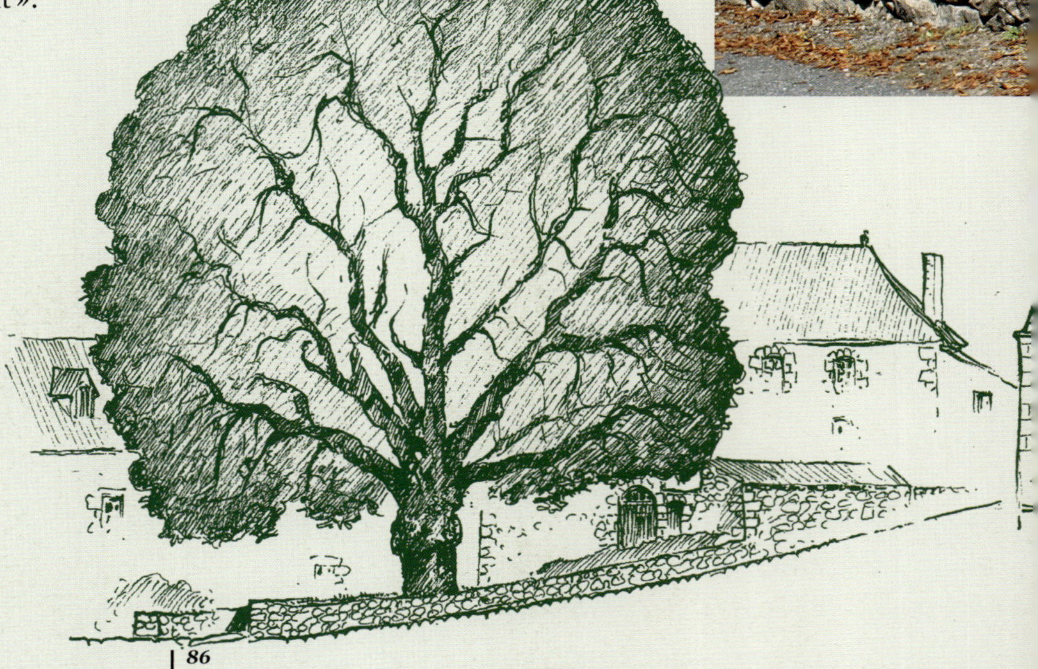

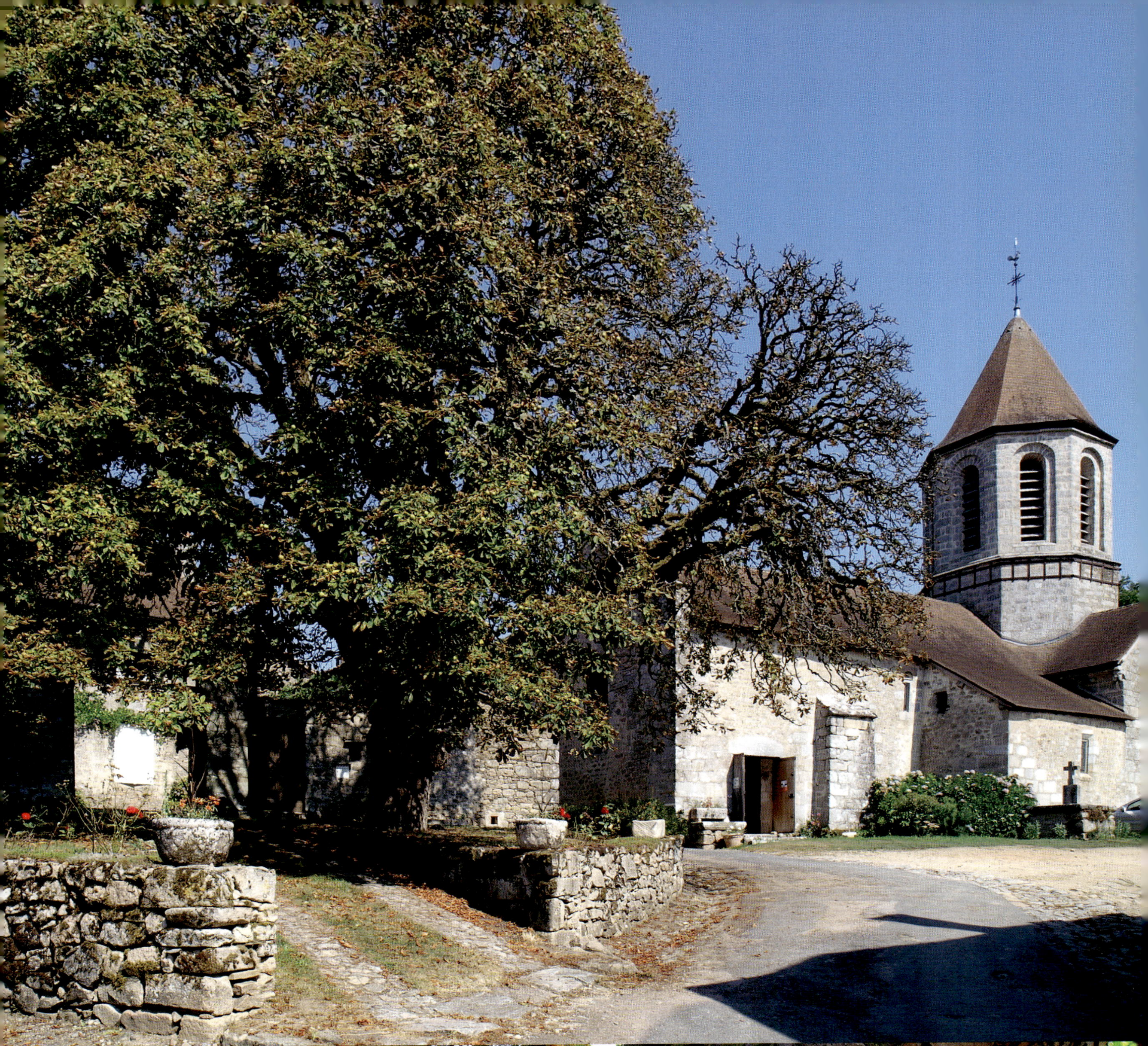
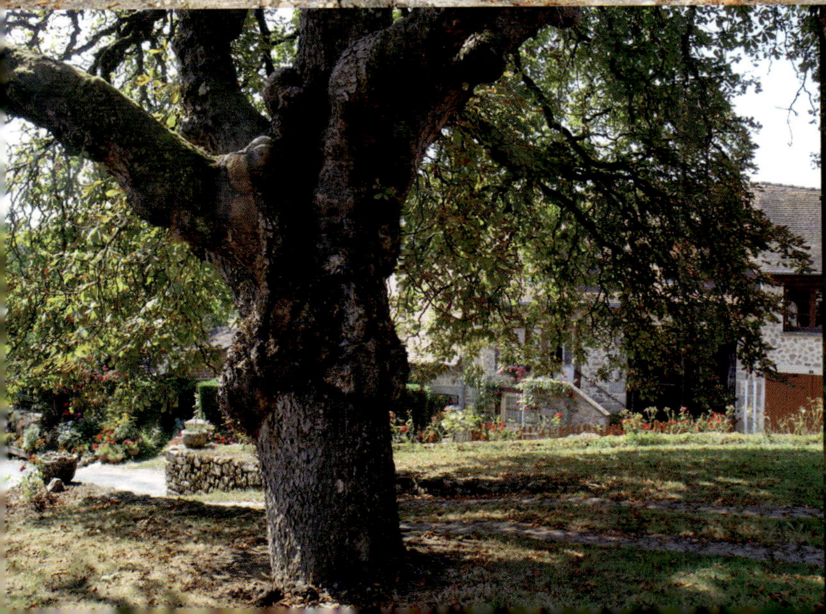
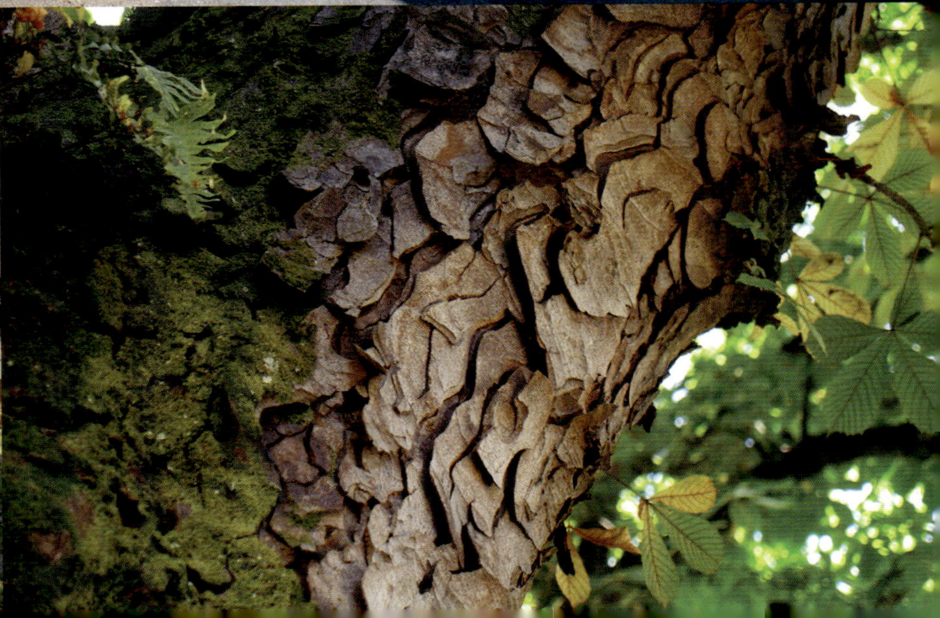

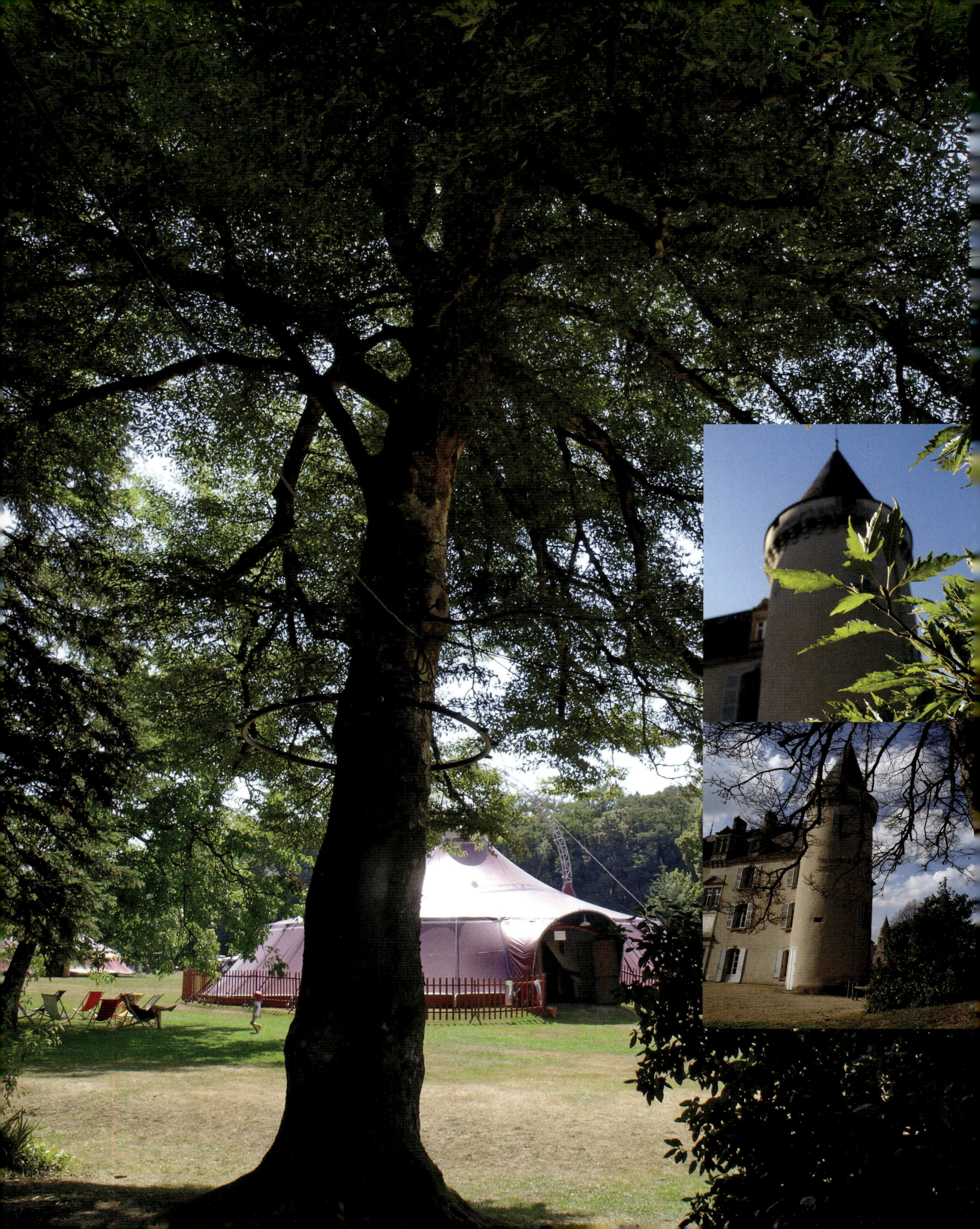

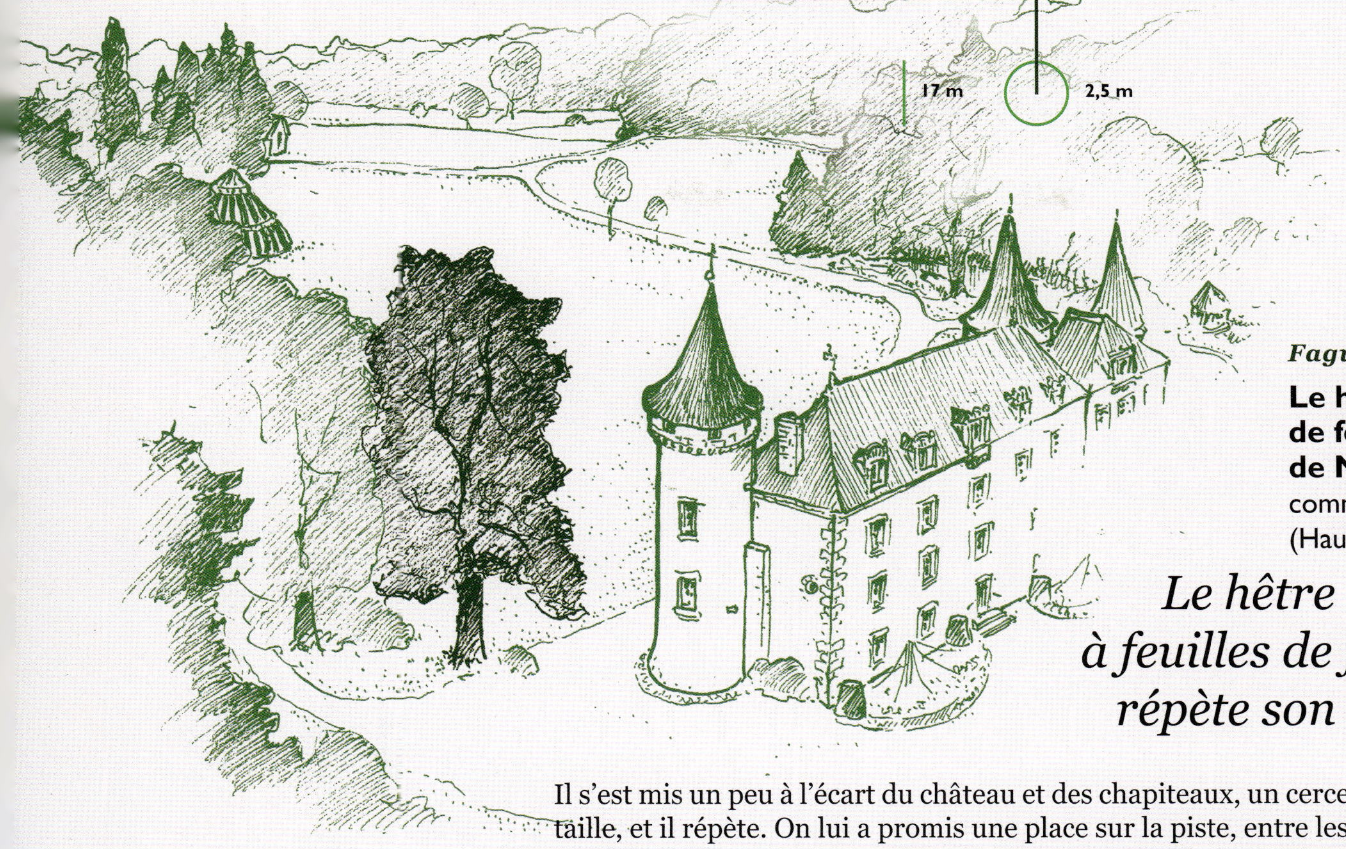

Fagus asplenifolia

Le hêtre à feuilles de fougères du château de Nexon
commune de Nexon
(Haute-Vienne)

Le hêtre à feuilles de fougères répète son numéro.

Il s'est mis un peu à l'écart du château et des chapiteaux, un cerceau autour de la taille, et il répète. On lui a promis une place sur la piste, entre les acrobates et la trapéziste. Il sait qu'il a ses chances, car après tout, il n'est pas comme les autres. Hêtre, oui, mais hors du commun : hêtre à feuilles de fougères. Mesdames et messieurs, voici un arbre qui échappe à notre vocabulaire : hêtre, on connaît. Mais que veulent bien dire ces petites feuilles dentelées ? Il y a quelque chose qui cloche…

Il n'est pas le fruit de la nature, mais celui de sélections successives. Une manipulation génétique, en somme. Il se sent des affinités avec la femme à barbe ou les deux nains siamois. C'est peut-être ce qui l'a attiré vers Nexon et son cirque : plutôt que de cacher sa différence, pourquoi ne pas la montrer, l'utiliser, en faire un atout ? Pour autant, il ne veut pas être réduit à l'exhibition… Il ne se sent pas l'âme d'un monstre. D'ailleurs, il n'est pas si laid, avec son beau tronc gris marbré de lichen et de mousse.

Alors il travaille, il s'entraîne, sans relâche. Dans un coin du grand parc, où visiteurs, spectateurs et artistes de tous poils passent sans le voir, il perfectionne son numéro. Un cerceau constellé de lumières autour de la taille, il ondule des hanches. Il sera le premier arbre – et quel arbre ! – à faire du hula-hoop. Il a déjà choisi la musique. Il a même mis dans le coup les chevaux anglo-arabes du haras, qui viendront se cabrer dans une danse animale, autour de lui. Ce soir est le grand soir… En piste !

La ville de Nexon s'est appuyée sur une colline boisée, un rebord de plateau. Le château des barons de Nexon, au sud, qui date du XVIIe siècle, fait le contact entre les habitations et la colline qui culmine à 419 mètres.
L'urbanisation s'est développée de l'autre côté, vers le nord, entre le centre-bourg et la voie ferrée.
Le site du château a été protégé en raison de son parc paysager et agricole, parmi les plus remarquables du Limousin.

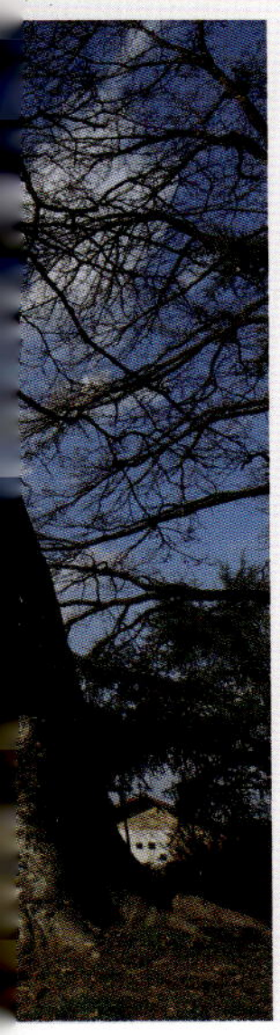

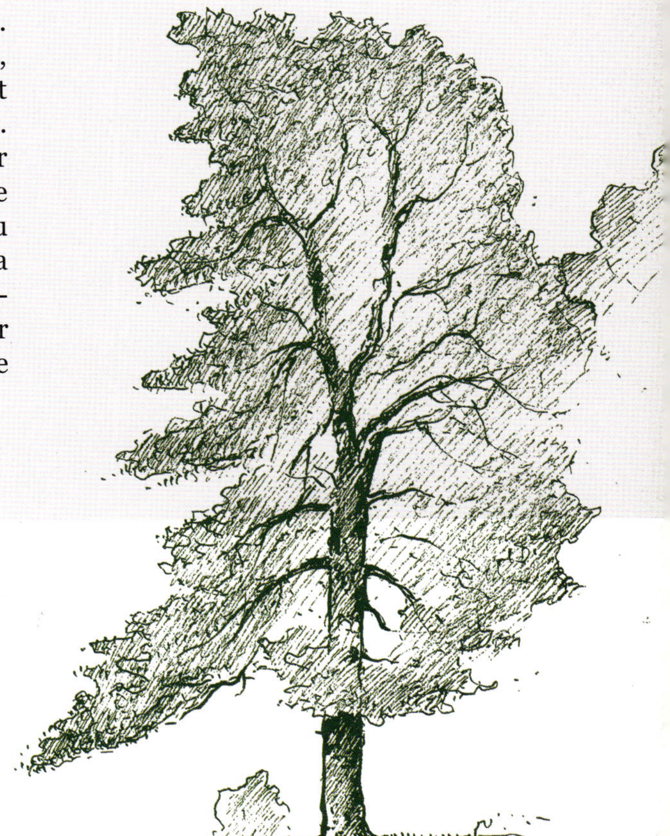

Le parc du château créé à la demande du baron Astolphe de Nexon par le paysagiste Paul de Choulot, aux alentours de 1850, semble surgir du bois : les arbres spontanés du boisement se transforment en arbres d'ornement au contact du château. Cette transition douce est caractéristique du grand paysagiste, né en 1794 et mort en 1864, qui créa plus de 280 jardins en France et en Europe. Un des principes de la conception du Comte de Choulot est de créer des liaisons visuelles entre le parc et le paysage environnant : « L'Art doit battre en brèche ces remparts impénétrables à l'œil (murailles de verdure) et y faire de larges ouvertures qui permettent au pays d'y pénétrer et de mêler les scènes de la nature aux tableaux créés par l'artiste », écrivait-il en 1863, dans son ouvrage *L'Art des jardins*.

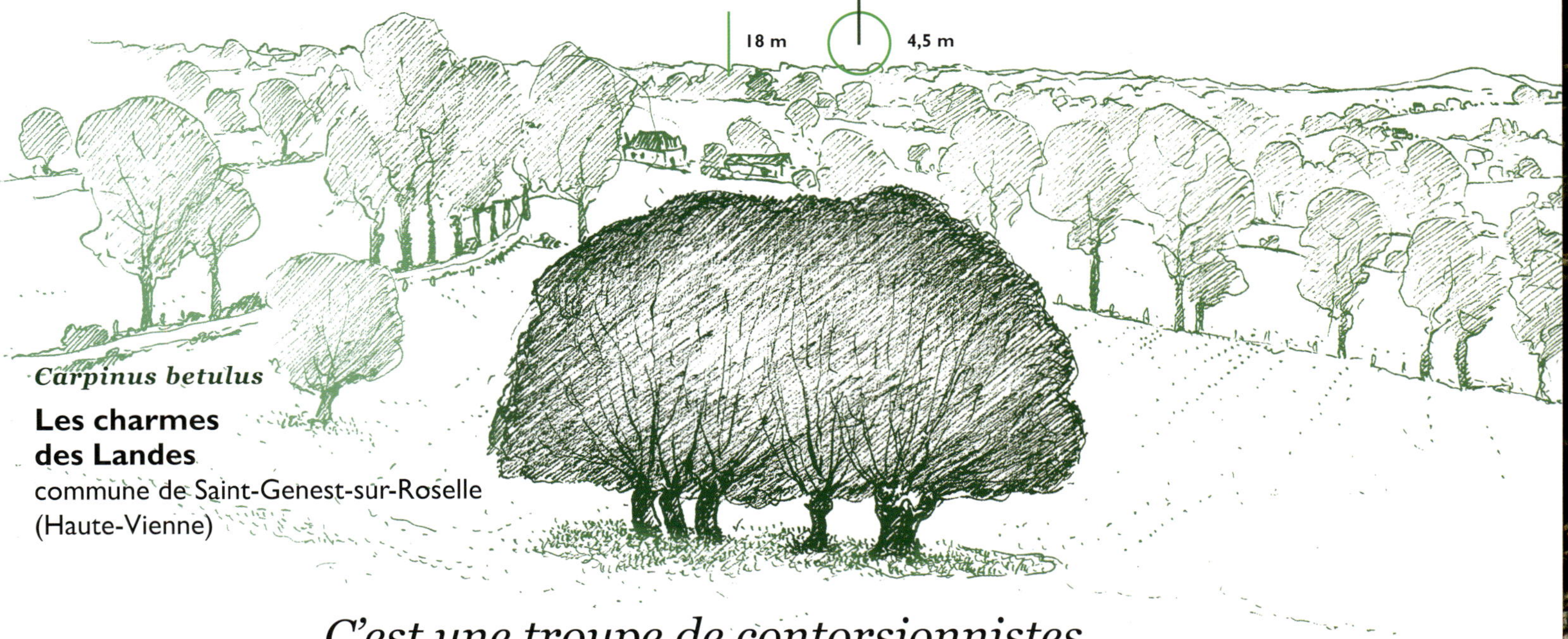

Carpinus betulus

Les charmes des Landes
commune de Saint-Genest-sur-Roselle (Haute-Vienne)

C'est une troupe de contorsionnistes, un ballet désarticulé.

Depuis le bord du pré, on les voit de profil qui forment une fleur, une grosse fleur, large et régulière, une grosse fleur de pétales-feuilles entremêlés, un grand lotus de dentelle. De face, ils sont six, ou peut-être quatre seulement, deux simples et deux doubles. Frêles et tortueux, les six troncs noirs se dandinent au-dessus du sol. Ils dansent. Mais plus haut, leurs branches se tendent en un jaillissement rond, unique et parfait, vers tous les horizons.

Quatre ou six charmes qui ont poussé ensemble et, au fil des années, ont entrelacé leurs racines et leurs branches. Ils dansent ensemble et ne forment plus qu'un. Coupez l'un de ces charmes, ils en seront tous diminués, amputés. Peut-être sont-ils issus d'une même graine ? Pour le moins, ils sont une famille, une communauté irréductible. Impossible de savoir où commence l'un et où finit l'autre. Ils ont poussé en une étreinte perpétuelle.

Dans le pré, l'herbe est haute et humide. On se mouille le bas du pantalon et les chaussettes, mais c'est un prix à payer bien modeste, ramené à la magie du lieu. Est-ce le nom de l'arbre ou l'atmosphère du petit pré ? On est sous le charme, dans tous les sens du terme... Charmé d'être sous le charme. Le tapis de feuilles jaunes, les troncs noirs et dansants, les jeunes branches vigoureuses, le soleil qui se couche à l'horizon, derrière la haie, et teinte le ciel de rose... Sans aucun doute, quelque fée ou magicien repose là, sous le bosquet, attendant des jours meilleurs, des jours moins désenchantés.

Autour des charmes, au lieu-dit « Les Landes », le paysage est très mollement vallonné : c'est un plateau qui ondule nonchalamment et domine la Briance. La rivière, elle, est très encaissée. Deux vallons adjacents qui remontent vers Les Landes, celui de la Gouzonne et celui de Maraval, entaillent le paysage et l'animent. Sur ce plateau aux ondulations amples, le relief peu sévère n'a pas incité à conserver le maillage ancien du bocage : les parcelles ont été agrandies. Quelques arbres, à l'image de cette ligne de charmes, se retrouvent seuls au milieu de grands prés, alors que la haie dont ils faisaient partie a disparu.

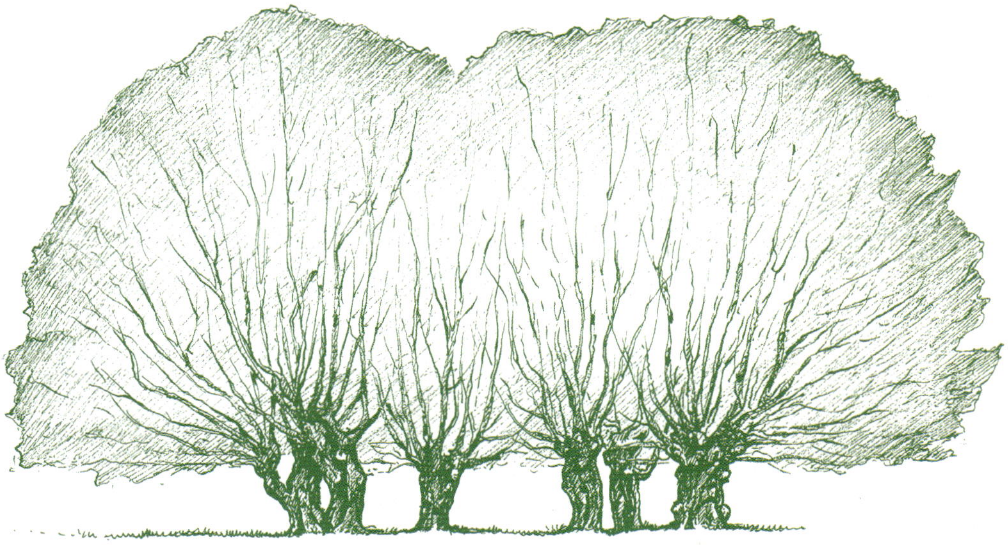

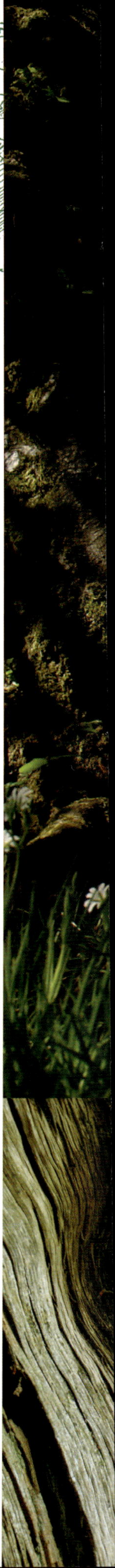

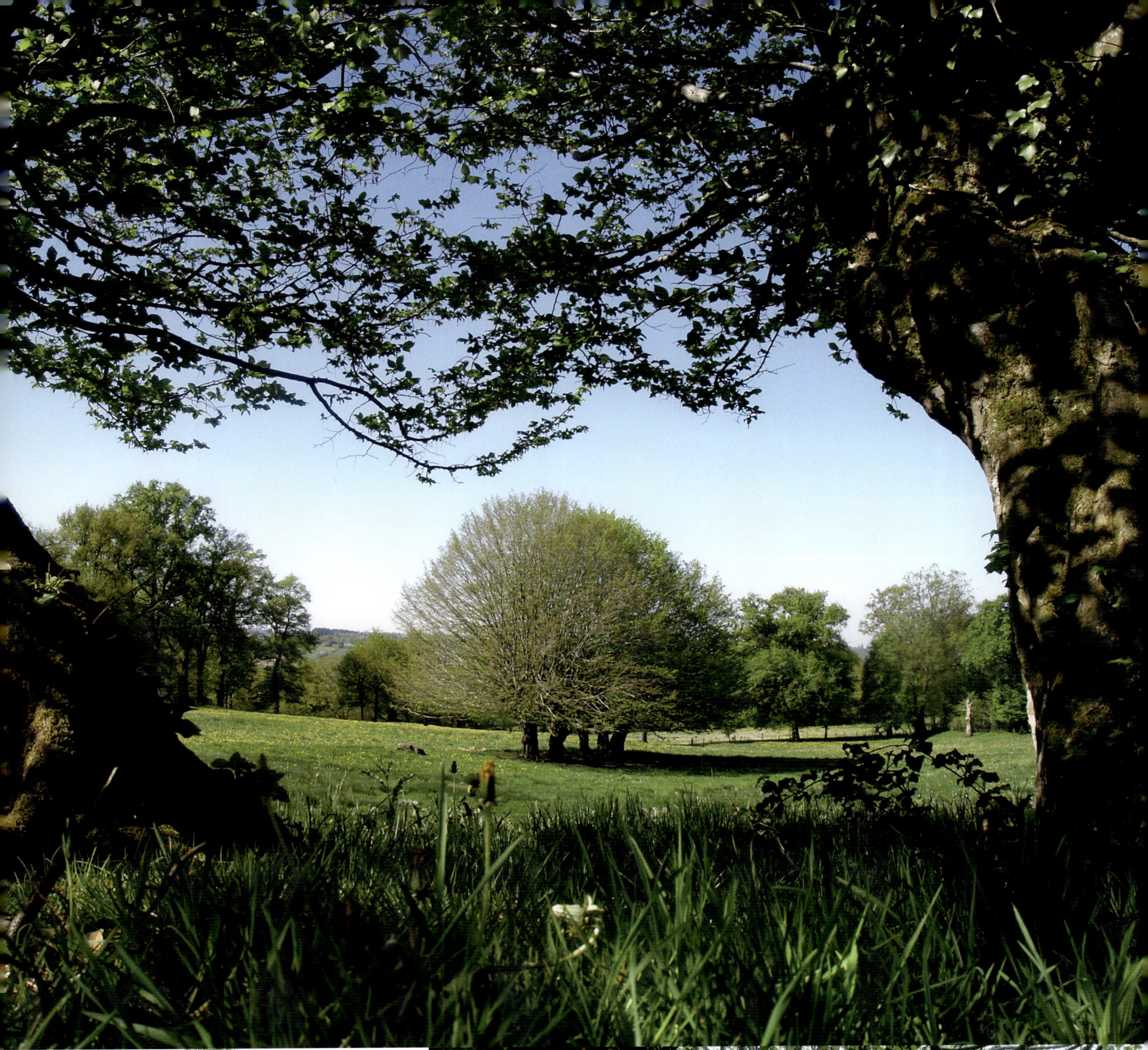

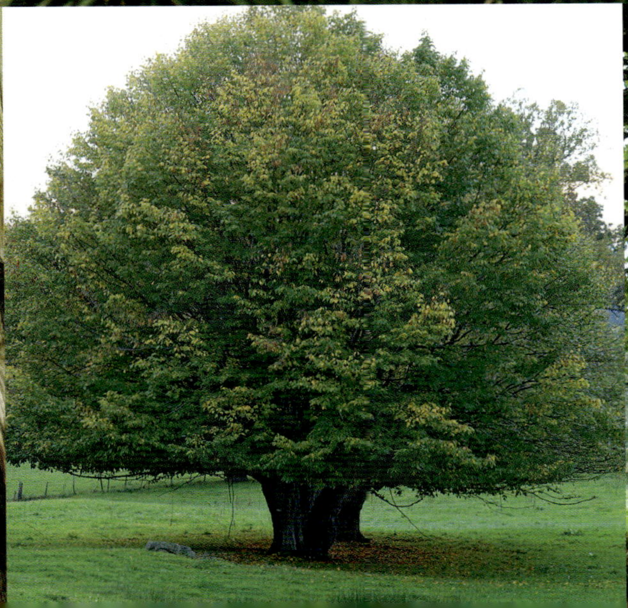

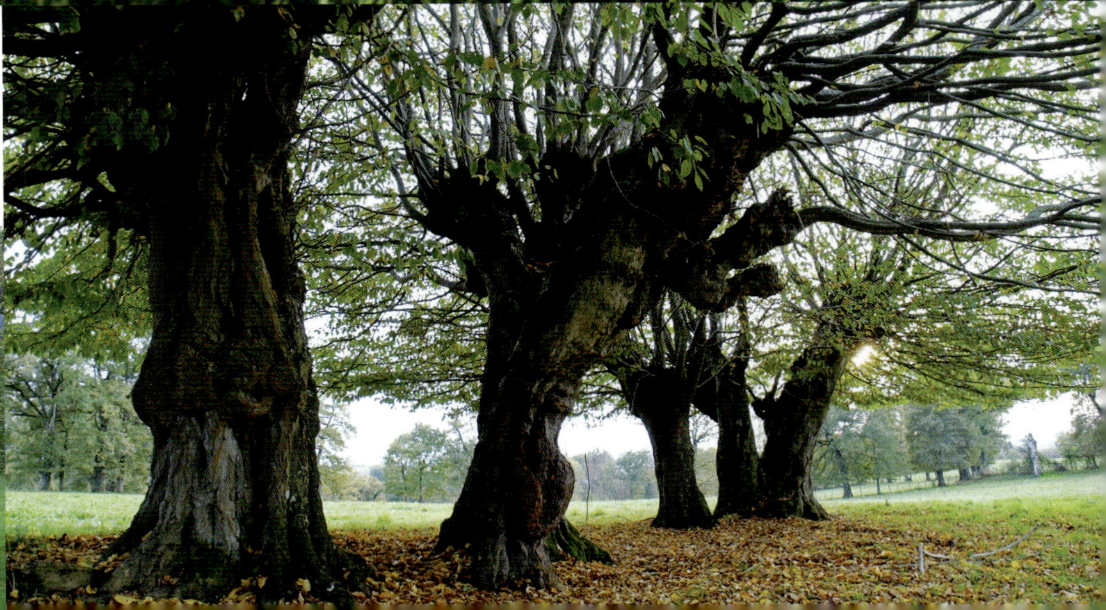

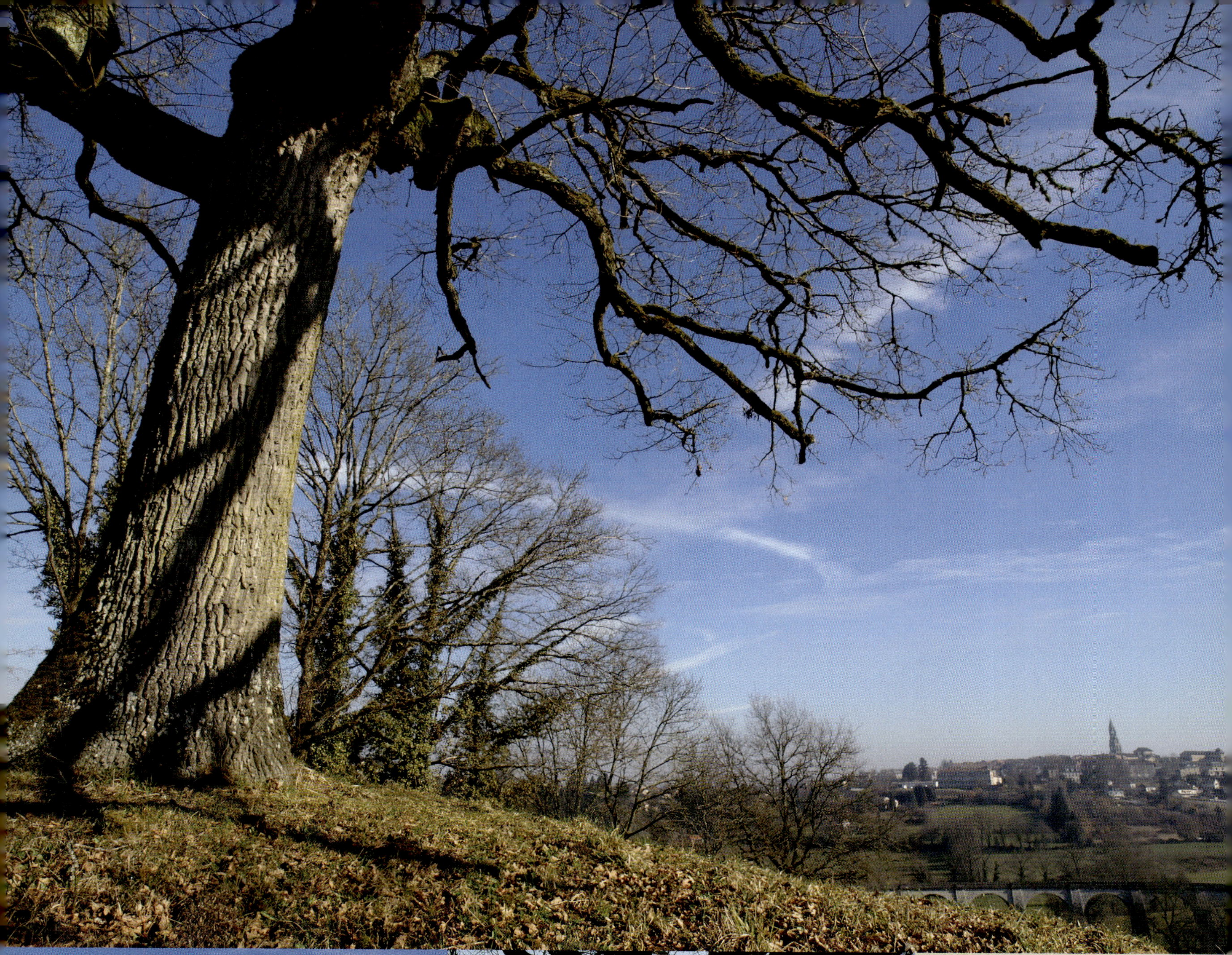

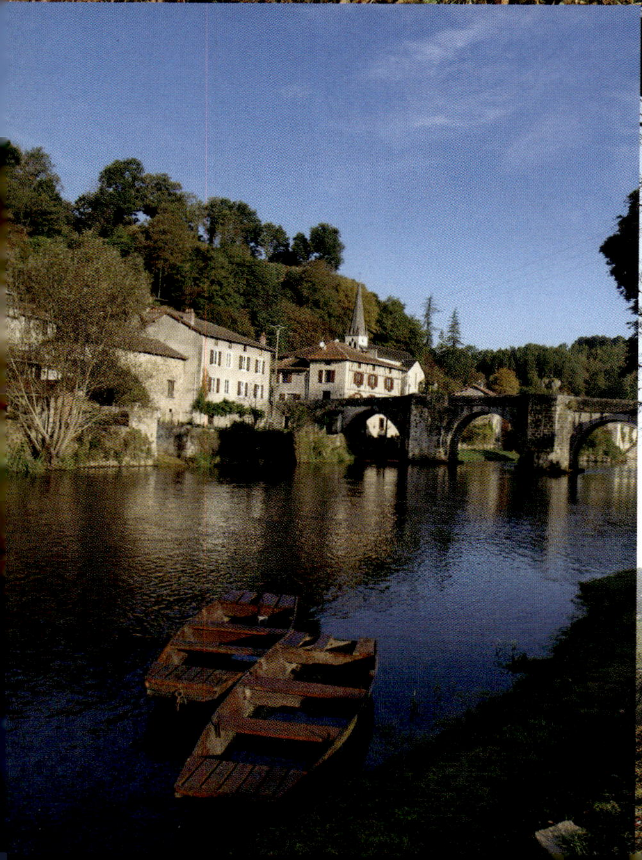

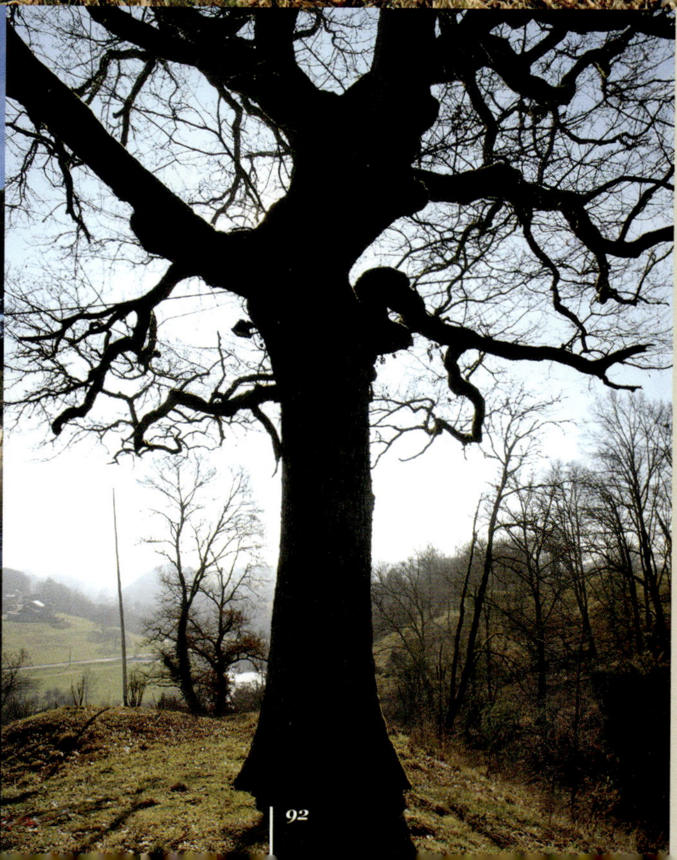

Le chêne occupe l'emplacement d'une ancienne tour, un donjon de l'ancien château de Noblat, démoli depuis le XIVe siècle.
À 313 mètres d'altitude, il regarde couler la rivière, 50 mètres plus bas.
Malgré l'étroitesse du terrain, malgré le risque des crues, des maisons serrées sont venues se coller au bas de la perte, sur la rive gauche.
Le contrôle du pont de Noblat a commandé l'installation des maisons.
La montée nocturne au chêne de Clovis perpétue chaque année, au pont de Noblat, la fête de saint Martial.

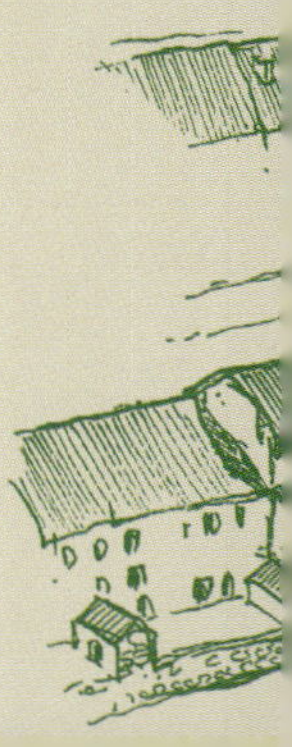

14 m | 2,8 m

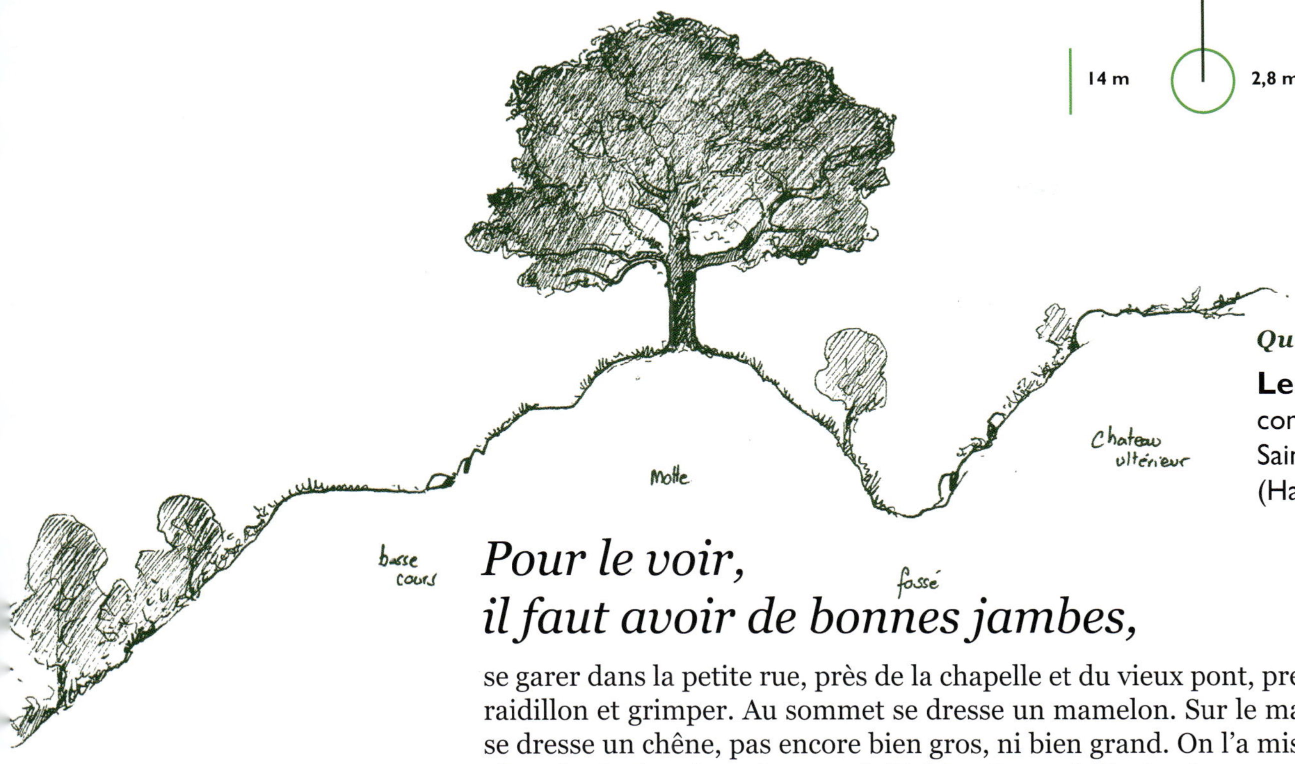

Quercus robur

Le chêne de Clovis

commune de Saint-Léonard-de-Noblat (Haute-Vienne)

Pour le voir, il faut avoir de bonnes jambes,

se garer dans la petite rue, près de la chapelle et du vieux pont, prendre le raidillon et grimper. Au sommet se dresse un mamelon. Sur le mamelon, se dresse un chêne, pas encore bien gros, ni bien grand. On l'a mis là, à la place du donjon des seigneurs de Noblat. Quant à Clovis, c'est certain, il ne l'a jamais vu, ni de près, ni de loin.

La tradition populaire veut que saint Léonard, « fondateur » de la ville, guérit Wisigarde, épouse de Théodebert, petit-fils de Clovis. Elle séjournait alors au château de Noblat... Aujourd'hui, c'est un chêne qui porte le nom royal de Clovis. Des Noblat, ou de leur château, il ne reste que quelques tas de pierres embroussaillées.

Quel besoin ont les hommes, depuis toujours, depuis la nuit des temps, d'aller se chercher de prestigieuses ascendances et de bâtir, aux endroits les plus hauts, les plus inaccessibles, d'imposantes forteresses ?

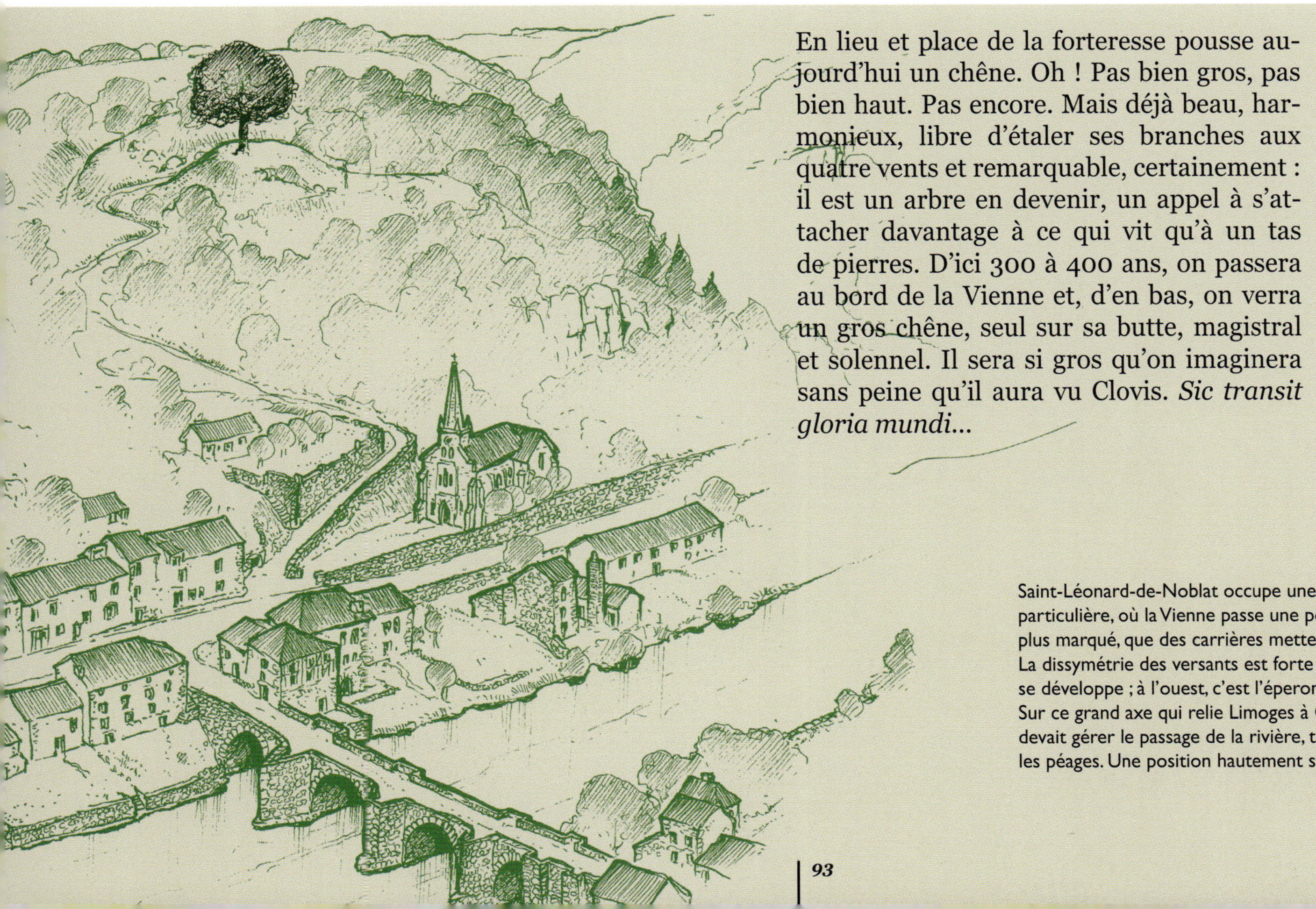

En lieu et place de la forteresse pousse aujourd'hui un chêne. Oh ! Pas bien gros, pas bien haut. Pas encore. Mais déjà beau, harmonieux, libre d'étaler ses branches aux quatre vents et remarquable, certainement : il est un arbre en devenir, un appel à s'attacher davantage à ce qui vit qu'à un tas de pierres. D'ici 300 à 400 ans, on passera au bord de la Vienne et, d'en bas, on verra un gros chêne, seul sur sa butte, magistral et solennel. Il sera si gros qu'on imaginera sans peine qu'il aura vu Clovis. *Sic transit gloria mundi...*

Saint-Léonard-de-Noblat occupe une situation particulière, où la Vienne passe une porte au relief d'autant plus marqué, que des carrières mettent à nu les coteaux. La dissymétrie des versants est forte : à l'est, c'est plat, la ville se développe ; à l'ouest, c'est l'éperon, où se juche le château. Sur ce grand axe qui relie Limoges à Clermont, la forteresse devait gérer le passage de la rivière, tous les transports et les péages. Une position hautement stratégique.

Buxus sempervirens

Le buis du Chalard
commune du Chalard
(Haute-Vienne)

8,5 m — 0,8 m

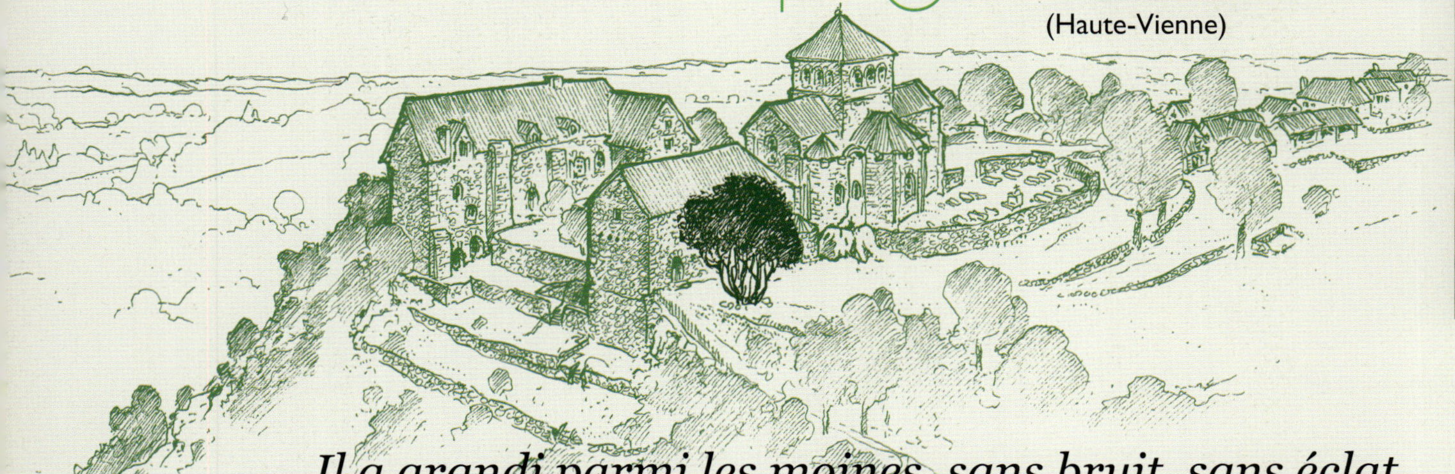

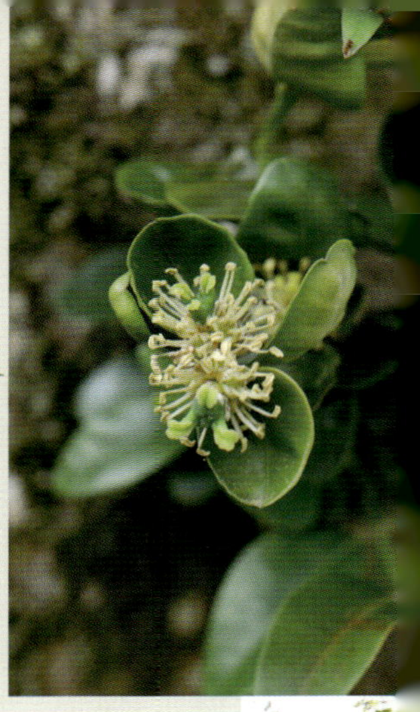

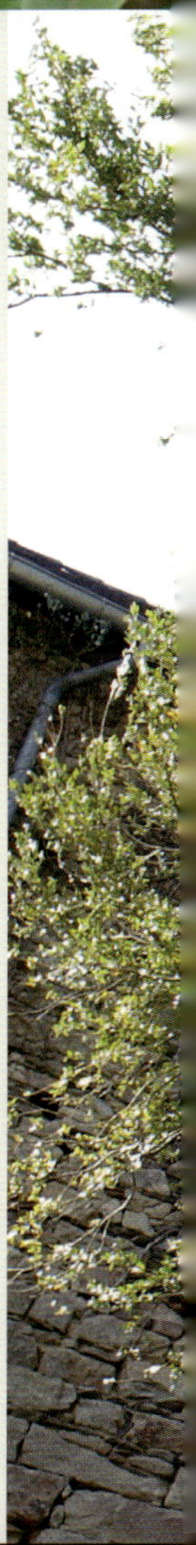

Il a grandi parmi les moines, sans bruit, sans éclat,

caché derrière l'église, en contrebas du cimetière, sur un petit terrain délaissé. Ce buis-là aurait, dit-on, 400 ans. Plusieurs vies d'hommes, déjà, mais une jeunesse, au regard des monuments qui l'entourent. Plus jeune que l'église, plus jeune que le petit cimetière médiéval. Quand il est né, toutes ces splendeurs, déjà, avaient passé.

Les moines, eux, étaient toujours là et devaient l'apercevoir, chaque jour ; c'était bien avant que la porte et le petit escalier ne servent plus à personne et que le buis échappe aux regards de ceux qui visitent l'église fortifiée ou le cimetière. Car pour le voir, il faut le chercher, ne pas se laisser aveugler par les merveilles architecturales de l'ancien prieuré.

Ses 16 troncs moussus s'échappent d'un socle de pierre pour s'enchevêtrer avec précaution, ses branches, qui n'ont jamais été taillées, joignent leurs feuilles, à moins de 2 mètres du sol, pour former un dais végétal au-dessus du petit trône de pierre. Bien maigre trône, bien pauvre dais. Le buis du Chalard n'est pas un arbre de roi. Il n'est pas de ces massifs taillés au cordeau pour orner les parcs des plus grands châteaux. Mais au moins offre-t-il l'ombre à qui veut bien s'asseoir simplement à son pied, au milieu des fraisiers sauvages.

Il a grandi parmi les moines et a retenu de leur exemple que l'humilité peut être grande, pour peu qu'elle soit vraie. On le dit arbuste, il se sait arbre. Oublié en contrebas du prieuré, il a poussé sans savoir, simplement. Dans son humilité sans fard il est un témoin très particulier, et rare, des temps passés.

Le buis regarde vers la vallée de l'Isle, modeste mais belle rivière aux méandres remarquables. Son village, le Chalard, s'est développé au creux d'un léger vallon, à quelque distance de la rivière. La rue principale est orientée toute droite vers l'éperon, très effilé, où trône l'église autrefois fortifiée. L'ancien prieuré était la tête de pont, la figure de proue du village, le refuge pour les temps troublés. Le site est aujourd'hui classé.

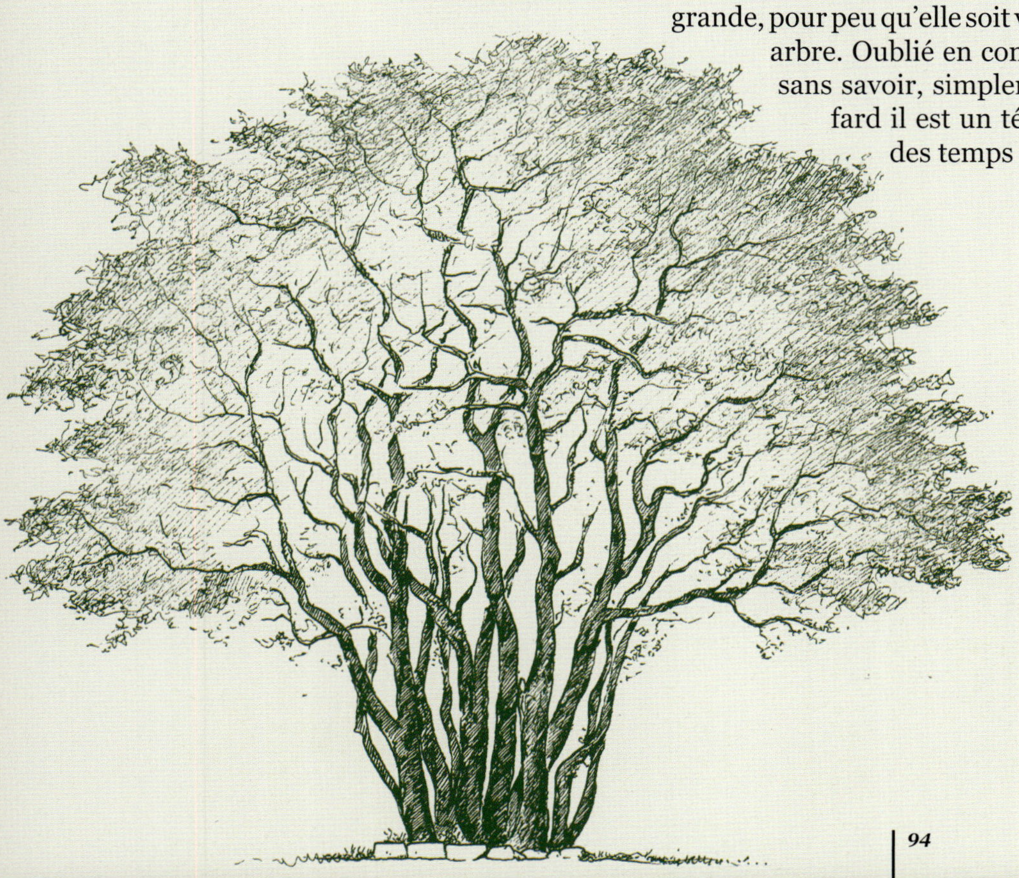

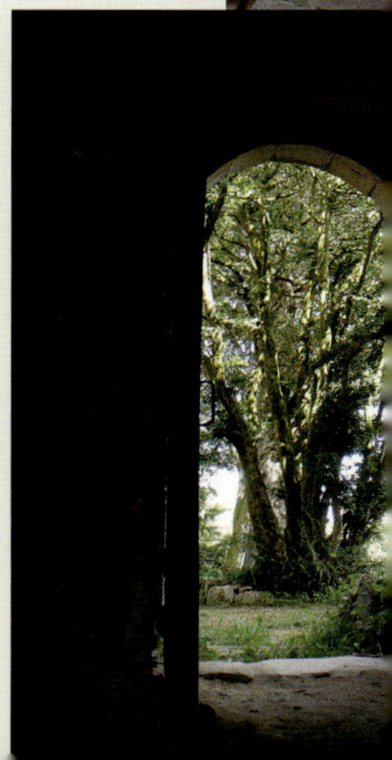

Les traces d'une occupation humaine ancienne sont nombreuses au Chalard : mines d'or, tour, oratoire, moulin, forge. Un pays de cocagne qui n'échappa pourtant pas aux soubresauts de l'histoire. Le premier monastère fondé, selon la légende, par le vicomte de Limoges, connut les destructions des invasions normandes dès l'an 806, puis la guerre de Cent Ans, la Révolution, l'Occupation… L'ancien prieuré Notre-Dame est aujourd'hui une propriété privée ouverte au public l'été lors du festival de musique.

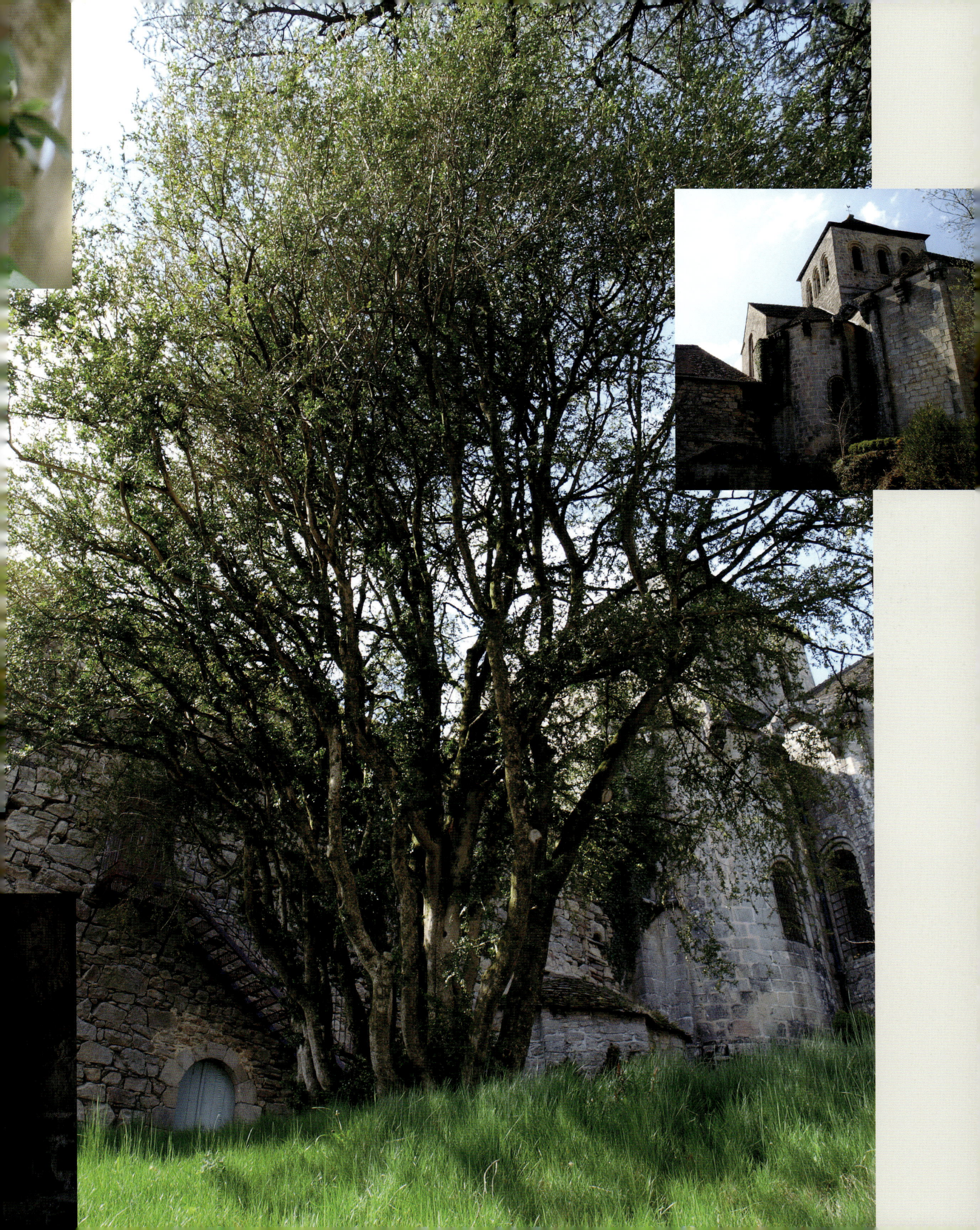

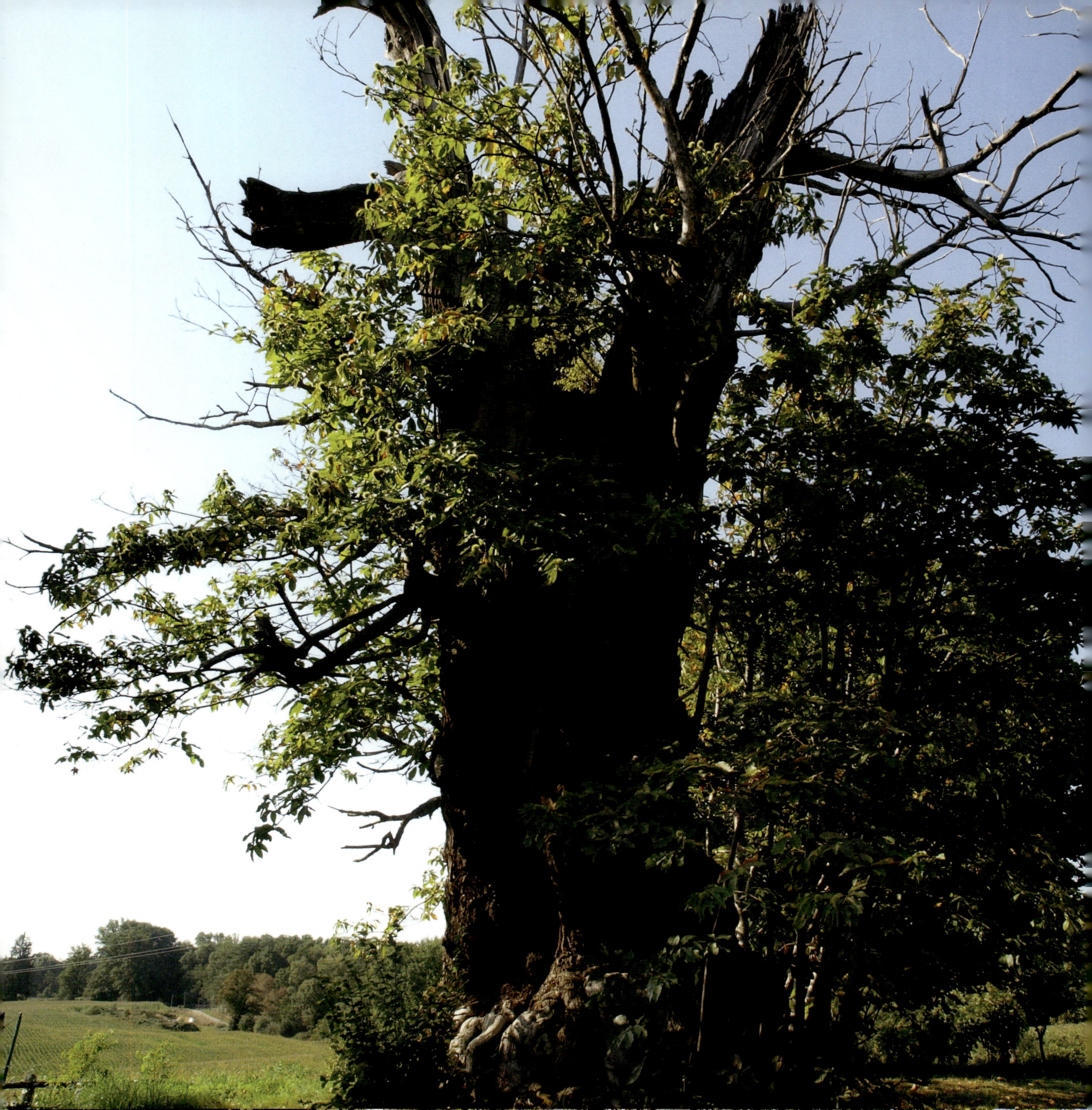

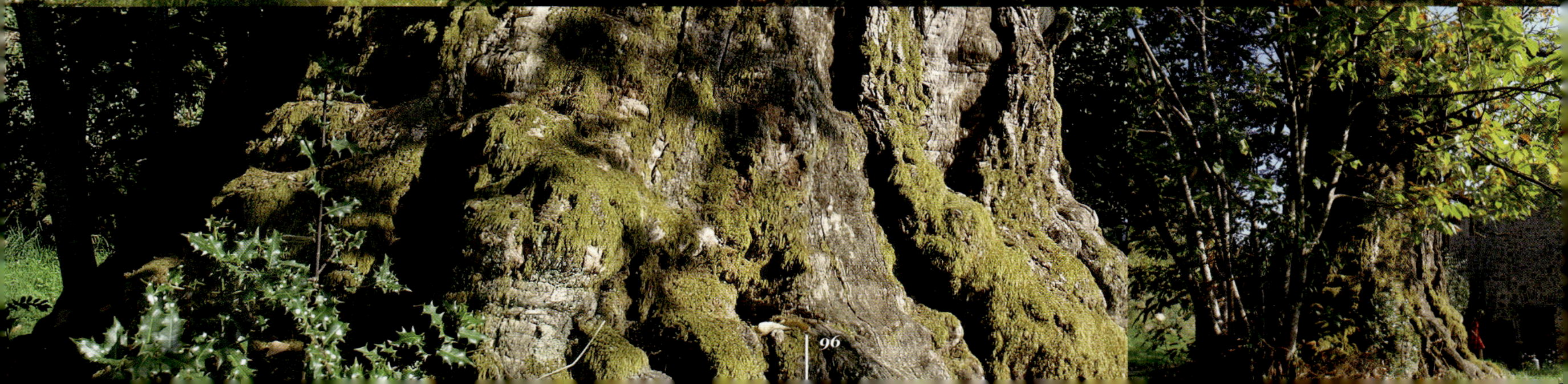

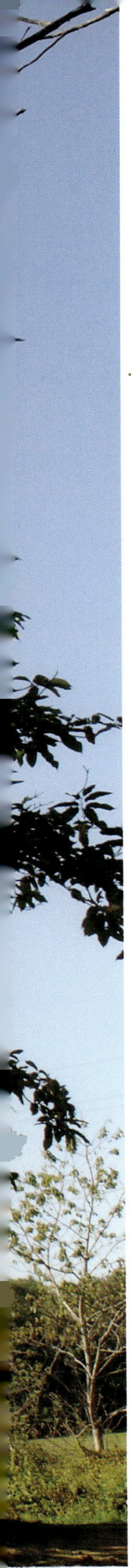

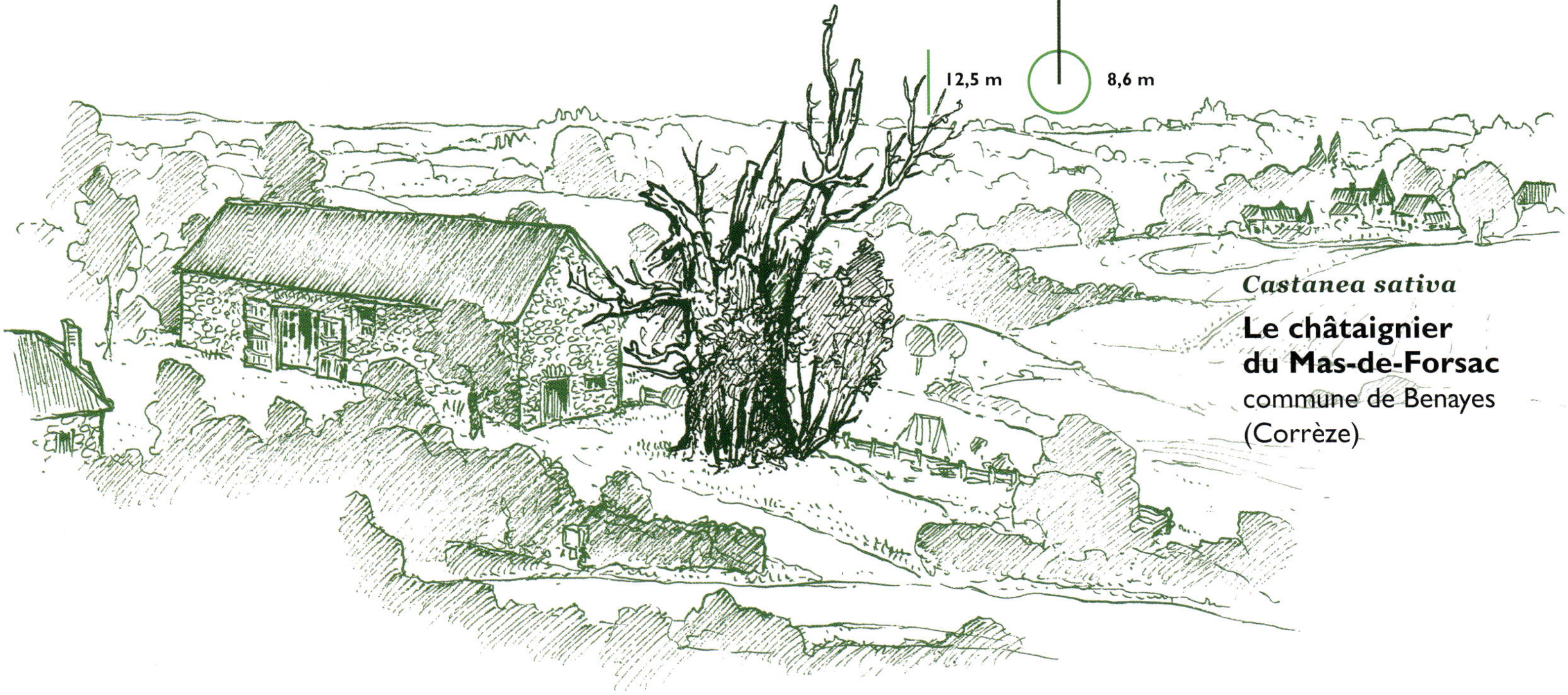

Castanea sativa

Le châtaignier du Mas-de-Forsac

commune de Benayes (Corrèze)

Les enfants disent qu'il est creux et qu'il y a un chevalier à l'intérieur…

Le Mas-de-Forsac est à la naissance d'un petit ruisseau, au cœur du relief ample et doux du plateau d'Uzerche. Non loin naît une rivière : l'Auvézère.
Cette partie du plateau est bien encadrée par la forêt : peu à peu, celle-ci gagne sur les terres cultivées, l'ancien bocage qui s'émiette pour laisser place aux arbres.
Ce qui reste de haies joue avec le relief : la trame du bocage révèle les accidents du terrain.

Et, à dire vrai, on les croit. Dedans sont le chevalier, son armure et son cheval. Et, pourquoi pas, son écuyer ! Tout peut entrer dans cet énorme volume, dans ce tronc faramineux. Il n'est plus que cela, d'ailleurs : un tronc. Tous les dix ans tombe une grosse branche… Il est presque chauve, maintenant.
Il faut dire qu'il a souffert : un paysan avait entassé son fumier au pied du châtaignier. L'écorce en a été brûlée, elle est encore toute boursouflée par endroits. Côté nord, d'où vient le froid, il ne fait plus que des rejets. De l'autre, au soleil, il porte encore quelques branches. Une année, des frelons avaient élu domicile dans l'un de ses creux. Bref, la vie le malmène… Mais il résiste.
Aujourd'hui, il est entre de bonnes mains, tant il fait la fierté des habitants du Mas-de-Forsac. Il ne donne plus vraiment de châtaignes, plus d'ombre non plus, mais quand on héberge un chevalier du Moyen Âge, peut-être même le Graal, on a droit à tous les égards. C'est vrai qu'il est gros, très gros, et vieux, si vieux.
Quand on demande aux propriétaires de l'arbre quel âge il peut avoir, la seule chose qu'ils peuvent nous dire, c'est qu'il est « plus vieux et plus gros que le plus vieux et le plus gros châtaignier du Limousin ».
Et à dire vrai, on y croit !

Le mas était une possession du château de Forsac, tout proche. Sur la route qui y mène, un double alignement de hêtres et de chênes donne un rythme au paysage. Dans la cour de ce château, des platanes d'Orient, plantés en 1785, en même temps que ceux du Trianon, sont parmi les plus vieux de France.
Ce site privé n'est pas accessible aux visiteurs.

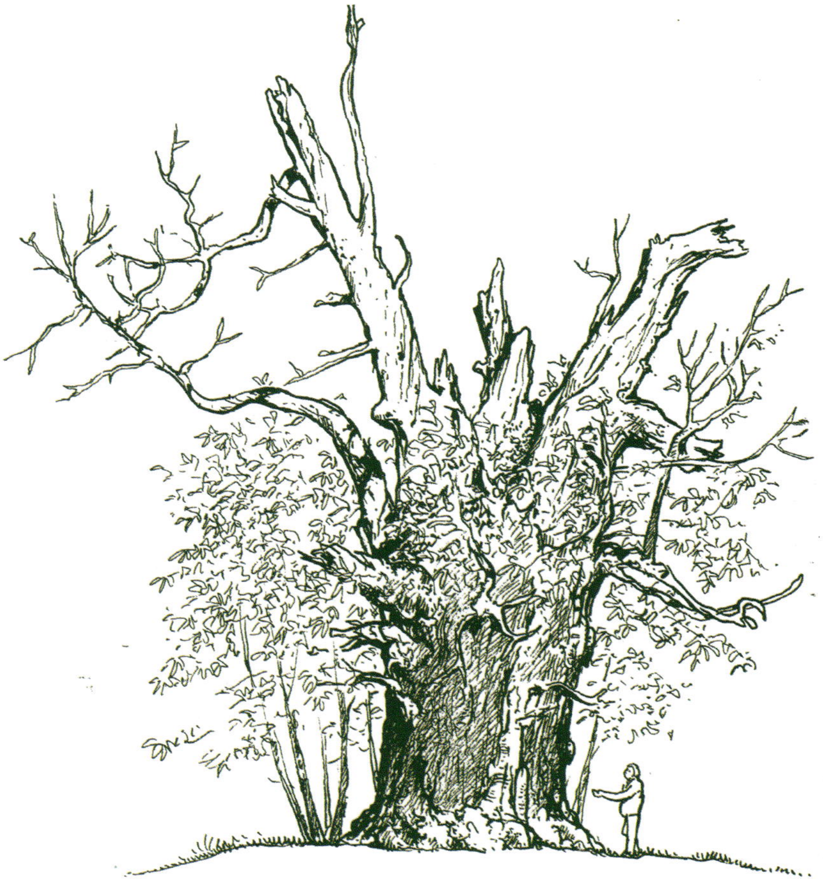

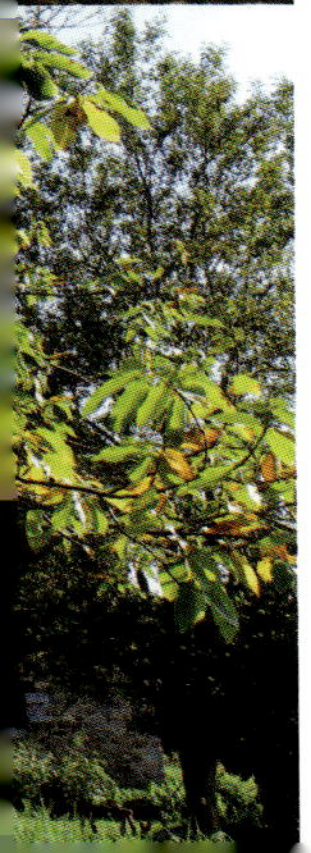

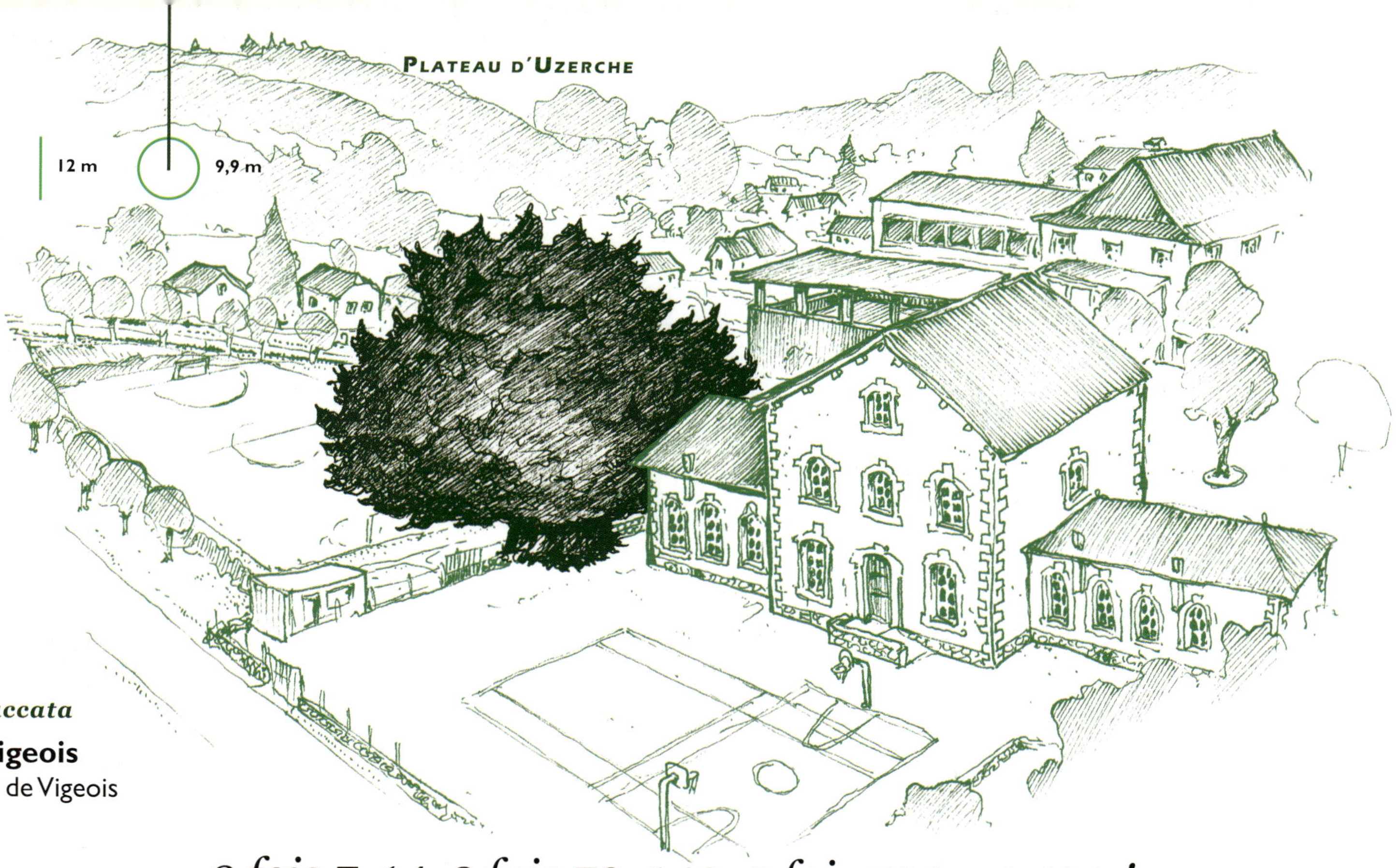

Taxus baccata

L'if de Vigeois

commune de Vigeois
(Corrèze)

Le bourg de Vigeois est perché au-dessus de la Vézère, belle rivière encaissée que la voie ferrée a du mal à suivre. Le cours de la rivière file droit vers le sud, presque sans méandres, excepté Comborn, pour rejoindre la Dordogne. Elle crée une entaille nette dans le plateau cristallin.

Sur le rebord du plateau, au bord du basculement dans la vallée, les habitations se sont concentrées autour de l'abbaye, fondée en 572 par saint Yrieix. Centre historique important du Bas-Limousin, l'abbatiale est connue pour son cartulaire rédigé par Geoffroy du Breuil au XIIe siècle. L'abbaye bénédictine a été supprimée en 1790. Aujourd'hui, Vigeois est un bourg tranquille de 1 200 habitants, fréquenté par de nombreux visiteurs pour son site remarquable au-dessus de la Vézère.

2 fois 7, 14. 2 fois 70, 140. 2 fois 700... 1 400 !

C'est son âge, dit-on : l'if de Vigeois est le doyen des arbres du Limousin. Certains affirment qu'il a été planté là comme arbre de cimetière, lors de la fondation de l'abbaye, au VIe siècle. 1 400 ans... Combien de vies humaines ? Il s'est pourtant fait discret, dans la cour de l'école, coincé contre un muret qu'il déborde allègrement, si discret qu'il faut aller le voir pour le croire. C'est une grosse boule bien touffue, vert sombre et qui sent la résine. Son tronc est énorme, court et ramassé.

Aux enfants de l'école, on dira que cet arbre a sans doute connu Charlemagne, du moins certains de ses contemporains. Cela leur semblera vieux, très très vieux, incroyablement vieux, même, mais cela ne les empêchera pas de profiter de l'if pour se laisser glisser de l'autre côté du mur... Car l'ancêtre est facétieux : son tronc, large et court, et ses branches qui dégringolent sont un tremplin rêvé pour ceux qui rêvent d'une école buissonnière. Le respectable doyen est un complice fabuleux pour l'échappée belle.

Et quand bien même on ne voudrait pas s'échapper, il suffit de grimper et rester au creux de ses branches : là, c'est un jardin intérieur, un univers de jeunes pousses vertes et d'écorce rouge, de petites bêtes impatientes. Une récréation au cœur de l'arbre et hop ! Oubliées les misères des tables de multiplication et autres participes passés qui s'accordent en genre et en nombre avec le sujet.

Autour de l'arbre, le monde s'est transformé ; on a bâti, détruit, rebâti. Au creux de l'arbre s'est construit sans bruit, au fil des siècles, un petit havre de paix pour l'enfant... ou le vieillard.

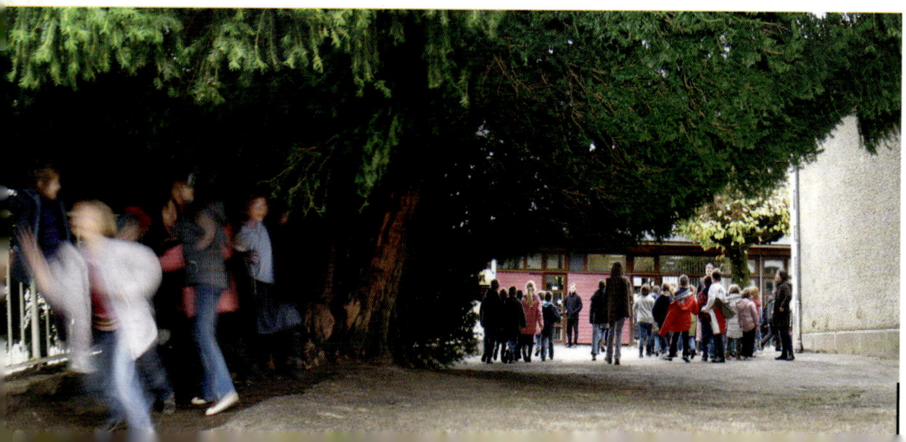

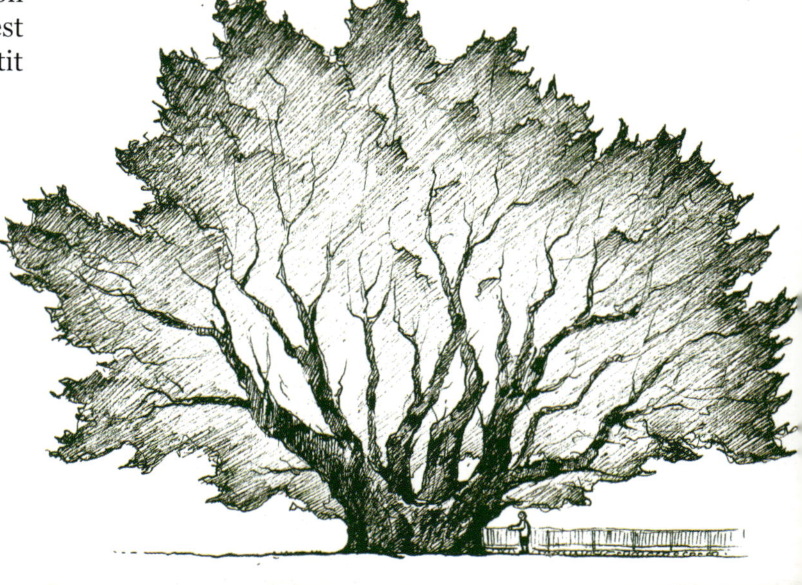

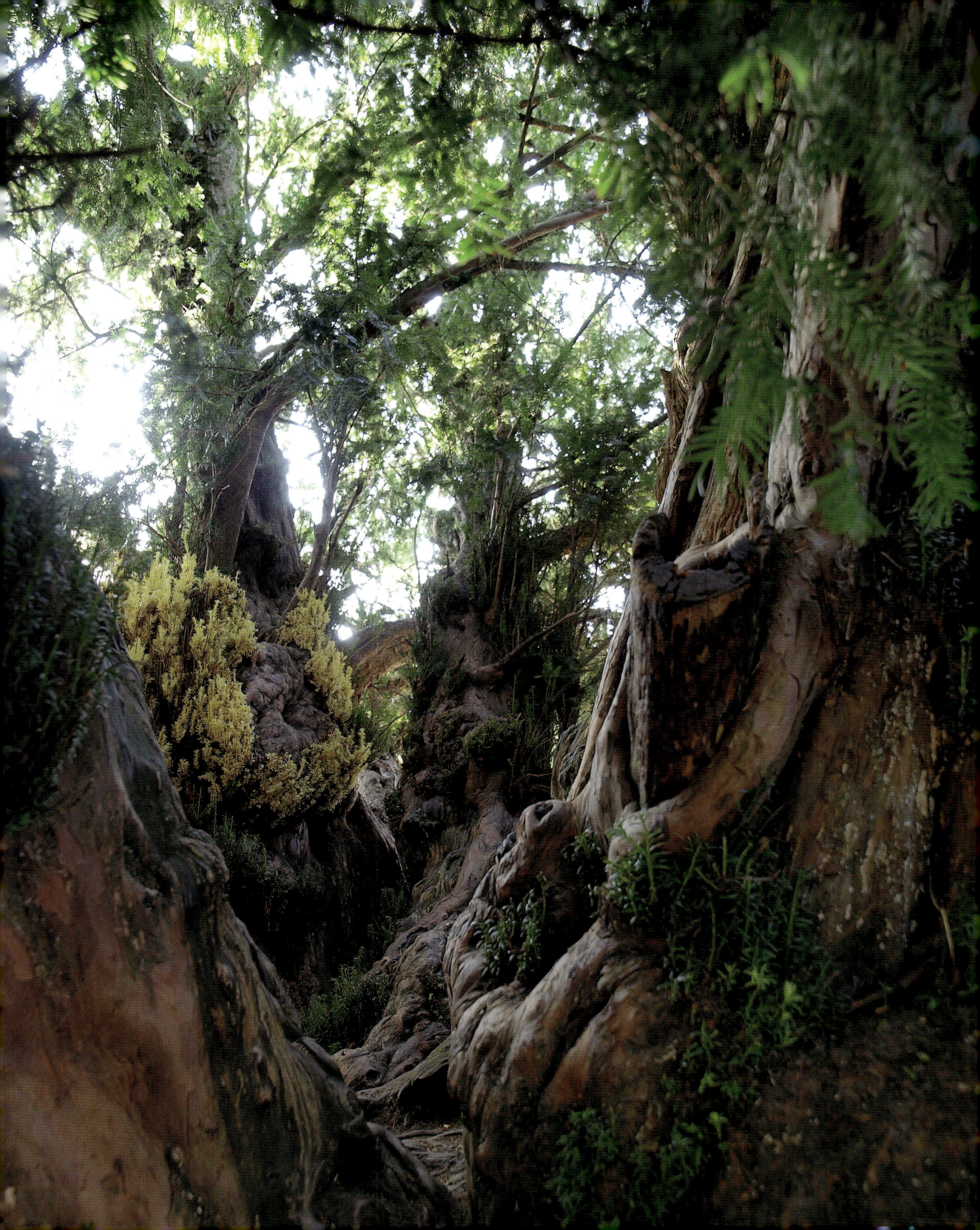

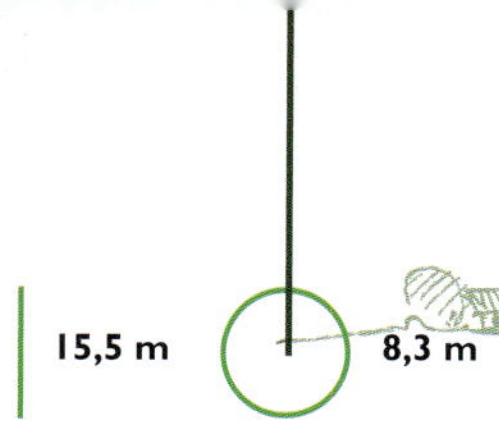

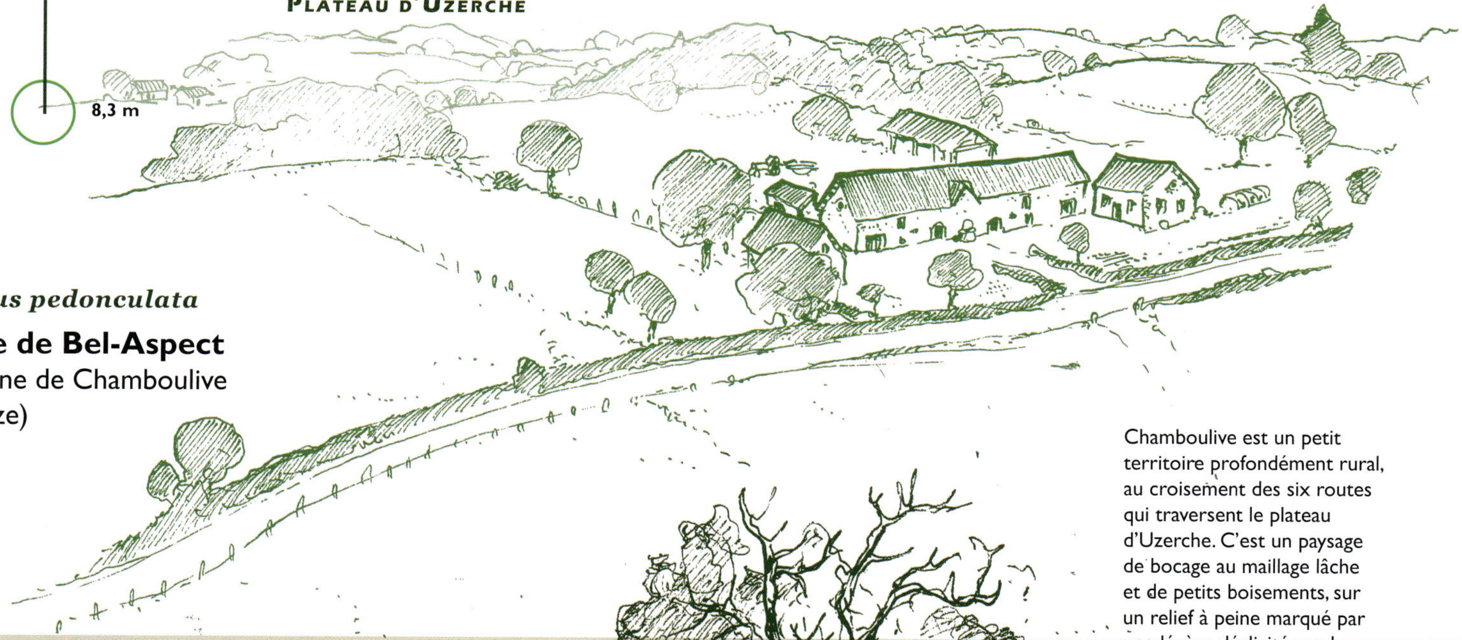

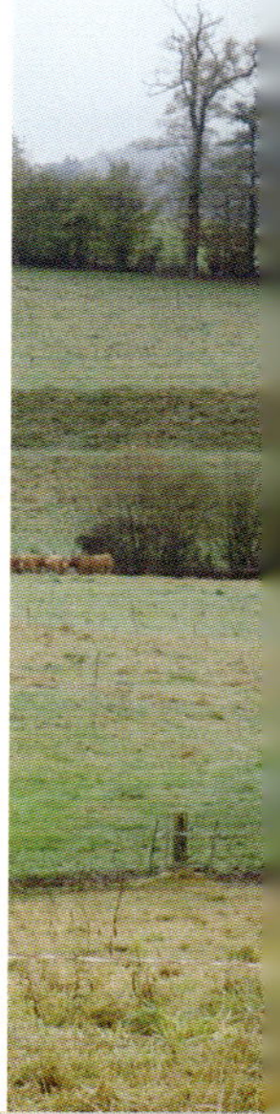

Quercus pedonculata

Chêne de Bel-Aspect

commune de Chamboulive
(Corrèze)

Chamboulive est un petit territoire profondément rural, au croisement des six routes qui traversent le plateau d'Uzerche. C'est un paysage de bocage au maillage lâche et de petits boisements, sur un relief à peine marqué par une légère déclivité : en bas, un petit ruisseau s'étale, le Rujoux.
Quelques étangs animent l'ensemble. Au sud, les collines sont plus marquées, un petit mamelon se dresse à 446 mètres d'altitude.

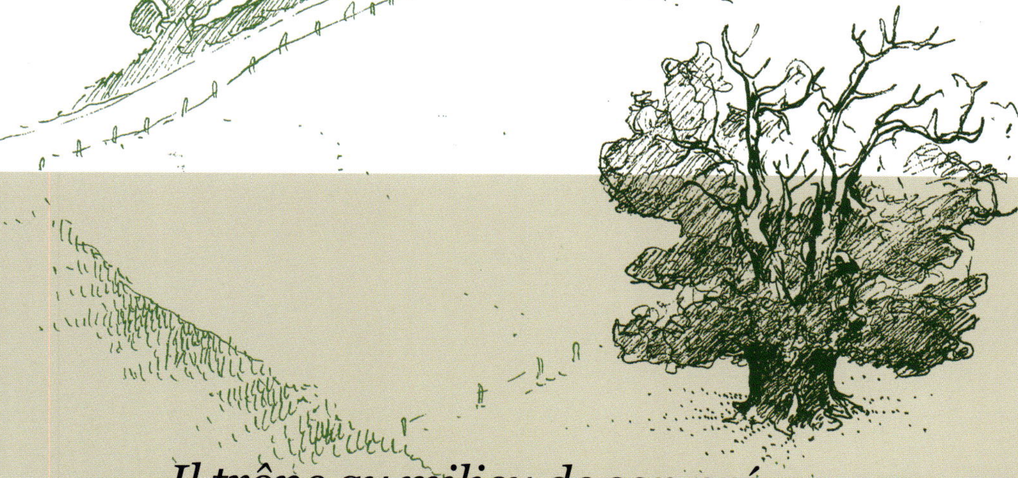

Il trône au milieu de son pré, comme un gros pacha satisfait.

Il n'a rien de la prestance d'un séquoia ou d'un cèdre du Liban ; il n'a ni la flamboyance du ginkgo, ni l'élégance d'un grand pin noir, c'est vrai... Arbre des villes, arbre des champs, chacun sa personnalité. Les uns sont là pour l'ornement... Lui n'a pas été rapporté dans la valise d'un botaniste aventureux du XVIIIe siècle ! Il est plutôt ramassé, râblé, même... Et alors ? On s'en moque, ici, de faire joli. L'essentiel est d'être utile.
Et pour être utile, il l'a été, pendant cinq siècles déjà. Il l'est toujours, d'ailleurs. C'est l'arbre du troupeau. L'été, il donne un peu d'ombre, l'hiver, le bois qu'on a coupé. Jamais l'homme n'a laissé à ses branches le loisir de s'élever bien haut ou d'aller courir à l'horizontale. Le chêne a poussé patiemment, avec économie, toujours freiné dans ses élans les plus spontanés, pour être, aujourd'hui, ce concentré de puissance, de force et de ténacité au milieu d'un pré.
Têtard ! C'est ainsi que certains le nomment. Ça le fait bien rire ! N'ont-ils jamais vu à quoi ressemble un têtard ? Et s'imaginent-ils qu'il va devenir grenouille ? Et puis quoi, encore ? Ce chêne-là, façonné par les hommes, est né d'un combat. Ce n'est plus une merveille de la nature, c'est l'œuvre conjuguée de forces antagonistes : d'un côté l'impulsion vitale, têtue, de la plante jamais lassée de croître ; de l'autre, l'infini entêtement de l'homme, répété année après année, siècle après siècle.
Qui abandonnera la lutte le premier ?

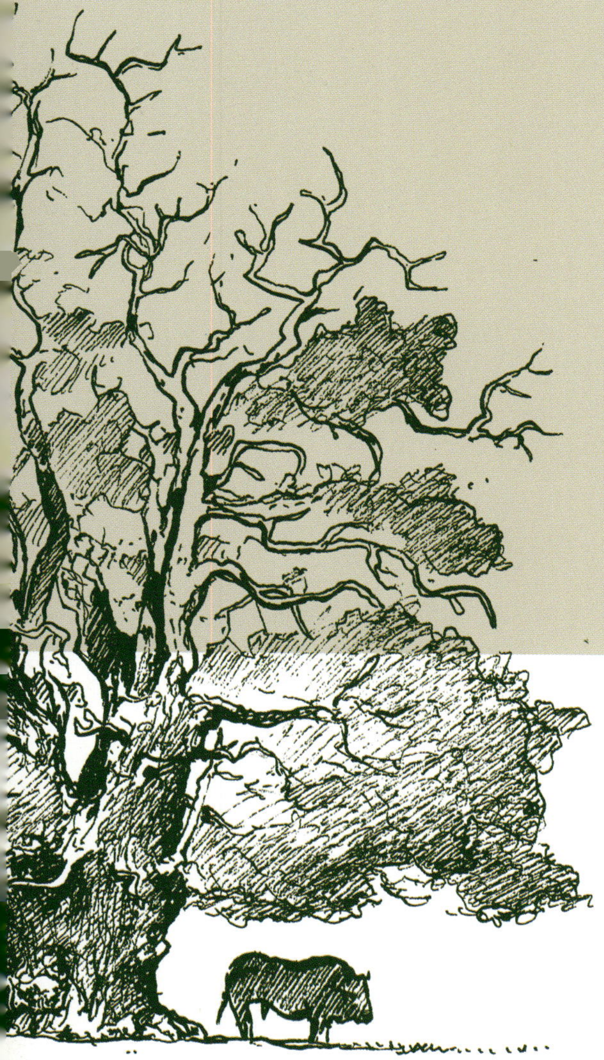

Comme celui de Cherdemont en Creuse, le chêne de Chamboulive est un arbre de plein champ. Son port, très restreint, laisse supposer qu'il fut peut-être, autrefois, un arbre de haie. Contrairement à celui de Cherdemont, il semble échapper à l'urbanisation qui se développe de l'autre côté du village.

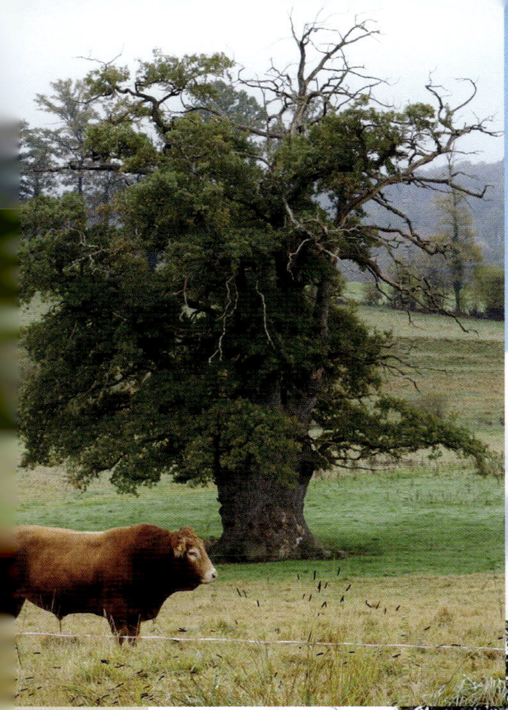

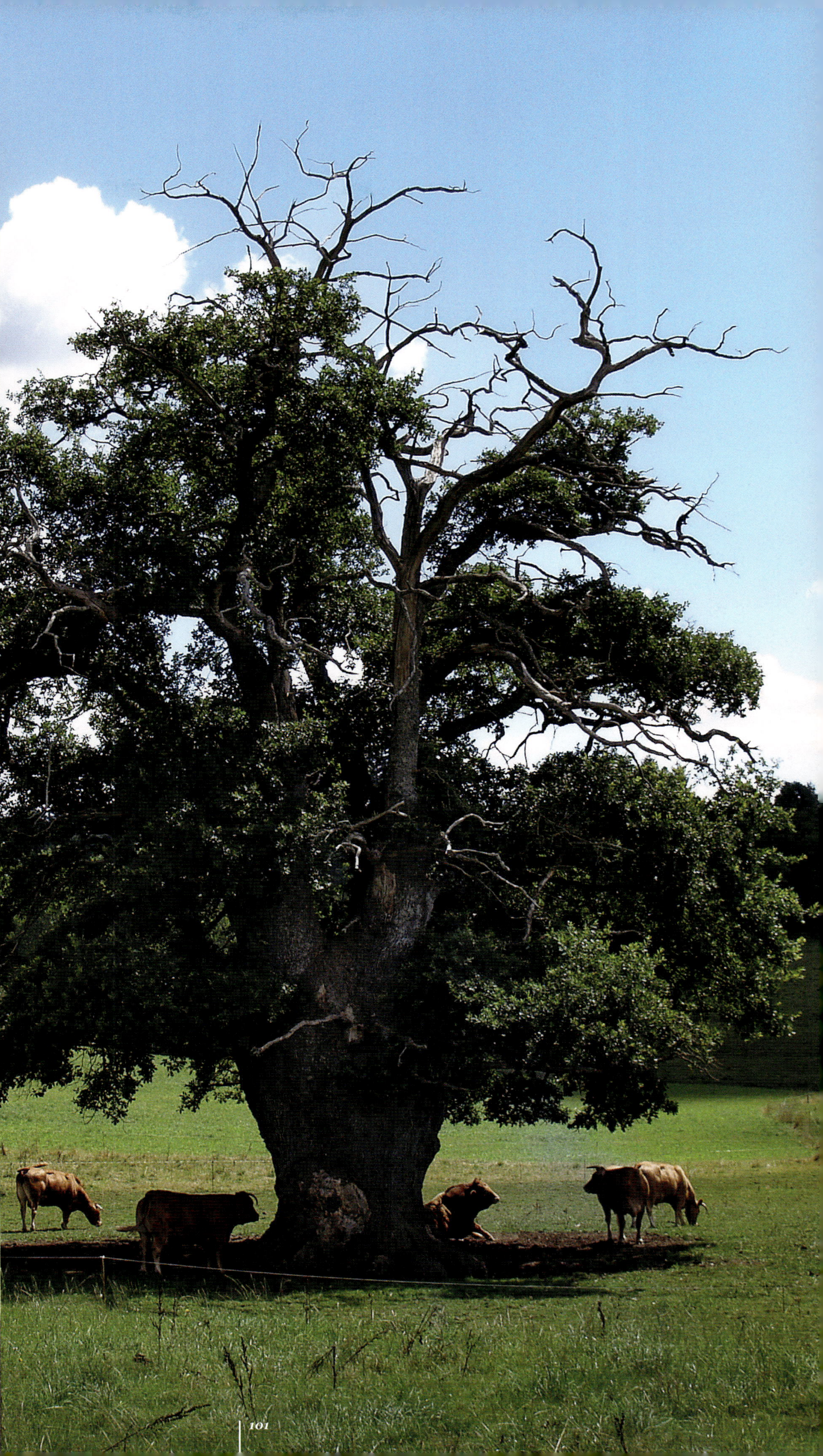

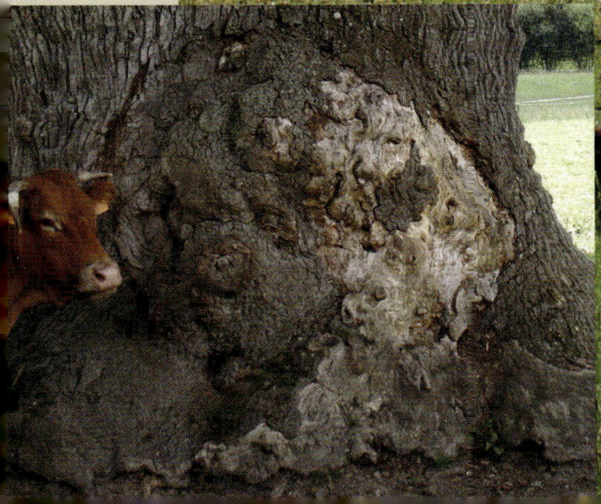

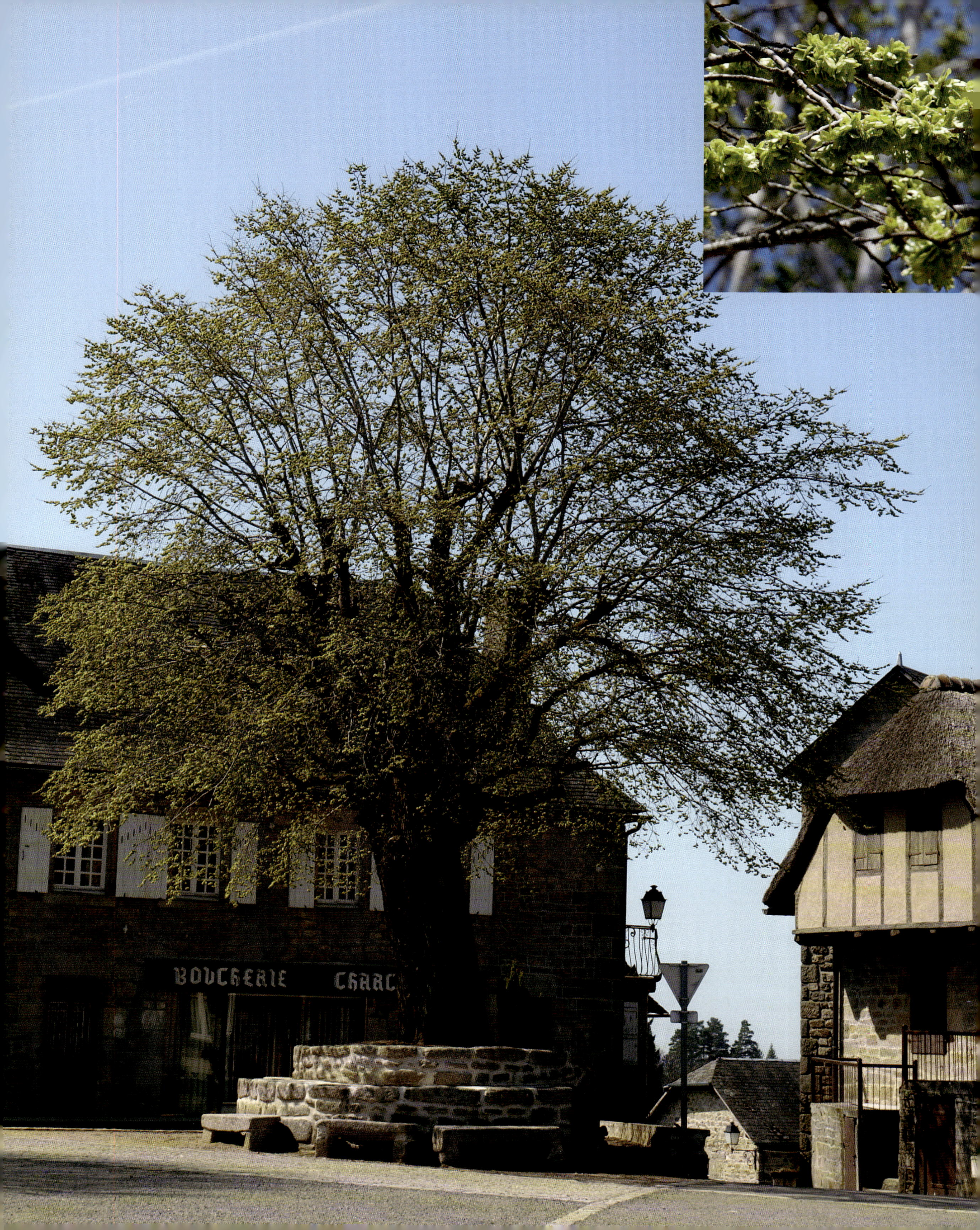
BOUCHERIE CHARC

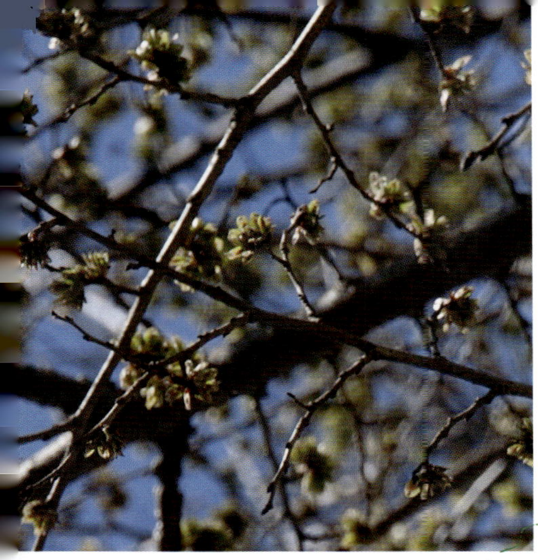

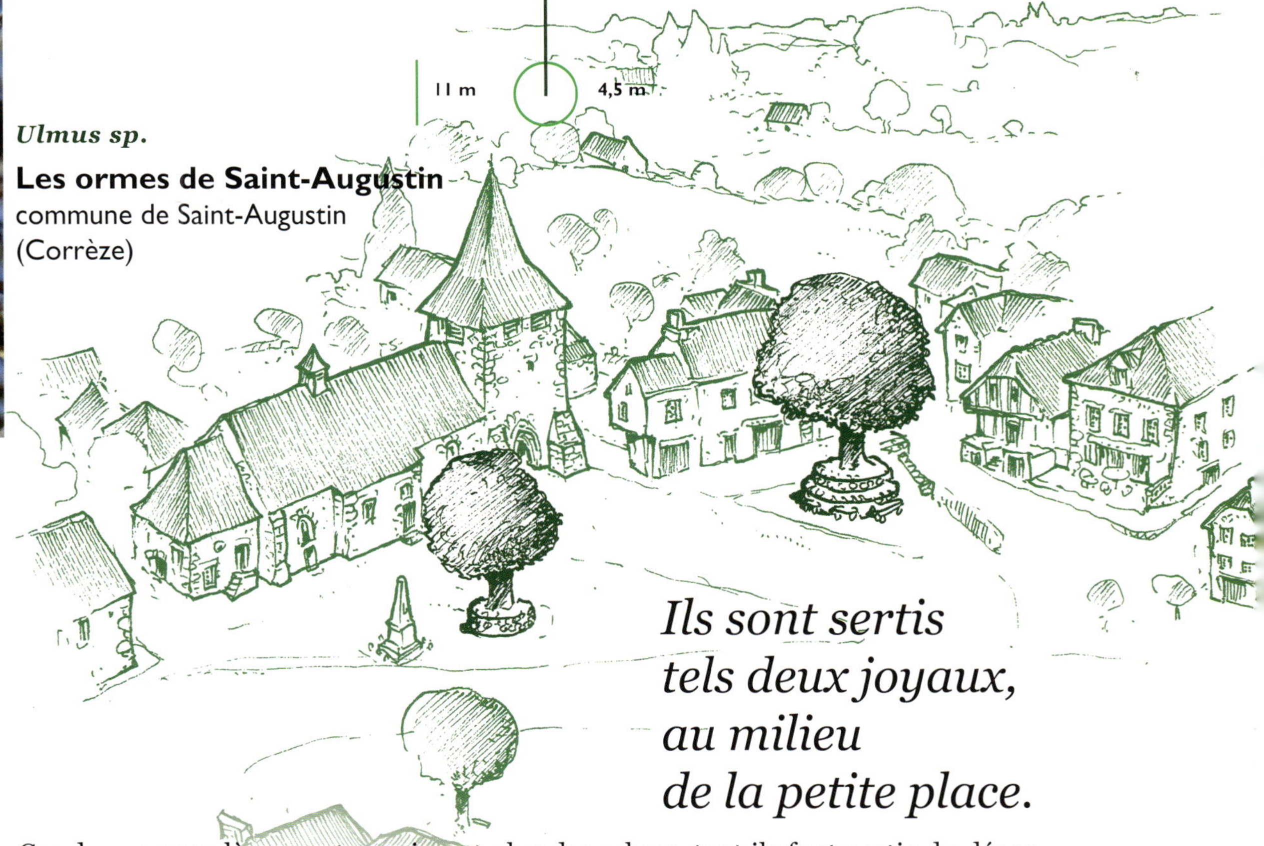

Ulmus sp.

Les ormes de Saint-Augustin

commune de Saint-Augustin
(Corrèze)

Ils sont sertis tels deux joyaux, au milieu de la petite place.

Ici, le plateau d'Uzerche touche à sa fin : Saint-Augustin est presque sur les contreforts de la montagne limousine, au pied des Monédières.
C'est un relief en plis et replis, parsemé de petits boisements.
Un paysage dont la lecture n'est pas facile : il y a peu d'horizon.
On a quitté l'effet plateau.
Le village s'est niché sur un versant calme descendant vers la Douyge, au sud, au carrefour de voies importantes : on a l'impression que toutes les routes se donnent rendez-vous sur la place du village ! Quelques vergers accompagnent le bourg. En dessous de l'église et du vieux quartier, un petit vallon est encore préservé de l'urbanisation et offre une belle respiration

Ces deux ormes-là ne sont quasiment plus des arbres, tant ils font partie du décor. Autour d'eux, tout est pierre : la petite place pavée, les maisons serrées les unes contre les autres, l'église qui se blottit sous son toit d'ardoises... Jusqu'aux racines des deux arbres, disparues, enchâssées dans deux cercles de granite.
Leurs troncs finement striés s'élancent droit des socles de pierre et portent de bien maigres branches, malencontreusement taillées, avec un zèle un peu trop ardu, pour ne pas risquer de « chatouiller » les façades voisines. Les deux ormes sont maintenus en deux grosses boules vertes posées sur un énorme pied. Ces deux-là, le village les bichonne, d'autant plus que l'espèce est décimée par la graphiose : autrefois nombreux et admirés, les ormes se font rares. Les voilà donc qui volent la vedette à l'église, au monument aux morts. On les modèle soigneusement, l'un en miroir de l'autre, comme des frères jumeaux : le tableau semble parfait.
Pourtant, parfois, la nature échappe à l'homme, car malgré tout le soin porté à sculpter les deux ormes, ceux-ci ne sont pas identiques. Au printemps, le plus grand des deux est aussi le plus précoce : il est déjà en feuilles alors que son compagnon, lui, sort juste ses fleurs... Si bien que l'on croirait presque, à tort, que l'un est le mâle, l'autre, la femelle. Le mâle en feuilles, la femelle en fleurs. L'image serait belle, de ce couple encore vigoureux d'une espèce en voie de disparition. Un couple enchâssé comme une relique, à l'abri au cœur du village des hommes.

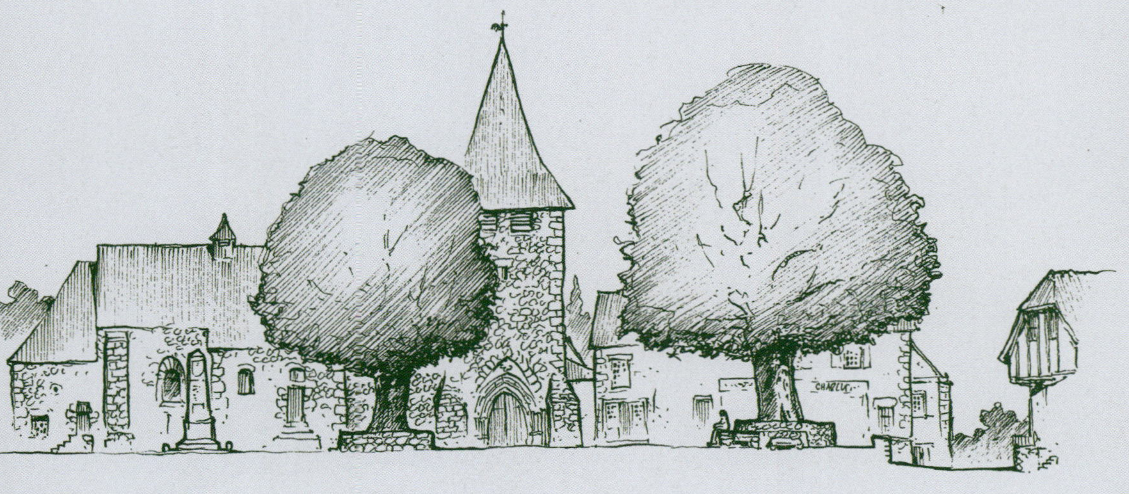

L'orme, espèce hermaphrodite autrefois très présente dans les campagnes et les villes, a pratiquement disparu d'Europe occidentale, en raison de la graphiose. Cette maladie due à un champignon ne connaît pas de remède : il faut abattre l'arbre pour éviter qu'il ne contamine ses voisins. Ainsi, beaucoup d'ormes remarquables ont disparu. Le naturaliste Justin Macquart citait au XVIIIe siècle deux ormes, en Suisse, dont la circonférence dépassait les 17 mètres ! De nombreux sujets anciens subsistent en Corrèze dans les parcs privés.

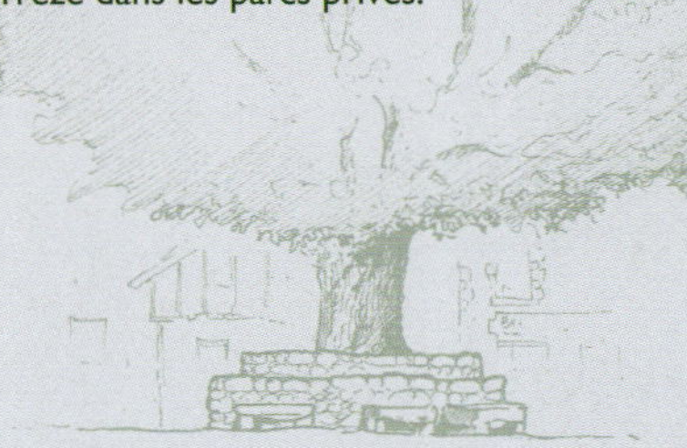

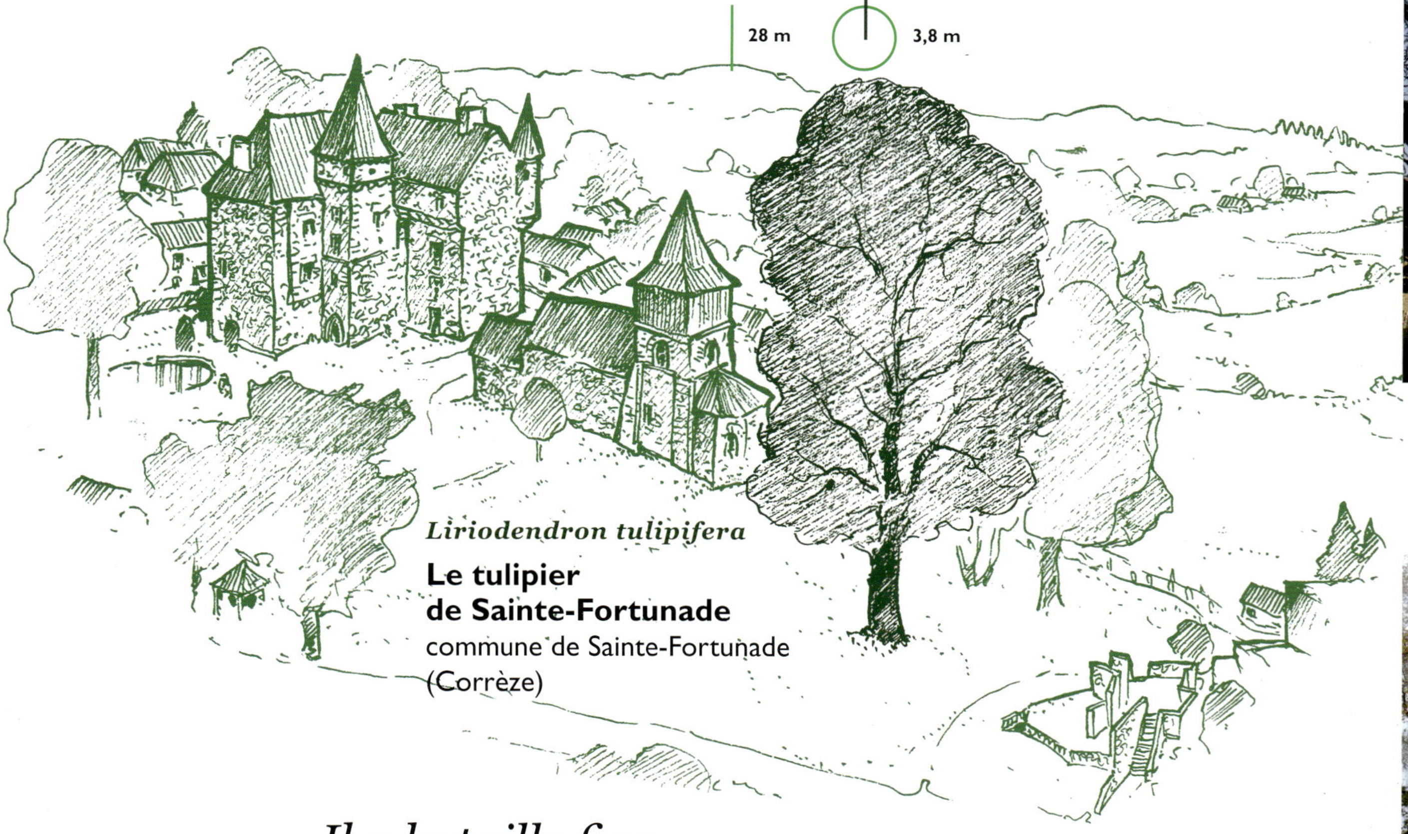

Liriodendron tulipifera

Le tulipier de Sainte-Fortunade

commune de Sainte-Fortunade (Corrèze)

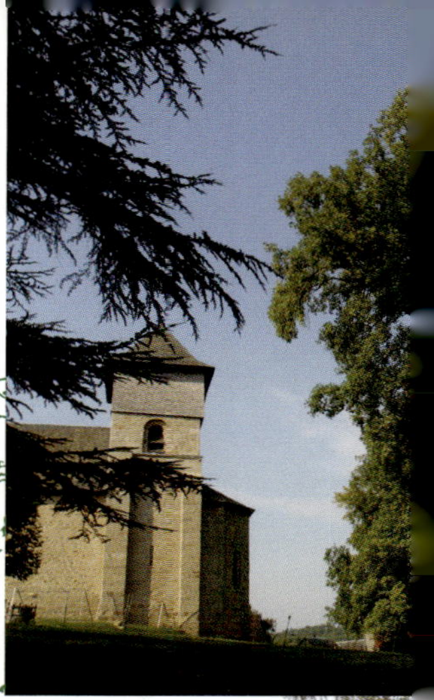

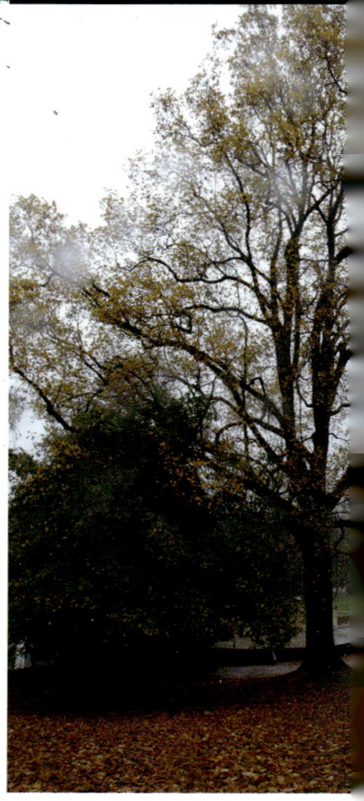

Il a la taille fine, la feuille élégante, la fleur audacieuse.

Tout autour de Sainte-Fortunade ce ne sont que petits puys dont l'altitude peut atteindre 533 mètres : le relief du plateau de Tulle est assez marqué. Le bourg, autour du château et de l'église, s'est développé sur une petite butte, à 433 mètres d'altitude. Sainte-Fortunade est liée à la route, aujourd'hui la D 940, qui relie Tulle à Beaulieu-sur-Dordogne. C'est une étape sur le plateau, une marche entre la vallée de la Corrèze, encaissée, et les plateaux plus haut perchés.

Il nous vient d'Amérique, arrivé là, dans le parc, il y a 150 ans seulement... Un tout jeune homme ! Il pavoise, entre magnolia, marronnier, cèdre et érable, chacun rivalisant de splendeurs printanières ou automnales, dans le bel ordonnancement du parc de Sainte-Fortunade.
Au XIXe siècle, les comtes de Lavaur-de-Sainte-Fortunade avaient le goût de leur époque, un certain goût du beau, un certain goût de la prestance, aussi. Au pied de l'ancien château du XVe siècle, ils se sont fait bâtir une orangerie et dessiner un parc aux essences exotiques très ornementales. Chaque arbre a été soigneusement choisi et savamment disposé entre l'orangerie et le château.
150 ans plus tard, ce sont les habitants du bourg qui profitent du parc : l'orangerie est devenue salle des fêtes, le château abrite la mairie. L'arbre, lui, n'a cure de ces soubresauts de l'histoire humaine. Il étale sa ramure, bien loin des terres d'Amérique, et, chaque automne, éparpille à son pied un tapis de feuilles orange délicatement découpées, feuilles étonnantes, dont la silhouette dessine un profil de fleur. L'arbre aux feuilles-fleurs se plaît à Sainte-Fortunade. Bouquet gigantesque au cœur du jardin, il ne semble pas le moins du monde avoir le mal du pays.

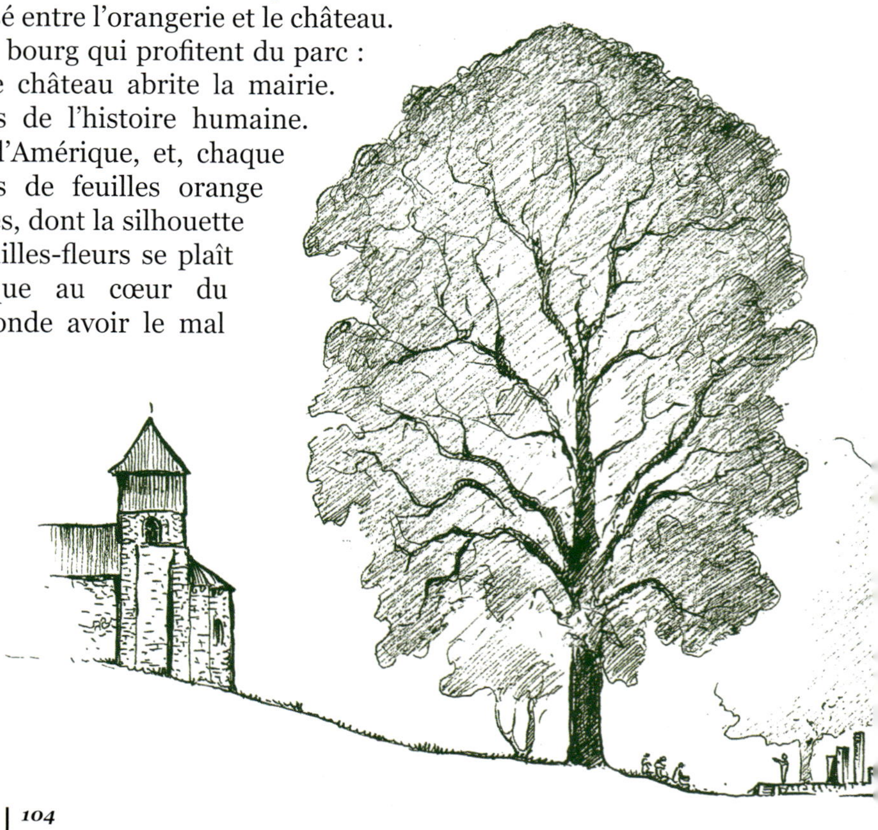

Le tulipier de Sainte-Fortunade, comme celui du parc de la Sénatorerie à Guéret en Creuse, est un tulipier de Virginie. L'espèce a été introduite en Europe en 1663, en France au XVIIIe siècle. Le nom de l'arbre vient de la forme de sa fleur, solitaire et dressée au bout des branches telle une tulipe orange et verte, aux neuf tépales en calice. La feuille est également très reconnaissable, avec sa large échancrure sommitale.

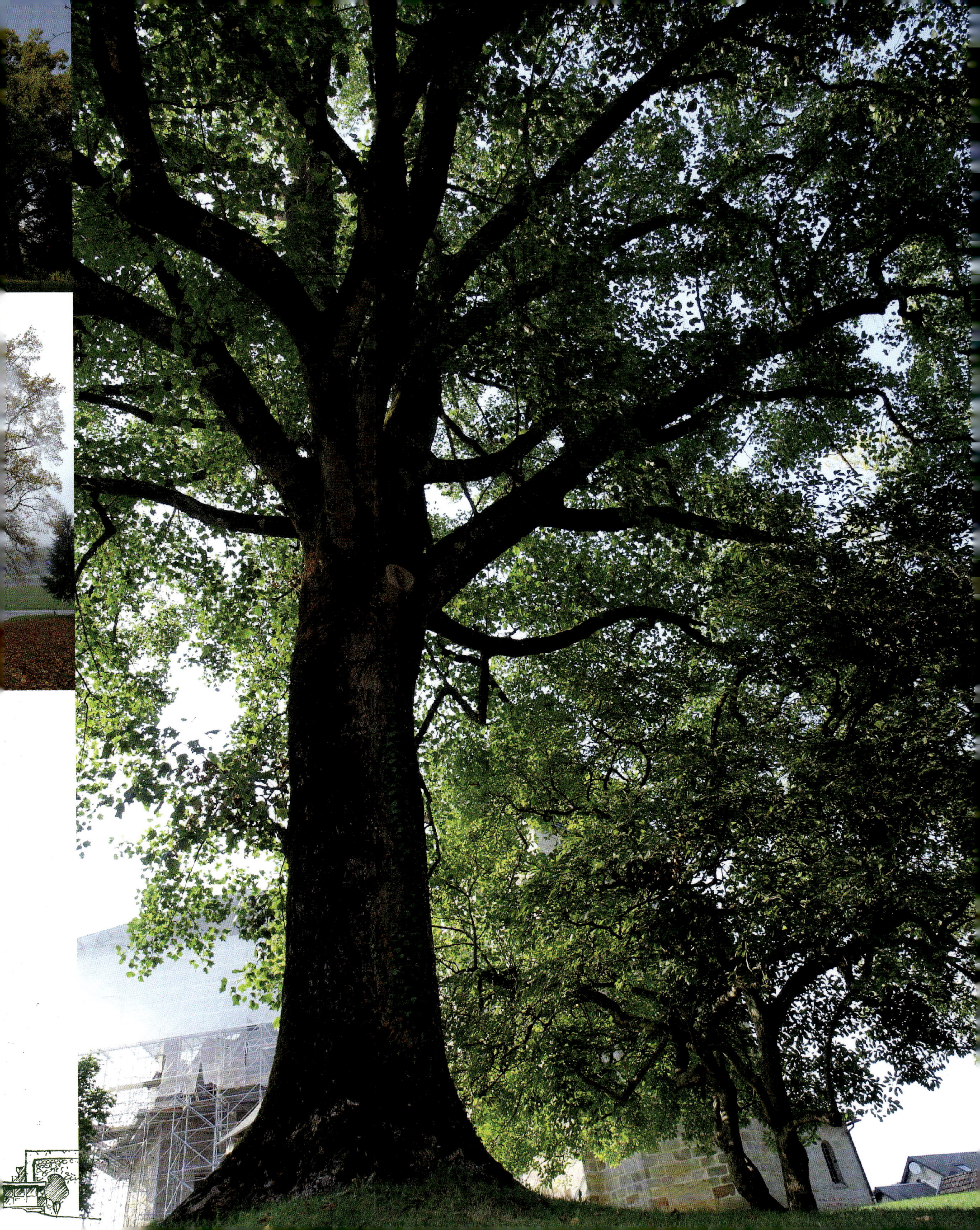

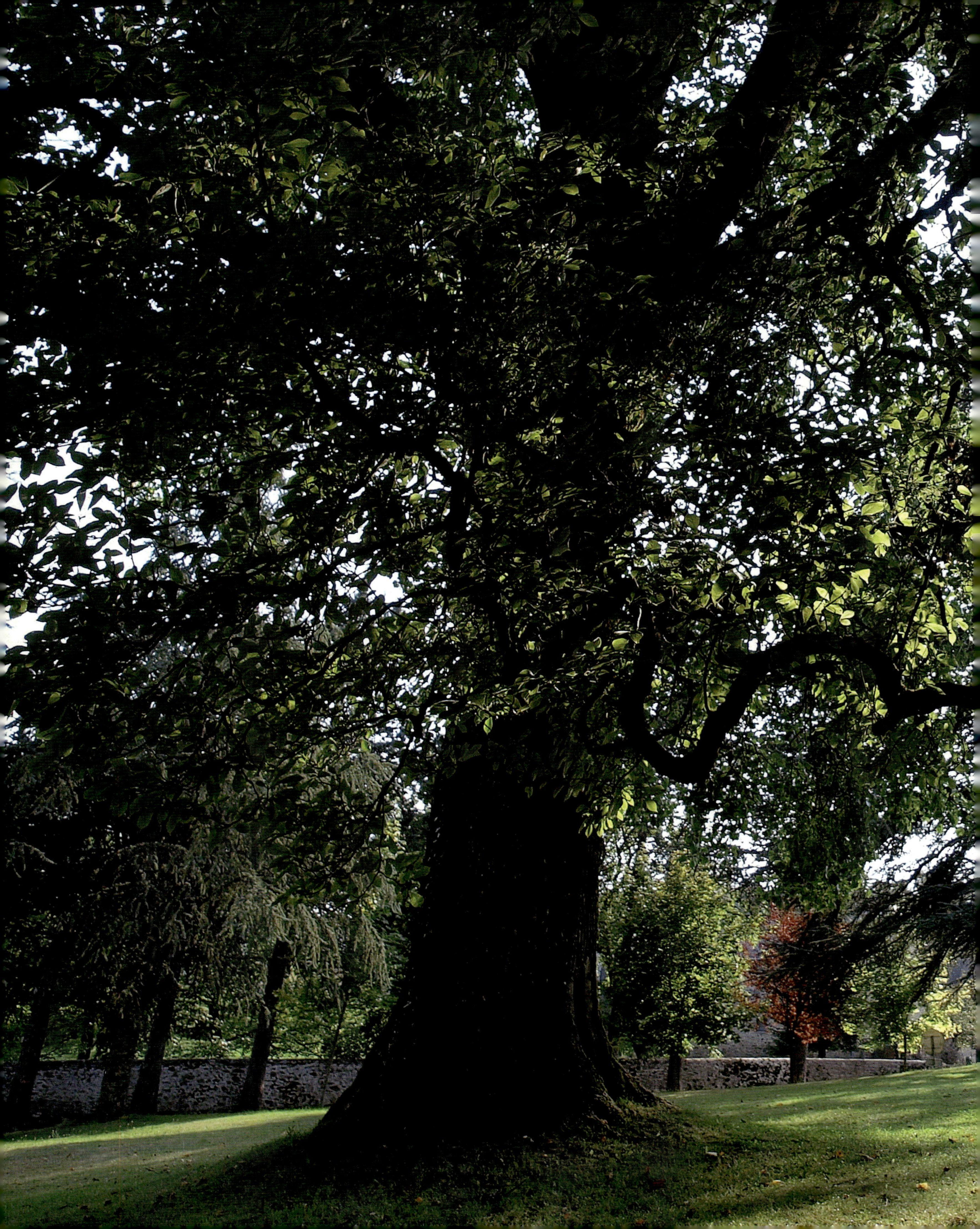

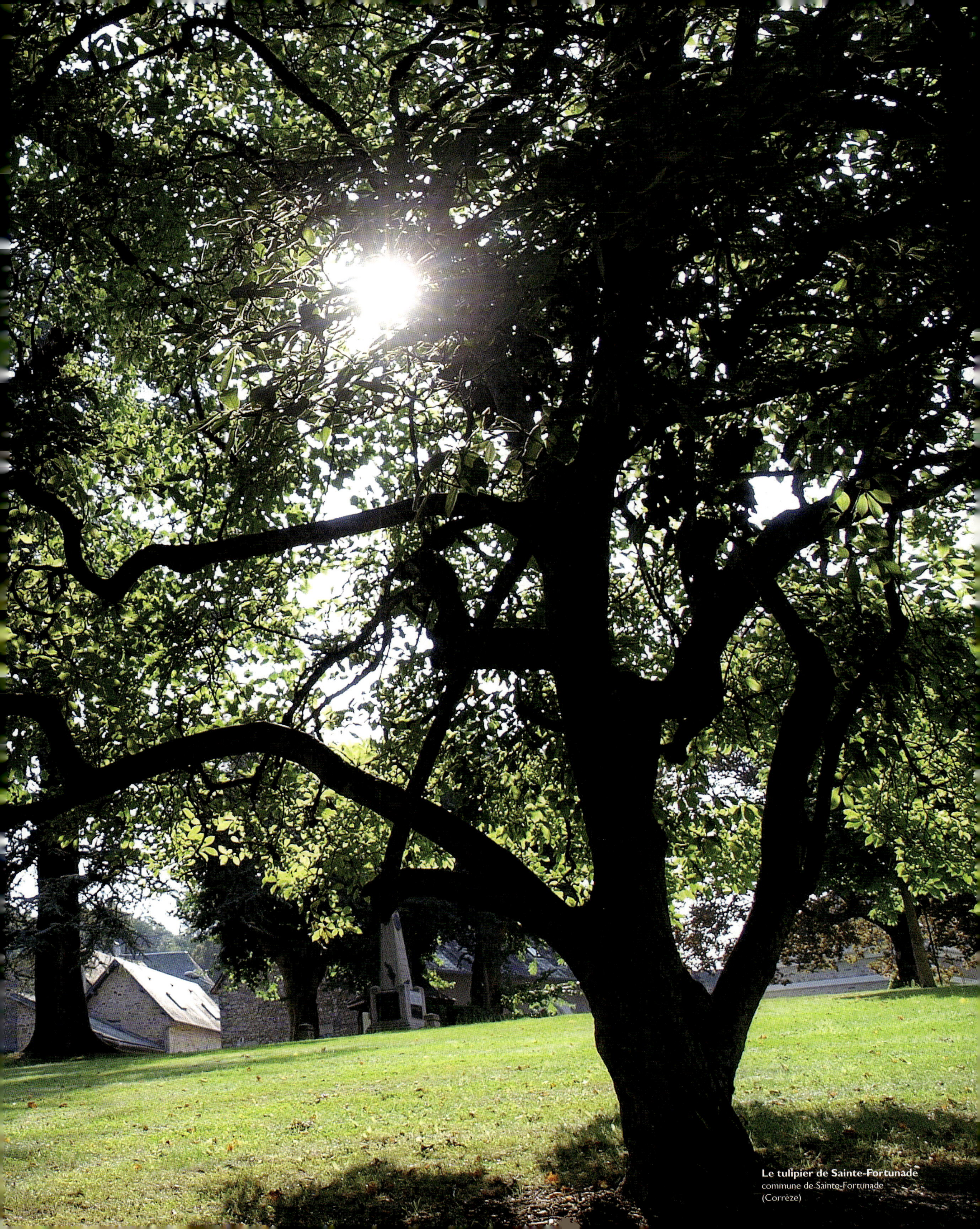

Le tulipier de Sainte-Fortunade
commune de Sainte-Fortunade
(Corrèze)

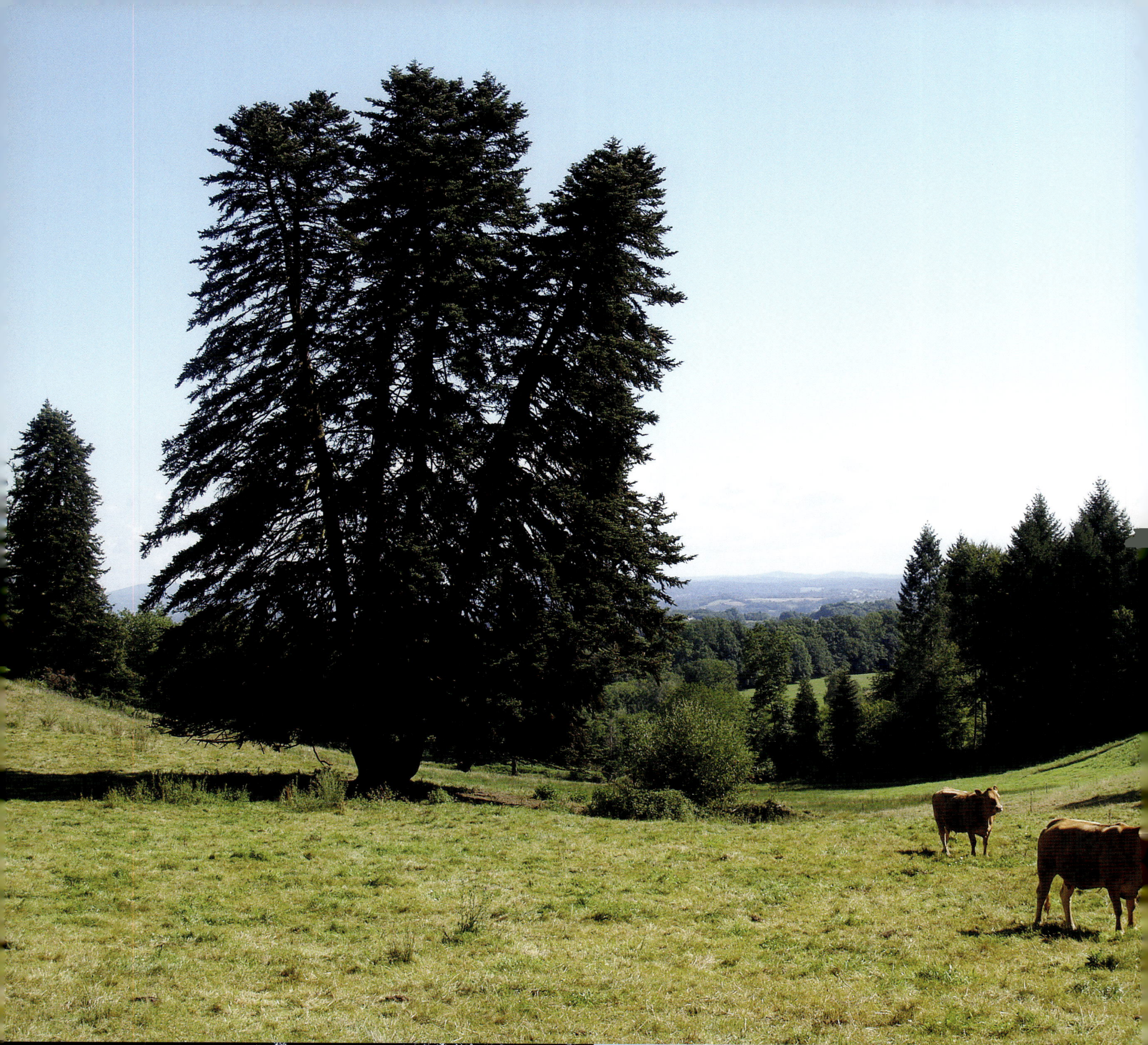
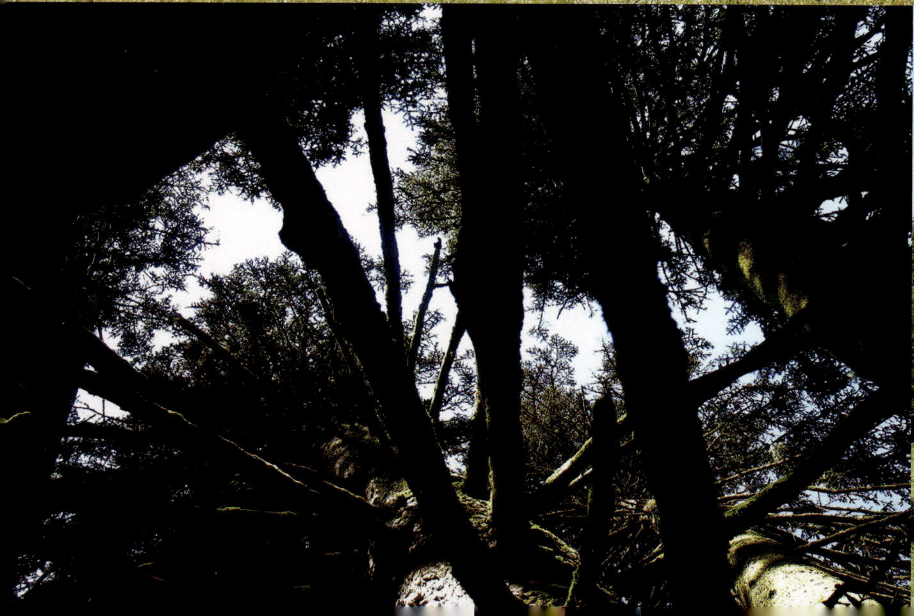
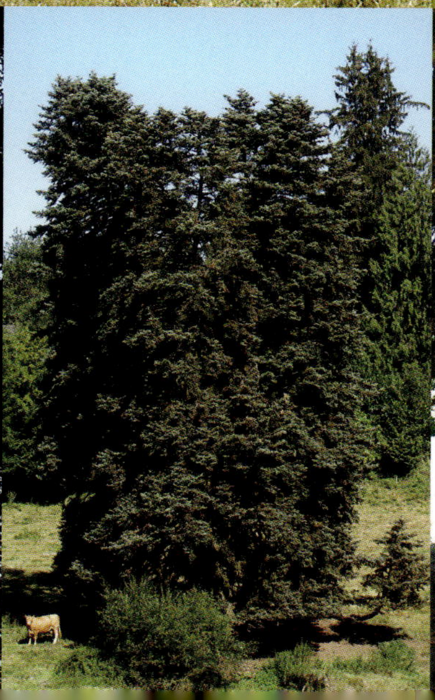
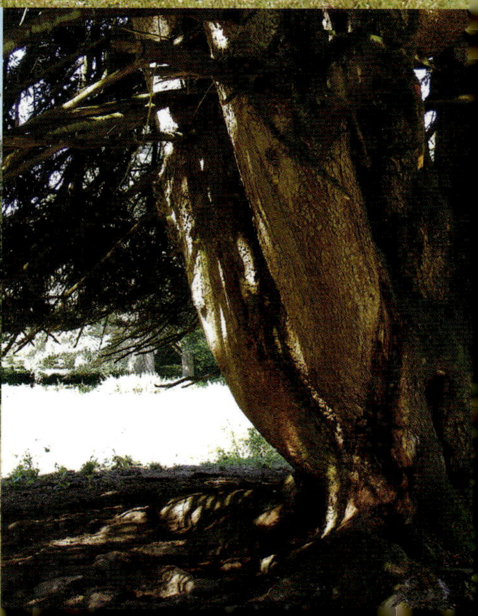

26 m | 6,4 m

Abies homoleptis

Le sapin du Nialat

commune de Sainte-Fortunade (Corrèze)

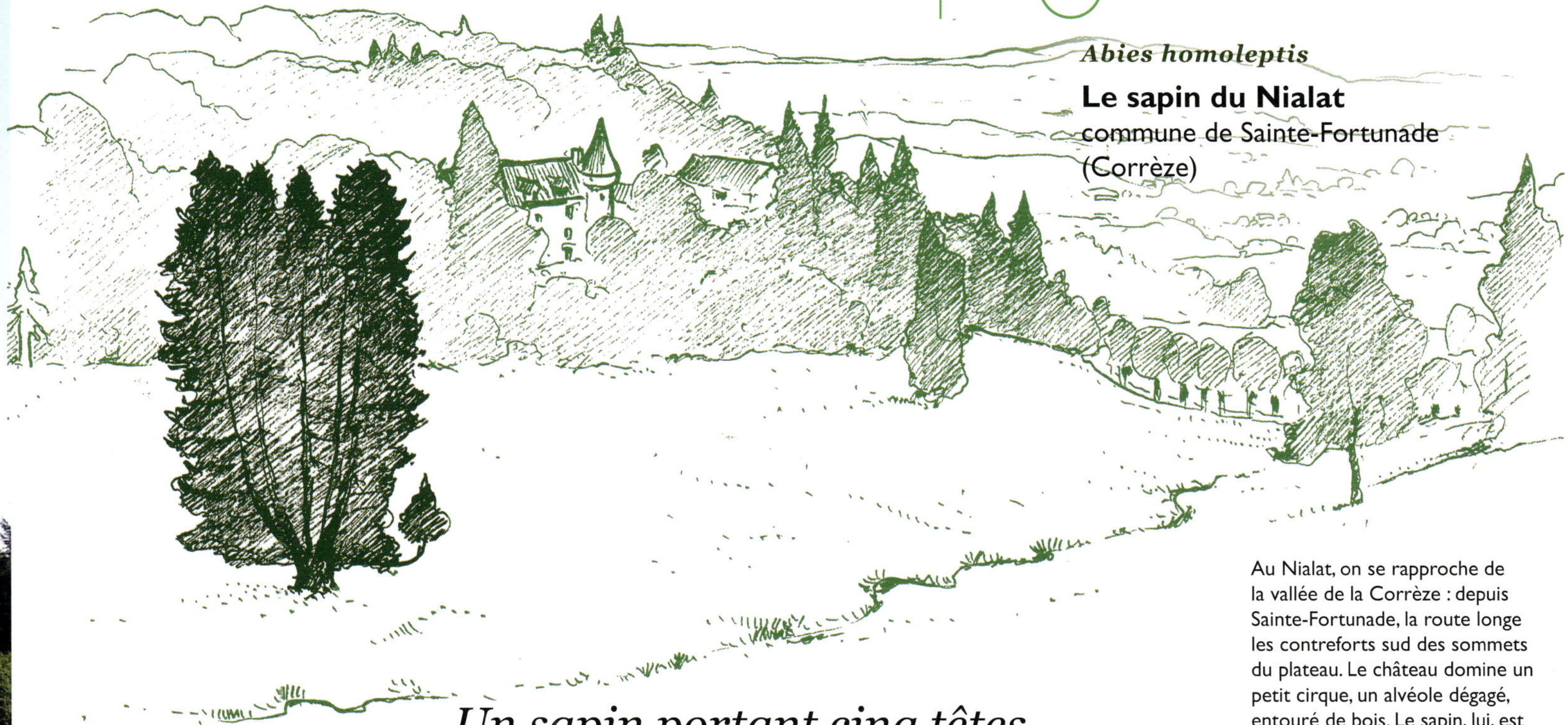

Au Nialat, on se rapproche de la vallée de la Corrèze : depuis Sainte-Fortunade, la route longe les contreforts sud des sommets du plateau. Le château domine un petit cirque, un alvéole dégagé, entouré de bois. Le sapin, lui, est au creux même du cirque, où coule un tout petit ruisseau. Pas besoin de l'approcher : on le voit parfaitement depuis la route.

Un sapin portant cinq têtes… « Ça n'existe pas, ça n'existe pas ! »,

aurait pu écrire Desnos. Eh bien si. Il suffit de sortir du village de Sainte-Fortunade, en direction du château du Nialat. L'arbre est là, on le voit du bord de la route, il se dresse au fond d'un vallon, en contrebas du parc du château : la silhouette triangulaire, fine et élancée, des sapins de notre imaginaire s'est affaissée, élargie, aplatie presque, pour s'inverser. Un sapin à cinq têtes, ça n'est presque plus un sapin. Ou alors, c'est un sapin qu'on aurait planté la tête en bas !

Que lui est-il donc arrivé ? Il aura suffi d'une mésange grassouillette qui, se posant sur le bourgeon terminal du tout jeune arbre, l'aura cassé, favorisant le développement des branches principales… Ou bien c'est la foudre, la fureur de Zeus trônant sur un nuage noir, frémissant de colère, et son éclair qui s'abat sur un arbre jeune et présomptueux. On verrait bien la marque du maître de l'Olympe dans la fourche des cinq troncs. Ou encore, c'est la main de l'homme… Et là, qui saurait dire pourquoi, sinon pour la folie du geste ?

Drôle d'idée qu'un sapin à cinq têtes… Mais quelle merveille ! Il suffit de rêver un peu… Rêver un tel sapin, le soir de Noël – un Noël en plein air ! – cinq étoiles sur les cinq cimes, des fleuves de guirlandes autour des mille et une branches… Et les montagnes de cadeaux qu'il faudrait pour emplir les bras de ce géant ! Formidable idée, ce sapin à cinq têtes !

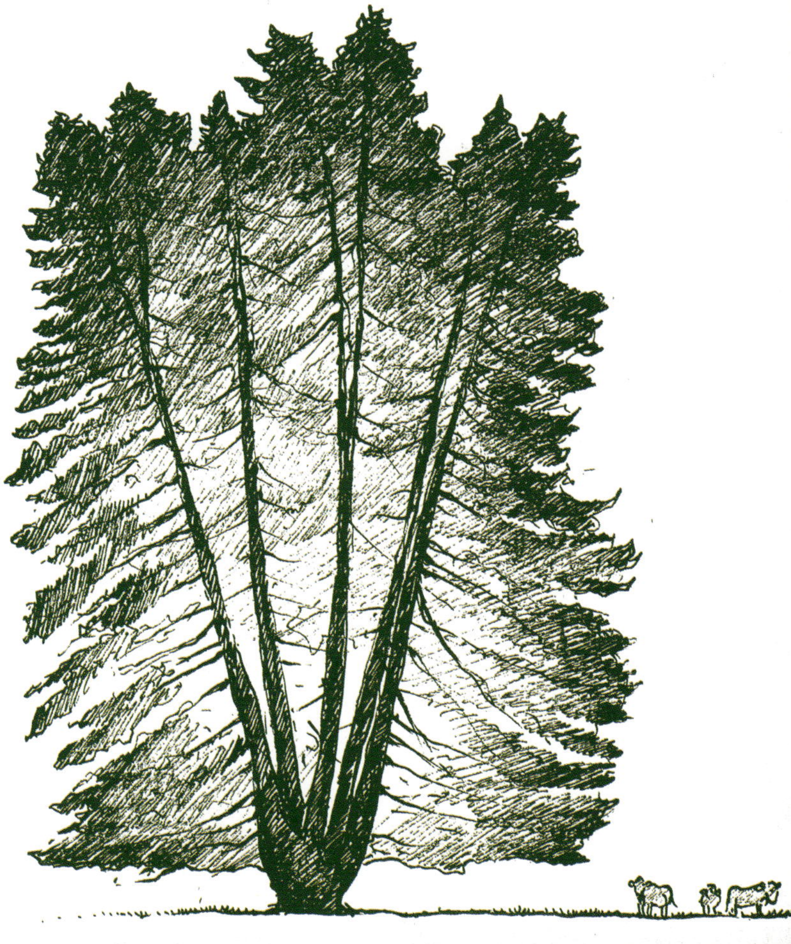

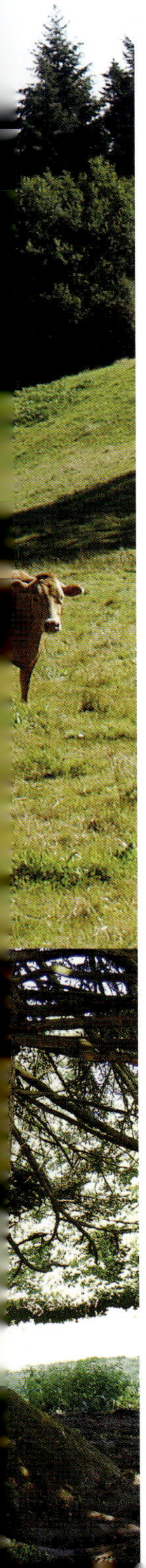

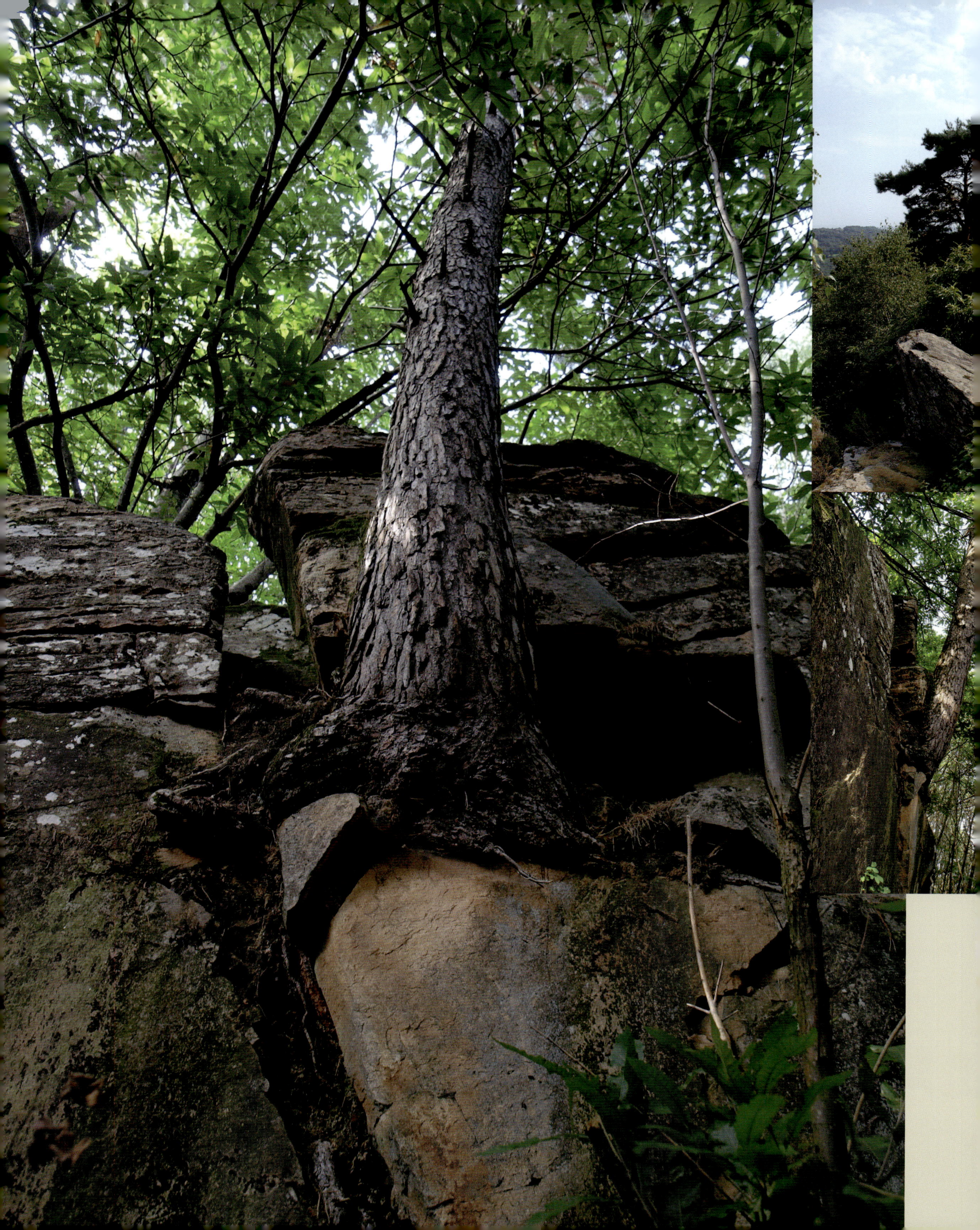

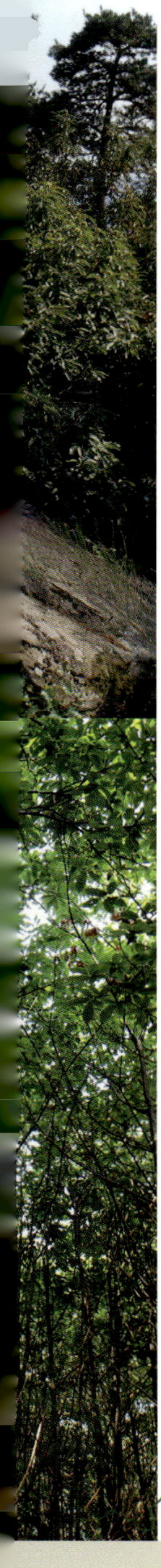

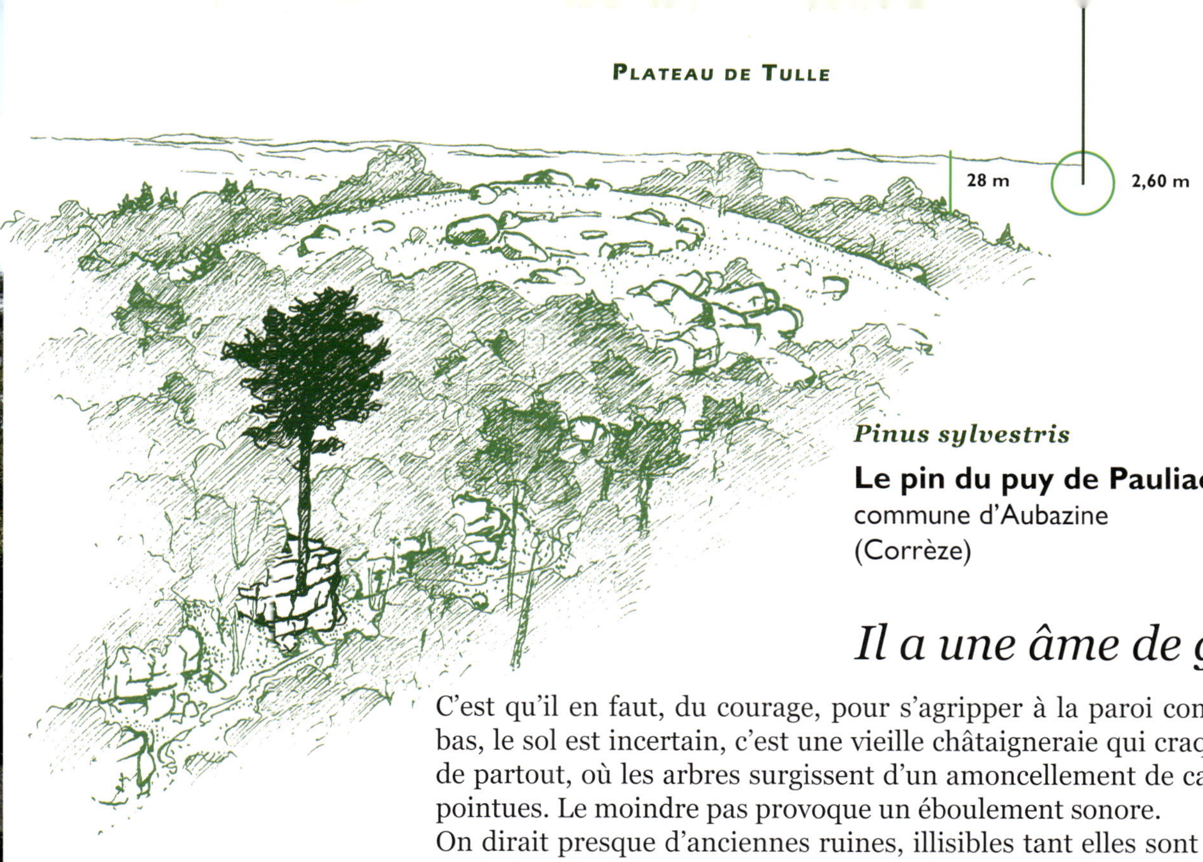

Le puy de Pauliac, à 520 mètres d'altitude, est un grand lieu d'observation dominant les vallées de la Corrèze et du Coyroux, 400 mètres plus bas. Sur un col, au pied du puy, Aubazine s'est développé autour de son abbaye, au-dessus des gorges du Coyroux. La roche du puy de Pauliac, un gneiss rouge, était très appréciée : des carrières ont entaillé les flancs du puy jusque dans les années 1940. Maintenant, les végétaux ont gagné, si bien qu'il faut désormais ouvrir une clairière au sommet du puy, couper quelques arbres, pour retrouver la vue de ce site classé.

Pinus sylvestris

Le pin du puy de Pauliac

commune d'Aubazine (Corrèze)

Il a une âme de grimpeur.

C'est qu'il en faut, du courage, pour s'agripper à la paroi comme il le fait. En bas, le sol est incertain, c'est une vieille châtaigneraie qui craque et qui bruisse de partout, où les arbres surgissent d'un amoncellement de cailloux aux arêtes pointues. Le moindre pas provoque un éboulement sonore.

On dirait presque d'anciennes ruines, illisibles tant elles sont effondrées. Puis, à mi-chemin de la pente surgit une paroi abrupte et lisse, taillée dans un gneiss sec et cassant, structurée en blocs géométriques aux angles aigus : les cicatrices d'une carrière abandonnée.

Dans l'une d'elles, le pin a accroché ses racines, comme des griffes. On ne voit que son tronc, qui s'élance à la verticale, traverse les nuées de feuillage de la châtaigneraie pour réapparaître au ciel. On voudrait rester à son pied, et s'asseoir, pour mieux comprendre comment le miracle est possible, comment un tel arbre peut sortir, fort et vigoureux, d'une si petite faille.

Mais en bas, impossible de rester confortablement, dans le silence : le sol est trop instable, plein de chausse-trappes, et les rochers sont bien peu accueillants, avec leurs bords pointus qui écorchent les fesses. Et puis, ça bouge, ça fait « froutch - froutch », les pierres dévalent, les feuilles glissent, les gaulettes du taillis de châtaignier surgissent sans prévenir de souches anciennes et fouettent le visage. La forêt semble réagir au moindre mouvement.

À force d'obstination, on finit par arriver en haut et enfin, on aperçoit la cime. Le pin dépasse d'une tête ses voisins... Il avait envie de regarder l'horizon.

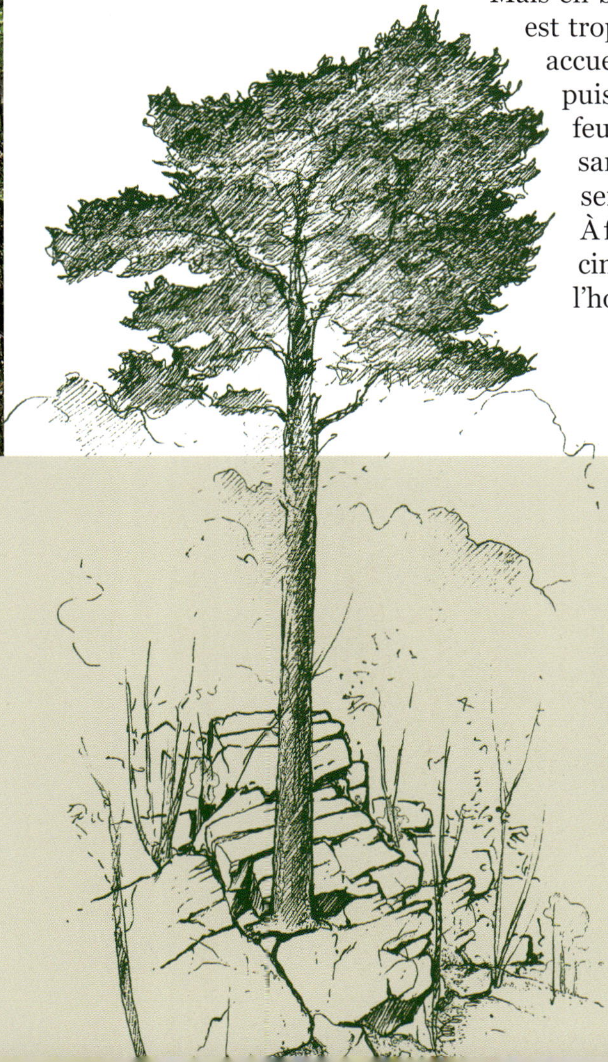

Partout autour du puy de Pauliac, les moines d'Aubazine ont laissé leurs traces... Les moines et leurs « ancêtres » : un cromlech, un dolmen, le village en pierres sèches de l'ermitage, devenu un site « néo-druidique », le « canal des moines », creusé par les cisterciens dans le gneiss rouge... L'histoire est riche, à Aubazine.

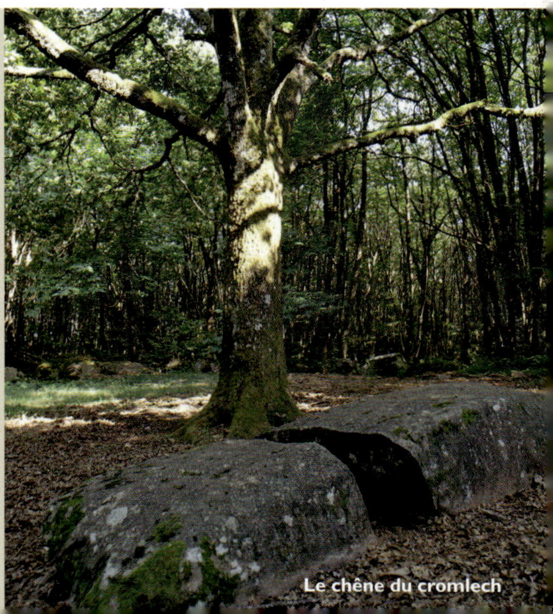

Le chêne du cromlech

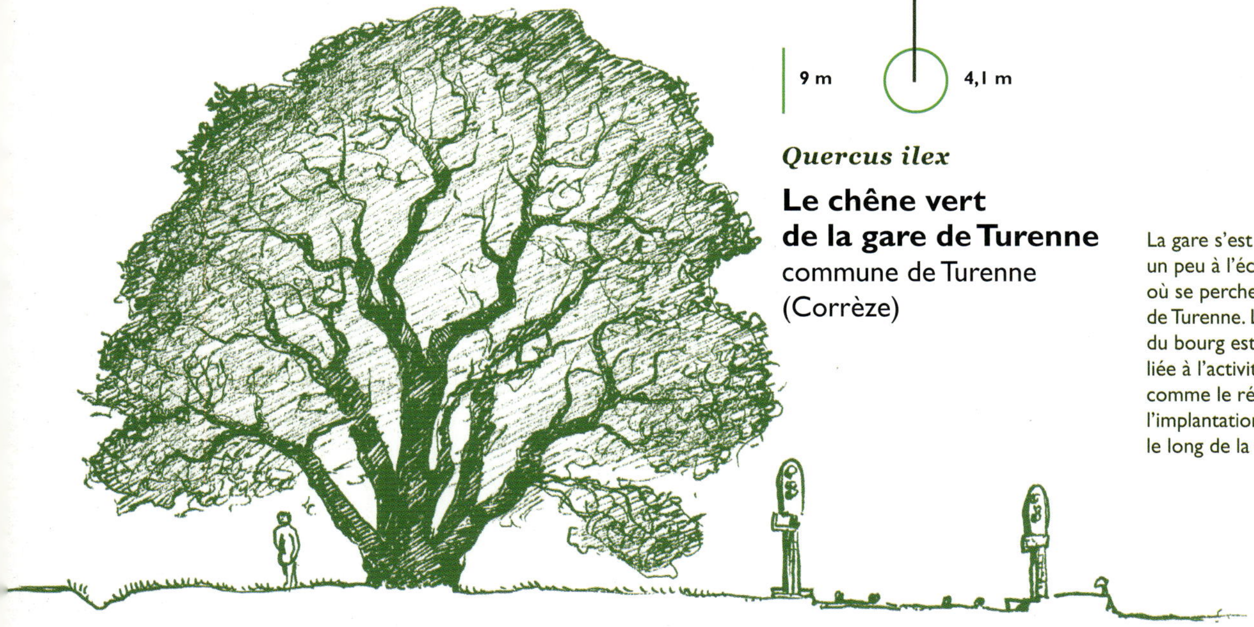

9 m | 4,1 m

Quercus ilex

Le chêne vert de la gare de Turenne
commune de Turenne (Corrèze)

La gare s'est développée un peu à l'écart de la butte où se perche le château de Turenne. L'extension du bourg est étroitement liée à l'activité ferroviaire, comme le révèle l'implantation des maisons, le long de la voie ferrée.

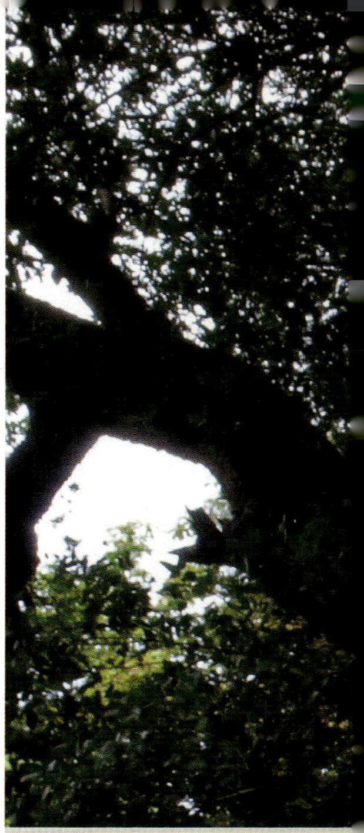

À Turenne, il était un chef de gare qui aimait les arbres.

Turenne-Gare n'est pas Turenne, et faute de grosse forteresse blanche, la bourgade doit son nom à un petit édifice entièrement crépi de rouge. La gare est à l'entrée du village. Un peu délaissée, oubliée autant par la reine voiture que par certains express régionaux qui passent souvent dans un souffle bleu sans s'arrêter, la petite gare rouge n'a même plus de chef de gare.

Ici, il y eut pourtant un chef de gare qui n'aimait pas que les trains : il aimait planter des arbres. Marronnier, séquoia, catalpa, lilas, cèdre, tilleul et chêne vert s'alignent le long de la voie, mélange d'essences d'ici et d'ailleurs, mélange qui fleure bon le botaniste amateur du début du XXe siècle.

Humble et trapu, à côté du grand séquoia, le chêne vert ne saurait dire ce qu'il fait là, petit chêne vert égaré en Limousin, loin de ses terres d'origine. C'est qu'il se plaît ici, dans les marges aquitaines : on dirait presque le sud... Il a prospéré. Ses six troncs s'élancent en pétales depuis la base de l'arbre, et ses petites feuilles d'un vert brillant, sombre et dur, s'étalent en bouquets au bout des branches. Minuscules feuilles comparées à celles du lierre qui le recouvre.

C'est déjà la fin de l'automne, froid et humide, gris et roux, jonché de feuilles mortes... Mais le petit chêne vert, humble et trapu, planté là par un chef de gare consciencieux, en des temps moins pressés, le petit chêne vert, lui, porte bien son nom.

Le sud de la Corrèze, pays de calcaire et de marn est en apparence très différent du reste du Limousin. Ici, on amorce la descente vers le sud, au climat plus chaud. Turenne est dans l'axe de la vallée de la Tourmente sur le relief le moins perturbé, à 142 mètres d'altitude. Au-dessus, c'est un grand plateau calcaire sévèrement entaillé ses versants, très raides, sont couverts de boisement de chênes pubescents. L'activité humaine récente s'est naturellement concentrée au pied des reliefs. La Tourmente est aujourd'hui enserrée entre la route et la voie ferrée.

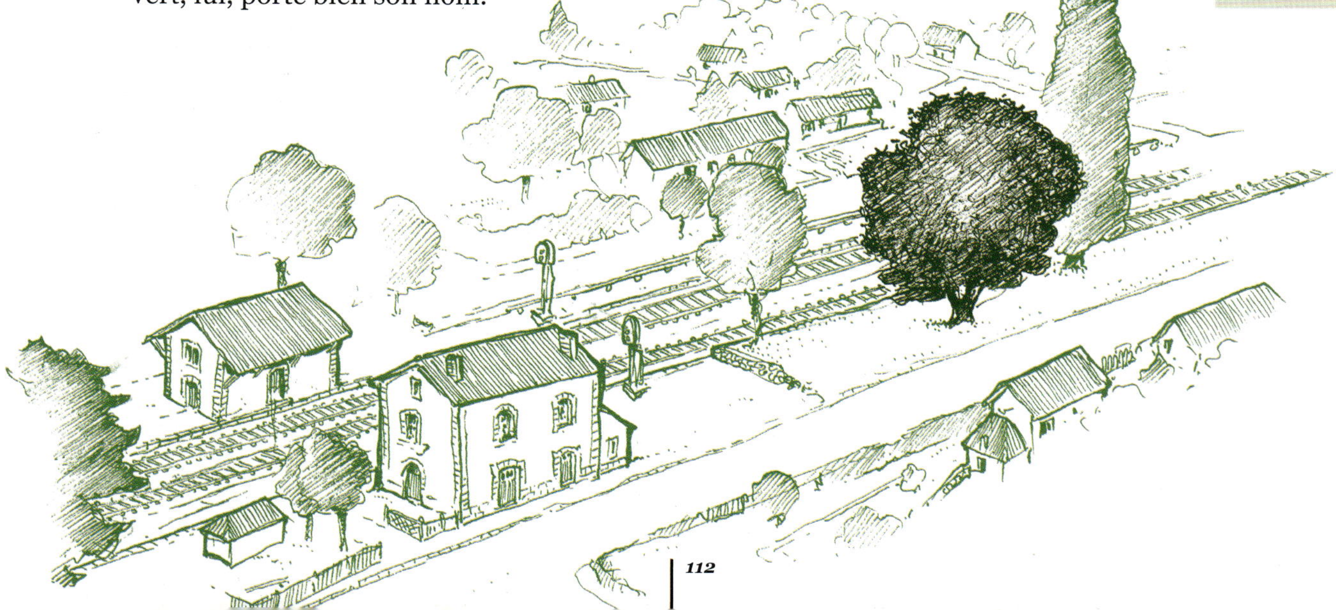

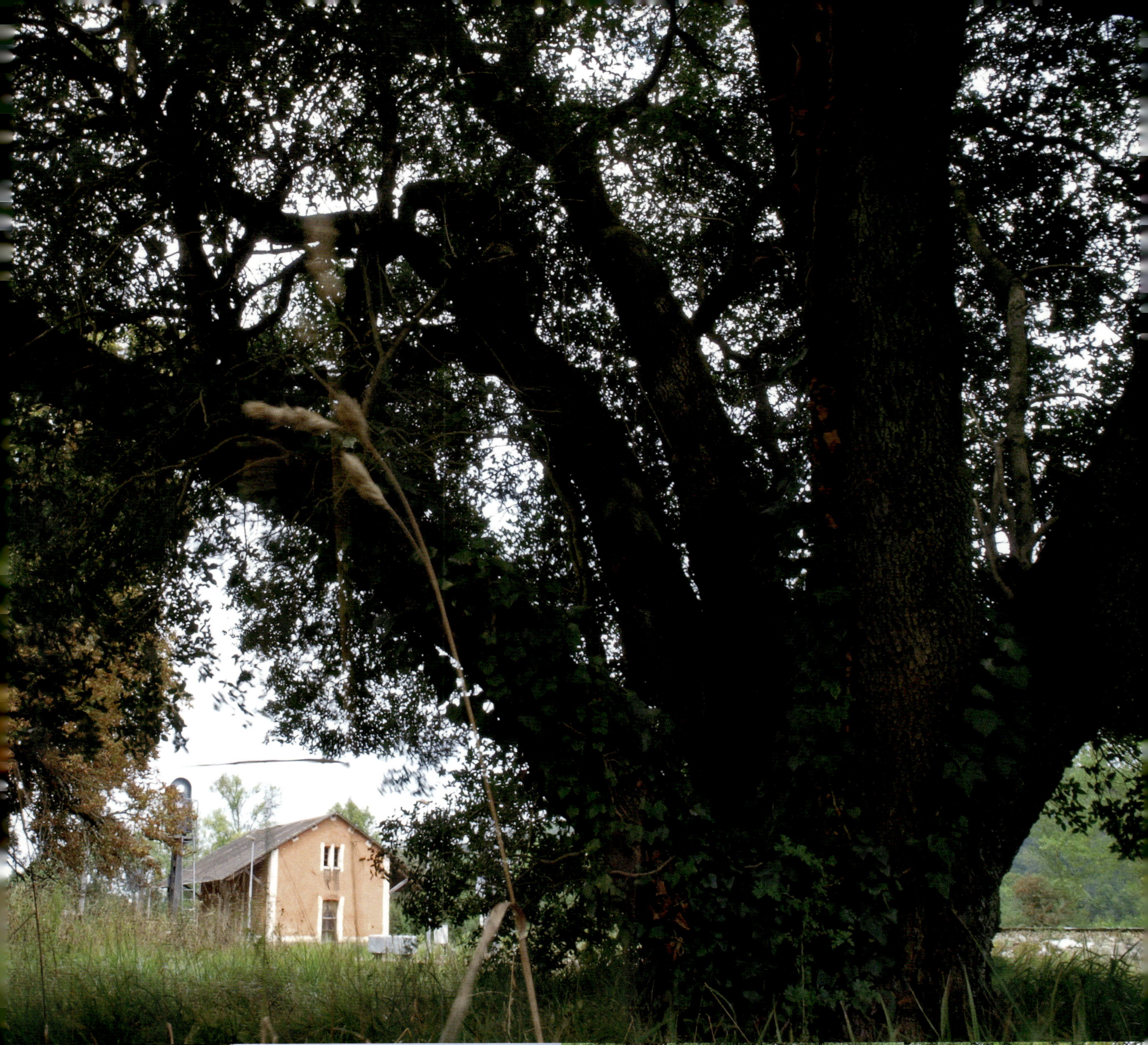

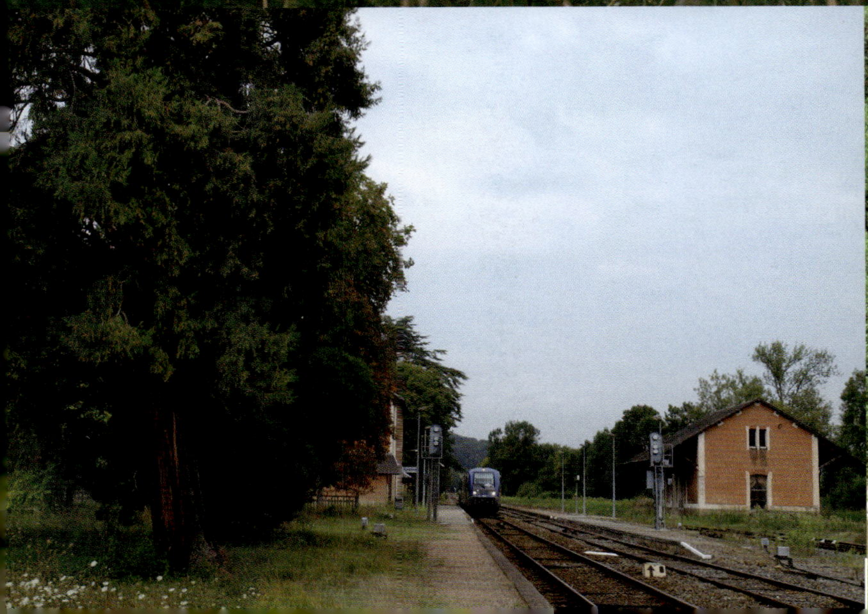

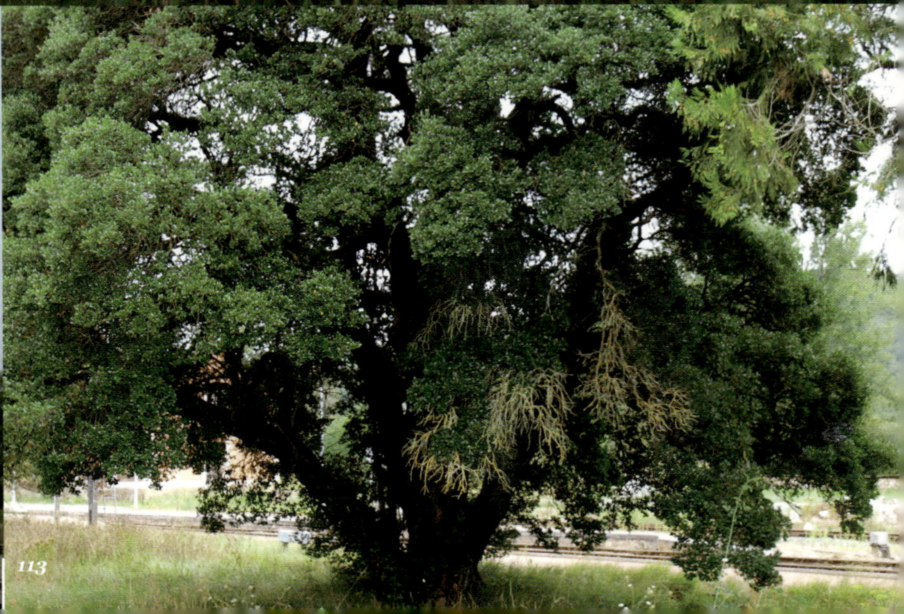

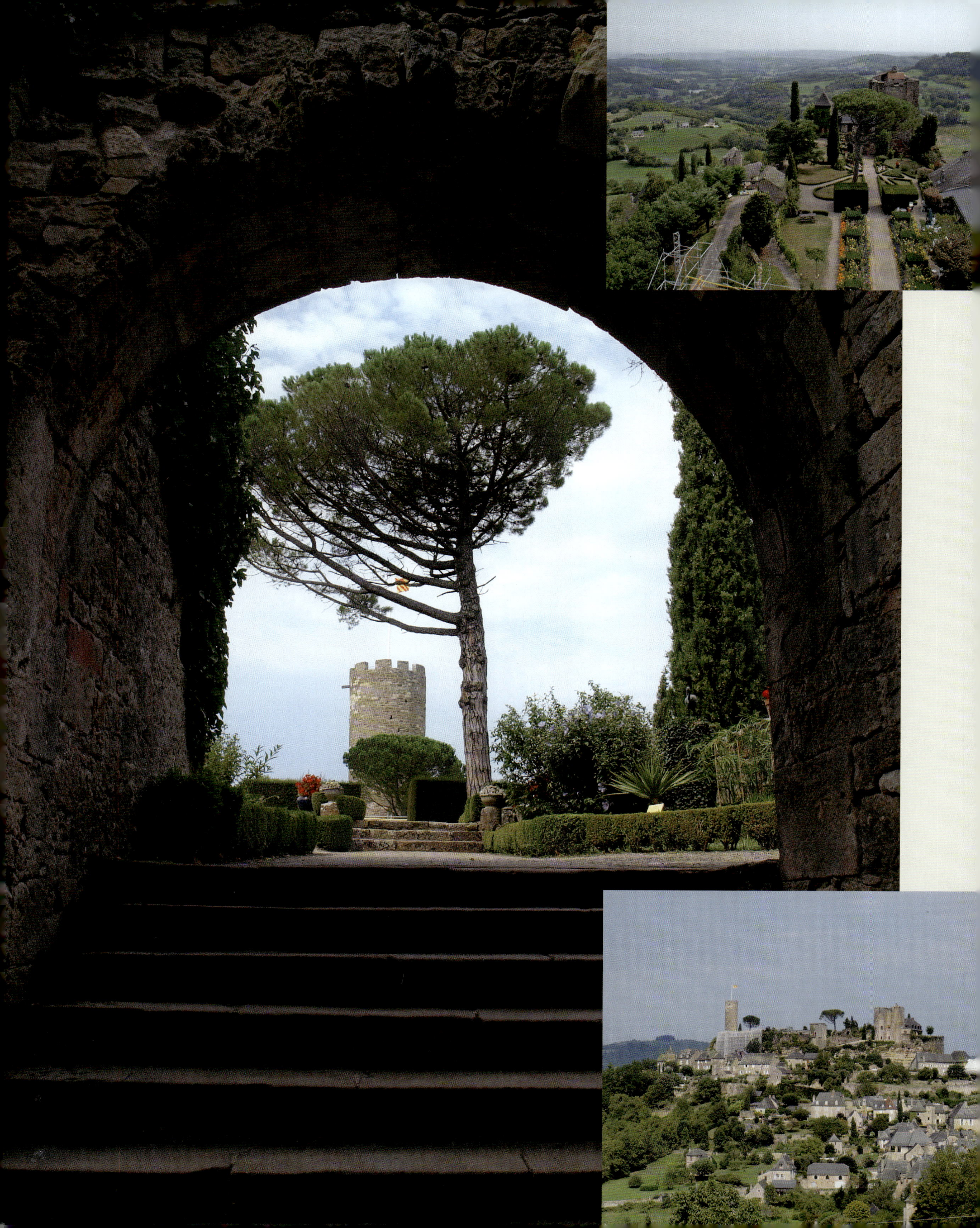

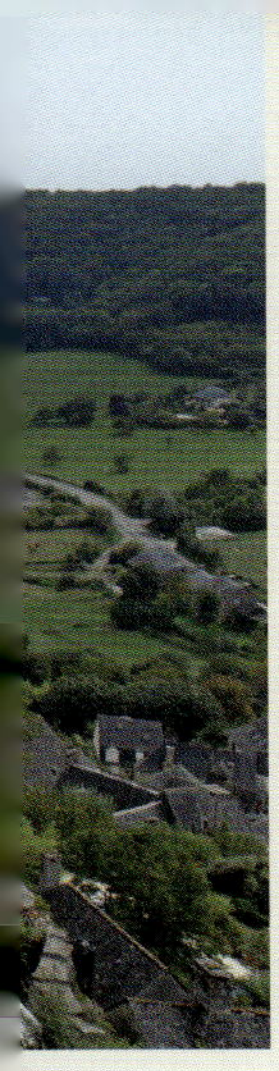

Pinus pinea

Le pin parasol du château de Turenne

commune de Turenne (Corrèze)

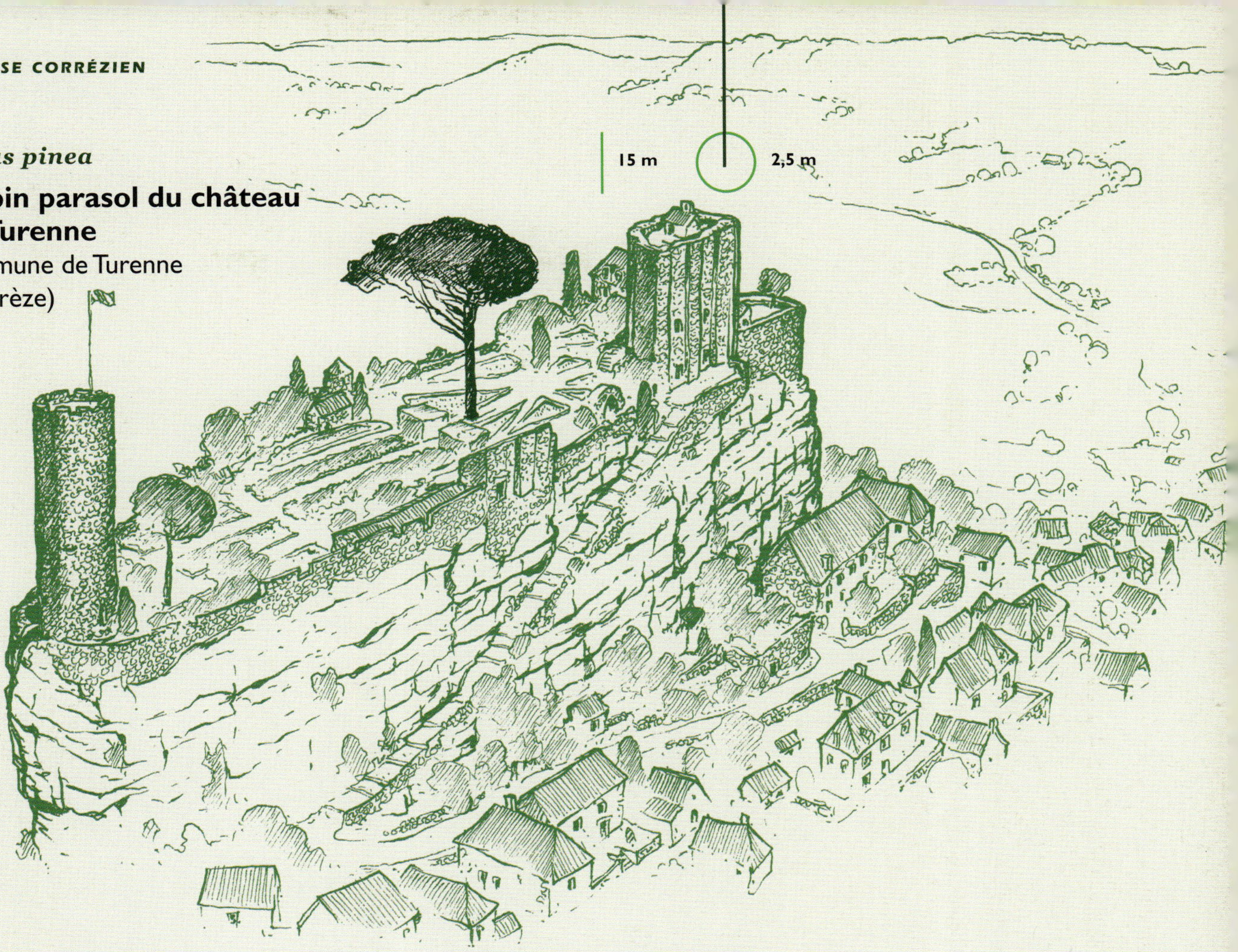

Le cône presque parfait de Turenne, bien visible depuis l'horizon malgré sa faible altitude (300 mètres), est une butte témoin, un bout du plateau calcaire perché sur des sédiments tendres. Il se raccroche au plateau par une sorte d'isthme sur lequel s'étire le village historique de Turenne. Sur le rebord du plateau, une route en balcon offre la vue sur la butte et son château, avant de descendre vers Turenne-Gare : le château apparaît comme une île détachée de la côte.

Autour de la butte, tout le parcellaire est organisé en fonction des courbes de niveau : c'est une géométrie magnifique, toute en parallèles et perpendiculaires. Ce site spectaculaire est classé, ce qui le préserve d'une urbanisation nouvelle aux abords de l'ancienne cité. L'opération Grand Site, réunissant Turenne-la-Blanche et Collonges-la-Rouge, le château de calcaire et la cité de grès rouge, aux confins du Limousin, attirera sans doute de nouveaux visiteurs en ce lieu emblématique.

On croirait qu'il cherche à nous dire d'où vient le vent.

Perché au sommet de la butte, entre les deux tours, il fait la girouette. D'un côté du tronc, presque rien, de l'autre, de belles branches courbées vers le ciel : le pin ne fait parasol que côté sud. Sa dissymétrie étonne, dans ce jardin planté à la française, fait de petits triangles de pelouse bordés de haies de buis taillés et de parterres de fleurs. Et puis, c'est un peu étrange, ce pin parasol au cœur d'une forteresse médiévale, au centre géométrique du jardin français.

Il occupe l'emplacement de l'ancien corps de logis, détruit au XVIIIe siècle, qui s'étendait entre les deux tours, la tour de guet, toute ronde, et la tour carrée du trésor. Les vicomtes de Turenne étaient soucieux de leur indépendance, mais le dernier d'entre eux, criblé de dettes, dut vendre sa forteresse au roi Louis XV en 1738. Il fallait abattre ce symbole d'une résistance trop forte à l'autorité : la tour fut décapitée, les fortifications démantelées.

C'est un arbre, désormais, qui règne sur Turenne, un beau pin dont la silhouette en parasol se voit de loin. On l'imagine immense, tant il se dessine nettement entre les deux tours, et semble occuper tout l'espace. Déjà, le pin est la troisième tour de Turenne.

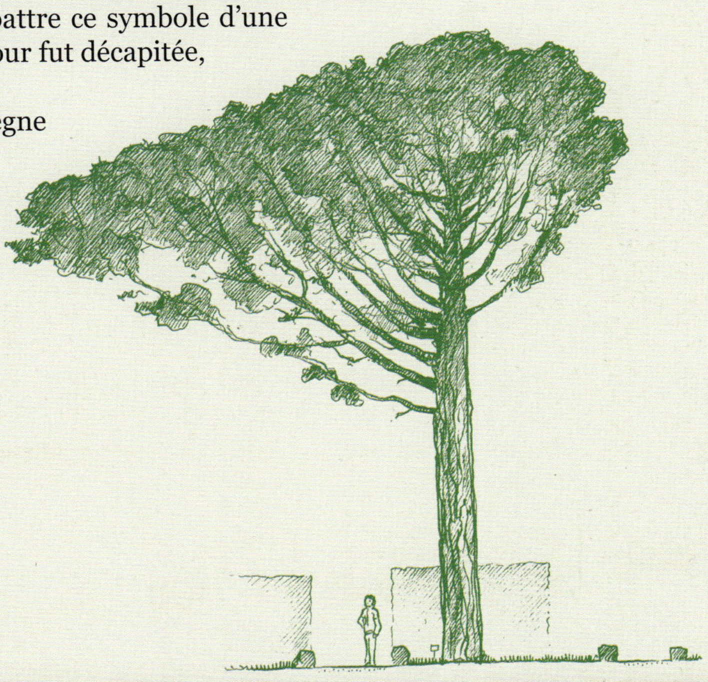

12 m 3,5 m

À l'extrême sud du Limousin, la Dordogne se déroule en grands méandres. À Beaulieu-sur-Dordogne, la vallée s'étale, la rivière se sépare en plusieurs bras qui vont bientôt se rejoindre. La ville médiévale, ronde comme un galet, s'est organisée autour d'une magnifique abbatiale romane. La route principale contourne le centre ancien, laissant le cœur historique de la ville en relation avec la rivière.

Platanus acerifolia

Les platanes de Beaulieu-sur-Dordogne

commune de Beaulieu-sur-Dordogne (Corrèze)

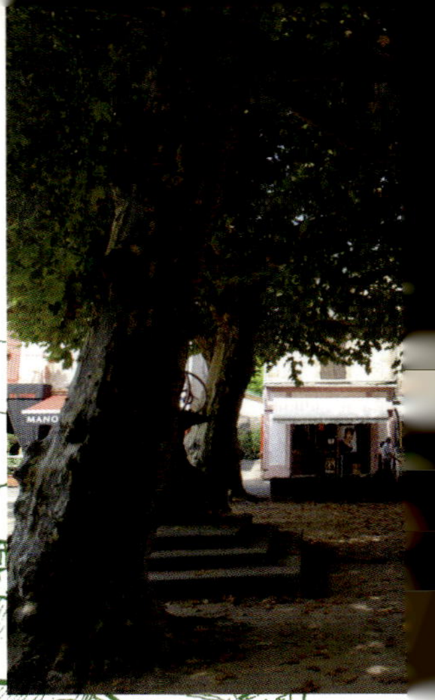

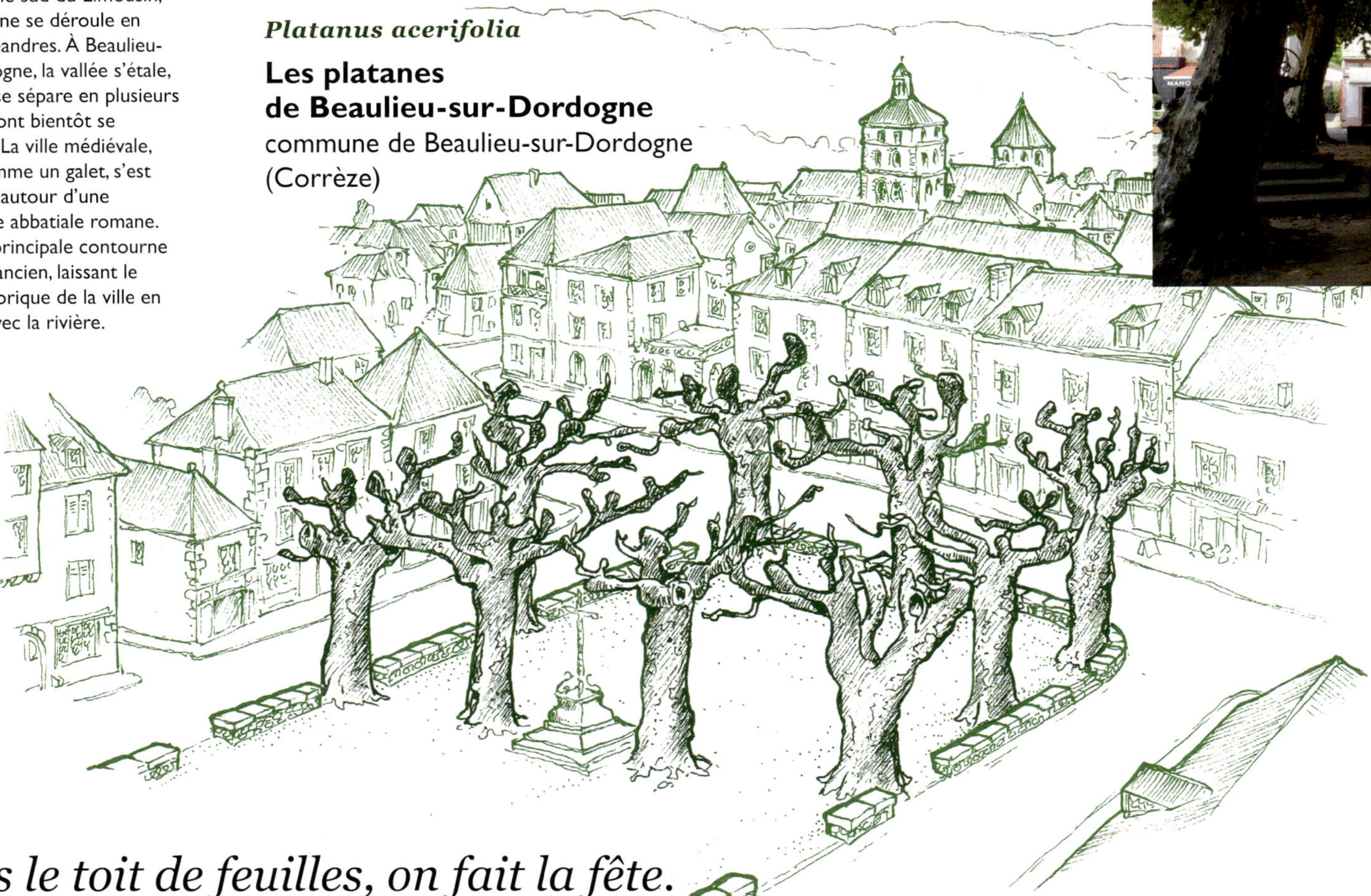

Sous le toit de feuilles, on fait la fête.

Les dix platanes ont été plantés il y a 80 ans, pour abriter la petite place du Champ-de-Mars, ils dessinent sagement un petit carré, offrant une ombre salutaire les jours de grande chaleur. Ce fut le destin du platane : être planté en bord de route, ou sur les places, pour l'ornement, parce qu'il est de bonne compagnie et supporte tous les mauvais traitements. Arbre populaire par excellence, arbre des villes, arbre des départementales, arbre des jours de fêtes et des départs en vacances, arbre des marchés de pays et des parties de pétanque.

Aujourd'hui, il est passé de mode, paraît-il. On ne plante plus de platanes, « c'est ringard ». On songe à les couper : l'arbre serait devenu dangereux. « L'alcootest l'a prouvé : le platane avait bu... » Curieux renversement de perspective. L'image est si répandue que, par bravade, le botaniste Francis Hallé l'a utilisée pour définir cet être végétal si complexe qu'est l'arbre : « Tu rentres dedans en bagnole, si la bagnole pète, c'est un arbre », dit-il en riant.

À Beaulieu, on préfère rester à la terrasse des cafés plutôt que foncer dans les platanes. C'est heureux. On regarde les racines « dégouliner » sur les marches de pierre et le soleil dessiner à contre-jour les silhouettes des feuilles. En mai, on quitte la terrasse pour aller goûter la fraise du pays à l'ombre des grands arbres. Il n'y a rien de plus urgent. Ainsi va le monde, sous les platanes.

Le carré de platanes est en bord de route : c'est un aménagement du XIXe siècle, à l'extérieur des anciens remparts. Il marque le bout du champ-de-foire, dans l'axe du vallon du ruisseau de Genièvre : le vallonnement, très doux, a permis à la ville de déborder de ses limites historiques pour s'étaler vers les versants de la Dordogne.

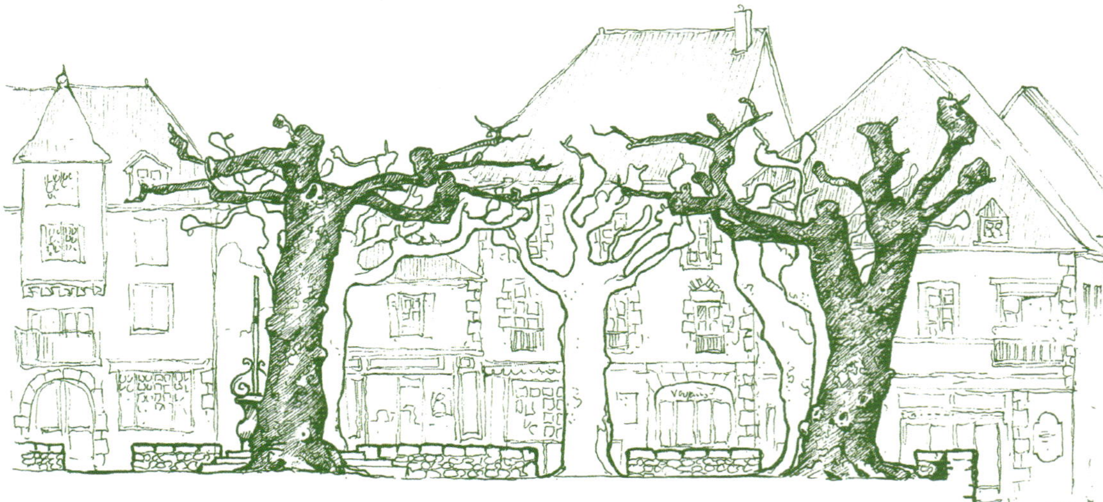

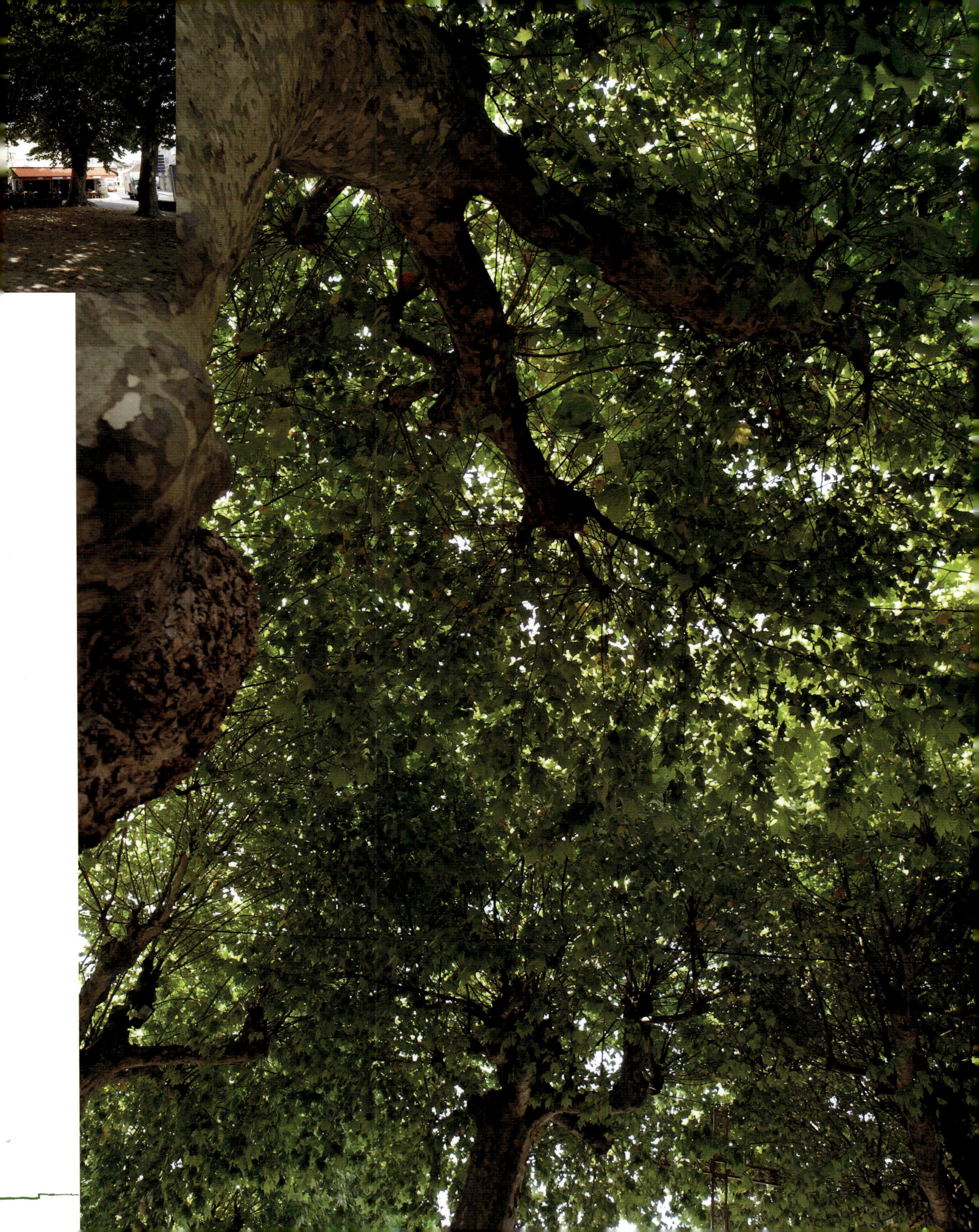

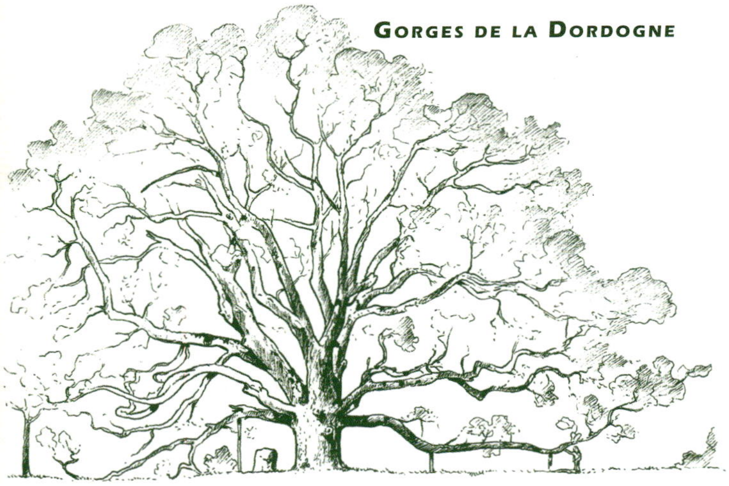

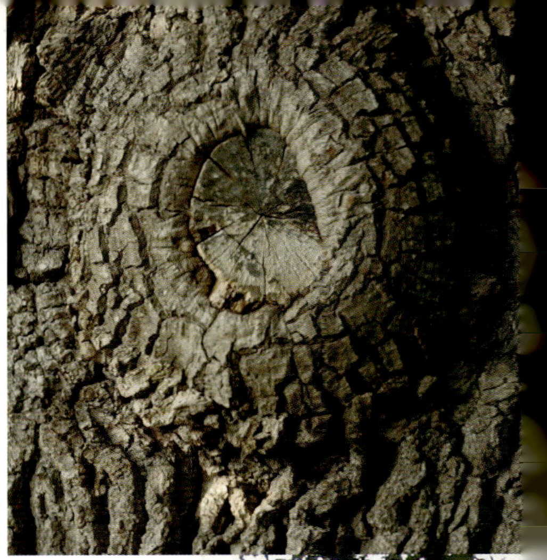

22 m | 4,6 m

Quercus pedonculata

Le chêne de l'Anglais
La Fourcherie,
commune de Sarroux
(Corrèze)

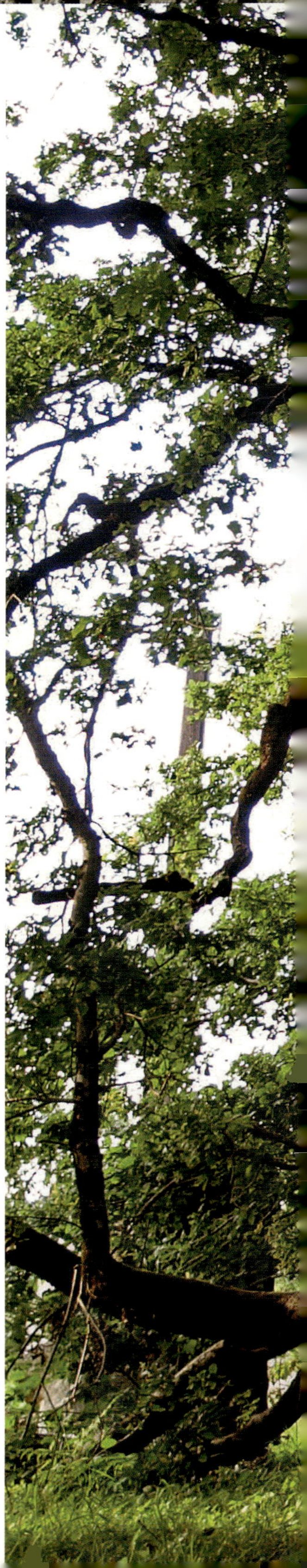

Le chêne de l'Anglais est un guerrier aux branches de serpents.

Selon la légende, une urne fut retrouvée au pied du chêne, contenant les cendres du soldat anglais mort au XVe siècle, la clef de son paquetage et une pièce romaine du IIe siècle portant l'effigie de l'empereur Hadrien. Un trésor bien maigre, et pourtant propre à exciter l'imagination… Preuve en est l'imposante plaque qui trône, imperturbable, au pied du chêne.

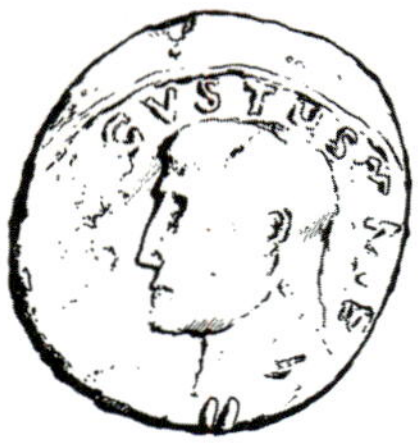

Il court, il cherche, il s'étale, on lui fait de la place, il la prend ! Pas de pitié pour les petits hêtres alentour. Il ne se laissera pas faire.
En tout cas, c'est l'impression qu'il donne, à cause de l'Anglais, celui qui fut tué ici, il y a six siècles au moins, pendant la guerre de Cent Ans, et dont il a abrité les restes, sous ses racines. L'histoire de ce capitaine d'outre - Manche continue de hanter les esprits. Elle déforme notre vision de l'arbre, surtout lorsque le coucher de soleil teinte d'un rouge sang les vieilles branches grises. Alors, le chêne raconte un monde plein de cendres et de fureur, de maisons brûlées et de capitaines anglais tués lors de batailles sanglantes... Bien loin d'une paisible soirée de printemps au pied d'un arbre plusieurs fois centenaire. De l'Anglais venu mourir en terre limousine, on ne sait pas le nom. La seule mémoire qui nous reste de lui, c'est cet arbre. Un arbre - mémoire, un arbre - guerrier qui tend ses branches comme on brandit une épée pour atteindre un ennemi qui recule. Certaines sont si lourdes qu'elles se reposent au sol avant de repartir plus loin.
Le tronc est bien rond et bien large, d'un beau gris veiné de mousse. Sur ce fût arrogant, aucune anicroche, aucune fantaisie, pas d'ouverture où blottir son nid, pas de prise pour le lierre impétueux qui folâtre. Le chêne de l'Anglais n'est pas là pour les joyeuses parties de campagne dans un cadre bucolique, il n'a que faire des pique - niques, siestes et autres bagatelles. Il est le dépositaire d'une histoire qui, sans lui, serait évanouie depuis longtemps dans les limbes du temps. C'est un rôle autrement plus sérieux... et gratifiant ! En voilà un avec qui on ne plaisante pas.

Le grand chêne est en lisière d'un petit bois niché au centre de la Fourcherie, hameau aux maisons éparpillées le long de la route communale.
À ses pieds se déploient les courbes amples du plateau de Sarroux qui se détache, comme une pièce de puzzle, du vaste socle cristallin de la montagne limousine. La haute coulée volcanique de Bort-les-Orgues, vers l'est, la vallée de la Dordogne, au sud, et celle plus étroite de la Diège, à l'ouest, marquent les limites du territoire.

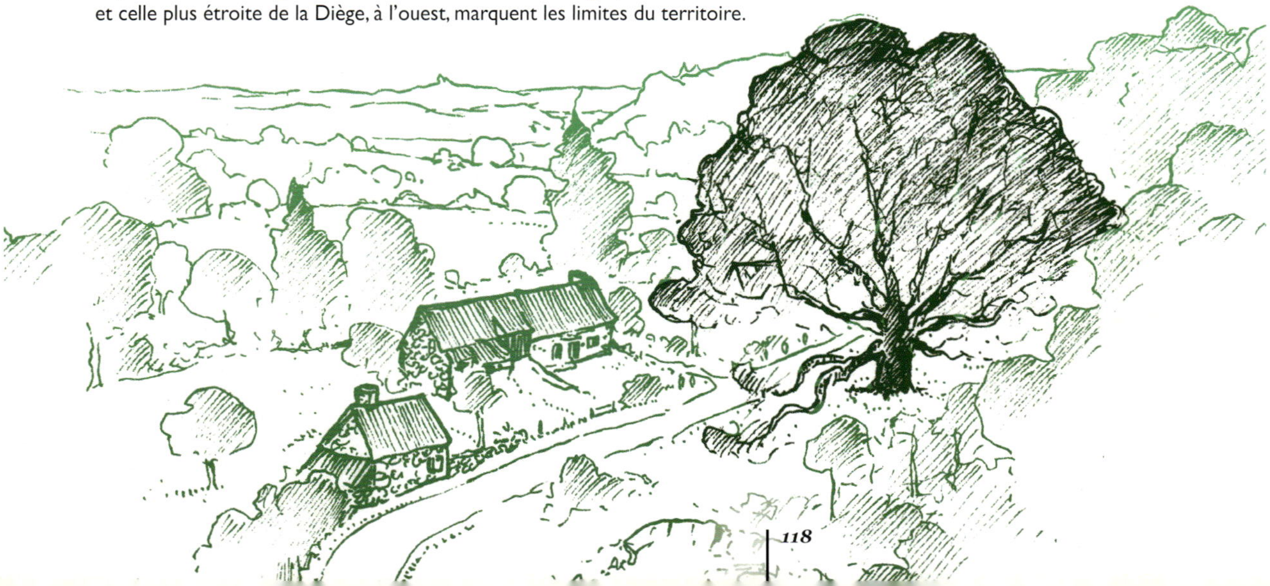

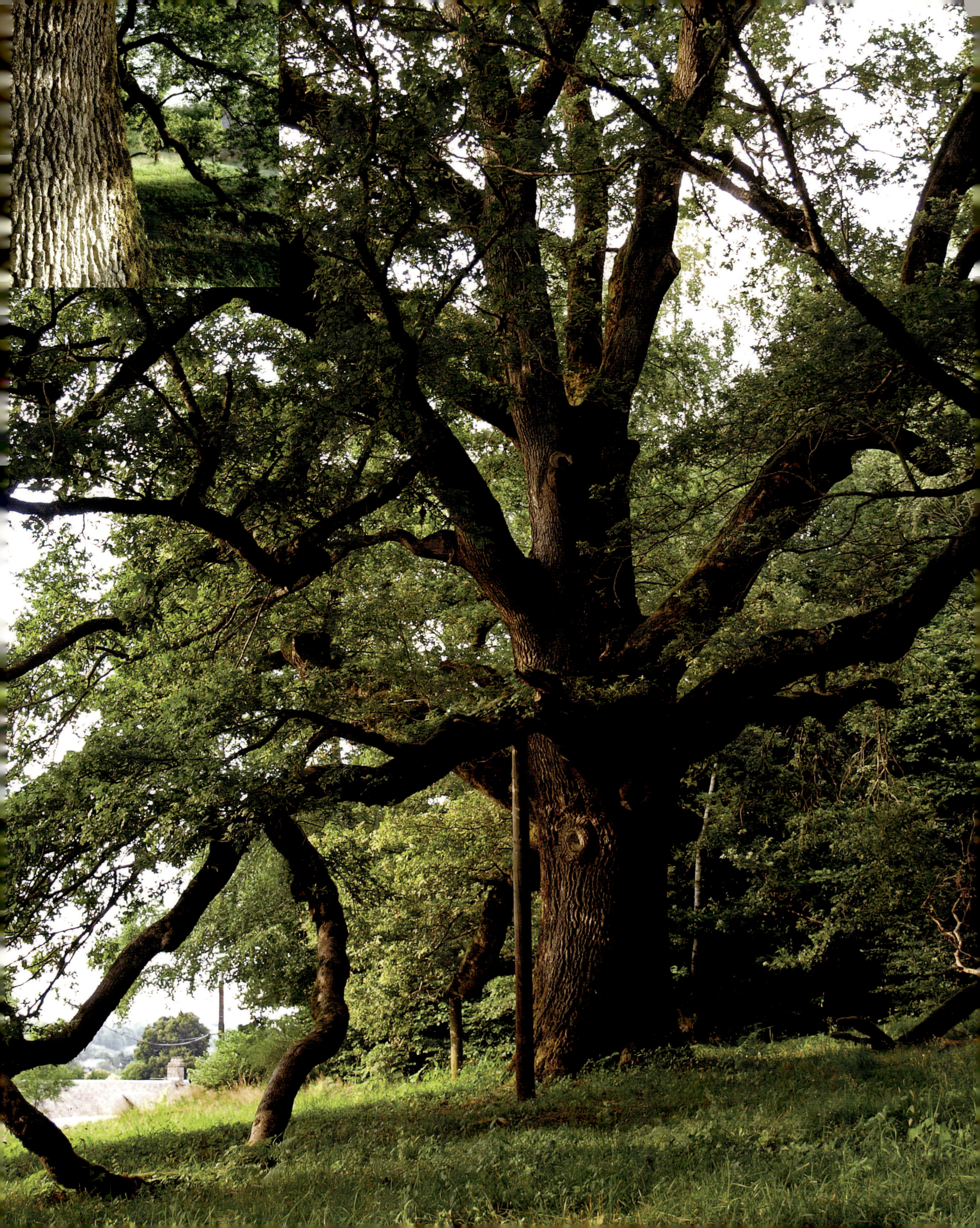

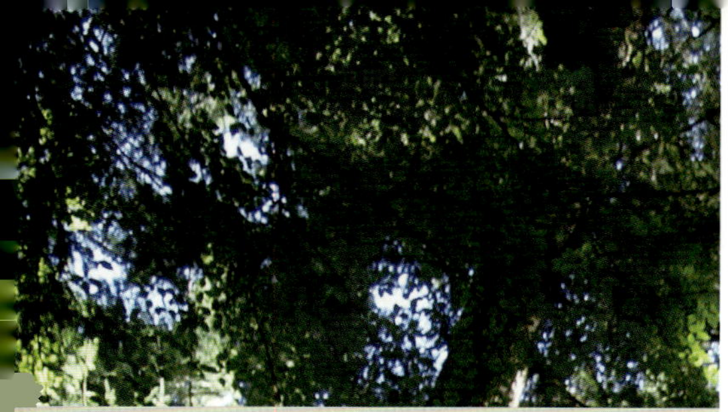

Meymac, c'est la ville en forêt : toutes les hauteurs alentour sont dominées par les arbres. Au nord-ouest, le ruisseau des Farges marque la frontière entre les forêts des Farges et du Jassoneix, d'un côté, et la montagne du Mas Cheny de l'autre. C'est à l'endroit où la vallée est la plus étroite qu'a été construit le viaduc, au-dessus d'un verrou forestier. Les douglas plantés à l'achèvement de l'édifice sont aujourd'hui domaine de l'État. Il s'agirait des plus grands douglas de France, peut-être même d'Europe. Les forestiers espèrent les voir atteindre les mêmes hauteurs que leurs congénères d'Amérique, une centaine de mètres.

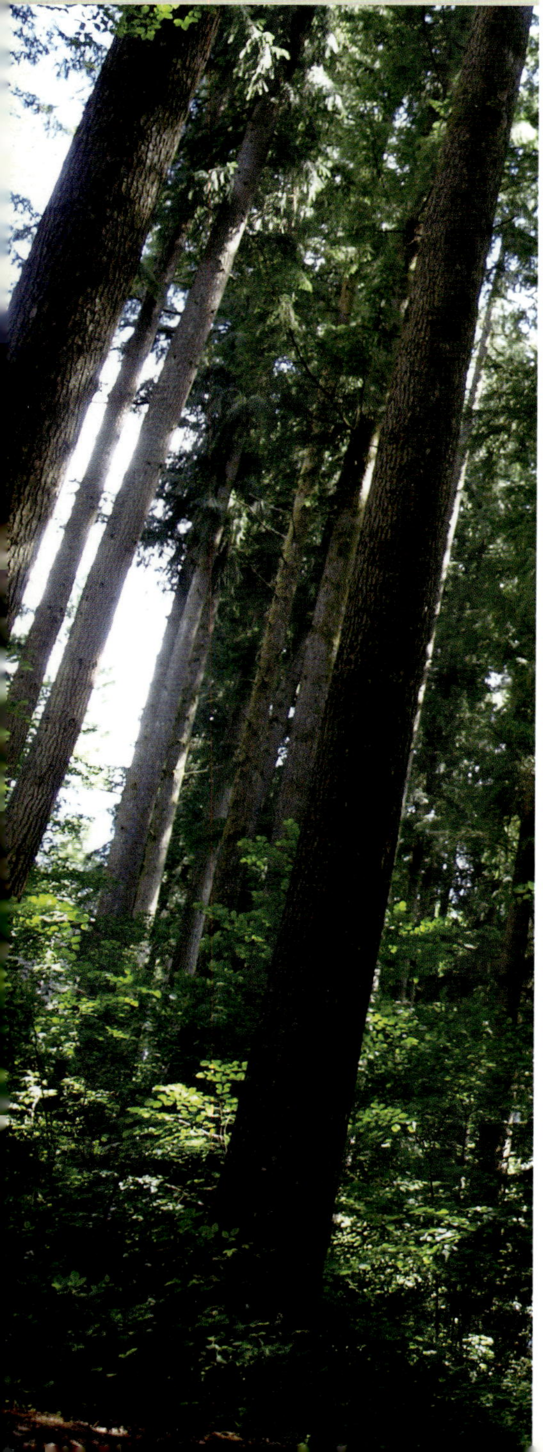

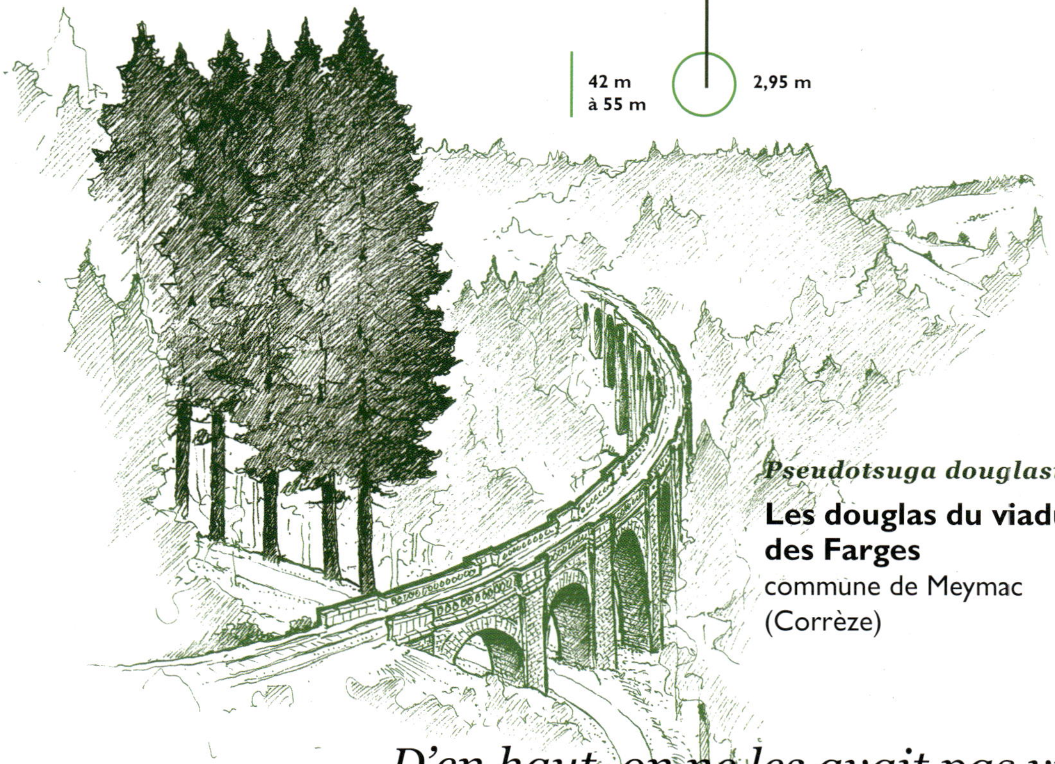

Pseudotsuga douglasii

Les douglas du viaduc des Farges

commune de Meymac
(Corrèze)

D'en haut, on ne les avait pas vus.

C'est qu'il faudrait se représenter la pente, cachée par la forêt, pour concevoir la taille de ces géants dont on ne fait qu'apercevoir la cime : une opération bien compliquée. On est au pied du viaduc, en pleine forêt, la route est belle et, en été, les amateurs de trains et d'ouvrages d'art l'empruntent volontiers pour avoir le plaisir de lever la tête sous les arches de pierre monumentales. On est impressionné, on est ému, on se plaît à frissonner au souvenir du train de munitions allemand qui fut précipité au pied de l'édifice, le 21 février 1944. On vibre même un peu à l'évocation de ce souvenir glorieux.

Il faudrait ne pas s'arrêter là. En regardant de plus près la photo qui accompagne la plaque commémorative posée sous l'arche, on ne peut manquer de remarquer une série de grands arbres qui se moquent absolument des wagons écrasés à leur pied. Ils sont là, droits comme des « i », déjà immenses. Témoins impassibles de l'événement, ils n'ont pas bougé, depuis. Un petit sentier, une maigre trace, dévale la pente et mène à leur pied : dix gros douglas marqués d'un numéro peint en bleu dans un carré blanc : ils ont été plantés à l'achèvement du viaduc, en 1882.

L'odeur de résine est entêtante dans la chaleur de l'été, sur le chemin tapissé d'aiguilles ocre et de bouquets de trèfles vert tendre. Tout est rouge et vert. On marche, de douglas en douglas, en suivant les numéros à rebours, et, à force de lever la tête, on est pris de vertige à l'envers.

Dix gardiens, une véritable haie d'honneur qui tutoie le ciel. Cette accumulation de grandeur nous fait douter : Limousin… ou Canada ? Le regard capturé par les cimes, on en oublie qu'il y a un sol et des racines, au risque de finir la tête dans les broussailles. Au bout du chemin, près de l'arbre n° 1, la pente est plus douce, l'espace s'aère… On peut alors s'asseoir, dans une odeur épicée, fraîche et boisée, pour se remettre de ses émotions, fermer les yeux et regarder avec le nez. L'expérience sensorielle a été totale.

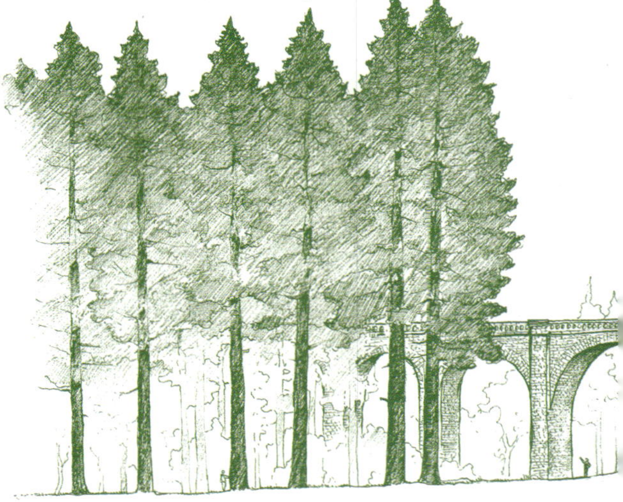

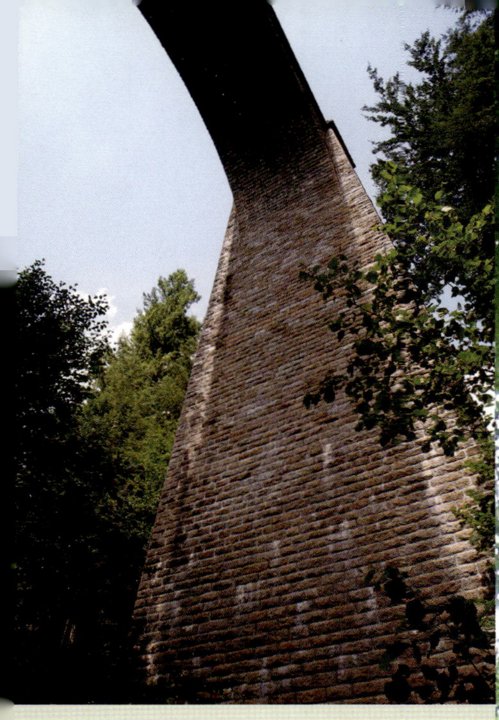

Le 21 février 1944, les résistants F.T.P., francs-tireurs et partisans, firent sauter depuis le viaduc des Farges un train transportant des armes et du matériel de l'armée allemande en provenance de Limoges, sans faire de victimes. Le viaduc, lui, ne sauta pas. Avec ses 210 mètres de haut, et ses arches pouvant s'élever à plus de 34 mètres, c'est l'ouvrage d'art le plus élevé de la ligne Ussel-Limoges.

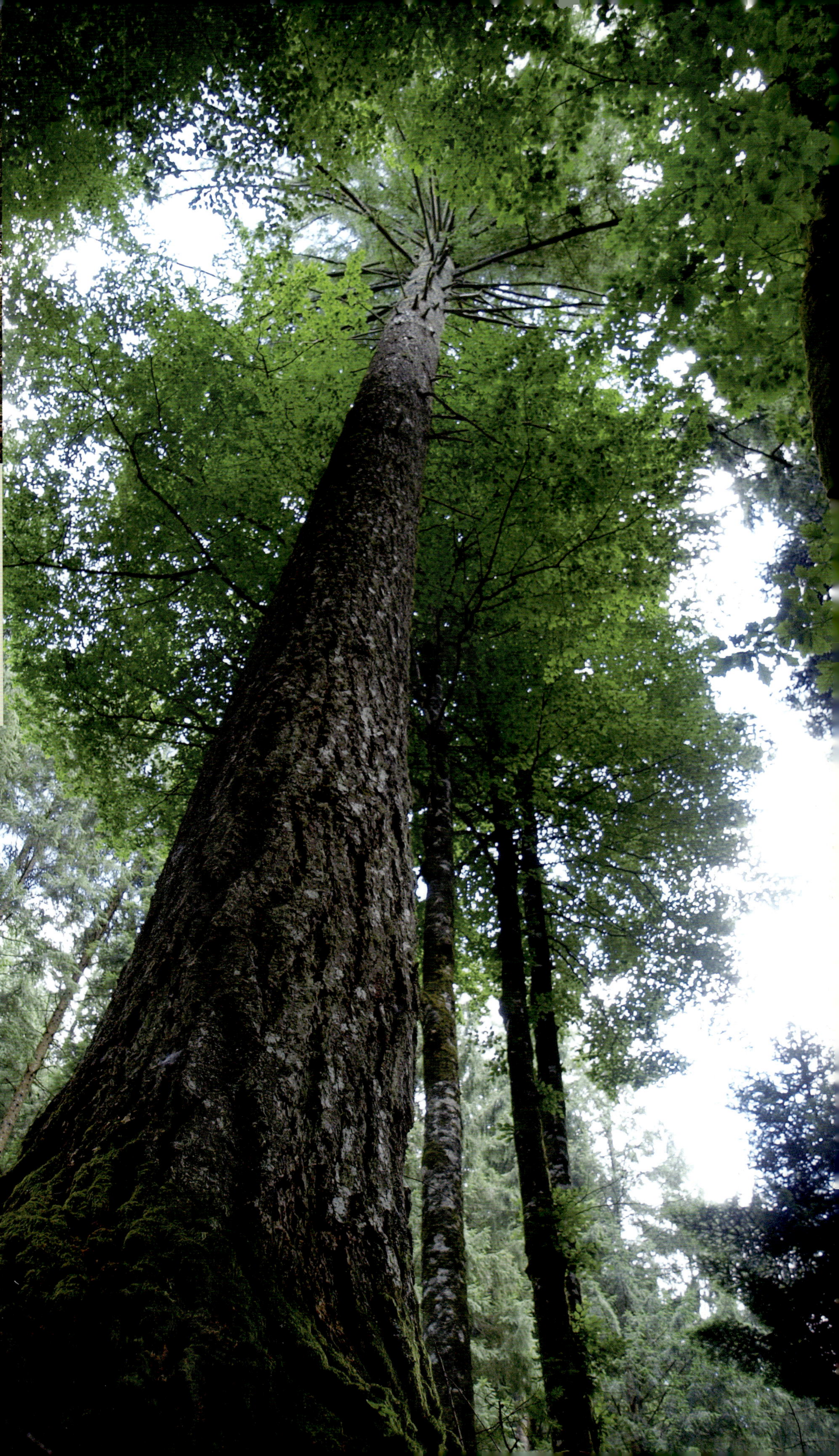

24 m | 5,2 m

Tilia sp.

Le tilleul de Saint-Hilaire-Luc

commune de Saint-Hilaire-Luc (Corrèze)

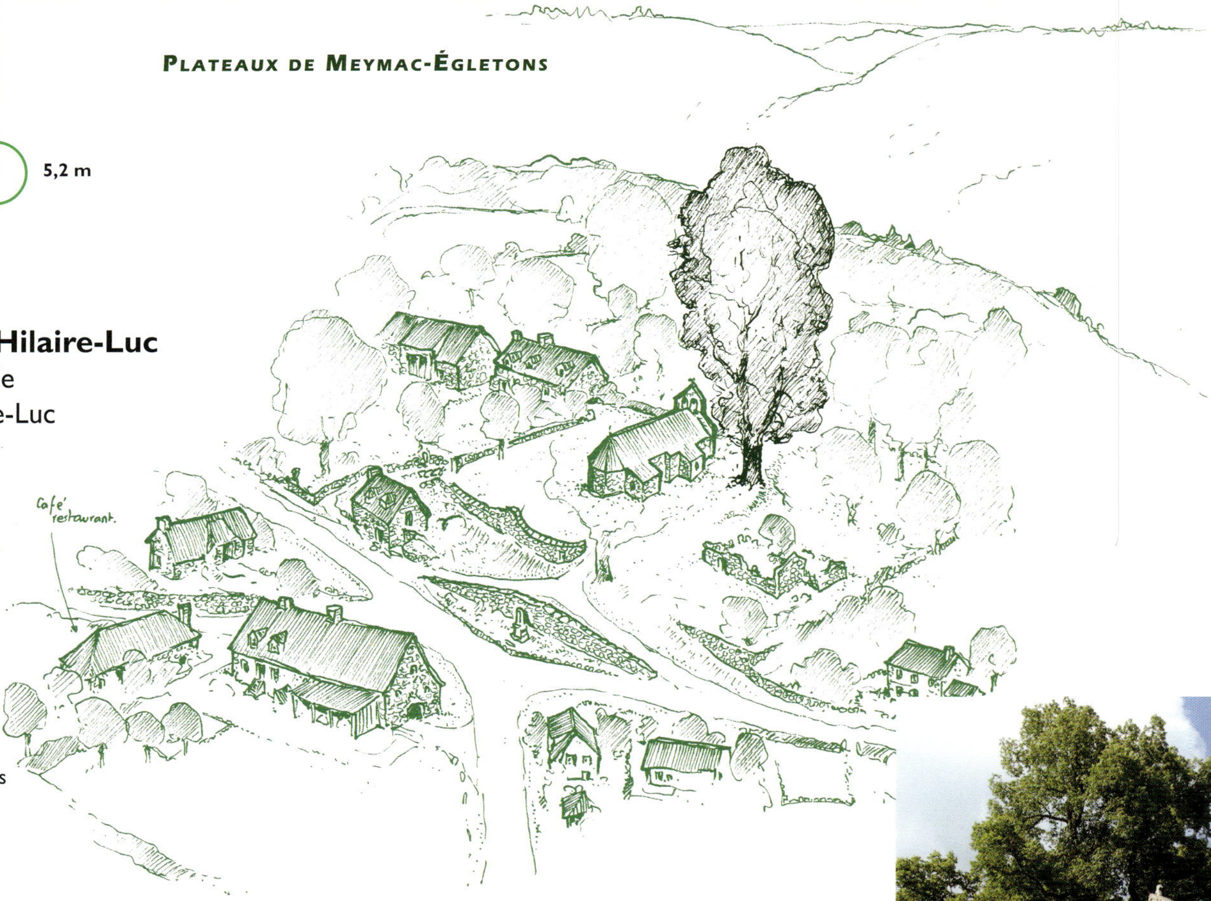

Saint-Hilaire-Luc est une oasis dans le plateau très boisé de Meymac-Égletons. Le village domine la vallée très encaissée du Vianon. C'est ici, précisément, que la route franchit la rivière… et c'est donc ici que le village s'est installé. Un petit village de 80 habitants perdu dans une grande masse forestière.

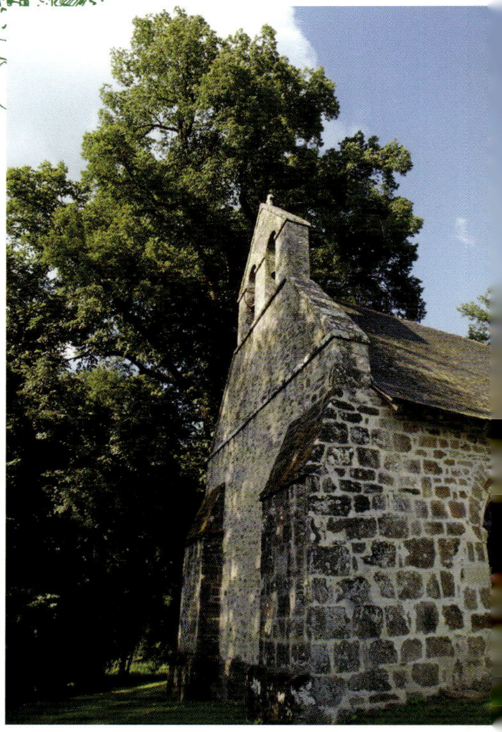

À l'extérieur, tout semble normal. À l'intérieur, c'est une autre affaire…

Le tilleul de Saint-Hilaire-Luc, planté vers 1600, a poussé en aristocrate, grand et élancé. C'est un arbre tout ce qu'il y a de plus arbre, silhouette parfaite, port élégant. De l'extérieur, tout semble impeccable. À l'intérieur…

Allez voir les habitants de Saint-Hilaire, demandez-leur, le tilleul, ils en savent toute l'histoire. En 400 ans, il a eu le temps de vivre et de s'intégrer à la communauté villageoise. À ce qu'on dit, il y a une centaine d'années, il était ouvert. Sur la petite place, entre lui et l'église, était le terrain de jeu : les hommes y venaient le dimanche jouer aux quilles et, une fois la partie terminée, les rangeaient dans le creux de l'arbre. En 1914, à la veille de partir pour le front, ils y ont déposé les quilles, comme à l'habitude, se promettant de reprendre leurs parties une fois la guerre finie… Elles y sont encore. De la guerre, les hommes ne sont jamais revenus. Personne n'a osé reprendre le jeu de quilles et l'arbre s'est refermé.

À le voir aujourd'hui, avec son tronc haut et droit, uniforme, sans boursouflures, on ne saurait soupçonner que le tilleul renferme un tel souvenir. Arbre-reliquaire, il garde jalousement la mémoire de ces hommes, de cette histoire. Il a refermé son tronc comme se cicatrise une blessure de guerre.

Le temps a passé. En 1925, une grosse branche est tombée sur le toit de l'église. Précédent fâcheux qui, en d'autres lieux et d'autres circonstances, aurait pu entraîner des représailles. Mais ici, qui oserait couper le tilleul au jeu de quilles ?

Il en est ainsi de certains arbres : ils portent en eux notre mémoire mieux que ne le font tous les livres d'histoire.

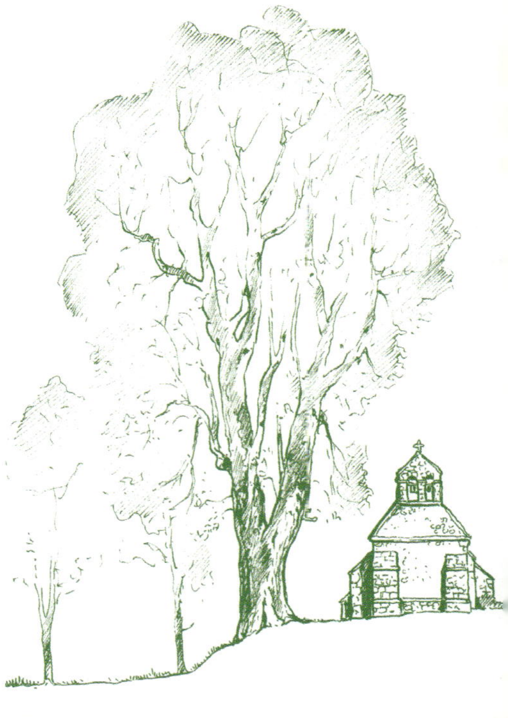

Le tilleul n'est pas le seul arbre remarquable de Saint-Hilaire-Luc. Quelques pas sur les sentiers vous mettront en contact avec de beaux spécimens d'arbres-têtards, appelés « chapourles » en patois : deux chênes tricentenaires sont encore visibles dans une haie, près de la mairie. Les paysans coupaient les branches tous les six à huit ans : les animaux mangeaient les feuilles et les branchages servaient à allumer le four à pain.

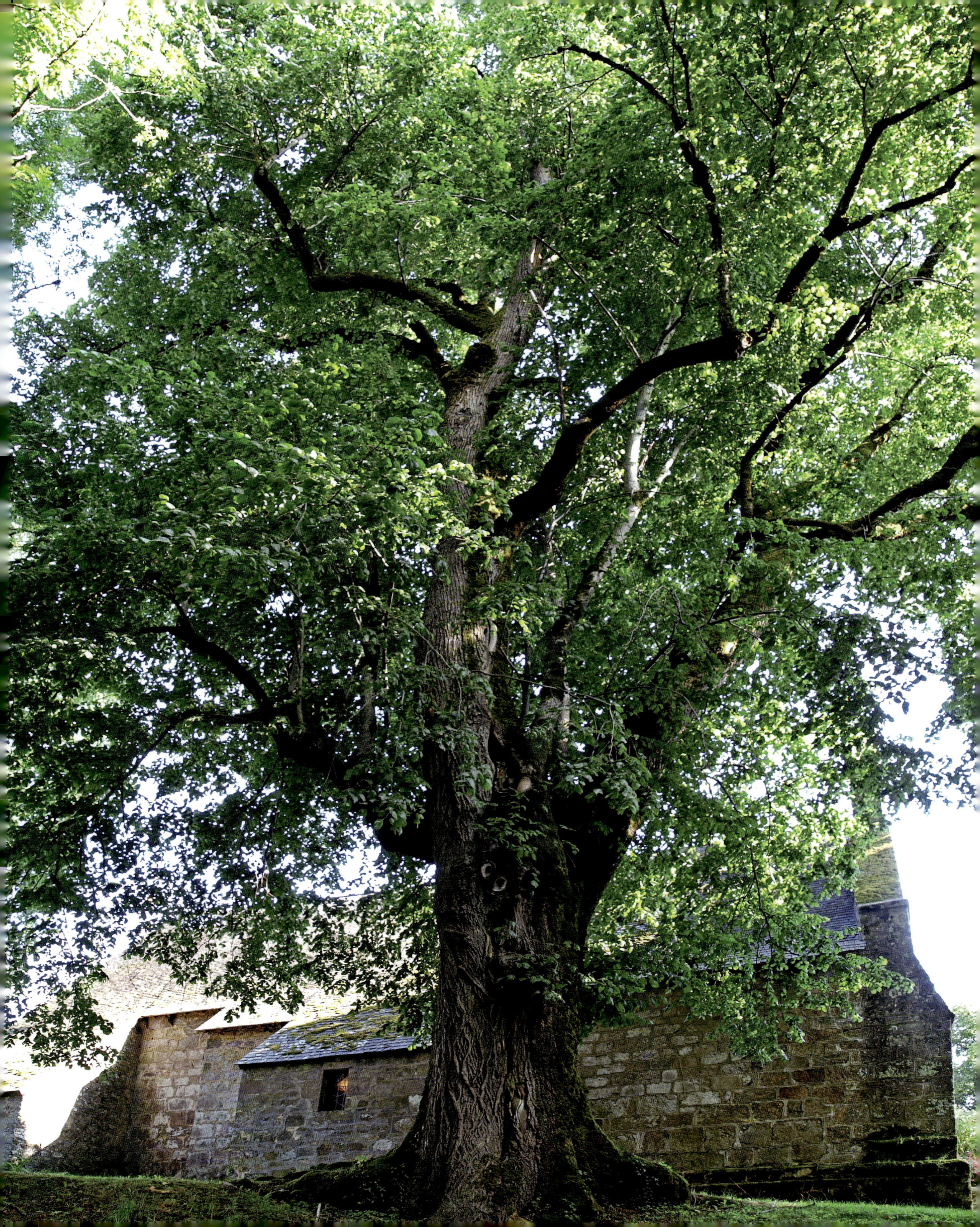

La rivière de Bonnefond prend sa source tout près du village du même nom, à quelque distance des sources de la Corrèze, au cœur du massif des Monédières. Son cours serpente en altitude, suivi par la route départementale 18. Le village s'étire et s'accroche à cette route, à 810 mètres d'altitude, tout en longueur. Même les maisons, basses, semblent suivre cette inclination à ne connaître que l'horizontalité.

9,5 m 6,35 m

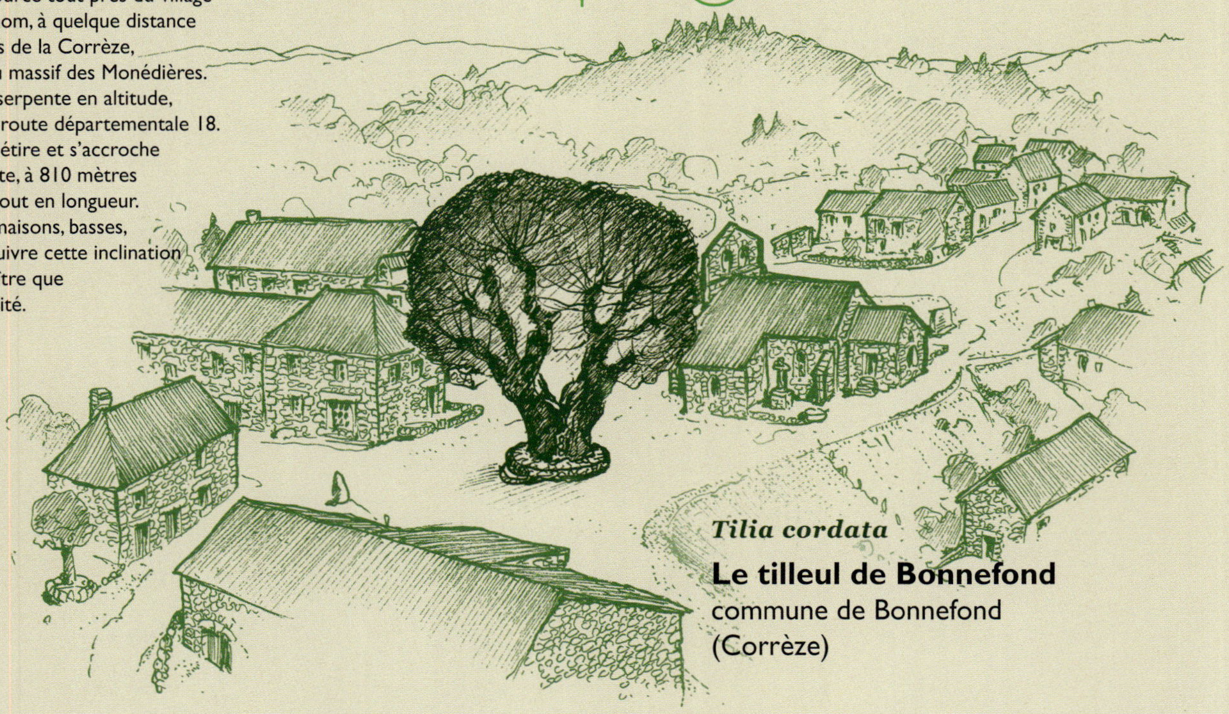

Tilia cordata

Le tilleul de Bonnefond
commune de Bonnefond
(Corrèze)

L'arbre rond s'est ouvert comme un berceau.

À dire vrai, il n'a plus tout-à-fait l'air d'un arbre. Sur la petite place trop goudronnée de Bonnefond, à côté de la petite église longue et basse, le tilleul semble tout droit sorti d'une maquette. C'est un arbre à taille d'enfant, forgé depuis des siècles, comme on cisèle patiemment une histoire. Taillé, taillé et retaillé encore, il pousse rond, incroyablement rond, comme une lune, comme un ballon. Son tronc s'est ouvert, il y a longtemps déjà, peut-être aurait-il pu se refermer ? Mais non : de peur que l'arbre ne s'effondre, les hommes ont muré l'ouverture. Le tronc du tilleul de Bonnefond est aujourd'hui de bois, de pierre et de ciment.

Sur la place de Bonnefond, l'arbre est devenu un objet étrange. On le sait maltraité, et pourtant on se sent invité à pénétrer au creux du tronc, à s'asseoir sur la petite plateforme créée par le comblement pierreux. Là, sous la frondaison toute ronde et protectrice, bien à l'abri des regards, tout est possible : voir sans être vu, confier ses secrets aux veines du bois, donner rendez-vous à son aimée ou, tout simplement, s'asseoir, et rêver... Rêver qu'au cœur de la nuit, dans le village assoupi, l'enfant n'arrive pas à dormir. À pas de loup, il sort de la maison, et se rend sur la place, face au vieil arbre. « Arbre, je n'arrive pas à dormir ! Ouvre-toi ! » ...

Et l'arbre s'ouvre, et de son cœur jaillissent mille histoires comme mille branches entrelacées : un cheval ailé, un bateau aux voiles de feu, un prince qui porte une étoile...

Au cœur de l'arbre, désormais ouvert, l'enfant s'endort, bercé par le chant des feuilles.

Sur ces hauts plateaux corréziens du Parc Naturel Régional de Millevaches en Limousin, c'est peut-être ainsi, en fuyant la verticalité, qu'on se protège des vents. Tout près, la Garlèche culmine à 908 mètres d'altitude. En hiver, on vient y faire du ski de fond... Bonnefond, c'est déjà la montagne.

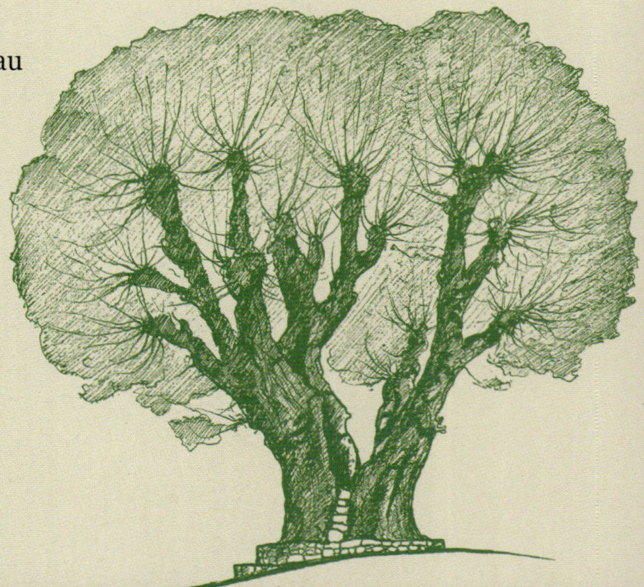

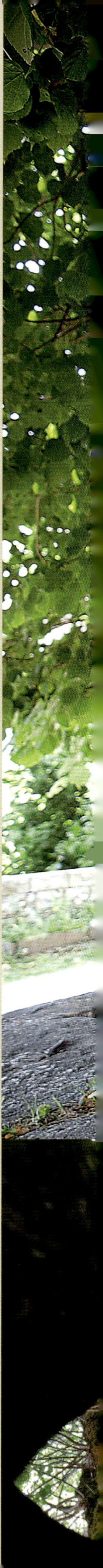

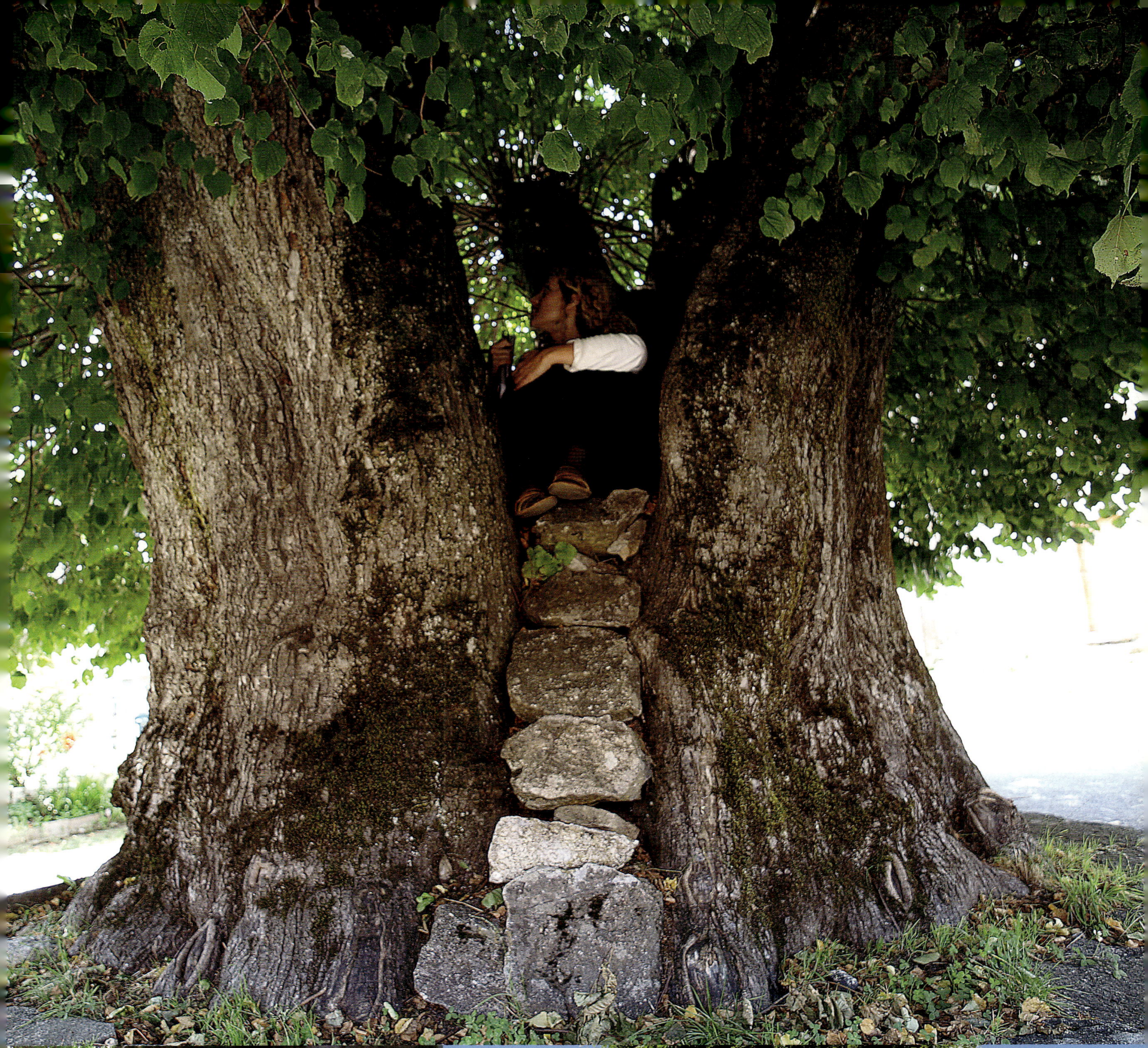
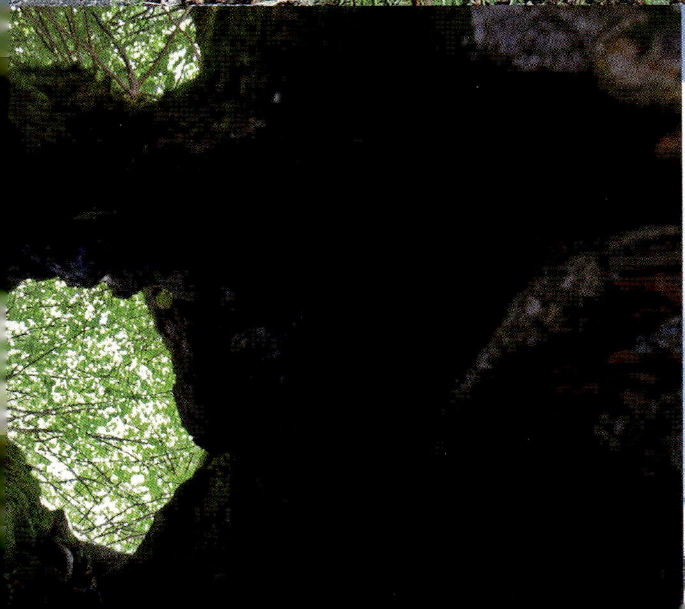
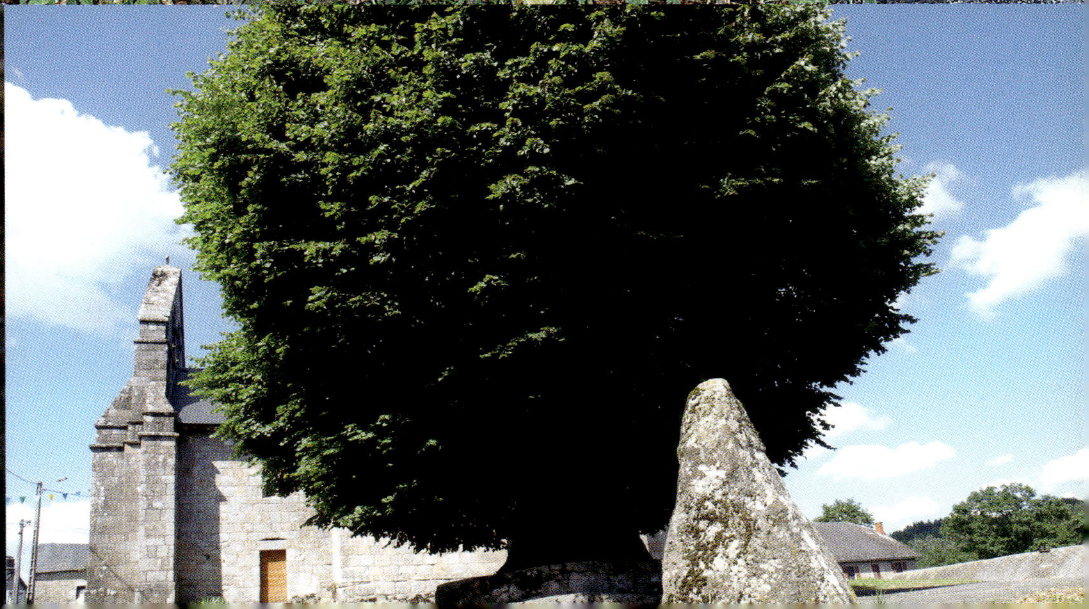

Fagus sylvatica

Les hêtres du mont Gargan

commune de Saint-Gilles-les-Forêts (Haute-Vienne)

17 m | 3,7 m

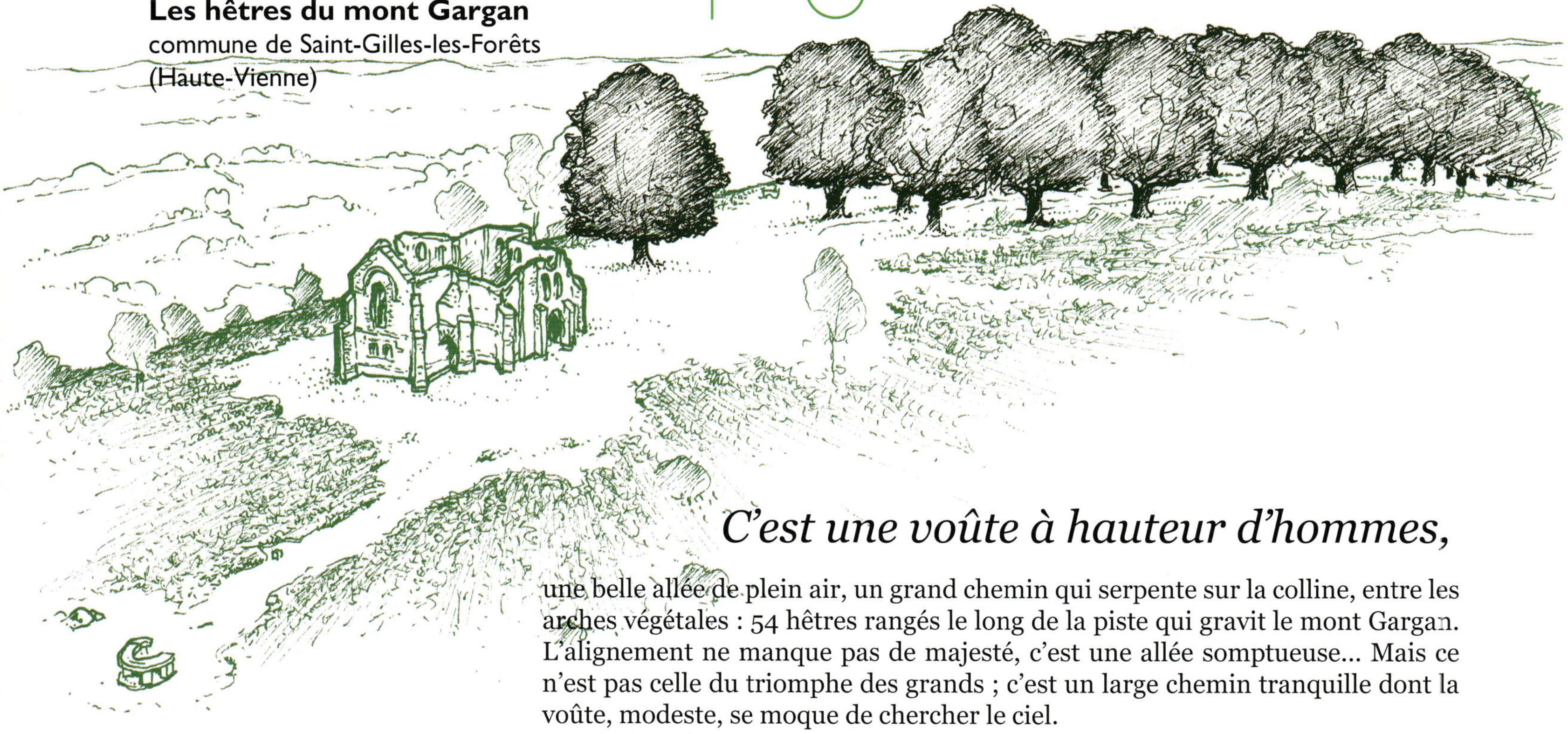

C'est une voûte à hauteur d'hommes,

une belle allée de plein air, un grand chemin qui serpente sur la colline, entre les arches végétales : 54 hêtres rangés le long de la piste qui gravit le mont Gargan. L'alignement ne manque pas de majesté, c'est une allée somptueuse... Mais ce n'est pas celle du triomphe des grands ; c'est un large chemin tranquille dont la voûte, modeste, se moque de chercher le ciel.

Le « génie français » nous a habitués à de véritables colonnades végétales, symétriques et élancées, symboles d'une nature maîtrisée. Ici, c'est un peu comme si un esprit fantasque était venu déranger des plans soigneusement établis. Les fûts des arbres sont bas, les troncs ramassés, les racines affleurantes s'étalent généreusement. Quant aux branches, loin de s'élever en hauteur, elles se tordent et partent à l'horizontale, loin, très loin. Chaque hêtre est un foisonnement de rameaux, un jaillissement tortueux, un entremêlement débridé. Une fois planté, pas de contraintes : on a laissé chaque arbre s'exprimer, libre de pousser comme bon lui semble... Jusqu'à une malheureuse volonté récente de vouloir les élaguer, pour le confort, pourtant bien difficile à évaluer, des visiteurs.

C'est une grande allée qui respire encore la spontanéité, et n'en est que plus belle. Est-ce un hasard si ce lieu vécut l'une des grandes batailles de la libération du Limousin en 1944 ? Une plaque nous le rappelle... Sans elle, comment saurait-on ? La bruyère, les pelouses rases ont recouvert le sommet tout rond du mont Gargan. Les hêtres, eux, ne semblent pas avoir souffert de la guerre. Ils n'ont cessé de pousser, sans entraves : entre leurs branches souffle encore l'esprit d'une certaine idée de la liberté.

À 731 mètres d'altitude, le mont Gargan, classé au titre des sites, domine largement les paysages alentour, des plateaux qui culminent à 430 mètres d'altitude.
Le mont est considéré comme un sommet du Massif Central, moins par son altitude que sa topographie.
Une légende tenace veut même en faire le point culminant de la Haute-Vienne... ce qui est inexact : le puy du Bois de Crozat à Beaumont-du-Lac, le dépasse d'une bonne quarantaine de mètres.

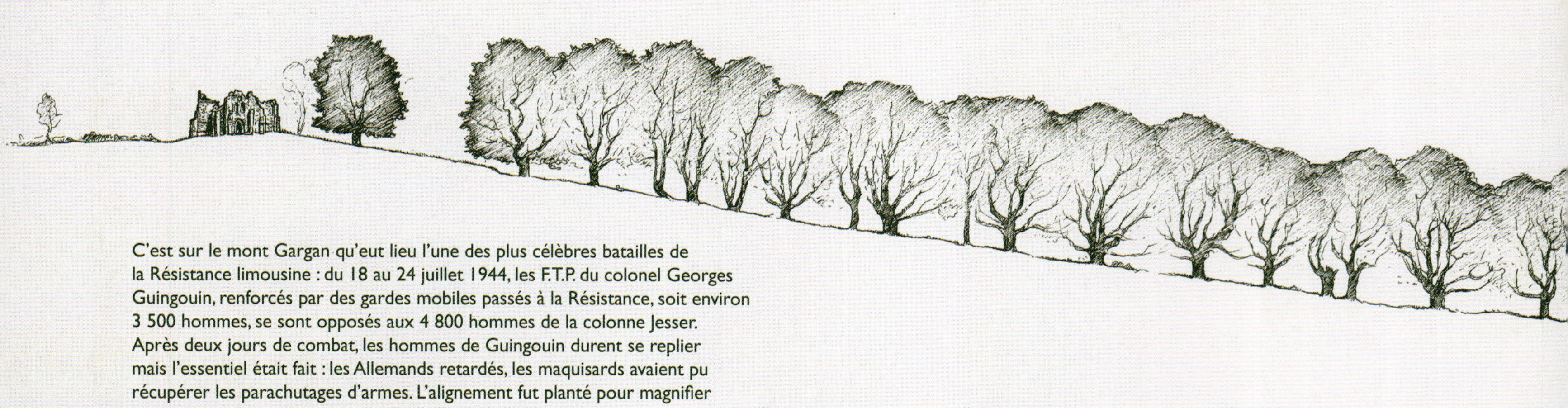

C'est sur le mont Gargan qu'eut lieu l'une des plus célèbres batailles de la Résistance limousine : du 18 au 24 juillet 1944, les F.T.P. du colonel Georges Guingouin, renforcés par des gardes mobiles passés à la Résistance, soit environ 3 500 hommes, se sont opposés aux 4 800 hommes de la colonne Jesser. Après deux jours de combat, les hommes de Guingouin durent se replier mais l'essentiel était fait : les Allemands retardés, les maquisards avaient pu récupérer les parachutages d'armes. L'alignement fut planté pour magnifier le sentier qui mène à la chapelle.

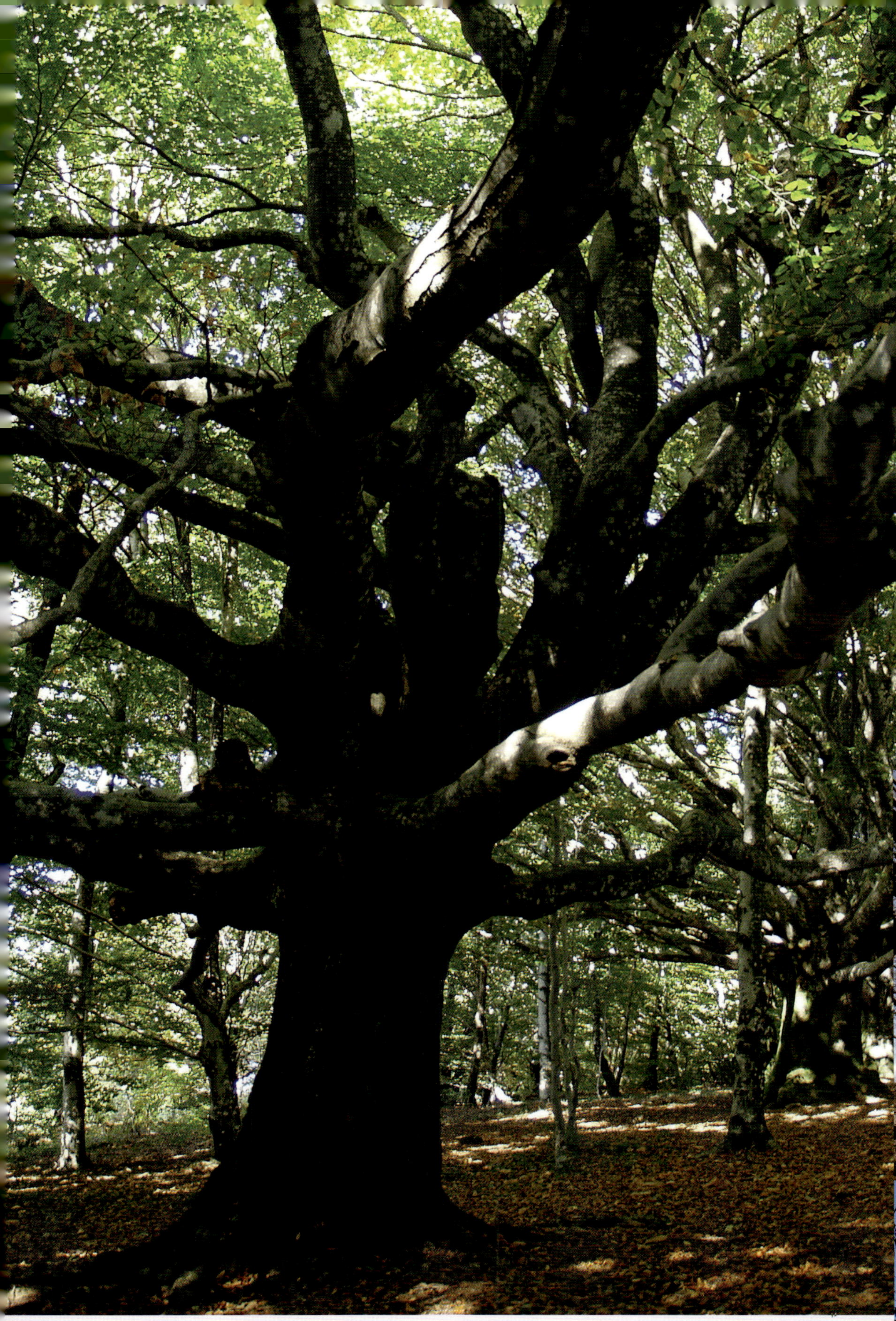
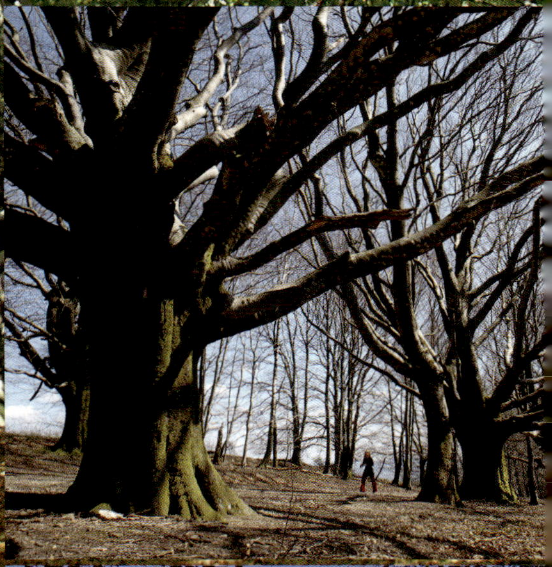
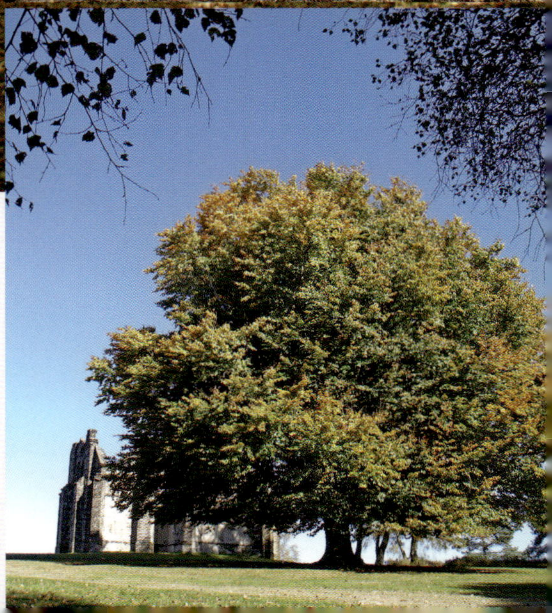
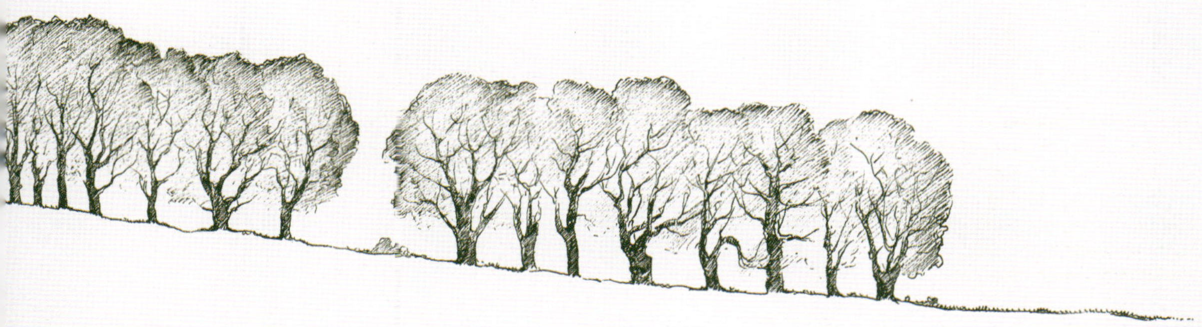

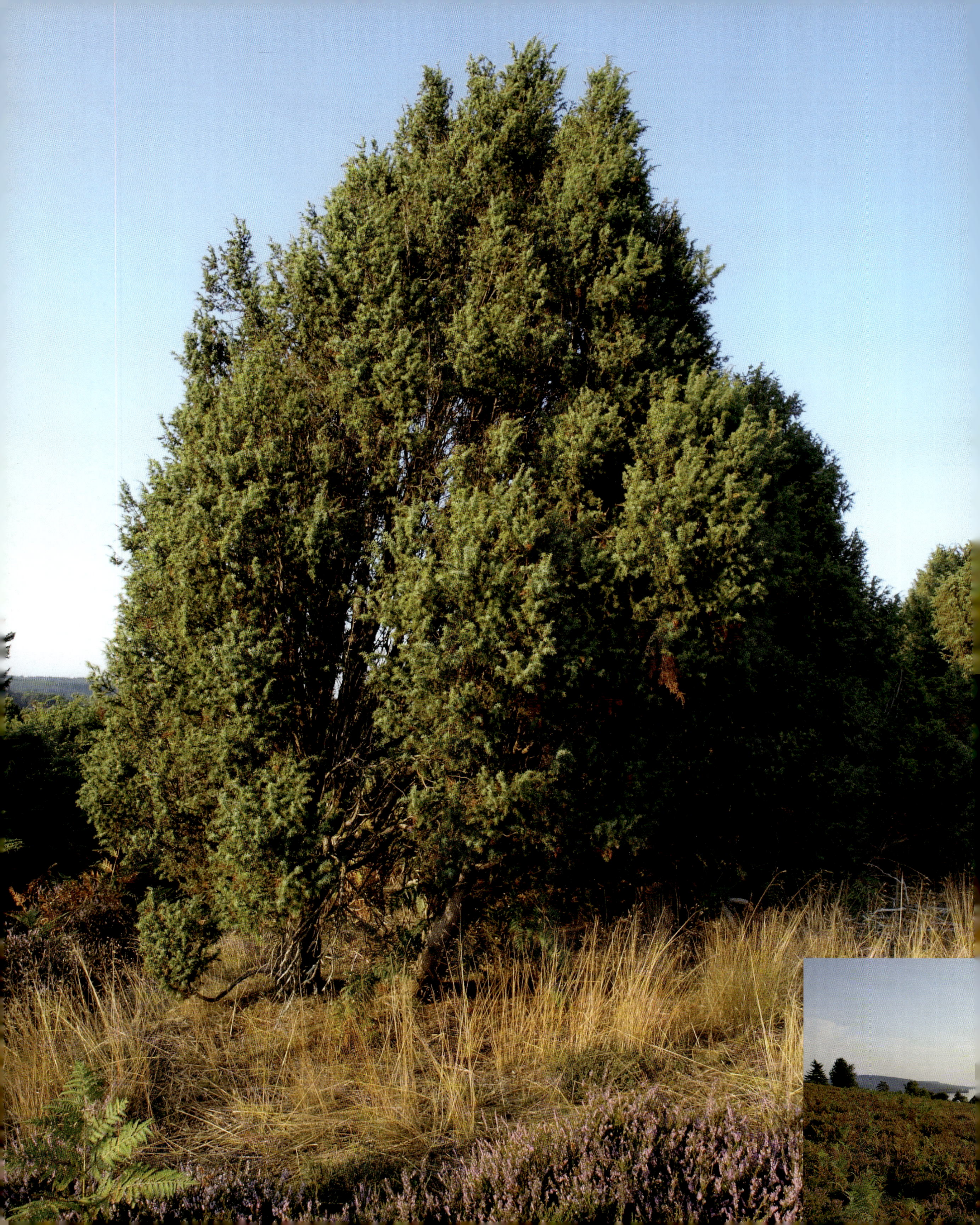

Vassivière n'est un lac que depuis les années 1950 : le barrage a rempli une cuvette au centre du plateau.
Tout autour, ce sont des versants boisés. Sur l'un d'eux, qui culmine à 751 mètres, une grande lande à bruyère, paysage relique, subsite, progressivement envahie par le genévrier.
D'ici, on profite de l'une des rares vues sur le lac : les autres versants, anciennes pâtures progressivement abandonnées, se sont fermés, les arbres cachent désormais l'ampleur des horizons.

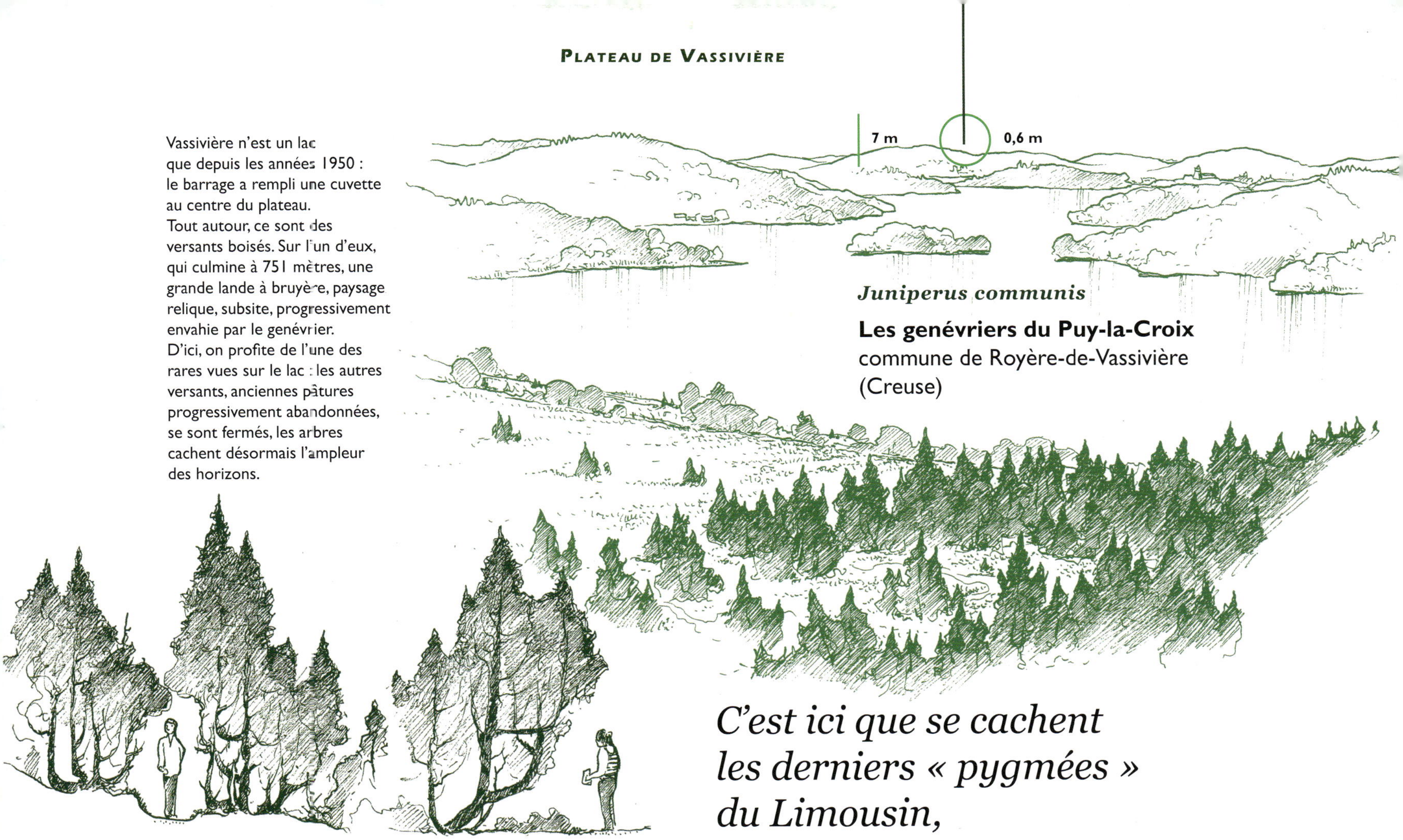

Juniperus communis

Les genévriers du Puy-la-Croix
commune de Royère-de-Vassivière
(Creuse)

C'est ici que se cachent les derniers « pygmées » du Limousin,

le peuple oublié de Vassivière. Habituellement, le genévrier est plutôt solitaire, mais ici, face à la marée verte des conifères qui envahissent les sommets autour du lac, ils se sont regroupés pour faire front ensemble, une dernière fois. Ils sont une forêt, maintenant, qui a recouvert la cime du Puy-la-Croix, une forêt d'arbres miniatures, une forêt qui aime la lenteur. Les ultimes indigènes ont tenté leur chance et réussi à coloniser la montagne. Le genévrier n'est pas fait de belles branches et de frondaisons… On dirait plutôt un gros buisson qui pique. Mais il lui suffit de peu pour prendre de l'ampleur et révéler un tronc épais et ramassé, une silhouette de champignon géant. Ici, le nombre est admirable : l'union fait la force, et la junipéraie, malgré sa petite taille, quasi impénétrable… S'il n'y avait le passage des moutons qui forment un labyrinthe de petites sentes, personne ne saurait accéder au cœur de ce « maquis ».
Autour, sur les pentes, c'est une lande à bruyères. La fleur rose, humble mais éclatante, éclabousse la colline au soleil couchant… Alors, tout s'embrase : fleurs, genévriers, moutons. La lumière tombante redonne des couleurs à ce monde en miniature, à cette clairière où les végétaux prennent leur temps, ne cherchent pas à aller trop loin, trop haut, simplement à s'enraciner profondément, sur cette terre, comme pour défier les troupes de grands sapins noirs qui avancent sur les reliefs. Ce monde d'arbres qui ne barrent pas l'horizon et laissent passer la lumière et le vent.

Propriété du Conservatoire du littoral, la lande du Puy-la-Croix est maintenue par un troupeau de brebis qui paissent entre bruyères et genévriers. Elle abrite une espèce végétale rare et protégée, le lycopode en massue, qui vaut au site sa reconnaissance dans le réseau Natura 2000. Même sans le lycopode, la junipéraie du Puy-la-Croix est suffisamment rare pour mériter toutes les attentions.

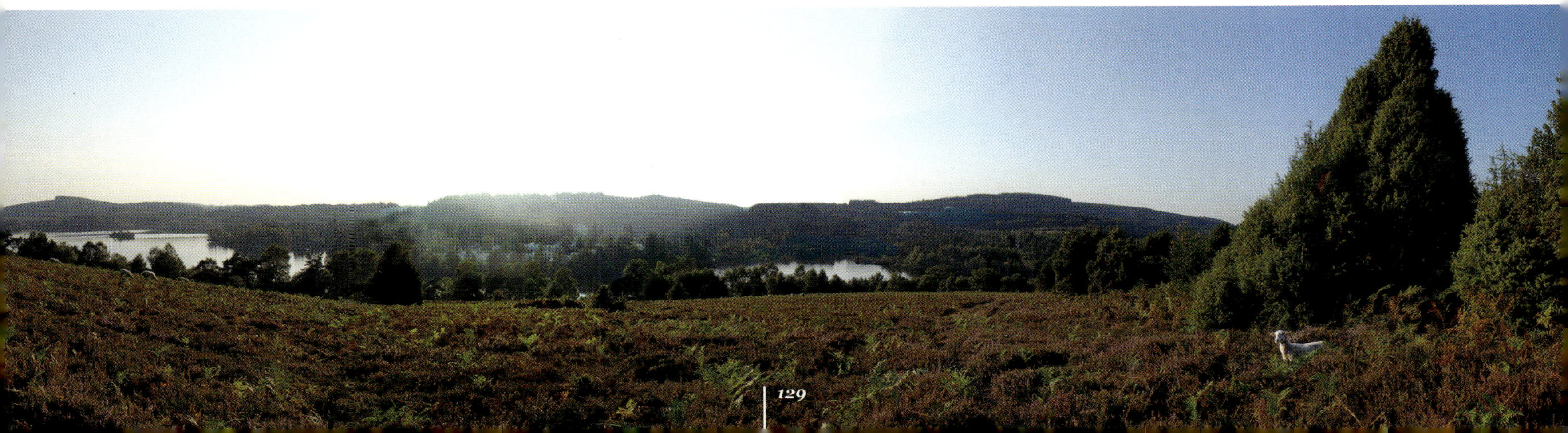

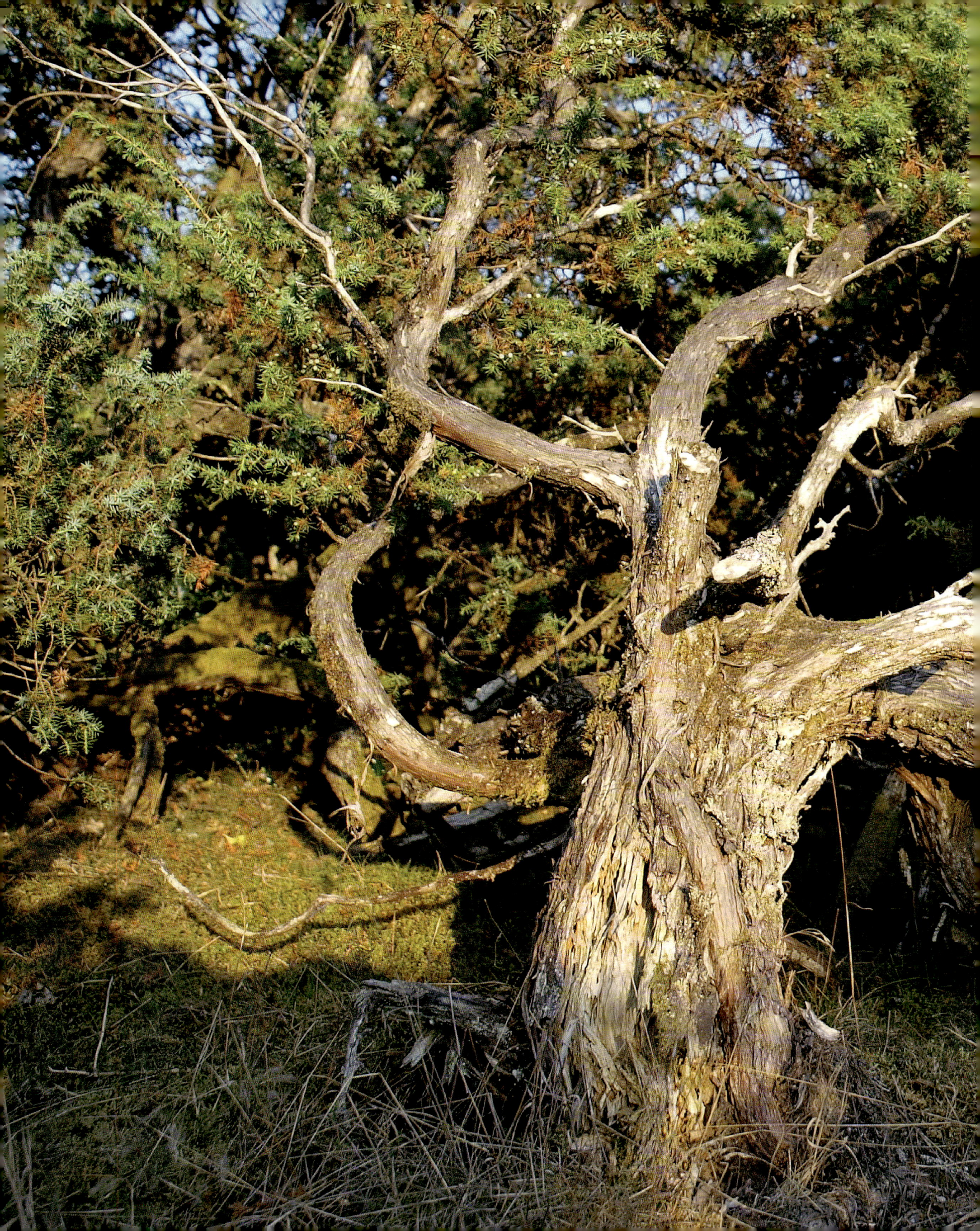

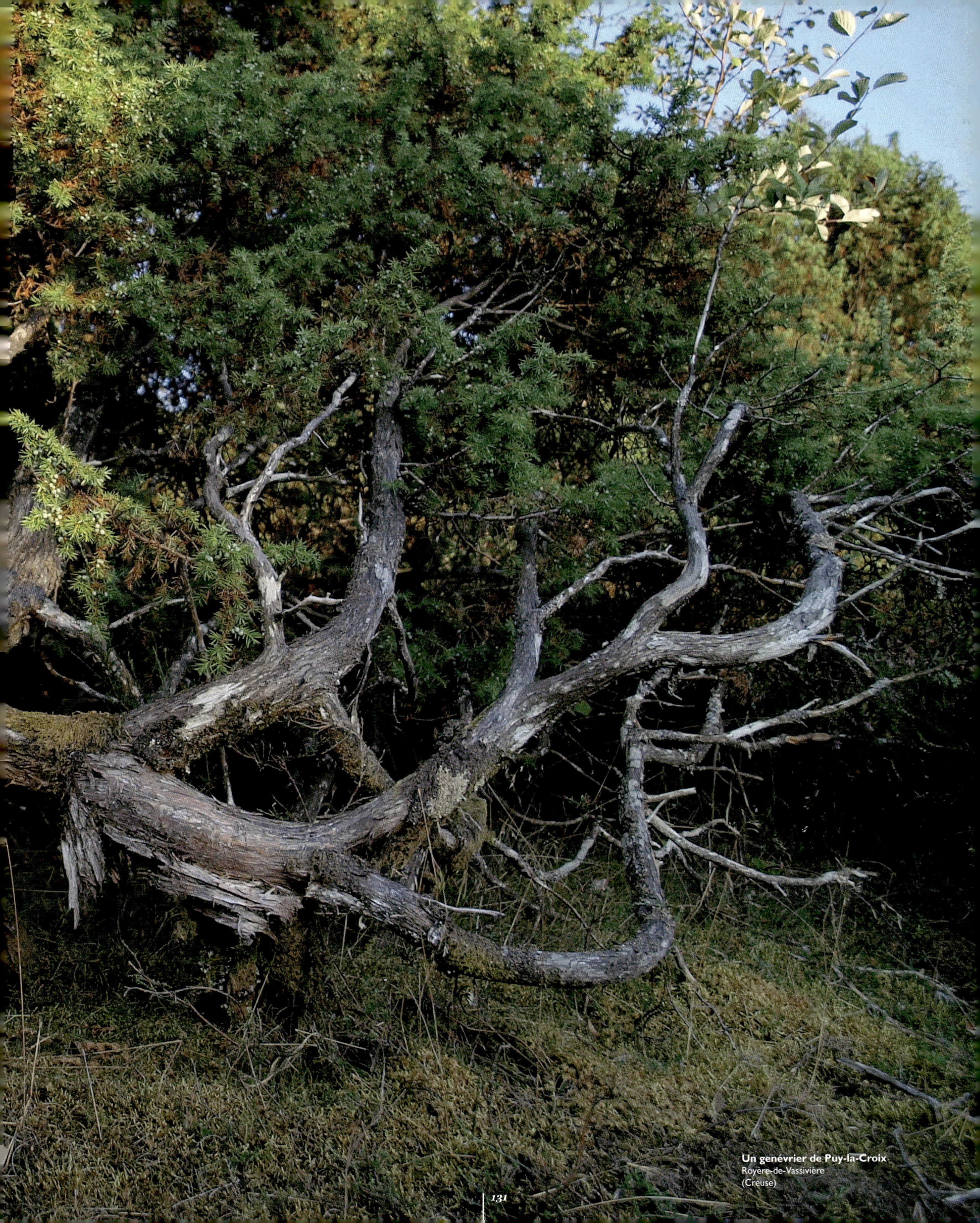

Un genévrier de Puy-la-Croix
Royère-de-Vassivière
(Creuse)

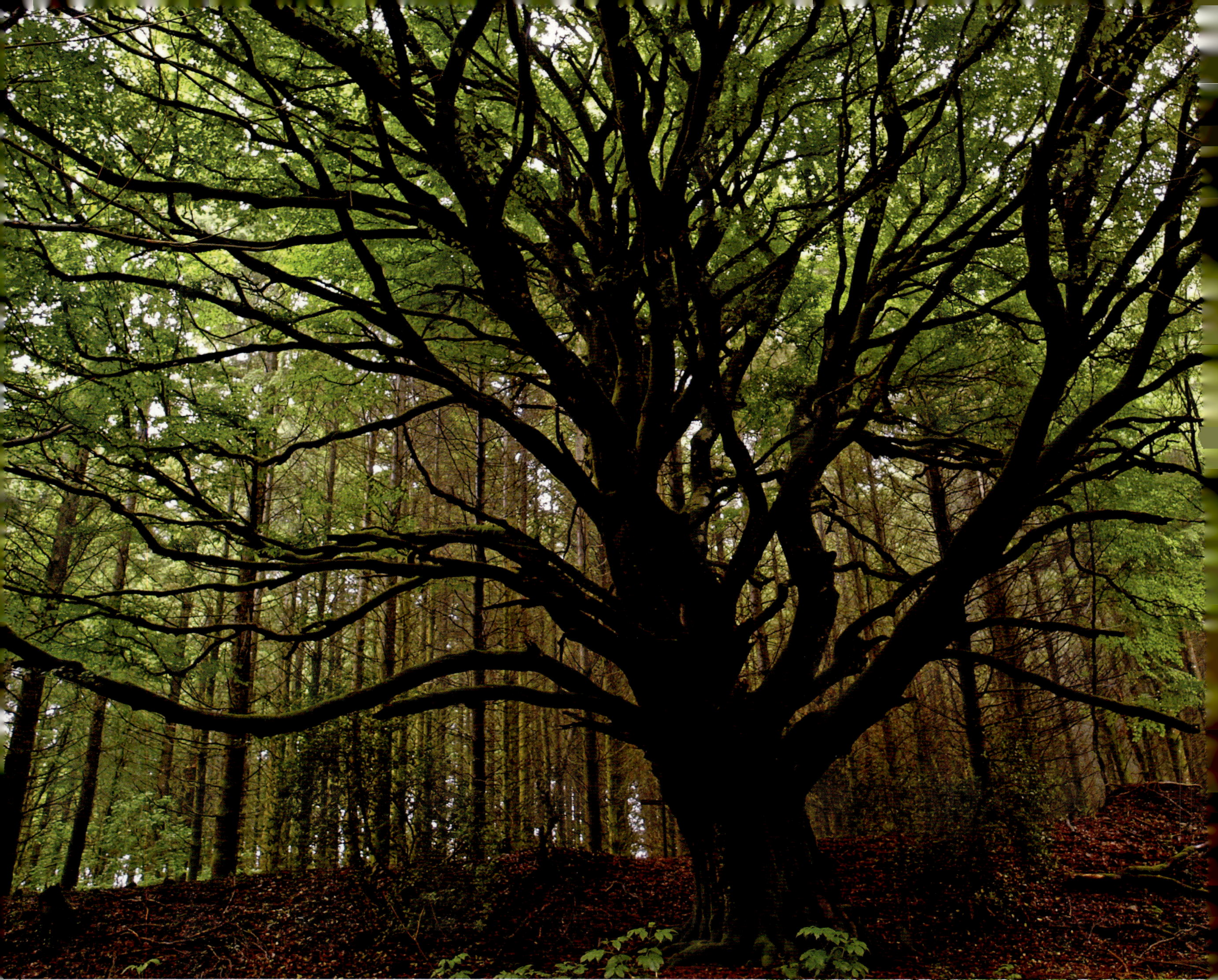

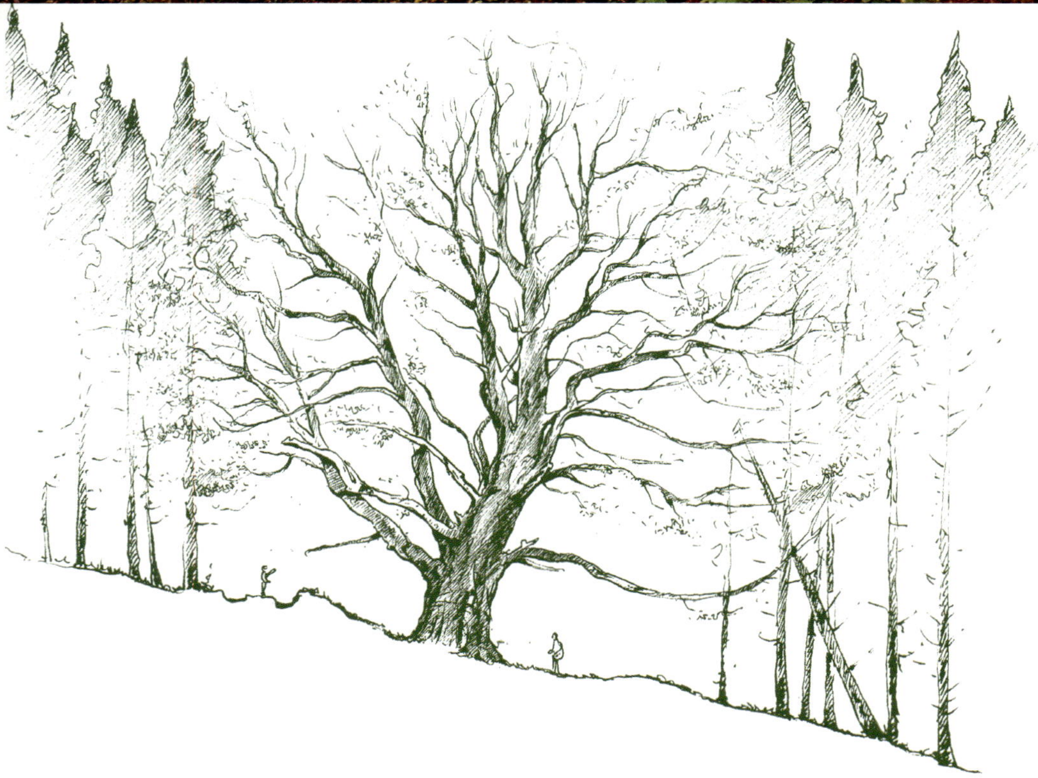

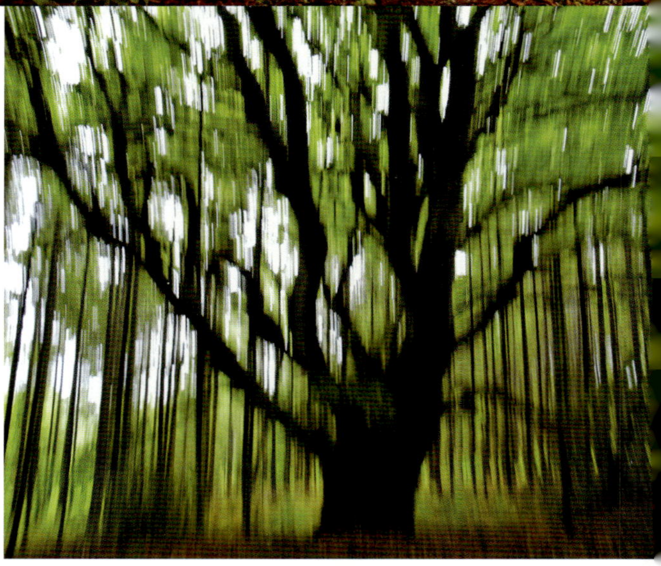

À travers l'armée rangée de conifères, on devine un versant exposé aux rayons du soir, dégringolant vers la vallée profonde et forestière de la Vienne. Elle est veillée par deux gardiens : le pont de Lambert en aval, le rocher Sainte-Marguerite en amont.

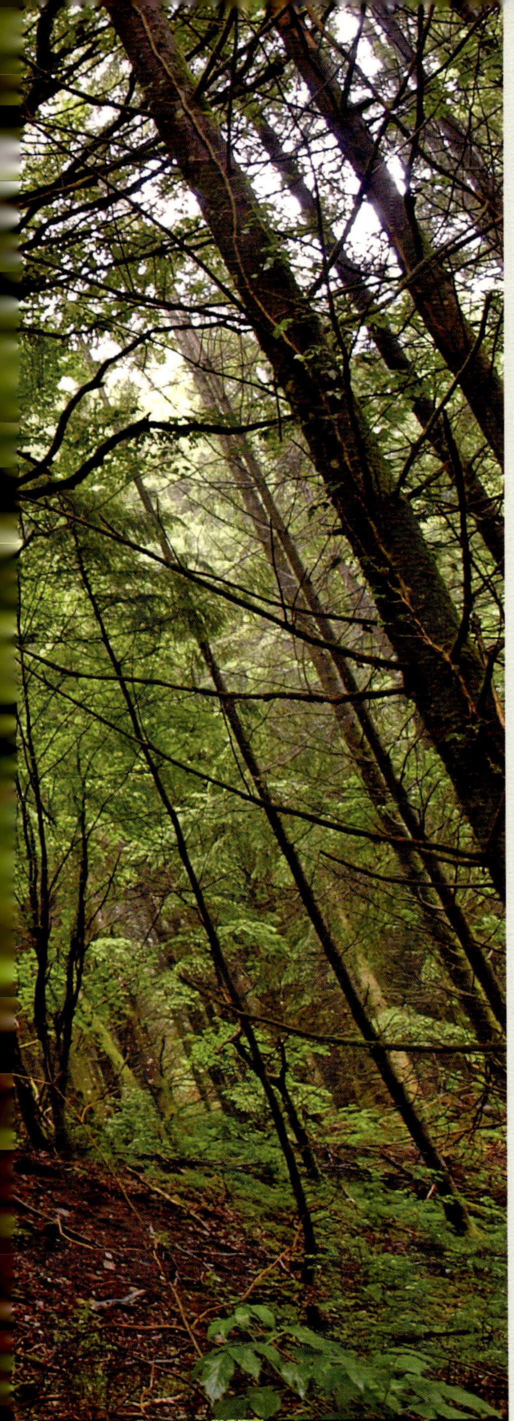

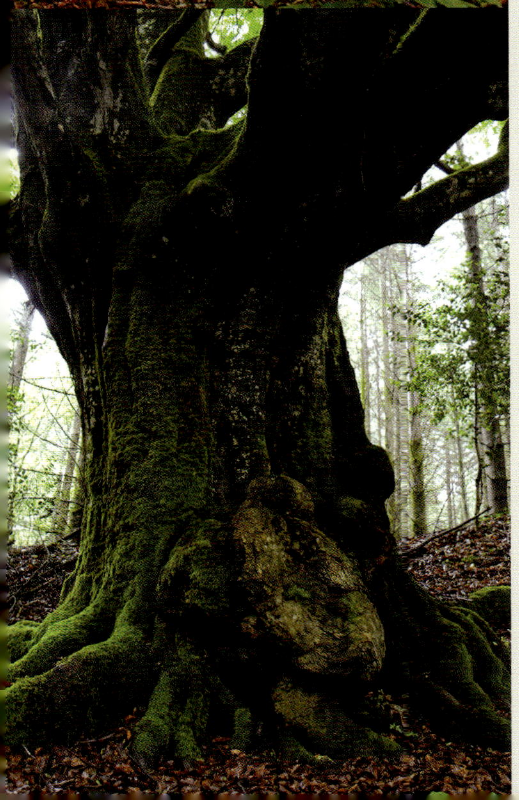

25 m | 3,5 m

Fagus sylvatica

Le hêtre de Pommard

commune de Tarnac (Corrèze)

Le hêtre de Pommard s'enracine en bordure du bois de Theillet, sur les flancs du Puy-Besseau, dans le talus d'un chemin marquant la fin d'une parcelle. Son port, très déployé, laisse deviner un développement sans contraintes latérales, une pousse de plein champ.

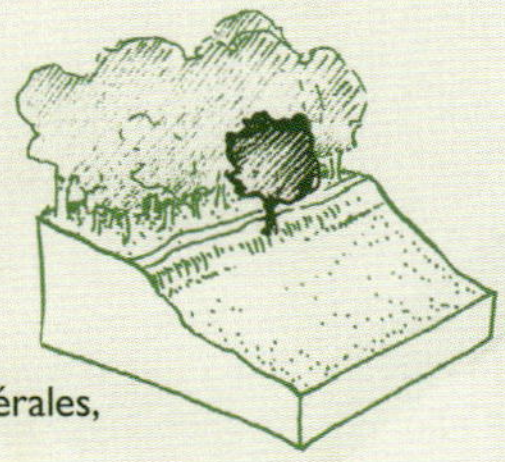

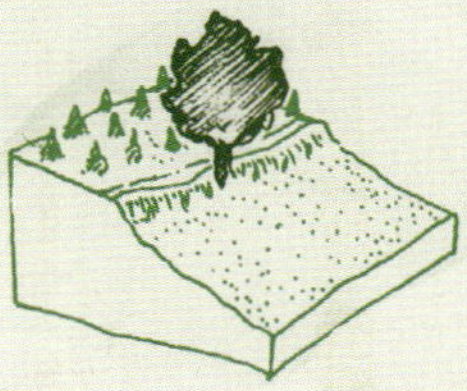

La puissance du talus atteste l'ancienneté du chemin. Ainsi, des siècles durant, le passage ou la simple présence des troupeaux et des hommes a influencé la pousse de l'arbre, déterminant la hauteur de ses branches les plus basses.

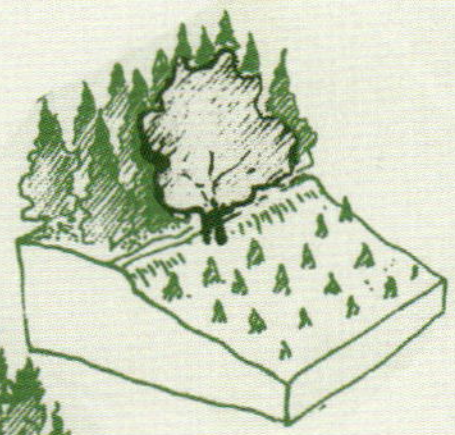

Dans les années 1970 - 1980, la déprise agricole a profondément modifié le paysage. Les anciens prés sont devenus des plantations de résineux à pousse rapide et forte rentabilité. Le hêtre n'a pas été coupé mais on a laissé les résineux l'encercler.

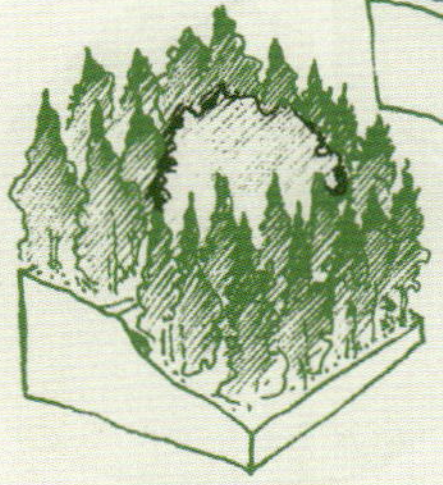

Le vieil ours solitaire est en cage.

Longtemps il a vécu seul, en bord de chemin, au-dessus d'un pré, libre de déployer ses branches dans le ciel bleu. Les vaches devaient s'allonger entre ses racines pour profiter de son ombre : c'était hier. Aujourd'hui, c'est lui qui est à l'ombre. Les barreaux de sa prison ne sont pas de métal... Mais ce n'est pas mieux.

Pourtant, on en est fier, de cet arbre. Un panneau, en bois pyrogravé, guide le touriste : « Hêtre de Pommard, le plus gros hêtre du département ». À force de courage et d'obstination, le touriste trouvera le « plus gros hêtre » noyé dans un océan de jeunes sapins au garde-à-vous, parfaitement alignés en rangs serrés... Une armée ! L'écrivain Henri Pourrat disait des grandes plantations de résineux : « *C'est sombre, c'est noir, c'est la mort* ».

Le hêtre de Pommard est en sursis, il est en quête de lumière, il en est assoiffé. Ses branches les plus basses ne portent déjà plus de feuilles : certaines ont cassé, pourries par les champignons qui se régalent de l'atmosphère humide. Tel un roi déchu, sans royaume, noyé dans la foule, il n'a pourtant rien perdu de sa noblesse et reste beau et digne, chargé de temps, buriné par les âges ; ses branches les plus hautes n'ont pas abandonné l'espoir de caresser ce qui reste de ciel. Depuis le haut de la pente, on ne voit que sa ramure ; il semble alors la clef de voûte de cette forêt, son pilier central, sur quoi tout repose. D'en bas, il paraît plus torturé, vieux et fragile, jouant ses dernières cartes... Lui, l'expression de la patience, a bâti son histoire avec lenteur, au fil des siècles. Mais aujourd'hui, on ne prend plus le temps de souffler ; il faut que ça pousse droit, et vite ! Il est trop âgé pour faire la course... les barreaux de sa cage se sont trop vite refermés.

S'il fallait lui chercher un patronage, ce serait celui de Goethe, cet écrivain qui, au moment de mourir, réclamait plus de lumière... « Mehr licht ! »

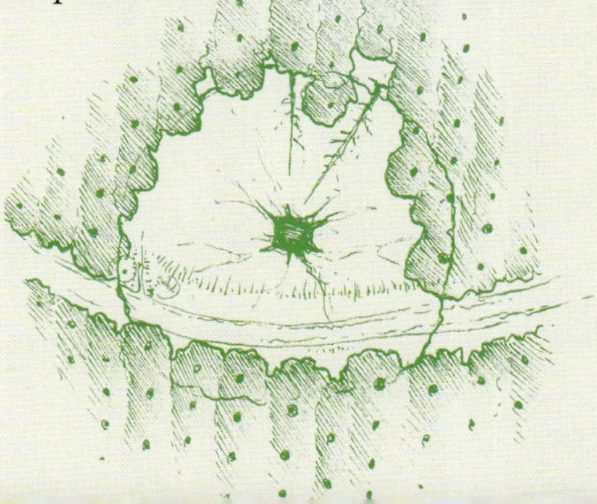

Aubépine

Crataegus monogyna

Elle est le buisson blanc, ***lo boisson blanc*** en occitan, car elle se couvre de fleurs virginales au printemps. Mais on l'appelle aussi « épine blanche », ***l'espinas***, car comme les roses, elle n'est pas tendre pour qui veut la cueillir. Souvent dite arbuste plutôt qu'arbre, l'aubépine fleurit en mai, porte de petites feuilles alternes à 5-7 lobes et de petits fruits rouges, les cenelles, dont on nourrissait les porcs. Très présente autrefois en Limousin, où on l'associait à l'épine noire (le prunellier) pour clôturer les champs, elle est menacée de disparition par un parasite, le feu bactérien.

Aulne

Alnus glutinosa

Lo vernhe est le nom générique de plusieurs variétés d'aulne, dont l'aulne glutineux, qui doit son nom à l'aspect gluant des ses bourgeons et de ses jeunes feuilles. Il affectionne les terrains humides et se reconnaît à son écorce grise noirâtre qui se fissure par plaques, à ses feuilles rondes légèrement dentées. Son bois est réputé imputrescible. On l'appelle « l'arbre des morts », parce qu'il se plaît dans les marais et parce qu'il « saigne » (il prend une coloration rouge) quand on le coupe. C'est un arbre pionnier qui prépare le terrain d'espèces plus exigeantes et stabilise les berges.

Buis

Buxus sempervirens

Lo rampam ou ***l'ausanier***, comme on l'appelle en Limousin, est fréquent dans les haies et les sous-bois. Il supporte si bien la taille qu'on le voit perdre parfois son ampleur naturelle. Ses petites feuilles vert foncé, luisantes et persistantes en ont fait le favori des jardins à la française. Arbre qui affectionne les terrains calcaires, il est, en Limousin, un auxiliaire précieux des archéologues : sur cette terre acide, sa présence révèle souvent l'existence souterraine de murs liés à la chaux (donc gallo-romains la plupart du temps) ou d'ossements.

Charme

Carpinus betulus

Lo chaupre possède comme le hêtre une écorce lisse et grise mais plus « musculeuse ». Pour les distinguer, il suffit de bien observer la feuille : celle du charme est plus régulière et n'a pas de poils. Sa croissance étant très lente, le charme a fourni un bois d'œuvre très apprécié pour sa dureté : on en faisait des jougs, des établis, des poteaux... Comme il rejette de souche, il est également planté pour former des haies taillées dans les espaces ruraux et des chambres de verdure dans les parcs... c'est la charmille.

Châtaignier

Castanea Sativa

Lo chastenh, au tronc brun foncé fissuré de long et aux grandes feuilles dentelées est avant tout, dans la mémoire collective, l' « arbre à pain », qui permit à des populations entières de survivre pendant des siècles. Sans doute cultivé depuis le néolithique, indigène dans le sud de la France, le châtaignier a accompagné l'homme, qui l'a implanté dans le Limousin. La châtaigneraie y est en régression aujourd'hui, ce qui a conduit à la création de conservatoires de la châtaigne, comme à Dournazac. La châtaigne est devenue emblématique : c'est un mets festif et sa feuille est l'emblème du Conseil régional. Dans le châtaignier, c'est comme dans le cochon, « tout est bon ». Son bois sert à tout : meubles, charpente, clôture, palisses...

Chêne pédonculé

Quercus robur

Lo chasne ou ***lo rover*** est un arbre-emblème, symbole royal et compagnon précieux du paysan : le droit à la glandée permettait de nourrir les porcs, animal ô combien répandu naguère. Il imprègne toute la campagne limousine. Sa feuille au bord lobé est bien connue. Son bois, qui le plus dur et le plus durable des bois européens, a une vraie valeur économique : il a fourni les grandes charpentes des bateaux et des cathédrales et les merrains en tonnellerie. Il se reconnaît, comme son nom l'indique, au long pédoncule qui porte les glands.

Chêne sessile

Quercus petraea

Lo rove, le chêne sessile ou chêne rouvre est la deuxième espèce de chêne la plus présente en France, après le chêne pédonculé. Ses glands sont directement attachés sur la branche. Il est très présent en Limousin où il témoigne souvent de forêts anciennes. Son port est plus régulier que celui du chêne pédonculé. Mais attention, la frontière est floue : chêne pédonculé et chêne sessile peuvent s'hybrider dans les régions où ils se côtoient.

Chêne vert

Quercus ilex

Espèce essentiellement méditerranéenne, il affectionne les sols calcaires... et donc n'est pas très commun en Limousin ! Ce petit chêne étrange est nommé en occitan le « chêne conifère », ***Lo chaisne-pinhier***, pour dire combien cette espèce sort de la nomenclature ordinaire du chêne, avec ses petites feuilles persistantes d'un vert profond et brillant, comme celles du houx (*ilex*). En Limousin, on le trouve aux franges de la Dordogne, de la Charente et sur le causse corrézien, où il est utilisé comme chêne truffier. En raison du changement climatique, il remonte vers le nord.

Douglas

Pseudotsuga douglasii

Le sapin de Douglas n'appartient pas, comme son nom latin l'indique, au genre des sapins (Abies). Originaire d'Amérique du nord, introduit en Europe par le nommé Douglas en 1827, il s'est largement répandu en France, très apprécié des propriétaires forestiers pour sa vitesse de croissance. Il fut l'un des fers de lance du reboisement de la montagne Limousine, à partir des années 1960, jusqu'à en devenir étouffant.

Genévrier

Juniperus communis

Lo genebrier devient exceptionnellement un arbre. Son écorce grise est filandreuse, son feuillage persistant est fait d'aiguilles piquantes... Seules ses baies sont très recherchées, pour l'arôme qu'elles libèrent, et dont on fait, notamment un alcool. Elles ne mûrissent que sur les pieds femelles, l'année suivant la pollinisation. En Limousin, on le rencontre souvent isolé dans les landes, il est rare de le trouver en formation serrée : c'est l'arbre de recolonisation de la lande à bruyère, le premier qui arrive quand cesse le pâturage.

Ginkgo

Ginkgo biloba

Le ginkgo était connu et vénéré des Chinois et des Japonais depuis fort longtemps lorsqu'il fut « découvert » par un botaniste Allemand à la fin du XVIIe siècle. Il n'existe aujourd'hui qu'une espèce unique de ginkgo, seule survivante d'un genre dont on connaît des feuilles fossilisées datant de 300 millions d'années. Espèce archaïque, « fossile vivant », le ginkgo aurait sans doute disparu si l'homme ne l'avait adopté en tant qu'espèce ornementale, pour son magnifique feuillage doré à l'automne... et ce malgré les fruits puants et gluants que les sujets femelles portent à l'automne.

Hêtre

Fagus sylvatica

Le nom populaire du hêtre, ***lo fau*** ou ***faiard***, qui évoque par homophonie le feu du foyer, raconte bien l'importance de cet arbre pour l'homme, qui l'utilisa longtemps comme bois de chauffage, et qui mangeait ses faînes, ou bien les donnait aux animaux. Nombre de lieux-dits portent son nom. Le hêtre, arbre dynamique, pousse à l'ombre de grands arbres qu'il supplante et empêche les autres espèces de prospérer sous son ombre dense. Il ne fructifie qu'à l'âge de 60 ans, et exceptionnellement jusqu'à 200 ans. Tronc lisse et gris, feuilles d'un orange flamboyant... la hêtraie, tout entière dédiée à cet arbre, est incomparable pendant l'automne limousin.

Hêtre à feuilles de fougères

Fagus asplenifolia

Créé par croisements au XIXe siècle, ce hêtre doit son nom à des feuilles au dessin particulier, élancées et très découpées, qui en font un arbre ornemental apprécié dans les parcs. Son développement est moins impressionnant que celui du hêtre... Mais, l'espèce étant jeune, les plus vieux individus n'atteignent pas encore l'âge de 2 siècles... Le Limousin possède à Nexon l'un des plus vieux spécimen de cette espèce peu commune.

Houx

Ilex aquifolium

Le nom latin du houx, comme son nom occitan, ***l'argfuelh*** ou ***lo grafolaud***, évoque ses feuilles piquantes et dures. « Qui s'y frotte, s'y pique », pourrait-on dire de lui. Petit arbre à croissance lente, il peut atteindre la taille remarquable de 25 mètres... ce dont il a rarement l'occasion, tant on préfère le tailler, pour agrémenter les jardins. Ses jolies baies rouges sont toxiques, seuls les oiseaux les consomment. Trouver des houx dans une haie indique souvent la présence d'une ancienne lisière forestière.

If

Taxus baccata

L'ife, aux aiguilles souples et persistantes, ressemble aux conifères mais n'en est pas un. Il est dioïque et seul l'if femelle porte de petites baies rouges. Toxiques, elles ont fait la mauvaise réputation de l'arbre, systématiquement coupé au bord des chemins pour ne pas être mangé par les bêtes. C'est planté par l'homme qu'il survit aujourd'hui, en arbre ornemental, notamment dans les cimetières ou près des croix, où il symbolise l'immortalité.

Marronnier

Aesculus hippocastanum

Lo marronnier est un nouveau venu, puisqu'il ne fut introduit en Europe qu'au XVIIe siècle. Arbre essentiellement ornemental dans les villages, planté dans les cours d'écoles ou en alignement, il produit des marrons qui ne sont bons qu'à nourrir les chevaux... D'où son nom latin d'hippocastanum « châtaigne de cheval ». Ses grandes feuilles à 5 ou 7 folioles, sa floraison en pyramides blanches en font un arbre facilement reconnaissable.

Merisier

Prunus avium

Il incarne à merveille la campagne, notamment au printemps, lorsque pendant quelques jours il blanchit le paysage. Son nom français évoque l'amertume de son fruit, son nom latin rappelle qu'il nourrit essentiellement les oiseaux. Malgré son nom occitan de ***cirier***, « cerisier sauvage » il était planté en Limousin dans les haies, à proximité des villages : on faisait des clafoutis de ses cerises.

Noyer

Juglans regia

Lo calaudier est un arbre ambivalent : si son fruit, la noix, fournit un mets de table apprécié et une huile dont les qualités sont désormais reconnues, il est aussi l'arbre maléfique... « Qui s'endort à l'ombre d'un noyer, ne se réveille jamais » dit le dicton. De fait, les feuilles et les racines du noyer contiennent une substance toxique, le juglon. Autrefois cultivé aussi pour son bois, très recherché, le noyer l'est davantage aujourd'hui pour son fruit. On le rencontre en culture essentiellement dans le sud du Limousin, autour de Saillac.

Orme

Ulmus minor

Par jeu homophonique, ***l'olme*** a donné son nom à bien des lieux dits : la « croix de l'homme », le « col de l'homme », le « gué de l'homme » seraient, en réalité, ceux de l'orme. L'orme, aux petites feuilles dissymétriques et doublement dentelées, a été abondamment planté aux XVIe et XVIIe siècles. Depuis 1925, l'espèce, attaquée par un champignon, la graphiose, s'est fortement raréfiée en Limousin, où elle était très présente. Les vieux sujets sont désormais très rares.

Peuplier noir

Populus nigra

Espèce indigène d'Europe, ***la pible***, appelé aussi ***lo papelon***, est adaptée aux zones humides et se reconnaît bien à son tronc droit portant une écorce tourmentée, ses feuilles en losange qui deviennent jaunes à l'automne. C'est un arbre pionnier à croissance rapide qui colonise les bords de rivière vierges de toute végétation, recouverts de graviers ou de sable. En Limousin, le peuplier le plus commun est le tremble, Populus tremula, *lo tremol*.

Pin noir

Pinus nigra

Originaire d'Autriche, il est, en Limousin, une espèce ornementale, plantée dans les parcs pour sa prestance : il peut facilement dépasser les 30 mètres. On le reconnaît à ses longues aiguilles groupées par deux, longues d'une quinzaine de centimètres et à son écorce d'un brun presque gris, marquée de plaques comme tous les pins.

Pin parasol

Pinus pinea

Son port caractéristique, en parasol, en fait une silhouette emblématique du pourtour méditerranéen, beaucoup plus étonnante en Limousin : on le trouve tout de même autour de Brive, où il aurait été un arbre-signal marquant les demeures protestantes. Ses aiguilles non piquantes, d'un beau vert bleuâtre, persistent 4 à 6 ans et son écorce fissurée brun rouge porte de grandes plaques grisâtres. Il peut atteindre une trentaine de mètres.

Pin sylvestre

Pinus sylvestris

Lo pinhier est un champion d'adaptation écologique, il supporte les sols pauvres où les autres espèces d'arbres ne pourraient s'implanter, n'a besoin que de peu d'eau mais affectionne la lumière. On le reconnaît à son écorce couverte d'épaisses plaques grises qui desquament vers le sommet, révélant un tronc orangé, et à ses grandes aiguilles d'un vert profond. S'il sait résister au vent et à ses bourrasques, il craint par-dessus tout le feu : chargé de résine, il s'embrase si facilement ! Des analyses polliniques ont montré qu'il est présent en Limousin depuis la Préhistoire.

Platane

Platanus acérifolia

Lo platana, le platane commun, est un hybride naturel né au XVIIIe siècle du croisement entre le platane oriental, présent en France depuis l'Antiquité (et que l'on trouve toujours en Limousin), et le platane occidental, venu d'Amérique. Ce tout jeune arbre, au regard de l'histoire, a deux avantages considérables, qui l'ont propulsé en tête des plantations urbaines : il pousse remarquablement vite et résiste bien aux stress de toutes sortes, manque d'eau, chaleur, pollution, tailles excessives. Tout le monde sait reconnaître son écorce lisse marbrée de plaques vertes, beiges et brunes, et ses grandes feuilles à 5 lobes, proches de celles de l'érable.

Poirier « bergamote »

Pyrus communis

Lo perier se rencontre à l'état sauvage dans les haies, mais, greffé, il se mue en différentes espèces qui peuplent les vergers. Sa feuille est proche de celle du pommier mais plus grande, ses fruits fort juteux mûrissent à l'automne ou au début de l'hiver, succédant à de très belles fleurs d'un blanc rosé. Il est l'arbre fruitier le plus longévif. Les vergers limousins en possèdent de nombreuses et vieilles variétés.

Robinier

Robinia pseudoacacia

Lo robinier, originaire des Amériques, fut acclimaté en France par le botaniste Jean Robin en 1600. L'imputrescibilité de son bois et ses qualités mellifères l'ont fait adopter des populations rurales, et il est l'un des rares « immigrés » récents à porter un nom occitan. Ses feuilles sont composées de 9 à 21 folioles rondes, son tronc est largement nervuré et ses grappes de fleurs blanc-crème se cuisinent en beignets.

Sapin homolepis

Abies homolepis

Lo sapin est le nom générique de la famille, et bien peu nombreux sont ceux qui sauraient distinguer l'Abies homolepis parmi les sapins. Originaire du Japon, il tolère si bien la pollution qu'on le plante en ornement dans les villes. Ses aiguilles portent deux bandes blanches comme le sapin pectiné, très présent en Limousin, mais ne sont pas disposées en peigne sur le rameau. Les cônes, eux, ovales et d'un bleu-pourpre avant maturité, sont très différents de ceux du pectiné.

Séquoia géant

Sequoiadendron giganteum

Le séquoia géant a été « réimporté » d'Amérique vers l'Europe au XIXe siècle puisqu'il ne fut chassé de ce continent que par la dernière glaciation, il y a 12 000 ans. Il est l'archétype de l'arbre géant, comme son nom latin l'indique, puisque des sujets dépassant les 90 mètres de hauteur sont connus aux États-Unis. Ceux de France, plus jeunes, dépassent rarement les 50 mètres. Mais leur vitesse de croissance en fait très vite des arbres remarquables par leur taille et le diamètre de leur tronc rouge très rainuré.

Séquoia redwood ou « toujours vert »

Sequoia sempervirens

L'arbre le plus haut du monde, c'était lui, avant qu'il ne se fasse détrôner par un eucalyptus australien de 132 mètres. Sempervirens pour ses aiguilles, on le surnomme « redwood » en raison de son bois, encore plus rouge que celui du séquoia géant. Sa silhouette élancée et moins fournie permet de le distinguer facilement de ce dernier.

Tilleul

tilia cordata

Lo telhòu est un arbre «domestique». Souvent creux avec l'âge, il trône, solitaire, sur les places, devant les églises, où il fournit une ombre appréciée. C'est « l'arbre de Sully » par excellence, et aussi l'arbre de la ferme, qu'il est censé protéger de la foudre... Tout en lui semble exprimer la douceur : ses feuilles en forme de cœur produisent un miellat dont les abeilles font un miel réputé ; ses fleurs embaument les soirs d'été et font des tisanes appréciées ; les sculpteurs affectionnent son bois tendre.

Tulipier de Virginie

Liriodendron tulipifera

Lui aussi vient d'ailleurs et sa belle fleur en forme de tulipe, outre lui donner son nom, a aussi orienté le choix des concepteurs des parcs botaniques au XIXe siècle. Le premier tulipier de France aurait été planté pour Marie-Antoinette au Petit Trianon en 1771. Il a survécu jusqu'à la grande tempête de 1999. À l'état naturel, le tulipier peut atteindre 50 à 60 mètres ; en parc, il dépasse rarement 30 mètres de hauteur.

OÙ TROUVER LES ARBRES REMARQUABLES ?

Le peuplier noir de Chambonchard 18

Le chêne du loup Évaux-les-Bains 20

Le houx de Puy-Haut Lussat 22

Les hêtres des rochers de Saint-Julien Dontreix 24

Le châtaignier de Saint-Médard-la-Rochette 26

Le tilleul de Noualláguet 28

Le tilleul de Villechadeau, Sardent 30

L'aulne du mont de Sardent 32

Le merisier de Sardent ... 34

Le tulipier du parc de la Sénatorerie, Guéret 36

Le chêne de Cherdemont, Guéret 38

Le châtaignier de Langeas, Ajain 40

Les châtaigniers-cabanes du Mont, Bussière-Dunoise 42

Le tilleul de la chapelle du Mas-Saint-Jean, Saint-Sulpice-le-Dunois 44

Le robinier de Malval 46

Les ormes de Puy-Guillon, Fresselines 48

Le hêtre de Peu-du-Cou, Montaigut-le-Blanc 50

Le poirier bergamote de Bonnefond, Janaillat 52

Le tilleul de la pierre à cidre, Marsac 54

Le chêne de Sazeirat, Arrènes 56

Les ifs de Châtelus-le-Marcheix 58

Les ginkgos de Saint-Sulpice-Laurière 60

Les châtaigniers « Petit Jean », Saint-Sulpice-les-Feuilles 62

Le hêtre des Taffres, Châteauponsac 64

Les chênes sessiles de Bussière-Boffy 66

Le pin noir du château des Augustins, Mortemart 68

Le chêne d'Oradour-sur-Glane 70

Le chêne de l'A20, Limoges 72

Le séquoia du square Camille-Fauré, Limoges 76

L'aubépine du parc Victor-Thuillat, Limoges 78

Les platanes de Peyrassoulat, Chéronnac 80

Les séquoias, les platanes et le noyer de Charbonnier, Bussière-Galant 82

Le marronnier de l'ancien presbytère, Saint-Hilaire-les-Places 86

Le hêtre à feuilles de fougères du château de Nexon 88

Les charmes des Landes, Saint-Genest-sur-Roselle 90

Le chêne de Clovis, Saint-Léonard-de-Noblat 92

Le buis du Chalard 94

Le châtaignier du Mas-de-Forsac, Benayes 96

L'if de Vigeois 98

Le chêne de Bel-Aspect, Chamboulive 100

Les ormes de Saint-Augustin 102

Le tulipier de Sainte-Fortunade 104

Le sapin du Nialat, Sainte-Fortunade 108

Le pin du puy de Pauliac, Aubazine 110

Le chêne-vert de la gare de Turenne, Turenne 112

Le pin parasol du château de Turenne, Turenne 114

Les platanes de Beaulieu-sur-Dordogne 116

Le chêne de l'Anglais, Sarroux 118

Les douglas du viaduc des Farges, Meymac 120

Le tilleul de Saint-Hilaire-Luc 122

Le tilleul de Bonnefond ... 124

Les hêtres du mont Gargan Saint-Gilles-les-forêts 126

Les genévriers du Puy-la-Croix, Royère-de-Vassivière 128

Le hêtre de Pommard, Tarnac 132

Conifères — *Préfecture*

Feuillus — • *Chef-lieu de canton*

BASSIN DE GOUZON — *Unités de paysages*

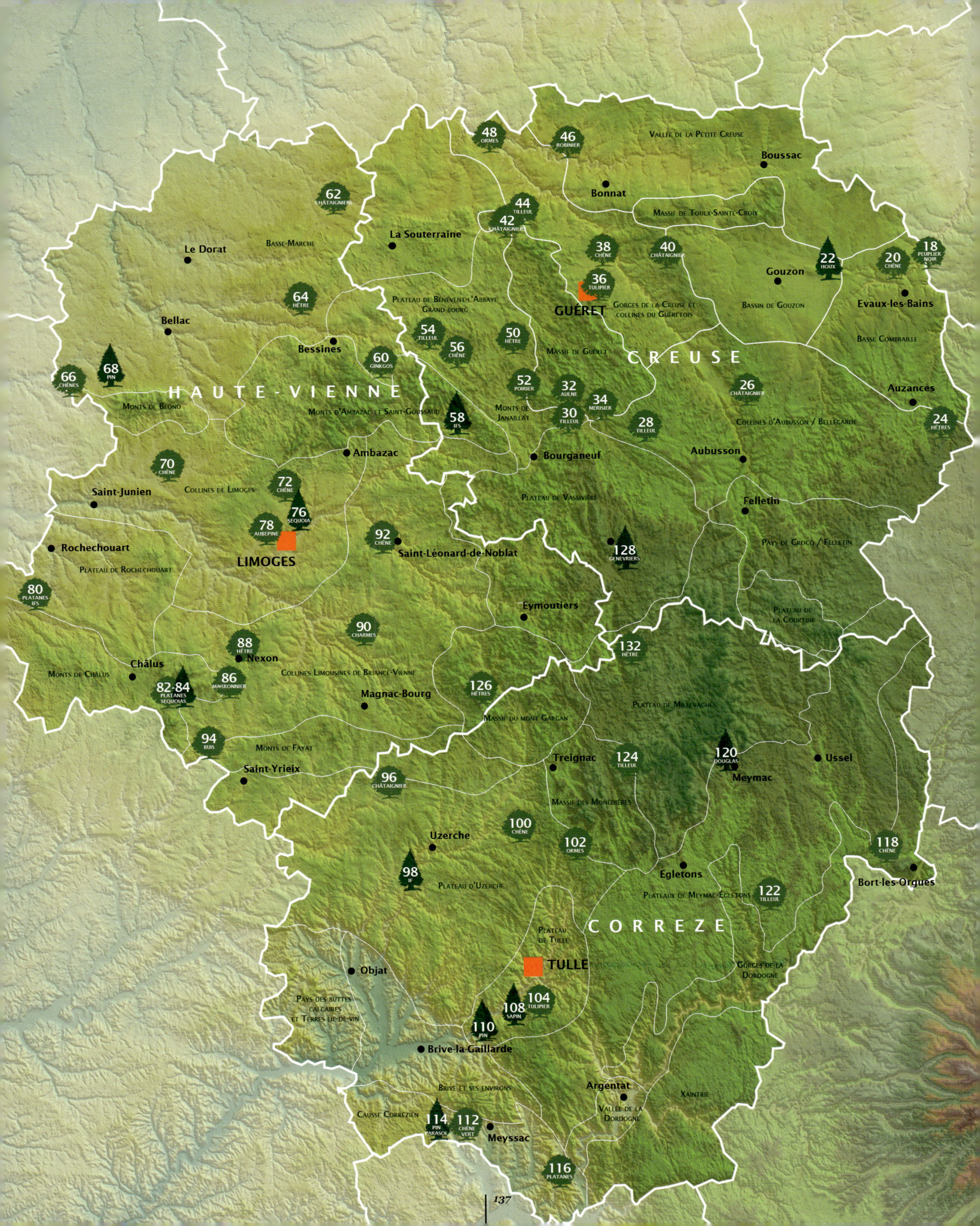
HAUTE-VIENNE
CREUSE
CORREZE
LIMOGES
GUÉRET
TULLE
48 ORMES
46 ROBINIER
Vallée de la Petite Creuse
Boussac
Bonnat
62 CHÂTAIGNIERS
44 TILLEUL
42 CHÂTAIGNIERS
Massif de Toulx-Sainte-Croix
La Souterraine
Le Dorat
Basse-Marche
38 CHÊNE
40 CHÂTAIGNIER
22 HOUX
20 CHÊNE
18 PEUPLIER NOIR
Gouzon
36 TULIPIER
64 HÊTRE
Plateau de Benévent-l'Abbaye Grand bourg
Gorges de la Creuse et collines du Guérétois
Bassin de Gouzon
Evaux-les-Bains
Bellac
54 TILLEUL
56 CHÊNE
50 HÊTRE
Basse Combraille
Bessines
Massif de Guéret
60 GINKGOS
68 PIN
66 CHÊNES
52 POIRIER
32 AULNE
34 MERISIER
26 CHÂTAIGNIER
Auzances
Monts de Blond
Monts d'Ambazac et Saint-Goussaud
58 IFS
Monts de Janaillat
30 TILLEUL
28 TILLEUL
Collines d'Aubusson / Bellegarde
24 HÊTRES
Ambazac
Aubusson
Bourganeuf
70 CHÊNE
72 CHÊNE
Saint-Junien
Collines de Limoges
Plateau de Vassivière
76 SEQUOIA
Felletin
78 AUBÉPINE
92 CHÊNE
128 GENEVRIERS
Rochechouart
Saint-Léonard-de-Noblat
Pays de Crocq / Felletin
Plateau de Rochechouart
80 PLATANES IFS
Eymoutiers
Plateau de la Courtine
90 CHARMES
88 HÊTRE
132 HÊTRE
Nexon
Châlus
Monts de Châlus
Collines Limousines de Briance-Vienne
86 MARRONNIER
82-84 PLATANES SEQUOIAS
126 HÊTRES
Magnac-Bourg
Plateau de Millevaches
Massif du mont Gargan
94 BUIS
Monts de Fayat
Treignac
124 TILLEUL
120 DOUGLAS
Ussel
Meymac
Saint-Yrieix
96 CHÂTAIGNIER
100 CHÊNE
Massif des Monédières
102 ORMES
118 CHÊNE
Uzerche
Egletons
Bort-les-Orgues
98 IF
Plateau d'Uzerche
Plateaux de Meymac-Egletons
122 TILLEUL
Plateau de Tulle
Gorges de la Dordogne
Objat
Pays des buttes calcaires et terres lie-de-vin
108 SAPIN
104 TULIPIER
110 PIN
Brive-la-Gaillarde
Argentat
Xaintrie
Brive et ses environs
Vallée de la Dordogne
Causse Corrézien
114 PIN PARASOL
112 CHÊNE VERT
Meyssac
116 PLATANES

QUELQUES PLANS D'ACCÈS

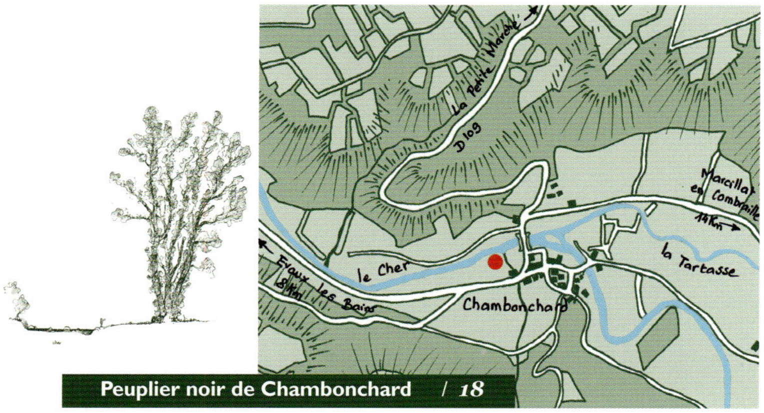

Peuplier noir de Chambonchard / 18

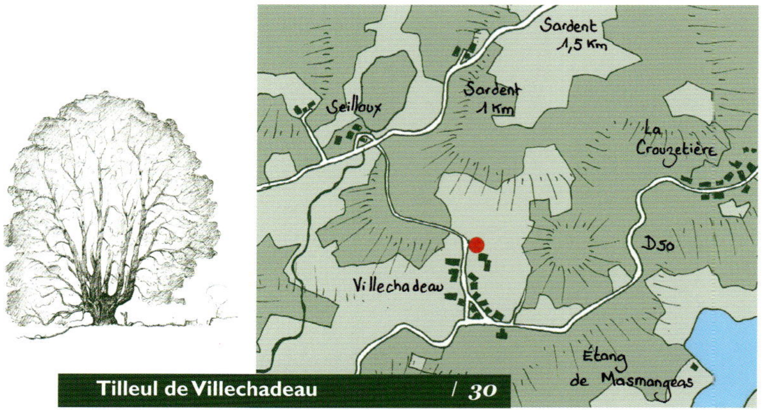

Tilleul de Villechadeau / 30

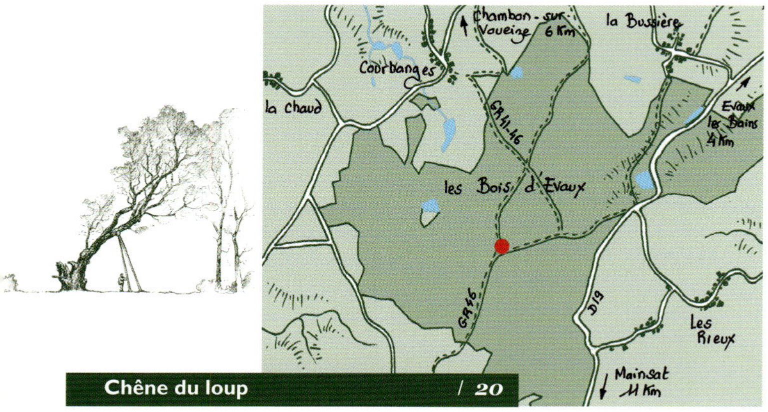

Chêne du loup / 20

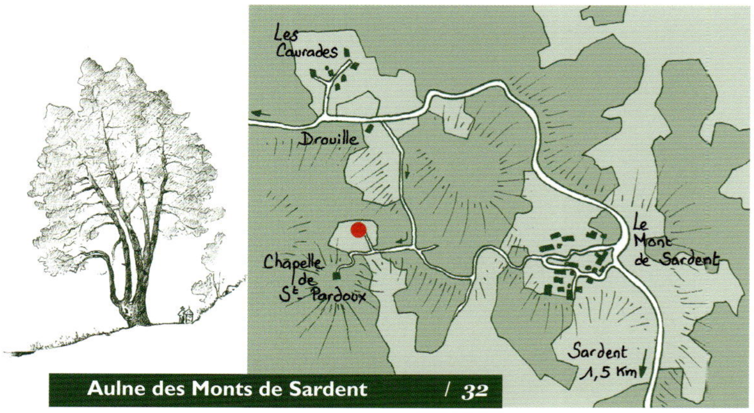

Aulne des Monts de Sardent / 32

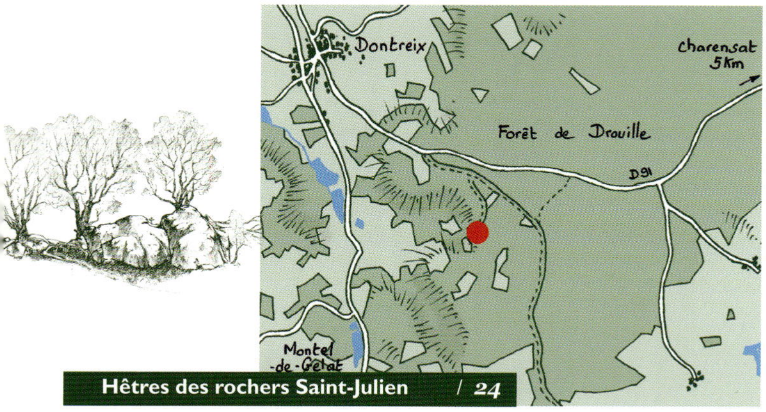

Hêtres des rochers Saint-Julien / 24

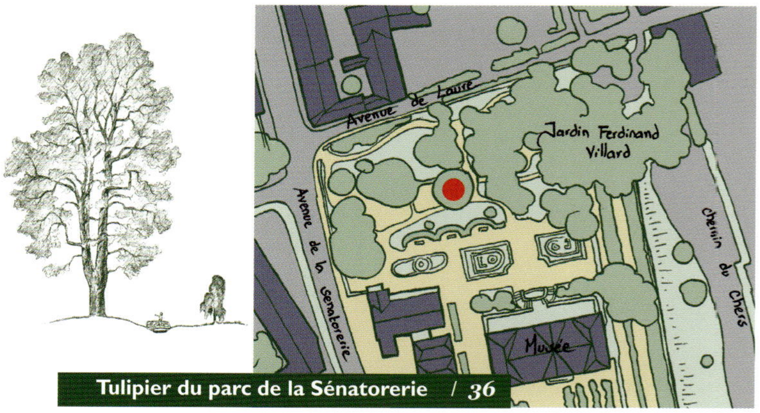

Tulipier du parc de la Sénatorerie / 36

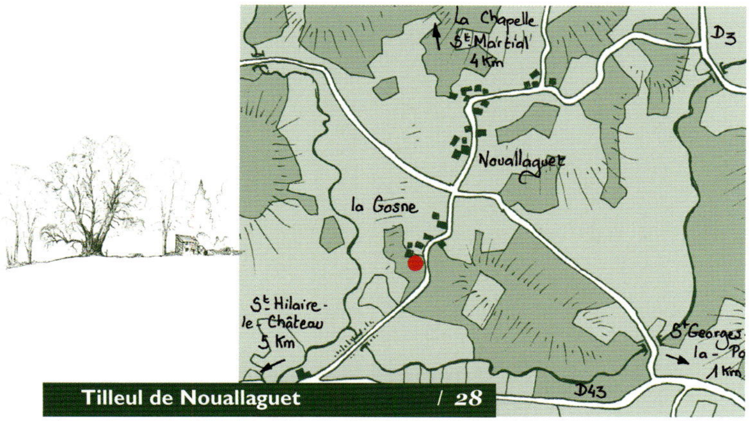

Tilleul de Noualllaguet / 28

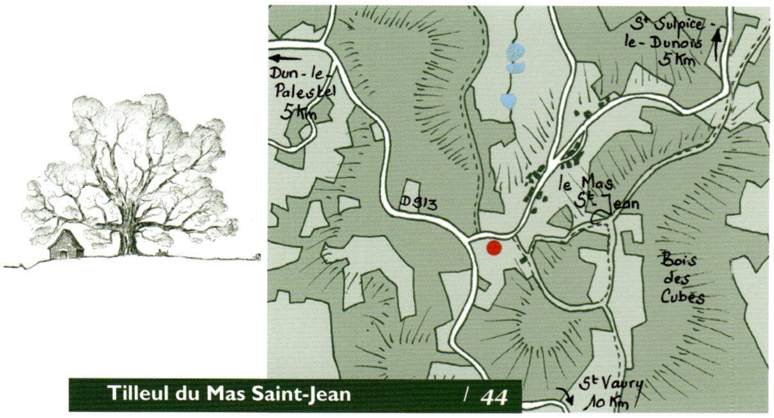

Tilleul du Mas Saint-Jean / 44

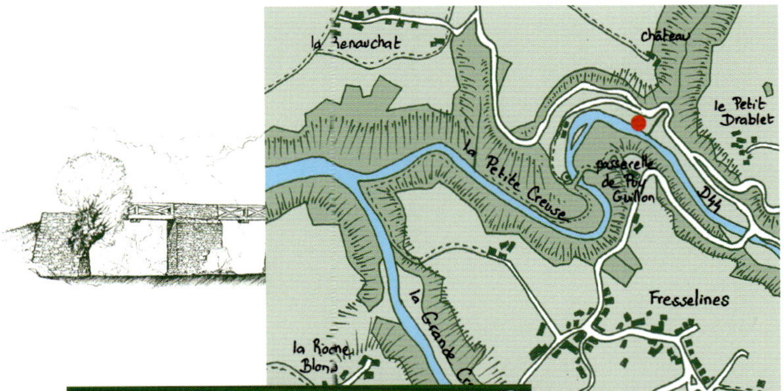

Ormes de Puy-Guillon / 48

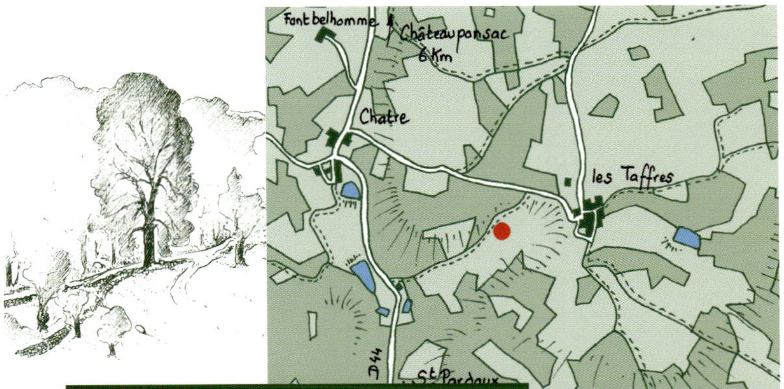

Hêtres des Taffres, Châteauponsac / 64

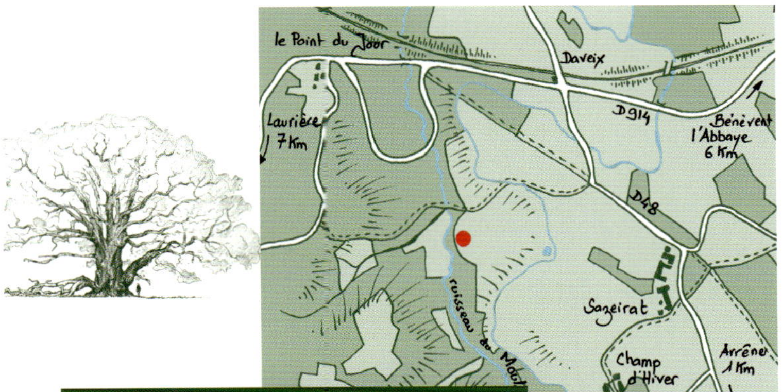

Chêne de Sazeirat / 56

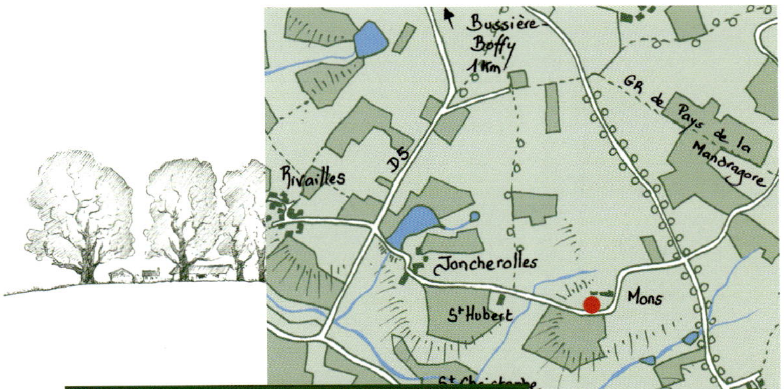

Chênes sessiles de Bussière-Boffy / 66

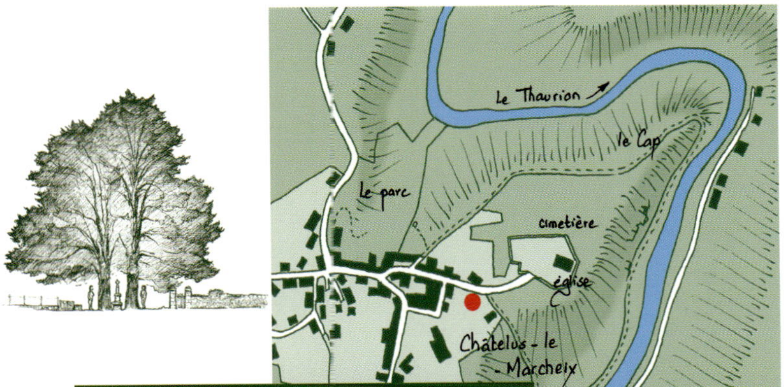

Ifs de Châtelus-le-Marcheix / 58

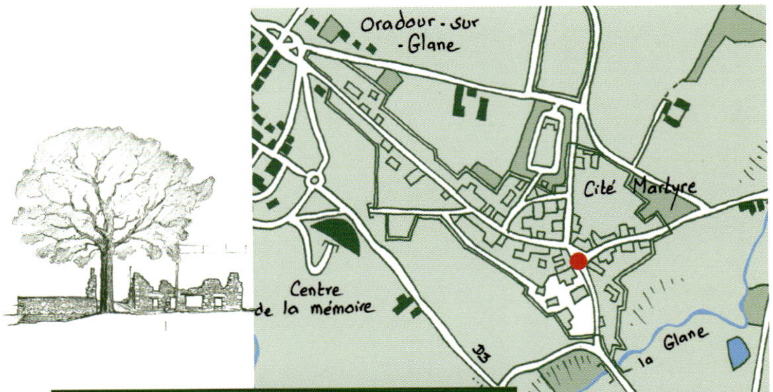

Chêne d'Oradour-sur-Glane / 70

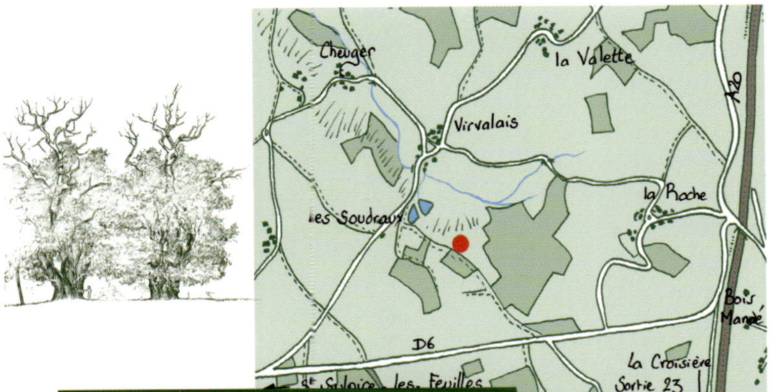

Châtaigniers "Petit Jean" / 62

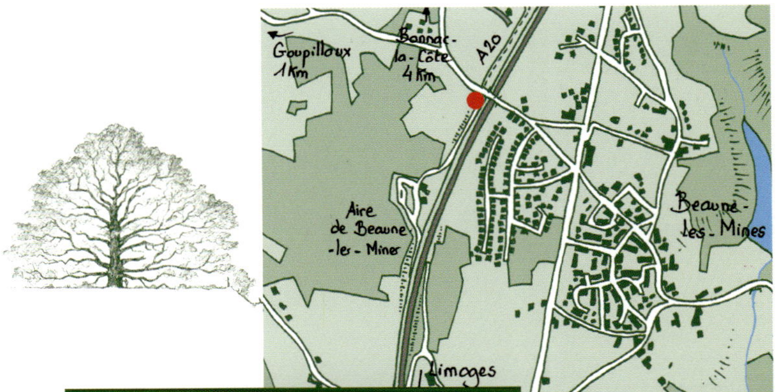

Chêne de l'A20 / 72

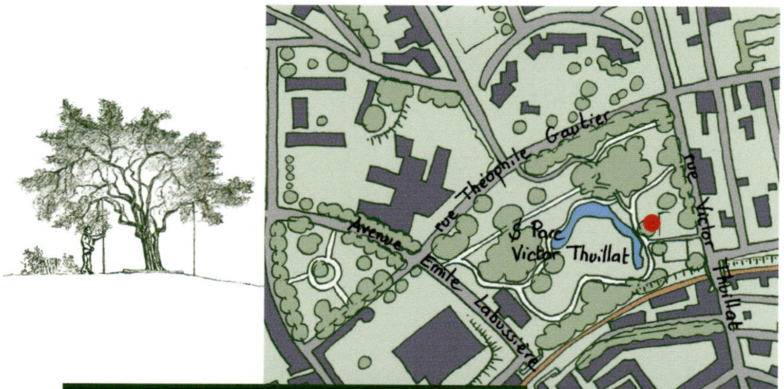

Aubépine du parc Victor Thuillat / 78

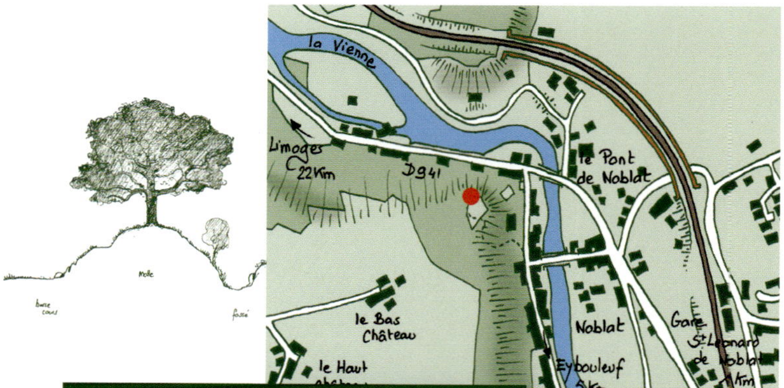

Chêne de Clovis / 92

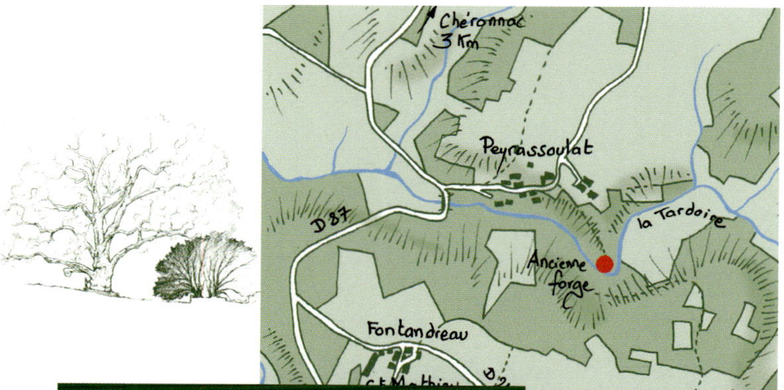

Platanes de Peyrassoulat / 80

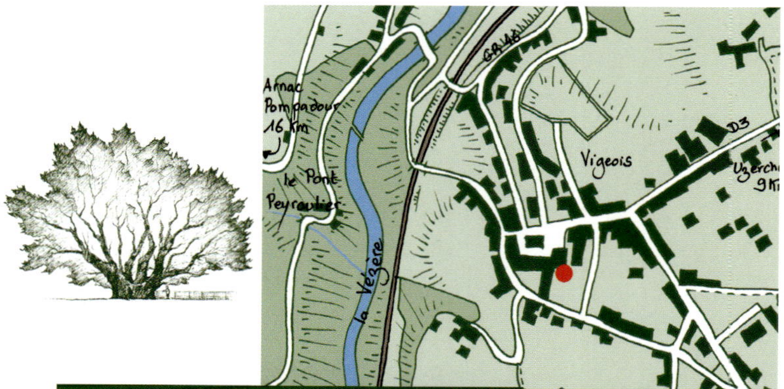

If de Vigeois / 98

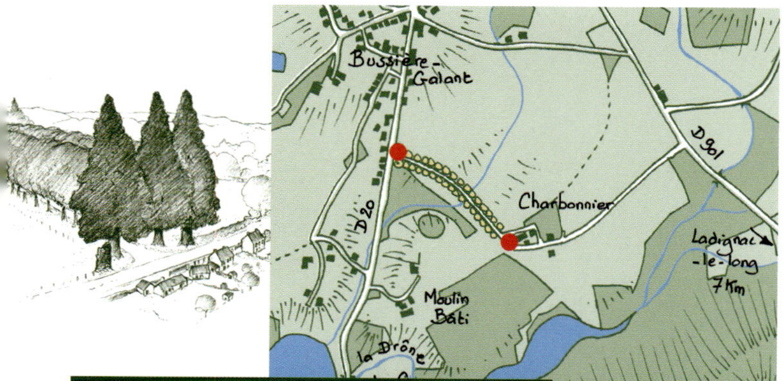

Séquoias, platanes, noyer de Charbonnier / 82

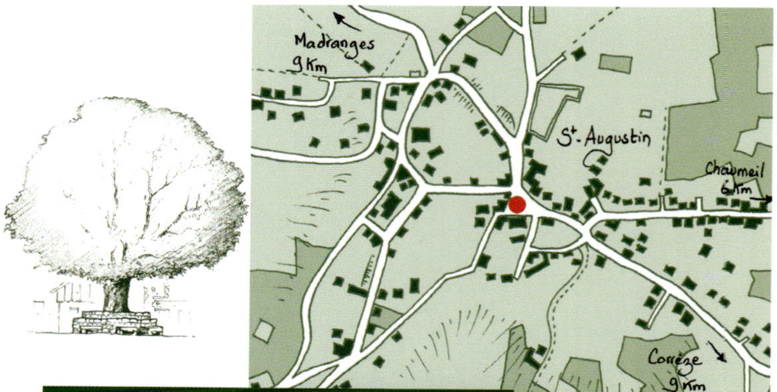

Ormes de Saint-Augustin / 102

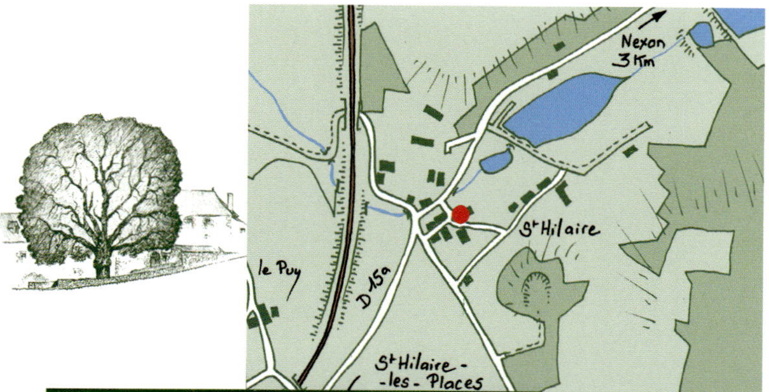

Marronnier du Vieux-Saint-Hilaire / 86

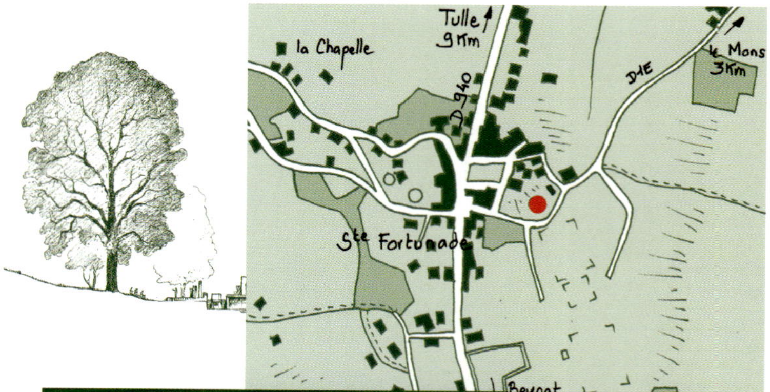

Tulipier de Sainte-Fortunade / 104

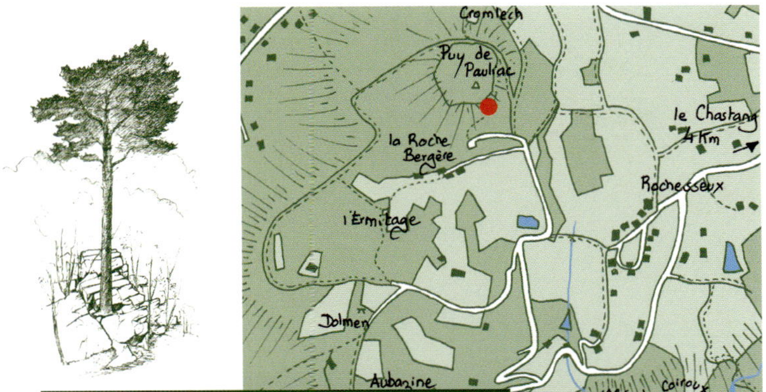

Pin du puy de Pauliac / *110*

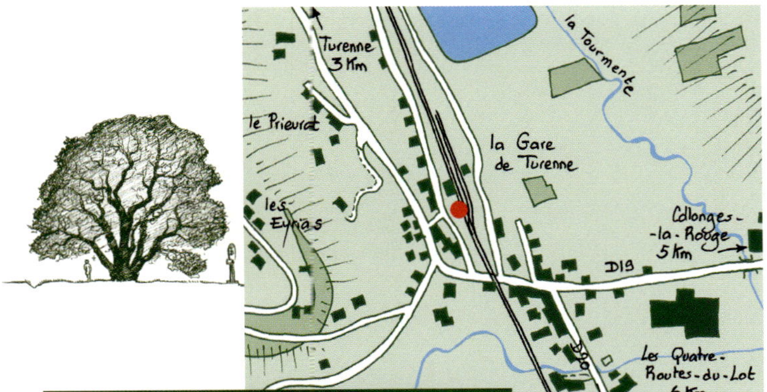

Chêne-vert de Turenne-Gare / *112*

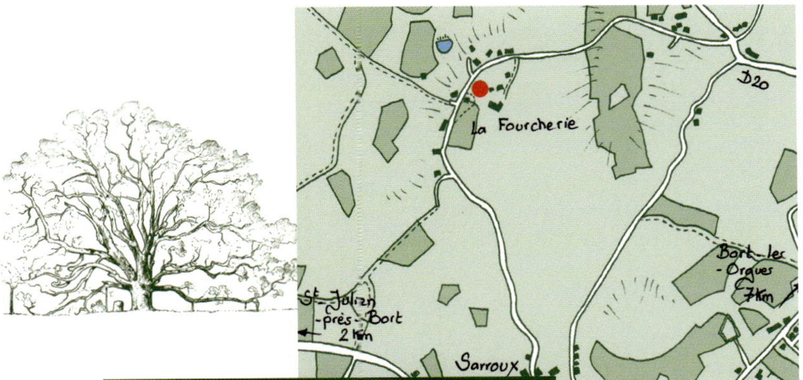

Chêne de l'Anglais / *118*

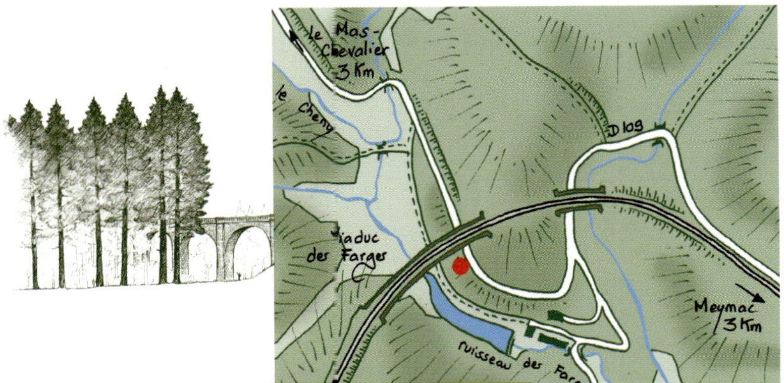

Douglas du viaduc des Farges / *120*

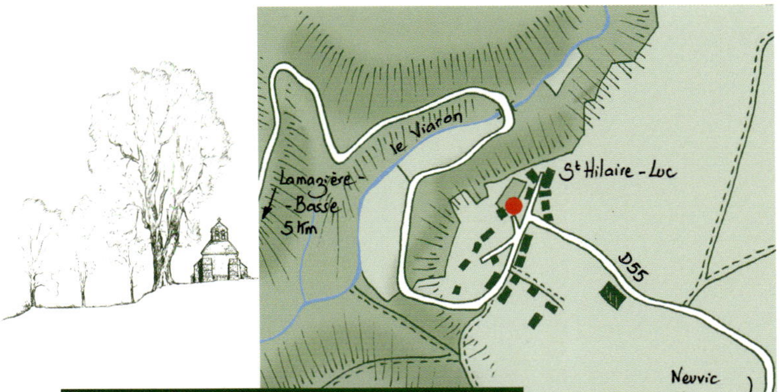

Tilleul de Saint-Hilaire-Luc / *122*

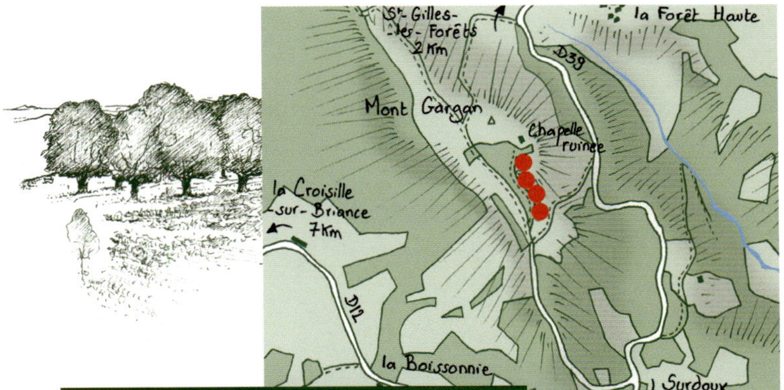

Hêtres du Mont Gargan / *126*

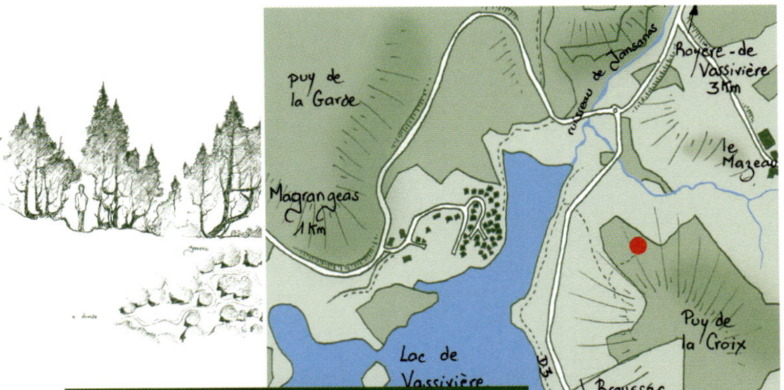

Genévriers du Puy La Croix / *128*

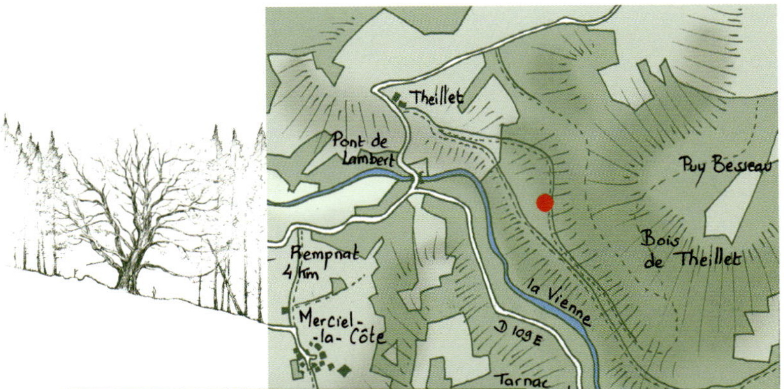

Hêtre de Pommard / *132*

L'INVENTAIRE CONTINUE

L'inventaire des arbres remarquables du Limousin est consultable sur le site de la DREAL :
www.limousin.ecologie.gouv.fr
Le fichier informatisé a été réalisé par Anthony Delétang, stagiaire, et la coordination informatique a été prise en charge par Bruno Vincent de la DREAL.
Si certains arbres disparaissent, l'inventaire en conserve la trace. Mais surtout, il est possible que des arbres remarquables aient échappé à la vigilance des enquêteurs. Pour que l'inventaire des arbres demeure vivant, il appartient à chacun de l'alimenter. Ce livre est aussi un appel à ceux qui voudraient apporter leur contribution à l'inventaire des arbres remarquables du Limousin.
Pour cela, il suffit de remplir la fiche-type élaborée par la DREAL, en renseignant les informations principales, selon le modèle suivant :

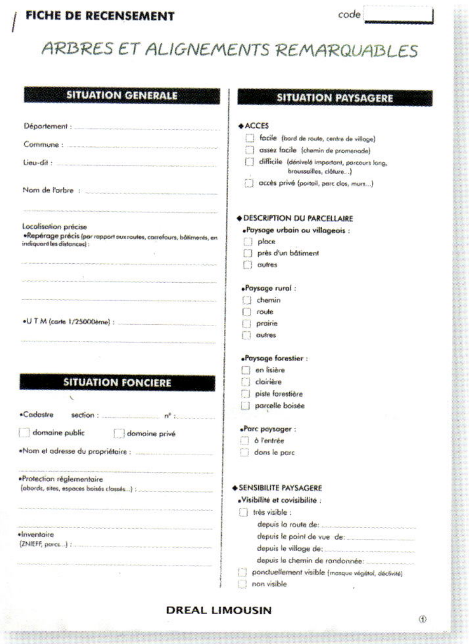
FICHE DE RECENSEMENT — code

ARBRES ET ALIGNEMENTS REMARQUABLES

SITUATION GENERALE

Département :
Commune :
Lieu-dit :
Nom de l'arbre :
Localisation précise
•Repérage précis (par rapport aux routes, carrefours, bâtiments, en indiquant les distances) :
•U T M (carte 1/25000ème) :

SITUATION FONCIERE

•Cadastre section : n° :
☐ domaine public ☐ domaine privé
•Nom et adresse du propriétaire :
•Protection réglementaire (abords, sites, espaces boisés classés...) :
•Inventaire (ZNIEFF, parcs...) :

SITUATION PAYSAGERE

◆ACCES
☐ facile (bord de route, centre de village)
☐ assez facile (chemin de promenade)
☐ difficile (dénivelé important, parcours long, broussailles, clôture...)
☐ accès privé (portail, parc clos, murs...)

◆DESCRIPTION DU PARCELLAIRE
•Paysage urbain ou villageois :
☐ place
☐ près d'un bâtiment
☐ autres
•Paysage rural :
☐ chemin
☐ route
☐ prairie
☐ autres
•Paysage forestier :
☐ en lisière
☐ clairière
☐ piste forestière
☐ parcelle boisée
•Parc paysager :
☐ à l'entrée
☐ dans le parc

◆SENSIBILITE PAYSAGERE
•Visibilité et covisibilité :
☐ très visible :
depuis la route de:
depuis le point de vue de:
depuis le village de:
depuis le chemin de randonnée:
☐ ponctuellement visible (masque végétal, déclivité)
☐ non visible

DREAL LIMOUSIN

①

POUR OBTENIR DES FICHES
VIERGES D'INVENTAIRE,
adressez-vous à

DREAL Limousin
Immeuble Le Pastel - CS 53218
22, rue des Pénitents Blancs
87032 LIMOGES Cedex 1
05 55 12 90 00
Contact : Gérard Simonneau
05 55 12 96 14

ou à télécharger sur :
www.limousin.ecologie.gouv.fr

Cet ouvrage est à l'initiative de la DREAL Limousin qui, dans le cadre de ses missions d'étude et de valorisation du patrimoine paysager et naturel, a décidé de réaliser un ouvrage grand public sur les arbres remarquables du Limousin.

Cet ouvrage a reçu le soutien du Comité régional du tourisme du Limousin.

Les Ardents Éditeurs bénéficient pour leur programme éditorial 2011 du soutien de l'État - Ministère de la Culture et de la Communication - Direction régionale des affaires culturelles du Limousin ; le Conseil régional du Limousin - Association de coopération pour le livre (CRLL - Alcol).

Encres fabriquées à partir d'huiles 100 % végétales

Dépot légal : octobre 2011
Réimpression : juin 2012

ISBN :978-2-917 032-26-8
Impression : Groupe Maugein à Tulle.
N° impression : 416

BIBLIOGRAPHIE

ARNAUD Daniel, **Les Sites Naturels de la Haute-Vienne,** La Veytizou, 1988

BOURDU Roger, VIARD Michel, **Arbres souverains**, Éditions du May, 1988

BOURDU Robert, **les arbres de mémoire**, Actes Sud, 1998

BOURDU Roger, **Légendes de France contées par Les Arbres**, Eugen Ulmer, 2001

BROSSE Jacques, **Mythologie des arbres**, Petite bibliothèque Payot, 2007

COLLECTIF, **Guide des arbres et arbustes,** Sélection du Reader's Digest, 1988

DROMONT Philippe et MONTEL Édith, **Histoires d'arbres,**
des sciences aux contes, Delachaux et Niestlé / ONF, 2006

DRENOU Christophe, FETERMAN Georges, **Face aux arbres,**
apprendre à les observer pour les comprendre, Ulmer, 2009

GHESTEM Axel, **Sites archéologiques et végétation : l'exemple du Limousin**,
Travaux d'Archéologie Limousine, supplément 7, 2006

GIONO Jean, **L'homme qui plantait des arbres,** Gallimard jeunesse, 2002

GIONO Jean, **Un roi sans divertissement,** Gallimard, collection Folio, 1998

HALLÉ Francis, **Plaidoyer pour l'arbre,** Actes Sud, 2005

HALLÉ Francis et LIEUTAGHI Pierre, **Aux origines des plantes,** Tomes 1 et 2, Fayard, 2008

HOUDART Marie-France, **Pays et paysans du Limousin,** Maïade éditions, 2006

LAVALADE Yves, **Dictionnaire français/occitan, Limousin, Marche, Périgord** Institut d'Estudis Occitans dau Lemosin, 2010

LAVALADE Yves, **Guide occitan de la flore, Limousin, Marche, Périgord,** Lucien Souny, 2002

LEGENDRE Charles, **les arbres remarquables**, Lemouzi, 1921

PAKENHAM Thomas, **Le Tour du monde en 80 arbres,** Le Chêne, 2002

PLESSIX Michel, **Le Vent dans les Saules**, *d'après le roman de Kenneth Grahame*, Delcourt, 2000

POLLET Cédric, **Écorces,** Ulmer, 2008

POURRAT Henri, **Gaspard des montagnes**, Albin Michel, 2006

PREVERT Jacques, **Arbres,** Gallimard, collection Blanche, 1976

VILLOUTREIX Marcel et DESBORDES Jean Michel, **la toponymie de l'arbre en Limousin, dans l'arbre et le paysage**, coll. Pays/ Paysage, Champ Vallon, 2002

Colloque l'Arbre dans le Paysage,
Sous la Direction de Jean MOTTET, Saint-Yrieix, septembre 2000

Les droits de l'arbre. Aide mémoire des textes juridiques,
Ministère de l'Écologie et du Développement Durable, juin 2003

REMERCIEMENTS

Les auteurs tiennent à remercier la Direction Régionale de l'Environnement, de l'Aménagement et du Logement du Limousin pour la confiance qui leur a été donnée tout au long de la conception de cet ouvrage, travail bien plus titanesque qu'il n'y paraissait à l'origine, et notamment Françoise MAISON et Daniel PETIT, Inspecteurs des Sites, assistés par Hélène MARLIN.

Ils tiennent également à remercier Pierre ÉDOUARD, directeur du CRT du Limousin, Myriam VANDENBOSSCHE, directrice-adjointe du CRT du Limousin, les associations – La Digitale ; Hortus, paysage environnement Limousin ; Découverte du patrimoine paysager et botanique – qui ont mené les premières phases de l'inventaire des arbres remarquables en Limousin, Michelle CARREAUX, Françoise MAISON et Daniel PETIT pour la relecture, Jean-Marie CAUNET de l'Institut d'Études Occitanes du Limousin pour les noms d'arbres en occitan, Marc RUMELHART pour les identifications d'espèces, Mylène TOURNEBIZE (Poissons Lune) pour la mise en page, Roger GAURY et Gaston THIÉRY, artistes peintres, les enfants de l'école primaire de Vigeois et Messieurs DELAGE, pour avoir accepté d'être photographiés, ainsi que l'ensemble des maires des communes citées et tous les propriétaires et gardiens d'arbres, qui les ont accueillis et qui ont accepté que leurs « protégés » soient présentés dans cet ouvrage. Sans eux, ce livre n'aurait pas été possible.

Jean-Marc FERRER et Christophe COMPIN ont coordonné les phases finales de la réalisation du présent ouvrage pour Les Ardents Éditeurs.

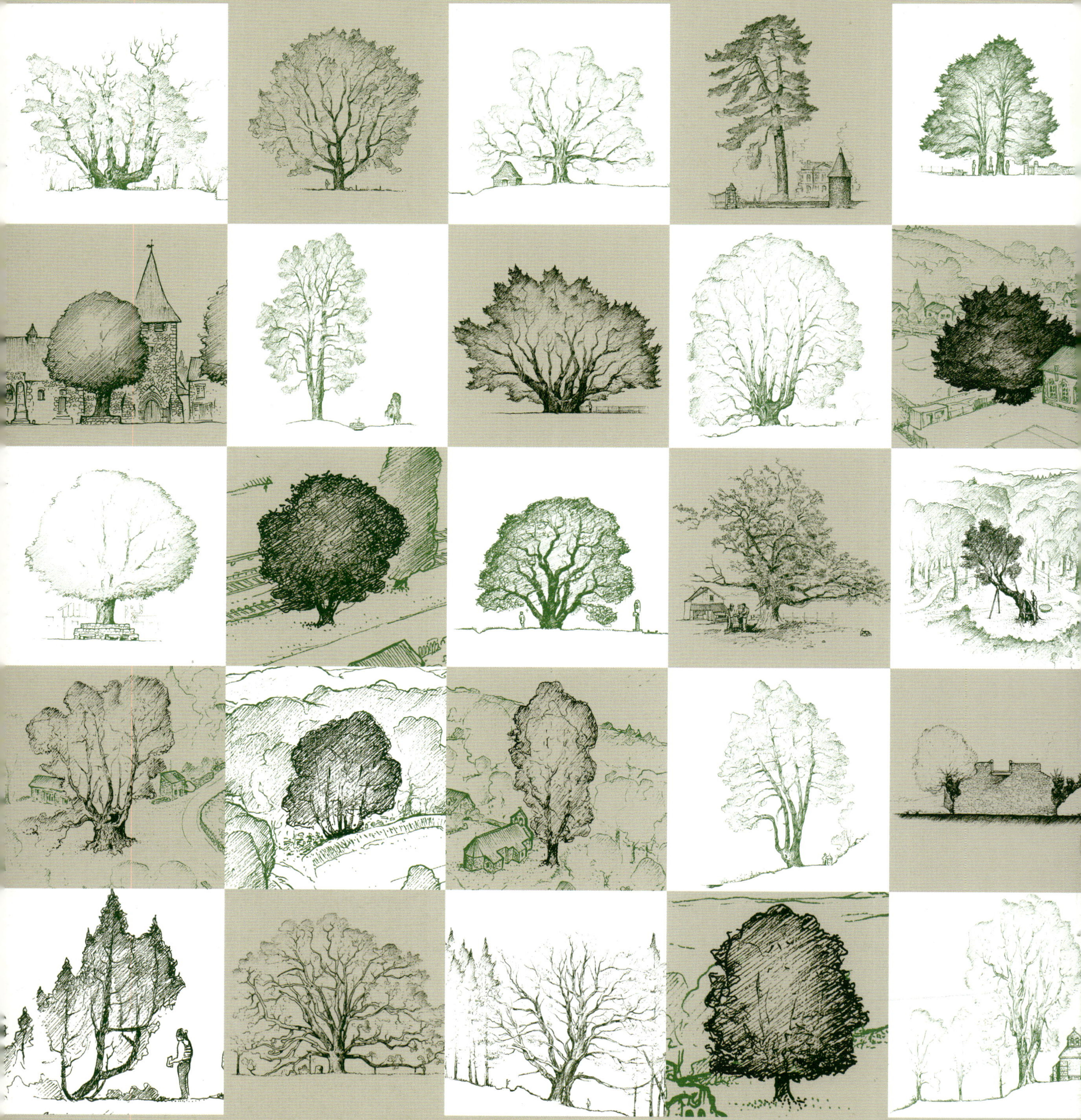